Das Logistikunternehmen Dachser

Paul Erker ist Privatdozent an der Universität München und lehrt Wirtschafts- und Unternehmensgeschichte. Er hat zahlreiche Bücher und Aufsätze zur Wirtschafts- und Unternehmensgeschichte des 19. und 20. Jahrhunderts verfasst.

Paul Erker

Das Logistikunternehmen Dachser

Die treibende Kraft der Familie als Erfolgsfaktor
im globalen Wettbewerb

Campus Verlag
Frankfurt/New York

Bibliografische Information der Deutschen Nationalbibliothek:
Die Deutsche Nationalbibliothek verzeichnet diese Publikation in der
Deutschen Nationalbibliografie. Detaillierte bibliografische Daten
sind im Internet über http://dnb.ddb.de abrufbar.
ISBN 978-3-593-37928-9

Das Werk einschließlich aller seiner Teile ist urheberrechtlich geschützt.
Jede Verwertung ist ohne Zustimmung des Verlags unzulässig. Das gilt
insbesondere für Vervielfältigungen, Übersetzungen, Mikroverfilmungen
und die Einspeicherung und Verarbeitung in elektronischen Systemen.
Copyright © 2008 Campus Verlag GmbH, Frankfurt/Main
Umschlaggestaltung: Guido Klütsch, Köln
Satz: Fotosatz Huhn, Linsengericht
Druck und Bindung: Druckhaus »Thomas Müntzer«, Bad Langensalza
Gedruckt auf säurefreiem und chlorfrei gebleichtem Papier.
Printed in Germany

Besuchen Sie uns im Internet: www.campus.de

Inhalt

Einleitung 9

Teil I
Speditionelle Herausforderungen im staatsreglementierten
Transportmarkt (1930/45 bis 1986) 19

1. Unternehmensgründung in schwierigem Umfeld:
   Das Unternehmerehepaar Thomas und Anna Dachser
   (1930 bis 1950) 21

2. Expansionsstrategie im Zeichen von »Wirtschaftswunder«
   und europäischer Integration 31

   Netzentwicklung und Netzpolitik: Der Aufbau des inländischen
   Stückgutnetzes 31

   Verkehrsmarktkonjunkturen und schleichende Liberalisierung.
   Formen des Wettbewerbs im staatsregulierten Transportmarkt . . 37

   Der Kampf um die Optimierung der Netzleistung: Qualitätspolitik
   und Produktionsbedingungen speditioneller Dienste 45

   Die Anfänge des europäischen Auslandsgeschäfts 61

   Aufbau und Entwicklung der Unternehmensführungsorganisation:
   Corporate Governance jenseits des Familienpatriarchalismus . . 70

3. Strategische Neuorientierung im Zeichen schleichender
   Deregulierung 81

   Diversifikations- und Qualitätsstrategie: Reaktionen auf die
   Anfänge des Verdrängungswettbewerbs 81

Das Ringen um die richtige IT-Strategie 91

Ein Hoffnungsträger mit erheblicher Managementherausforderung:
Der schwierige Einstieg in die Lebensmittel-Logistik 97

Kooperation statt Alleingang: Dachser, der Deutsche Paket Dienst
(DPD) und der Einstieg in die Kurier-, Express- und Paketdienst-
Logistik (KEP) 105

Die Eroberung des europäischen Speditions- und Transportmarktes
und erste Integrationsversuche von Inlands- und Auslandsnetz 108

Modernisierung und Professionalisierung von Unternehmensführung
und Unternehmensorganisation 116

Investitionspolitik und Finanzplanung 124

Zwischenfazit 135

Teil II
Expansion und Transformation im Zeichen von
Verkehrsmarktliberalisierung
und Globalisierung (1987 bis 2005) 137

1. Die neue Verkehrsmarktordnung und die logistische Revolution   141

   Marktsegmentierung, Branchenentwicklung und Wettbewerb   141

   Fusion zweier Familienunternehmen: Die Integration von
   Transports Graveleau in das »Dachser-Netz«   158

2. »Intelligente Logistik«: Die informationslogistische
   Metamorphose von Dachser   178

   Von den Insellösungen zum Branchenstandard. Die Entwicklung der
   unternehmensübergreifenden Sendungs- und Packstücksteuerung . . .   185

3. Nationale Systemnetzwerke und transnationale Netzstrategie . .   202

   Von der Vision zur Wirklichkeit: Die Errichtung eines nationalen
   Systemnetzwerkes und der Wandel zum euronationalen Netzwerkanbieter   204

   Projekt »Mobile«: Der lange Weg zum euronationalen
   Netzwerkanbieter   219

Netzmanagement zwischen globalen und branchenspezifischen
Herausforderungen: Aspekte und Probleme der weiteren
Netzwerksteuerung 227

Vom Interkontinental-Netz zum Global Logistic Network:
Auf dem Weg zur Integration der Luft- und Seefrachtlogistik in das
Gesamtnetz 235

Gegen den Branchentrend: Branchenlösungen, Kontraktlogistik
und die Entwicklung neuer netzbasierter Logistik-Konzepte 246

Value Added Services, Logistik Consulting und Kontraktlogistik . . . 257

4. Umbruch der Corporate Governance und die Entwicklung
der Unternehmensführungsorganisation im Zeichen
der Familienkompetenz 263

Geschäftsführungsorganisation und Geschäftsführungsstrategie . . . 265

Zweiter Generationswechsel und neuer Gesellschaftsvertrag 279

Aspekte der Unternehmenskultur: Personalentwicklung und
Mitarbeiterorientierung 291

Schluss 305

Anhang

Festansprache der beiden Hauptgesellschafterinnen anlässlich des
75-jährigen Firmenjubiläums von Dachser am 28. April 2005
in München 313

Quellenverzeichnis 323
Literaturverzeichnis 326
Abkürzungsverzeichnis 331
Verzeichnis der Schaubilder und Tabellen 332

Einleitung

Von der breiten Öffentlichkeit nahezu unbemerkt ist die Logistikbranche zu einer der wichtigsten Branchen der deutschen Wirtschaft geworden. Der einst als nachrangig eingeschätzte Güterverkehr hat sich unter dem Schlagwort Logistik zu einer hoch technisierten und für die Gesamtwirtschaft unverzichtbaren Dienstleistungsbranche mit einer eigenen Innovationsdynamik entwickelt. Die Leistungs-, Reaktions- und Anpassungsfähigkeit logistischer Systeme, das heißt die unternehmensübergreifende Vernetzung von Gütertransport und Güterumschlag sowie Produktions-, Distributions- und Entsorgungssystemen, erweist sich als immer wichtiger für die Wertschöpfung einer Volkswirtschaft und als mitentscheidend für den Erfolg von Unternehmen auf den zunehmend dynamischen Märkten. Mit rund 2,5 Millionen Beschäftigten und einem Gesamtumsatz von fast 200 Milliarden Euro rangiert die Logistik im volkswirtschaftlichen Ranking der deutschen Wirtschaftszweige inzwischen hinter der Automobilwirtschaft und der Gesundheitswirtschaft auf dem dritten Platz.[1]

---

1 Etwa die Hälfte dieses Umsatzes entfallen dabei jeweils auf die gewerblichen Dienstleister und die Logistikeigenleistungen von Industrie, Handel und anderen Wirtschaftszweigen. Der Anteil der Branche am BIP betrug 2006 fast 10 Prozent. Zur aktuellen Lage der Branche vgl. unter anderem Bundesvereinigung Logistik (Hrsg.), *Trends und Strategien in der Logistik*, Berlin 2006, »Deutsches Transport- und Logistikgewerbe zwischen Globalisierung und hausgemachten Standortschwächen«, in: Bundesverband Güterkraftverkehr, Logistik und Entsorgung (Hrsg.), *Jahresbericht 2004/2005*, Bonn 2005, S. 1 ff., sowie *Verkehrs-Rundschau* 13 (2006), S. 20 und die diversen Studien des Bundesamtes für Güterverkehr, Marktbeobachtung Güterverkehr. Vgl. etwa den *Sonderbericht zum Strukturwandel im Güterkraftverkehrsgewerbe*, Bonn 2005 (Download der Datei unter http://www.bag.bund.de/nn_46326/SharedDocs/Publikationen/DE/Marktbeobachtung/Sonderberichte/Sonderber_Strukturwandel.html, Zugriff am 10.9.2007). Die rasant wachsende volkswirtschaftliche Bedeutung der Logistikbranche im Zeitalter der Globalisierung, aber nicht zuletzt auch die heftigen Turbulenzen, in die die Branche in den 1990er Jahren geriet, waren Anlass für inzwischen regelmäßige branchenstrukturelle Erhebungen. Vgl. dazu vor allem Peter Klaus, *Die »TOP*

Mit ihren von Globalisierung und Outsourcing getriebenen dynamischen Wachstumsraten, forciert durch den wachsenden Einsatz neuester Informations- und Kommunikationstechnologien, steht die Logistik-Dienstleistungswirtschaft jedoch deutlich an der Spitze. Dass dies nicht immer so war, sondern erst eine Folge der in den 1990er Jahren erfolgten Umbrüche, die mit dem Begriff logistische Revolution umschrieben werden können, zeigt diese Untersuchung am Beispiel des Logistikunternehmens Dachser.[2]

Die Geschichte von Dachser ist eine Erfolgsgeschichte. Das Unternehmen wächst seit Jahrzehnten um durchschnittlich 10 Prozent pro Jahr und gehört als eines der letzten Familienunternehmen zu den führenden europäischen Logistikkonzernen. Aus einem kleinen, regional tätigen Fuhr- und Speditionsunternehmen mit drei Niederlassungen, einigen Hundert Mitarbeitern und einem Umsatz von einigen 100 000 DM wurde eine global operierende Unternehmensgruppe mit 15 000 Beschäftigten, über 256 eigenen Standorten weltweit und einem Umsatz von 3,1 Milliarden Euro (2006). Wo noch Anfang der 1970er Jahre Dachser-Lastkraftwagen wie schon 40 Jahre zuvor mit höchst variierenden Laufzeiten in einfachen Relationsverkehren Allgäuer Käse ins Rheinland transportierten und in den Lagern noch die Güter vielfach per Hand umgeladen und gestapelt wurden, da ging es Ende der 1990er Jahre um die Organisation komplexer, netzwerkbasierter System- und Produktverkehre sowie um das Management von hochkomplexen Waren- und Informationsflüssen im weltweiten

---

100« der Logistik. Eine GVB-Studie zu Marktsegmenten, Marktgrößen und Marktführern in der deutschen Logistik-Dienstleistungswirtschaft, Nürnberg 1996; ders., Die »TOP 100« der Logistik. Eine Studie zu Marktgrößen, Marktsegmente und den Marktführern in der Logistik-Dienstleistungswirtschaft, Hamburg 2000, und ders., Die TOP 100 der Logistik. Marktgrößen, Marktsegmente und Marktführer in der Logistik-Dienstleistungswirtschaft. Deutschland und Europa, Hamburg 2003 sowie Peter Klaus, Christian Kille, Die Top 100 der Logistik. Marktgrößen, Marktsegmente und Marktführer in der Logistik-Dienstleistungswirtschaft, Hamburg 2006.

2 Die Geschichte von Dachser ist bereits Gegenstand rückblickender Beschreibung geworden. 1990 stellte Hans Bicker, bei Dachser in leitender Stellung im damaligen Geschäftsbereich für internationale Spedition tätig, nach seiner Pensionierung eine umfangreiche Chronik zusammen, die vor allem die frühen Jahre bis Ende der 1970er Jahre behandelt. Hans Bicker, Dachser. Transport – Spedition – Logistik. Chronik einer unternehmerischen Leistung in bewegter Zeit 1930–1990, Kempten 1998. Bickers Publikation ist allerdings nicht im Buchhandel erschienen, sondern nur unternehmensintern verteilt worden. Die vorliegende Studie kann daher auf dieser verdienstvollen Arbeit aufbauen.

Maßstab, mit modernsten Warehousing-Konzepten, hochrationalisierten Umschlaglagern und zusätzlichen logistischen Dienstleistungen (added value). Stand einst die bloße Organisation und Abwicklung des Transports von Gütern im Mittelpunkt, so trat mit der Logistik die integrierte Planung, Organisation, Steuerung, Abwicklung und Kontrolle des gesamten Material- und Warenflusses sowie der damit verbundenen Informationsflüsse an deren Stelle, vereinfacht ausgedrückt in der Formel: Die richtige Menge der richtigen Güter zur richtigen Zeit in der richtigen Qualität zu den richtigen Kosten mit den richtigen Informationen am richtigen Ort. Die vorliegende Untersuchung zeichnet diesen fundamentalen Transformationsprozess des Unternehmens vor dem Hintergrund des sich radikal wandelnden Marktumfeldes von der staatlich reglementierten nationalen Güterverkehrsmarktordnung zur europaweit liberalisierten Transport- und Logistikmarktordnung nach.

Fragestellungen und Erkenntnisinteresse

Drei »einfache« Fragestellungen leiten den Gang der Untersuchung: 1. Wie veränderten sich die Märkte? Die Frage bezieht sich dabei sowohl auf den Umbruch der staatlich reglementierten Verkehrsmarktordnung zur Liberalisierung als auch auf den Wandel der Kundenbedürfnisse, die damit einhergehende Marktsegmentierung und die sich daraus auch ergebende Änderung der Wettbewerbsprozesse. 2. Wie veränderte sich das Unternehmen? Wie entwickelten sich Unternehmenspolitik und Unternehmensstrategie, Unternehmensorganisation und Unternehmensführung, geprägt durch eine spezifische Unternehmenskultur. 3. Welche Interdependenzen zwischen Marktwandel und Unternehmenswandel gab es? Inwieweit wurde Dachser von den externen Entwicklungen getrieben, inwieweit war es treibende Kraft; wie war das Verhältnis von Reaktion und Antizipation? Es geht in der folgenden Darstellung um eine verknüpfte Analyse einer Reihe von Entwicklungssträngen: von Unternehmensstrategie (Netzpolitik, Transnationalisierungspolitik, Diversifikations- und Innovationsstrategie), Unternehmensorganisation und Corporate Governance, und dabei werden die spezifischen Phasen (»Meilensteine«) und spezifischen Erfolgsfaktoren von Dachser gerade auch und vor allem als Familienunternehmen im Kontext der allgemeinen Branchenentwicklung sichtbar. Stichwortartig lassen sich vier rote Fäden im Gang der Untersuchung verfolgen: Netzaufbau und Netztransformation im Gefolge zunächst ausdifferenzierter, dann integrierter logistischer Dienstleistungen; IT-Kompetenz als Teil der Netzstrategie, Netzpolitik und Netztechnologie; Corporate Governance und »Family Business«; Internationalisierung und Transnationalisierung im Kontext von Branchenwettbewerb und liberalisierter Verkehrsmarktordnung.

Aspekte des Netz-Begriffs

Zwei Schlüsselbegriffe in dieser Entwicklung, ohne die weder die Branche noch das Unternehmen ausreichend begriffen werden können, müssen vorab noch kurz erläutert werden. Erstens: das Netz. Sein Begriffsinhalt wandelte sich im Zeitlauf mehrfach. Zunächst wird damit die Etablierung eines geografischen Netzes von Zweigniederlassungen und deren Verknüpfung zu einem Güterverkehrsnetz beziehungsweise entsprechend der speditionellen Ausrichtung zu einem Stückgutnetzwerk verstanden. Dann aber mündete seit den 1980er Jahren die Entwicklung in den Aufbau und die Steuerung komplexer logistischer Netzwerke, in denen physische Transportabläufe durch I&K-Technologien mit Informationsflüssen aufeinander abgestimmt und zu einem integrierten, vernetzten Produktionssystem mit Qualitätskontrolle und homogener Leistungserstellung (Systemverkehre) weiterentwickelt wurden. Aus der oft niederlassungsspezifisch geprägten Organisation von Sammelgutlinienverkehren wurden flächendeckend und industriell produzierte Dienstleistungen mit Markenartikelcharakter. Auch und gerade speditionelle Abläufe waren dabei lange Zeit eine Black Box, die jedoch zunehmend transparent und geradezu gläsern wurde. Transportnetzwerke und Informationsnetzwerke wurden mithin zu einem integrierten logistischen System verbunden. Dazu kam die unternehmensübergreifende Verknüpfung dieses neuen Systemnetzwerks mit den logistischen Prozessen bei Hersteller und Handel zu einer integrierten logistischen Kette. Das Ziel beim Management dieser logistischen Kette ist es, die dabei auftretenden Schnittstellen in Nahtstellen zu transformieren, indem über spezifische optimierte Netzkonfigurationen und Netzstrukturen die Prozessabläufe durchgängig und systemübergreifend abgestimmt und gesteuert werden. Die logistischen Netzwerke fungieren mithin als Transfersystem materieller wie immaterieller Objekte und umspannen die gesamten Beschaffungs-, Produktions- und Absatzmärkte von Unternehmen bis hin zu gesamten Volkswirtschaften.³ Oder anders formuliert: Die Anforderung der Verlader nach flächendeckenden und transnationalen logistischen Gesamtlösungen lässt sich nur mit einer netzbasierten Leistungserstellung erfüllen. Die Verfügung über ein entsprechendes Netz sowie dessen Struktur, Konfiguration und Organisation (und damit auch der Besitz einer IT-Kompetenz) ist mithin ein wesentlicher Erfolgsfaktor in der Logistik-Dienstleistungswirtschaft. Dachser war in diesem Prozess nicht Spielball, sondern selbst Akteur, der die neuen Spielregeln der Branche mit festlegte.

Corporate-Governance-Ansatz

Zweitens: die Corporate Governance. Die Strukturen, Regeln und Beziehungen hinsichtlich der Leitung und Kontrolle in einem Unternehmen entscheiden wesentlich mit über dessen Erfolg oder Misserfolg. Dies gilt umso mehr für die Entwicklung, Praktizierung und Modernisierung der Corporate Governance in Familienunternehmen. Die Art, wie diese geführt und wie dort im Aushandlungsprozess zwischen Gesellschafterfamilie, Geschäftsführung und Kontrollgremium, wie zum Beispiel ein Verwaltungsrat, Entscheidungen getroffen und Strategien umgesetzt werden, unterscheidet sich erheblich von Aktiengesellschaften. Familiäre Spannungen und Emotionen sowie persönliche Stärken und Schwächen schlagen im Falle des Familienunternehmens viel stärker (positiv wie negativ) auf das Geschäft durch als im Falle einer anonymen Kapitalgesellschaft.⁴ Die Corporate-Governance-

---

3 Vgl. dazu u.a. Ralf-Peter Simon, *Euro-Logistik-Netzwerke. Entwicklung eines wettbewerbsstrategischen Integrationskonzeptes für die Sammelgut-Logistik im europäischen Markt*, Köln 1993, S. 18 ff., Helmut Wlcek, *Gestaltung der Güterverkehrsnetze von Sammelgutspeditionen*, Nürnberg 1998, S. 49 ff. sowie Peter Klaus, Winfried Krieger (Hrg.), *Gabler Lexikon Logistik. Management logistischer Netzwerke und Flüsse*, Wiesbaden 2004 (3. Aufl.).
4 Mit Hilfe des Corporate-Governance-Ansatzes kann man daher besonders gut die spezifischen Stärken und Schwächen beziehungsweise Vor- und Nachteile des Familienunternehmens als betriebliches Organisationsmodell herausarbeiten, denn ein wesentlicher Faktor von Erfolg und Leistungsfähigkeit von Familienunternehmen ist die durch die Familie gegebene Kontinuität und Langfristigkeit und mithin auch Stabilität der Corporate-Governance-Strukturen. Vgl. dazu auch Paul Erker, »Corporate Governance – ein neuer Untersuchungsansatz der historischen Unternehmensforschung? Einige Überlegungen und Ergebnisse am Beispiel jüngster Veröffentlichungen«, in: Rudolf Boch u.a. (Hrg.), *Unternehmensgeschichte heute: Theorieangebote, Quellen, Forschungstrends*, Leipzig 2005, S. 29–45, sowie Peter May, »Familie als Erfolgsfaktor«, in: *Süddeutsche Zeitung* vom 25.8.2003, S. 18.

Strukturen in Familienunternehmen wirken vielfach im Verborgenen, sind oft auch nicht institutionalisiert oder formalisiert, aber funktionieren gleichzeitig erstaunlich gut. Sie fanden im Falle von Dachser ihren Niederschlag in den Gesellschaftsverträgen, die dort sehr früh und vorausschauend auf die jeweiligen Entwicklungen im Unternehmen wie in der Familie und mit jeweils unterschiedlicher Gewichtung der aktiven Rolle der Gesellschafter bei der Kontrolle und Führung der Firma ausgerichtet wurden. Vor allem wurde dabei von Anfang an unter der Prämisse »Unternehmensinteressen gehen vor Familieninteressen« ein Prinzip festgeschrieben, das bis heute wesentlich den Erfolg von Dachser ausmacht: die nahezu vollständige Belassung der erwirtschafteten Gewinne im Unternehmen.

Familienunternehmen als historischer Forschungsgegenstand

Die Untersuchung der Geschichte von Familienunternehmen ist zwar in jüngster Zeit stärker in das Blickfeld der Business History geraten, stellt aber, zumal in Deutschland, noch immer ein weitgehend unbearbeitetes Forschungsfeld dar.[5] »Family Business« war und ist, gerade was die Entscheidungsprozesse und die Führung und Kontrolle des Unternehmens angeht, vielfach eine Black Box. Sie wird im Falle von Dachser erstmals näher ausgeleuchtet. Obwohl sich in jüngster Zeit ein deutlicher positiver Imagewandel von Familienunternehmen konstatieren lässt, wird nach wie vor unter der Überschrift »Erfolgs- oder Auslaufmodell?« die Bedeutung von Familienunternehmen widersprüchlich diskutiert.[6] Auf der einen Seite verweisen Studien darauf, dass die vermeintliche Schwäche von Familienunternehmen, die Verfolgung verschiedener Logiken von Familie und Unternehmen, sich als einer der zentralen Erfolgsfaktoren entpuppt. Die Herausforderung, permanent widersprüchliche und zueinander in

---

5 Vgl. Andrea Colli, Mary B. Rose, »Family Firms in Comparative Perspective«, in: Franco Amatori, Geoffrey Jones (Hrg.), *Business History around the World*, Cambridge 2003, S. 339–352, Andrea Colli, *The History of Familiy Business, 1850–2000*, Cambridge 2003, Mary B. Rose, *Family Business*, Cheltenham 1996. Grundlegend aus gegenwärtiger Sicht Sabine B. Klein, *Familienunternehmen. Theoretische und empirische Grundlagen*, Wiesbaden 2004 (2. Aufl). Vgl. auch in historischer Perspektive Harold James, *Familienunternehmen in Europa. Haniel, Wendel und Falck*, München 2005 und David Landes, *Die Macht der Familie. Wirtschaftsdynastien in der Weltgeschichte*, München 2006.

6 Vgl. dazu etwa Hartmut Berghoff, »The End of Family Business? The Mittelstand and German Capitalism in Transition, 1949–2000«, in: *BHR 80* (2006), S. 263–295.

Konflikt geratene Werte und Regeln beider Systeme auszubalancieren, dabei aber vor allem dem Überleben des Unternehmens Vorrang vor kurzfristigen Renditezielen einzuräumen, dies sei der eigentliche Erfolgsfaktor von Familienunternehmen und generiere gleichsam ein Gegenmodell zum Shareholder-Value-Ansatz in den kapitalmarktgetriebenen Unternehmen.[7] Dagegen verweist eine Studie von PricewaterhouseCoopers darauf, dass ungelöste familiäre Auseinandersetzungen und Konflikte über Unternehmensstrategie, Mangementbeteiligung und Gewinnverwendung in den deutschen Familienunternehmen zunehmend die Unternehmensnachfolge und damit das Weiterbestehen bedrohen.[8] Die besonderen Führungs- und Gesellschafterkonstellationen in Familienunternehmen führen häufig zu Diskussionsbedarf und zu Streitpunkten, ausgelöst auch durch komplexe Corporate-Governance-Strukturen, in denen die Family Governance, das heißt ein gemeinsames Werte- und Zielsystem mit Regeln der Konfliktbearbeitung kaum oder gar nicht verankert ist. Zudem seien gerade die deutschen Familienunternehmen im europäischen Vergleich mit erheblichen Problemen bei der Unternehmensfinanzierung konfrontiert. Es lässt sich mithin konstatieren, dass Familienunternehmen nicht per se ein Erfolgsmodell und den kapitalmarktgetriebenen Aktiengesellschaften überlegen sind. Dazu sind sie schon in sich von den vielfältigen Abstufungen des familialen Einflusses auf Kapitalbesitz, Kontrollfunktion, Unternehmensführung und auch Unternehmenskultur her zu heterogen. Potenziell aber können die Besonderheiten eines Familienunternehmens in Inhalt, Zweck, Organisation und Kultur sowie nicht zuletzt auch im Verhalten des Unternehmens als Wettbewerbsfaktor gleichsam aktiviert und selbst weit größeren und kapitalkräftigeren Konzernen gegenüber zu Wettbewerbsvorteilen umgeformt werden. Das ist, wenn man so will, eines der aus der Geschichte von Dachser hergeleiteten Ergebnisse dieser Untersuchung.

Das bestehende Forschungsdesiderat gilt aber auch für die historische Analyse der Transport-, Speditions- und Logistikbranche,[9] dabei kann die

---

7 Vgl. Fritz B. Simon, Rudolf Wimmer, Torsten Groth, *Mehr-Generationen-Familienunternehmen. Erfolgsgeheimnisse von Oetker, Merck, Haniel u.a.*, Heidelberg 2005.
8 Norbert Winkeljohann, *Familienunternehmen Deutschland 2006* (Studie der PricewaterhouseCoopers AG), Frankfurt 2006.
9 Grundlegend und informativ noch immer der Überblick von Anton Heimes, *Vom Saumpferd zur Transportindustrie. Weg und Bedeutung des Straßengüterverkehrs in der Geschichte*, Bonn 1978. An neueren Untersuchungen vgl. Herbert Matis, Dieter Stiefel, *Das Haus Schenker. Die Geschichte der internationalen Spedition 1872 bis 1931*, Frankfurt/

Branche insgesamt geradezu als Fallbeispiel für die Abläufe, Wirkungen und Folgen einst staatsregulierter und dann im Zuge einer Liberalisierungspolitik veränderter Wirtschaftsbereiche gelten, wie es etwa auch für den Strom- und Energie- sowie den Telekommunikationssektor gilt. Jahrzehntelang war die Speditionsbranche von Veränderungen tiefgreifenderer Art verschont geblieben, nicht zuletzt wegen der staatlichen Verkehrsmarktordnung und Regulierung. Das Konzessions- und gesetzlich geregelte Tarifsystem prägte nahezu ununterbrochen von den 1930er Jahren bis in die 1980er Jahre die Bedingungen, unter denen Dachser seinen Aufstieg vollzog. Den heutigen Dachser-Mitarbeitern und Logistikmanagern mag vieles aus dieser Zeit wie ein Bericht aus der speditionellen Steinzeit anmuten. Erst seit der zweiten Hälfte der 1980er Jahre, dann aber umso beschleunigter und radikaler, setzte der Wandel ein. Kaum eine andere Branche wies derart schnelle und grundlegende Strukturveränderungen auf wie der Güterverkehrsmarkt. Die speditionelle und logistische Welt änderte radikal ihr Gesicht. Die zentrale Achse der vorliegenden Darstellung sind mithin die als logistische Revolution bezeichneten Umbrüche der Deregulierung und Liberalisierung und des grundlegenden Wandels des Marktes für speditionelle und logistische Dienstleistungen, die sich seit der Mitte der 1980er Jahre vollzogen.

Einblicke in eine Black Box

Die Geschichte von Dachser ist repräsentativ und spezifisch zugleich. Als mittelständisches Familienunternehmen ist Dachser typisch für die erst

---

Wien 1995 sowie diess., *Grenzenlos. Die Geschichte der internationalen Spedition Schenker von 1931 bis 1991*, Frankfurt/Wien 2002. Als ältere Branchenstudien vgl. Borislav Bjelicic, *Internationaler Unternehmenswettbewerb im gewerblichen Güterverkehr*, München 1990, Hans-Wilhelm Dünner, *Die Wettbewerbssituation auf den Güterverkehrsmärkten der Bundesrepublik Deutschland*, Göttingen 1980, Hans Out, *Analyse der Strukturen und Wettbewerbsverhältnisse im Bereich Spedition – Lagerei – Umschlag* (ifo-Studien zur Verkehrswirtschaft Bd. 9), München 1978, sowie Hans-Joachim Massenberg, *Deregulierung des Güterverkehrs in der Bundesrepublik Deutschland*, Göttingen 1981. Zur Logistik vgl. Gösta B. Ihde, *Transport, Verkehr, Logistik. Gesamtwirtschaftliche Aspekte und einzelwirtschaftliche Handhabung*, München 2001 (3. Aufl.), sowie Gerd Aberle, *Transportwirtschaft. Einzelwirtschaftliche und gesamtwirtschaftliche Grundlagen*, München 2000 (3. Aufl.) und Günter Prockl u.a. (Hrsg.), *Entwicklungspfade und Meilensteine moderner Logistik*, Wiesbaden 2004. Siehe auch Richard Vahrenkamp, *Logistik – Management und Strategien*, München 2005 (5. Aufl.) und Andreas Froschmayer, Ingrid Göpfert, *Logistik-Bilanz. Erfolgsmessung neuer Strategien, Konzepte und Maßnahmen*, Wiesbaden 2004.

in jüngster Zeit von Oligopolisierung und dem Auftreten großer, internationaler Logistikkonzerne geprägte Branchenstruktur. Geradezu paradigmatisch lässt sich an der Entwicklung des Kemptener Unternehmens nachvollziehen, wie die logistische Revolution aus Deregulierung, Globalisierung, Outsourcing und informationstechnischem Umbruch inhaltlich (etwa mit dem Aufbau neuer logistischer Dienstleistungen) und strukturell (internes und externes Wachstum beziehungsweise Firmenübernahmen) bewältigt wurde. Die Art und Weise dieser Bewältigung zeigt aber ganz spezifische Merkmale und schlug sich auch in einer ganz eigenen Unternehmenskultur nieder, sei es die früh eingeschlagene Differenzierungs- und Qualitätsstrategie, die auf der Stabilität eines familiengeführten Unternehmens ruhende Wachstums- und Expansionspolitik, der Aufbau ebenso effizienter wie moderner Corporate-Governance-Strukturen und nicht zuletzt das spezifische Verständnis und Management speditioneller und logistischer Prozesse. Das Buch schildert und untersucht mit Dachser eine der »key companies« innerhalb der Logistik als diejenige Schlüsselbranche in der jüngsten Wirtschaftsgeschichte, die als Vermittler zwischen Produktion und Konsumption, als »enabler« des Globalisierungsprozesses und zentraler Akteur in dem prägenden Prozess der Senkung der informations- und transportbasierten Transaktionskosten fungiert. Die Geschichte von Dachser ist daher zugleich auch die Geschichte des Logistikstandortes Deutschland und dessen, aufgrund der zentralen Lage, der hochentwickelten Infrastruktur sowie des großen logistischen Know-hows, führender Entwicklung innerhalb Europas. Der Logistik fiel und fällt durch die fortschreitende Vernetzung der Welt im globalisierten Wettbewerb eine zentrale Rolle zu. Global vernetzte Wirtschaftsstrukturen erfordern hochkomplexe und ebenso kompetent wie intelligent »produzierte« Logistiksysteme. Die Logistik-Dienstleister sind zum Bindeglied zwischen Produktionsstätten und Absatzmärkten und somit zum Motor der Wirtschaft geworden. Insofern war und ist die Dachser-Geschichte (auch ohne Arbeitsplatzverlagerungen ins Ausland und mit einem nach wie vor bestehenden Firmenhauptsitz in der bayerischen Provinz) auch die Geschichte eines Gewinners der Globalisierung.

Gegenwartsnahe unternehmenshistorische Untersuchungen stehen vor dem Problem, dass von den Erkenntnissen und Ergebnissen vielfach die aktuellen Belange und Interessen des jeweiligen Unternehmens tangiert werden können. Für den Unternehmenshistoriker spannende und interessante Abläufe und Prozesse können den Konkurrenten Einblicke in Geschäftsabläufe verschaffen, die potenziell die Markt- und Wettbewerbsposition des untersuchten Unternehmens schwächen. Es galt daher bei der Darstellung eine Gratwanderung zu vollziehen zwischen den wissenschaftlich-öffentlichen Erkenntnisinteressen und Informationsbedürfnissen auf der einen Seite und den vielfältigen Interessen des jeweiligen Unternehmens zur Vertraulichkeit von Informationen über Konkurrenten wie Kunden, über unternehmenspolitische, strategische, wettbewerbsrelevante und kapitalmäßige sowie familieninterne Dinge auf der anderen Seite. Dies gilt in besonderem Maße bei der Untersuchung von Familienunternehmen. Mit dieser Herausforderung war denn auch die vorliegende Untersuchung konfrontiert. Sie ist Teil einer weit umfassenderen Analyse der Dachser-Geschichte, in der vor allem auch die internen Entscheidungsprozesse nachgezeichnet und diese in Bezug zu den wichtigsten quantitativen Indikatoren wie Gewinn und Eigenkapitalrendite gesetzt wurden. Aus nachvollziehbaren Gründen wurde die Schilderung dieser »inneren Perspektive« und die dabei gewonnenen Ergebnisse nicht publiziert, sondern nur intern den Familiengesellschaftern zur Verfügung gestellt. Dennoch hat sich Dachser, für die Konkurrenten und Branchenexperten bis in die Gegenwart hinein eine Black Box, erstmals von einem Externen tief in die Karten sehen lassen. Der Autor erhielt uneingeschränkt Einsicht in sämtliche Unterlagen bis zu den jeweils neuesten Sitzungsprotokollen der Geschäftsführung und des Verwaltungsrats.[10] Die Familiengesellschafter wollten explizit keine der üblichen Festschriften, sondern eine historisch-kritische Durchleuchtung der jüngeren Geschichte des Unternehmens mit seinen spezifischen Erfolgsfaktoren und Entwicklungsphasen, aber auch den dabei auftretenden Herausforderungen und Hindernissen. Das 75-jährige Gründungsjubiläum im Jahr 2005 war daher zwar der Anlass, nicht aber der eigentliche Hintergrund für die vorliegende Studie.

---

10 Die Unternehmensleitung und die Familie gewährten neben dem vollen und uneingeschränkten Zugang zu den Akten auch eine Reihe ausführlicher Zeitzeugeninterviews. Insbesondere Frau Rebecca Rohde und Herrn Dr. Andreas Froschmayer danke ich für das Ebnen der Wege in die Registraturkeller der Kemptener Hauptniederlassung und zu den Zeitzeugen.

Teil I

Speditionelle Herausforderungen im staatsreglementierten Transportmarkt

(1930/45 bis 1986)

Seit Ende der 1920er Jahre wurde der Markt für Güterbeförderungsleistungen in Deutschland einem System behördlicher Interventionen unterworfen, das über alle politischen und wirtschaftlichen Brüche hinweg bis Ende der 1980er Jahre Gültigkeit behielt. Durch staatliche Konzessionen und Tarifvorgaben wurden die Bedingungen des Marktzutritts und der Marktpreisbildung reglementiert. Das schuf für Dachser prinzipiell günstige Wachstums- und Expansionsbedingungen für den Bau immer neuer Niederlassungen, zumal in den Jahren des »Wirtschaftswunders«. Spätestens seit Anfang der 1970er Jahre jedoch machte sich auf dem Güterverkehrsmarkt eine schleichende Tariferosion und zunehmender Wettbewerb bemerkbar. Erstmals wurde Dachser in dieser Phase mit dem Problem von Verlustfilialen konfrontiert. Das inzwischen aufgebaute Filialnetz mit seinen zunehmenden Zentrifugalkräften entwickelte einen wachsenden Steuerungsbedarf durch die Hauptniederlassung, nicht nur was die Verteilung der Konzessionen und das betriebliche Rechnungswesen anging, sondern vor allem auch in Richtung einer Homogenisierung der Netzleistung und Qualität – ein unternehmenspolitischer Kraftakt, bei dem es vor allem darum ging, die unterschiedlichen Interessen der Ausgangs- und Eingangsniederlassungen bei der internen Verrechnung der speditionellen Leistungen (das Dachser-spezifische Rückrechnungssystem) in Einklang zu bringen. Auf den Margendruck im Kerngeschäftsfeld, der Stückgut- und Sammelladungsverkehre, reagierte das Unternehmen schließlich in dreifacher Weise: erstens mit dem Einstieg in neue, vielversprechende Geschäftsfelder wie Lebensmittel-Logistik und Paketdienste, zweitens durch den Auf- und Ausbau des europäischen und internationalen Geschäfts und drittens durch quantitative und qualitative Neuerungen. Dieser Innovationsdruck umfasst zwei Richtungen, die Entwicklung neuer Formen der Dienstleistung (»Dachser-Qualität«) sowie eine grundlegende

Anpassung der alten Dienstleistungen an die Anforderungen des neuen Verkehrsmarktes in Form einer Organisation »industrialisierter« und genormter Arbeitsabläufe. Die größte Herausforderung war aber zunächst, die in jedem Unternehmenslebenszyklus kritische Phase der ersten Jahre nach der Firmengründung zu überwinden und die langfristige Existenz trotz Krieg und Nachkriegswirren zu sichern.

Kapitel 1

Unternehmensgründung in schwierigem Umfeld

Das Unternehmerehepaar Thomas und Anna Dachser
(1930 bis 1950)

Weltwirtschaftskrise und Güterkraftverkehr

Der Zeitpunkt für die Betriebsaufnahme von Thomas Dachsers Speditions- und Lagereifirma im Dezember 1930 erschien denkbar ungünstig. Die Weltwirtschaftskrise hatte Deutschland voll erfasst, die Umsätze in der Industrie dramatisch sinken lassen und die Arbeitslosigkeit auf nie gekannte Höhen geführt. Dementsprechend war auch der Güterverkehrsmarkt binnen eines Jahres massiv um circa 20 Prozent eingebrochen. Hatte die Reichsbahn 1929 noch 531,4 Millionen Tonnen Güter befördert und entsprechend eine Verkehrsleistung von 77 Millionen Tonnenkilometern erbracht, so waren es 1930 nur noch 438,2 Millionen Tonnen beziehungsweise 61,6 Millionen Tonnenkilometer.[11] Bis Ende 1932 sollte der Markt für beförderte Güter um weitere 20 Prozent auf 307,6 Millionen Tonnen beziehungsweise 44,8 Millionen Tonnenkilometer schrumpfen. Die noch vielfach erst im Entstehen begriffene junge Branche der gewerblichen Güterkraftverkehrsunternehmen wurde von der Krise allerdings weit weniger erfasst. Mit 3,1 Milliarden Tonnenkilometer bestritt der Kraftverkehr 1929 zwar nur einen marginalen Anteil der gesamten Güterverkehrsleistungen, konnte aber sein Volumen auch in den Krisenjahren erhalten beziehungsweise sogar leicht auf 3,5 Milliarden Tonnenkilometer ausbauen.[12] Das mit seinen circa 4000 Beschäftigten und fast 80 Niederlassungen in Deutschland damals marktbeherrschende Transport- und

---
11 Vgl. *Statistisches Jahrbuch für das Deutsche Reich* Jg. 52 (1933), S. 165 und Jg. 57 (1938), S. 212. Vgl. auch Frank Lippert, *Lastkraftwagenverkehr und Rationalisierung in der Weimarer Republik: Technische und ökonomische Aspekte fertigungsstruktureller und logistischer Wandlungen in den 1920er Jahren*, Frankfurt 1999.
12 Vgl. dazu Heidi Rohde, *Transportmodernisierung contra Verkehrsbewirtschaftung. Zur staatlichen Verkehrspolitik gegenüber dem LKW in den 30er Jahren*, Frankfurt 1999, S. 37 f.

Speditionsunternehmen Schenker & Co., das allein gegenüber der alles dominierenden Reichsbahn eine Konkurrenzposition einnehmen konnte, geriet allerdings in die Krise und wurde 1931 schließlich von der Reichsbahn übernommen. Es war das Ende der fast 60-jährigen Geschichte von Schenker als Familienunternehmen.[13]

Mit der Firmengründung befand sich Thomas Dachser in einer Branche, deren Markt wie in keinem anderen Wirtschaftsbereich von staatlichen Reglementierungen und Verordnungen geprägt war. Obwohl die Fuhrunternehmen und Speditionsbetriebe damals mehr oder weniger nur auf den Nahverkehr beschränkte Zulieferfunktion zum Reichsbahnnetz ausübten und kaum mehr als 2 bis 3 Prozent der gesamten Gütermengen beförderten, beobachtete der Monopolist Reichsbahn die potenziellen Konkurrenten argwöhnisch und suchte durch gesetzliche Regelungen seine Marktposition zu zementieren. Die Maßnahmen zielten vor allem auf eine massive Einengung der Möglichkeiten des Speditionsgewerbes ab, sich neben der Bahn auch der Verkehrsleistungen des Straßengüterverkehrs im Fernverkehr zu bedienen. Sie wurden im Oktober 1931 schließlich in einer Notverordnung Gesetz: Für alle entgeltlichen Beförderungen über Entfernungen von mehr als 50 Kilometer wurde der staatliche Konzessionszwang eingeführt und ein verbindliches Tarifsystem geschaffen.[14] Dieser Reichskraftwagentarif (RKT) brachte eine starre Bindung an den Deutschen Eisenbahn-Gütertarif (DEGT) mit seiner verwirrenden und kaum zu überschauenden Fülle von Preiskategorien und Tarifklassen je nach Art, Menge und Entfernung der beförderten Güter. Diese staatliche Güterverkehrsmarktordnung sollte in ihren Grundzügen die folgenden 60 Jahre ungeachtet aller politischen und wirtschaftlichen Umbrüche Bestand haben.

Was auf das bestehende Transportgewerbe wie ein Schock wirkte, sollte sich für Thomas Dachsers Ein-Mann-Unternehmen als Vorteil erweisen. Über Nacht hatte sich die Basis des Gewerbes so grundlegend geändert, dass viele Betriebe bald in Schwierigkeiten gerieten, war ihnen doch nun die Möglichkeit genommen, je nach Auslastung und Bedarf bei hochtarifierten Gütern Zuschläge zu erheben oder niedrig tarifierte Güter mit Nachlässen zum Aufbau genügend ausgelasteter Verkehre aufzunehmen.[15]

---

13 Vgl. dazu Matis/Stiefel, Bd.1, S. 313 ff.
14 Vgl. dazu im Einzelnen Heimes, S. 88 ff. sowie Vahrenkamp, S. 5 ff.
15 Vgl. Heimes, S. 91 f.

Ein Neueinsteiger wie Thomas Dachser konnte die neuen Spielregeln aber ohne Umstellungsprobleme zur Basis seines Geschäftsgebarens machen, und vor allem hatte die Gesetzesregelung von 1931 den Marktzutritt faktisch erleichtert statt erschwert. Eine Konzession zu erhalten war relativ problemlos, da es keine Prüfung des Marktbedürfnisses gab und die finanziellrechtlichen Bedingungen leicht zu erfüllen waren. Auf unerwartete Schwierigkeiten stieß Thomas Dachser allerdings bei den lokalen Behörden, als es um die Eintragung ins Handelsregister ging. Die Industrie- und Handelskammer Kempten verwies in einem Schreiben vom 19. Juli 1932 an das Registergericht darauf, dass »der Antragsteller Inhaber eines Kleingewerbebetriebes ist und ihm aus diesem Grunde die Eintragung nicht zugestanden werden kann«.[16] Das Betriebskapital sei mit 2 000 RM äußerst niedrig, auch das Anlagekapital mit insgesamt 5 300 RM für einen Lastzug mit Anhänger sowie einen PKW sehr gering. Der von Dachser offenbar genannte Tagesumsatz von 30 Tonnen schien der Kammer »kaum erzielbar. Vielleicht muss es 3000 Kilogramm heißen.«[17]

Die insgesamt widrigen Umstände hielten Thomas Dachser jedoch nicht davon ab, seine Geschäftsidee in die Tat umzusetzen. Und obwohl gerade erst 24 Jahre alt, brachte er eine gründliche Ausbildung sowie berufliche Erfahrung mit.[18] Von 1922 bis 1925 hatte er bei der damals größten bayerischen Spedition, der Kraftverkehr Bayern, in Augsburg eine Lehre zum Speditionskaufmann absolviert. Danach schickte ihn das Unternehmen nach Kempten, um in der vom Aufschwung der Allgäuer Milchwirtschaft geprägten Stadt eine neue Niederlassung aufzubauen. 1928 wechselte Dachser dann in die Kemptener Spedition Lutz & Bauer, die jedoch im Gefolge der Weltwirtschaftskrise in Konkurs ging. Was er ursprünglich für die Kraftverkehr Bayern speditionell organisieren sollte, setzte Dachser nun selbst in die Tat um: den Transport von Allgäuer Käse und anderen Milchprodukten in die Industrieregionen an Rhein und Ruhr und im Gegenzug die Belieferung der heimischen Unternehmen mit Industriegütern aus dem schwerindustriellen Herzen Deutschlands. Und das Geschäft

---

16 Das Schreiben in: Bestand Bicker. Vgl. dazu auch Bicker, Chronik, S. 33 f.
17 Ebd.
18 Dachser war am 13. März 1906 zusammen mit seinem Zwillingsbruder Josef in Haldenwang/Kreis Günzburg als Ältester von fünf weiteren Brüdern und sieben Schwestern geboren worden. Die Eltern betrieben in dem Dorf ein landwirtschaftliches Anwesen. Vgl. dazu im Einzelnen Bicker, Chronik, S. 18 ff.

kam tatsächlich rasch in Gang. Bis 1933 fuhren neben dem zwei Jahre zuvor gekauften ersten eigenen LKW bereits fünf bis sechs Vertragslastzüge anderer Fuhrunternehmer für Thomas Dachser. Im Oktober 1933 hatte zudem endlich die Handelsregistereintragung vorgenommen werden können. Der zunächst gemietete Büroraum, den er sich mit Anna Geissler teilte, die von dort aus ihren Futtermittelgroßhandel betrieb, wurde bald durch neue Betriebsräume ersetzt, und Anna Geissler übernahm dabei mehr und mehr die kaufmännischen Aufgaben für den oft auf Geschäftsreisen befindlichen Dachser.[19] 1935, als beide heirateten, war die »Firma Thomas Dachser, Speditionsgeschäft« bereits ein florierendes mittelständisches Unternehmen geworden.

Frühe Expansion

Mit dem Rückenwind der seit 1933 einsetzenden konjunkturellen Erholung begann ein enormes Wachstum des Güterverkehrsmarktes. 1934 waren bereits 402,7 Millionen Tonnen Güter von der Reichsbahn befördert worden, das waren über 30 Prozent mehr gegenüber dem Tiefstand von 1932. Bis 1938 stiegen die Beförderungsmengen auf knapp 470 Millionen Tonnen. Bei der Güterverkehrsleistung betrug der Zuwachs mit 89 Millionen Tonnenkilometern im Vergleich zu 1932 sogar 100 Prozent. Von dem Boom der Güterverkehrsmarktkonjunktur profitierte der Kraftverkehr überdurchschnittlich. Sein Anteil war mit 8,6 Milliarden Tonnenkilometern (1938) zwar immer noch gering, aber gegenüber 1932 bedeuteten diese Zahlen einen Zuwachs von fast 150 Prozent.[20] Neben dem Geschäft mit überregionalen Käsetransporten hatte Thomas Dachser dabei weitere sich aus dem Wirtschaftsboom ergebende Chancen genutzt. Er erwarb zwei Kieswerke in der Kemptener Umgebung sowie einen Steinbruch und verband mit dem Verkauf des Baumaterials den Transport. Der Bauboom der NS-Zeit im Straßenwesen sowie bei öffentlichen Gebäuden ließ diesen Einstieg in die gleichsam integrierte »Baustoff-Logistik« ein lukratives Geschäft werden.

1936 verbuchte Thomas Dachser inzwischen einen Umsatz von 319 660 RM und beschäftigte acht Angestellte sowie zehn Arbeiter. Doch der eigentliche Boom und größte Expansionsschub sollte erst noch in den folgenden drei

---

19 Anna Geissler stammte aus einer Kemptener Kaufmannsfamilie und übernahm Ende der 1920er Jahre die Führung des elterlichen Futtermittelbetriebs.
20 Vgl. Rohde, S. 37 und S. 46 ff.

Jahren kommen. 1937 und 1938 wurden in Memmingen und Neuss (Düsseldorf) die ersten eigenen Niederlassungen errichtet und im Juni 1939 das von Dachsers Zwillingsbruder Franz bis dahin betriebene Ferntransportgeschäft inklusive zweier Lastzüge erworben. Sieben LKW, elf Anhänger und zwei PKW umfasste inzwischen der eigene Fuhrpark der Spedition.[21] Angesichts der damaligen Branchenstruktur, in der die Kleinunternehmer mit einem Fahrzeug mehr als drei Viertel aller gewerblichen Güterfernverkehrsbetriebe ausmachten und gerade einmal 2,5 Prozent der insgesamt registrierten 8 179 Betriebe vier und mehr Fahrzeuge aufwiesen, zeigte sich deutlich, dass Thomas Dachser nicht nur regional inzwischen in die Position der führenden Speditions- und Fuhrunternehmen aufgestiegen war.[22] Damit hatte Dachser zu seit Jahrzehnten bestehenden Traditionsunternehmen wie Fiege oder Hellmann längst aufgeschlossen, wobei man allerdings aufgrund der noch erheblichen geografischen Zersplitterung der Transportmärkte und auch der noch völlig unterschiedlichen speditionellen Geschäftsfelder weit davon entfernt war, sich als Konkurrenten in die Quere zu kommen.[23]

Nicht nur die wirtschaftlichen, auch die gesetzlichen Rahmenbedingungen hatten die Expansion begünstigt. Spätestens 1936 war offenkundig, dass das Ziel der Reichsbahn gescheitert war, die Entwicklung leistungsfähiger gewerblicher Güterfernverkehrsunternehmen zu verhindern. In den beiden Verkehrsträgern Eisenbahn und Kraftwagen prallten zwei gegensätzliche Ordnungsprinzipien der Verkehrswirtschaft aufeinander, die ohne staatliche Eingriffe nicht nebeneinander bestehen konnten: bedarfsorientierte Gemeinwirtschaft und gewinnorientierte Erwerbswirtschaft.[24] Und der LKW profitierte mehr und mehr von der gemeinwirtschaftlichen Tarifstruktur der Reichsbahn, indem er, mit entsprechendem Gewinn, bevorzugt die hochwertigen Stückgüter an sich zog. Der Konkurrenzkampf zwischen Reichsbahn und Güterkraftverkehr tobte mithin in der zweiten Hälfte der 1930er Jahre mehr denn je. Das im August 1936

---

21 Vgl. dazu *Bericht zur Schlussbilanz für 1937*, in: Bestand Frieß. Bilanzen für frühere Jahre liegen nicht vor.
22 Zur Branchenstruktur 1937 vgl. die Angaben bei Heimes, S. 149.
23 Fiege und Hellmann waren beide im Münsterländer Raum angesiedelt. Zu Fiege vgl. Michael Stoffregen-Büller, *Aus Westfalen in die Welt. Fiege – Portrait eines Familienunternehmens*, Münster 2000, der seinen traditionellen Schwerpunkt im Textiltransport- bzw. Textilspeditionswesen hatte.
24 Vgl. dazu Rohde, S. 63 ff.

erlassene neue »Gesetz über den Güterfernverkehr mit Kraftfahrzeugen« ermöglichte dann – allerdings ohne das bestehende Tarif- und Konzessionswesen aufzuheben – eine selbstständige Entwicklung des gewerblichen Güterfernverkehrs, indem es diesen überhaupt erstmals als unabhängigen Verkehrsträger anerkannte.[25] War es 1931 noch darum gegangen, den Straßengüterverkehr zu drosseln und seine Weiterentwicklung zu verhindern, so wurde nun der Güterfernverkehr in seiner volkswirtschaftlichen Bedeutung gesehen und als eigenständiger Bestandteil innerhalb einer gemeinwirtschaftlichen Verkehrsmarktordnung verstanden.[26] Das Gesetz von 1936 brachte nicht zuletzt auch die Tarifparität zwischen Schiene und Straße, die die Entwicklung des Transportgewerbes Jahrzehnte hindurch bestimmen sollte.

In diesem günstigen Umfeld gelang es Thomas Dachser bereits 1937, den Umsatz um 70 Prozent gegenüber dem Vorjahr auf 547 166 RM zu steigern und bis 1939, das heißt innerhalb von nur zwei Jahren, sogar zu verdreifachen. 1,66 Millionen RM verbuchte Dachser in diesem letzten Friedensjahr in seiner Bilanz.[27] Das entsprach bei einem Reingewinn von fast 100 000 RM einer Umsatzrendite von 6,2 Prozent. Wie effizient das kleine Unternehmen arbeitete, zeigte sich auch daran, dass die gewaltigen Umsatzzuwächse mit einer von zunächst 74 (1937) auf 53 Beschäftigte (1938/39) reduzierten Belegschaft erwirtschaftet wurden.[28] Ein Blick auf die Umsatzstruktur 1938 macht dabei deutlich, dass zunächst noch 53,4 Prozent der Bruttospeditionserlöse aus Nahverkehrsleistungen kamen, nur 33,9 Prozent aus dem Fernverkehrsbetrieb. Die Niederlassung Memmingen trug immerhin schon 14,5 Prozent zum Bruttogewinn bei. Dass Dachser dabei als finanziell gesundes Unternehmen dastand, war nicht zuletzt der Verdienst von Anna Dachser-Geissler. Obwohl Thomas Dachser Alleininhaber der Spedition war, führten letztlich beide Ehepartner zusammen das Geschäft. Während sich Thomas Dachser um das operative Tagesgeschäft kümmerte, war seine Frau erheblich in die Be-

---

25 Vgl. dazu Heimes, S. 97 ff. und S. 114 ff.
26 Vgl. ebd., S. 117 ff.
27 Vgl. *Bilanz* für 1939 sowie die Aufstellung der wichtigsten Kennzahlen für 1937 bis 1945/46 in: StA Augsburg, BLVW 167.
28 Vgl. dazu auch S. 10 des Berichts von Thomas Dachser am 23.7.1942 an die Wirtschaftsbehörden, in: Bestand Bilanzunterlagen.

wältigung der kaufmännischen Angelegenheiten involviert.[29] Der Kapitalbedarf des jungen Unternehmens war dabei erheblich. Nicht nur die Investitionen in die neuen Niederlassungen sowie in den Fuhrpark mussten bestritten werden, sondern auch noch der Erwerb der Kiesgruben. Dachser hatte daher in erheblichem Maße Fremdgelder aufnehmen müssen, die Neuanschaffungen des Fuhrparks wurden weitestgehend durch Wechsel finanziert. 1937 stand denn auch einer Bilanzsumme von 209 882 RM Fremdkapital in Form von Wechseln, Bankverbindlichkeiten und Hypotheken in Höhe von 209 283 RM gegenüber. Bis 1939 konnte der Anteil des Fremdkapitals aber immerhin auf 60 Prozent gedrückt werden. Dass das Unternehmen insgesamt eine eher vorsichtige (und durchaus vorausschauende) Finanzpolitik betrieb, zeigte sich nicht zuletzt daran, dass in den Boomjahren 1937 bis 1939 hohe Abschreibungen auf die neu erworbenen LKW vorgenommen wurden. Bei Kriegsbeginn, als Dachser wie alle anderen Fuhr- und Speditionsunternehmen auch gezwungen war, den Großteil seines Fuhrparks im Gesamtwert von inzwischen 190 000 RM an die Wehrmacht zu verkaufen, blieb man so vor größeren finanziellen Verlusten bewahrt.

Krieg und Wiederaufbau

Der Kriegsausbruch bedeutete in der Tat einen erheblichen Einschnitt in das Transport- und Speditionsgeschäft von Dachser. Nicht nur, dass infolge der Fahrzeugablieferungen der Fuhrparkbestand deutlich reduziert wurde[30]; mehr noch beeinträchtigten die Einberufungen fast der Hälfte der Belegschaft zur Wehrmacht das laufende Geschäft. Allerdings sorgte auch hier Anna Dachser-Geissler für Kontinuität: Als im August 1939 der handlungsbevollmächtigte Buchhalter eingezogen wurde, übernahm sie dessen gesamtes Arbeitsgebiet. Insgesamt brachen die Umsätze dann seit 1942 massiv ein, lagen aber 1944 noch immer über dem Niveau von 1937. Das lag nicht zuletzt daran, dass im Gefolge der Verlagerungsaktionen von

---

29 Mit der Geburt der Töchter Christa im März 1937 und Annemarie im September 1938 erfolgte dann aber ein, wenn auch nur vorübergehender Rückzug aus den geschäftlichen Belangen.
30 Von den 20 LKW hatte Dachser 16 an die Wehrmacht abgeben müssen, und mit den verbliebenen vier auf Holzgas umgestellten Lastautos konnte der Betrieb nur notdürftig aufrechterhalten werden.

Rüstungsbetrieben in ländliche Regionen, von denen gerade auch Kempten betroffen war, sowie angesichts der zusammenbrechenden Verkehrsinfrastrukturen bei der Reichsbahn prinzipiell eine massive Nachfrage nach Fuhr- und Speditionsleistungen bestand. Im Bombenkrieg erwies sich der gewerbliche Güterkraftverkehr flexibler und leistungsfähiger als die Reichsbahn. Aus dem infolge des Krieges unrentablen »Baustofflogistik-Geschäft« war Dachser zudem 1939 noch rechtzeitig mit dem Verkauf der Kieswerke ausgestiegen. 1941 hatte er mit dem Erwerb des Grundstücks Immenstädter Straße in Kempten für 100 000 RM die letzte große Investition getätigt und dort die neue Firmenzentrale errichtet. Im August und November 1944 jedoch wurden die Gebäude und Hallen durch Bombenabwürfe fast völlig zerstört, auch in der Niederlassung Neuss musste man Fliegerschäden verzeichnen. Insgesamt beliefen sich die Kriegsschäden auf 141 000 RM.

So tief das Kriegsende 1945 im politisch-militärischen Bereich eine Zäsur bedeutete, so weitreichend waren demgegenüber im gesellschaftlich-wirtschaftlichen Leben die Kontinuitäten. Nahezu bruchlos liefen auch bei Dachser die Geschäftsaktivitäten weiter. Das zeigte sich schon am Umsatz, der 1945/46 mit 555 000 RM nahezu das Niveau von 1944 erreichte. 28 Beschäftigte arbeiteten zu dieser Zeit bei Dachser. Thomas Dachser begann auch sofort mit Investitionen: Die zerstörten Bürogebäude und Lagerhallen in Kempten und Neuss waren schnell wieder aufgebaut und noch 1945 waren ein neuer LKW sowie zwei Anhänger gekauft worden. Die Transportnachfrage in der unmittelbaren Nachkriegswirtschaft hatte eher zu- als abgenommen und insbesondere der Güterfernverkehr eine rasche Ausweitung erfahren: 42,5 Prozent der Umsatzerlöse bei Dachser kamen 1945/46 bereits wieder aus diesem Bereich, mit 39,1 Prozent war der Anteil des Bahnsammelladungsverkehrs ungebrochen hoch, nur 13,7 Prozent wurden aus dem Nahverkehr erwirtschaftet. 3,9 Prozent trugen darüber hinaus Erlöse aus Lagereigeschäften sowie 0,7 Prozent auch aus Personenbeförderungen bei.[31] Auch an der Kapitalverfassung hatte sich prinzipiell kaum etwas verändert. Die Bilanzsumme betrug 428 383 RM, die Summe des Fremdkapitals 252 668 RM (und hatte sich damit gegenüber 1944 infolge massiver Kreditaufnahmen fast verdoppelt, bewegte sich aber in etwa auf dem Niveau der Jahre bis 1942); demgegenüber stand ein Eigenkapital von 146 469 RM: es bestand aus den Rückstellungen der

---

31 Vgl. Bilanz 1945/46, in: Bestand Bilanzunterlagen.

Mittel aus den LKW-Verkäufen an die Wehrmacht. Sie bildeten neben dem Grundstücksvermögen die finanzielle Grundlage für den Start in die Nachkriegsjahre. Auch in der Kundenstruktur zeigte sich bei Dachser eine große Kontinuität. In einer ausführlichen Betriebsanalyse der Außenstelle Kempten des Bayerischen Landesamtes für Vermögensverwaltung vom Juli 1947, die im Zusammenhang mit dem Spruchkammerverfahren erstellt worden war, heißt es über Thomas Dachser: »Ich möchte annehmen, dass er sich in erster Linie infolge seiner Tüchtigkeit, seines außerordentlichen Arbeitsfleißes, ich möchte beinahe sagen seiner Arbeitswut, und durch die Unterstützung seiner eminent tüchtigen Frau diese Stellung erarbeitet hat, dass er frühzeitig die Wichtigkeit des Ferntransportes mittels Lastwagen und des Sammelverkehrs erkannt und sein Geschäft darauf eingestellt hat, schon zu einer Zeit, als dies weniger weitsichtigen und nicht so rührigen Konkurrenten noch gar nicht in den Sinn kam. Sein Kundenkreis ist im Großen auch heute noch derselbe wie vor Jahren, was sicher nicht der Fall wäre, hätte er seine Kunden nicht stets zur Zufriedenheit bedient oder gar übervorteilt.«[32]

Tatsächlich zeigten sich schließlich auch in der Unternehmensführungsorganisation trotz aller auf den ersten Blick erscheinenden Einschnitte deutliche Kontinuitäten. Wohl in Voraussahnung der kommenden Entwicklungen hatte Thomas Dachser im Sommer 1945 zunächst versucht, die Firma auf eine neue gesellschaftsrechtliche Grundlage zu stellen. Am 20. Juli 1945 hatten Dachser, seine Frau und Emil Steiner einen Gesellschaftsvertrag geschlossen und die Allgäuer Transportgesellschaft Dachser & Steiner mit je 1 000 RM als Kapitaleinlage der drei Kommanditisten gegründet. Der 45-jährige Steiner war zwischen 1939 und 1945 als kaufmännischer Angestellter beziehungsweise Leiter in verschiedenen Allgäuer Speditionen beschäftigt gewesen, im Februar 1945 jedoch als politisch und rassisch Verfolgter im KZ Theresienstadt inhaftiert worden.[33] Die amerikanische Militärregierung in Kempten erkannte allerdings im Frühsommer 1946 den Gesellschaftsvertrag nicht an, Thomas Dachser blieb Alleininhaber der Firma – und geriet nun in die Mühlen der Entnazifizierungs- und Säuberungspolitik der Besatzungsmacht. Anfang August 1946 wurde die Firma wegen Dachsers Parteizugehörigkeit unter Vermögenskontrolle ge-

---

32 Stellungnahme vom 5. Juli 1947, S. 5, in: StA Augsburg, BLVW 167.
33 Vgl. dazu den Lebenslauf Steiners, in: StA Augsburg, BLVW 167.

stellt. Dachser war damit formal von jeglicher Tätigkeit in seinem Unternehmen ausgeschlossen, mit der Ausnahme der Beschaffung von Ersatzteilen und Reifen. Dass jedoch Dachser faktisch weiterhin unternehmenspolitisch entscheidend blieb, dafür sorgte ein enger Kreis vertrauter und bewährter Mitarbeiter: Offiziell eingesetzter Treuhänder wurde Emil Steiner, der sich wiederum bei organisatorischen Fragen des speditionellen Geschäfts auf den geschäftsführenden Prokuristen Franz Lebert stützte, den Thomas Dachser schon 1938 angeworben und eingestellt hatte. Und schließlich spielte Anna Dachser-Geissler, die von den Restriktionen nicht betroffen war, als rechte Hand ihres Ehemannes und Prokuristin in dieser Phase im Unternehmen eine entscheidende Rolle. Als Emil Steiner im August 1948, kurz vor dem offiziellen Ende der Treuhänderschaft, seinen Rechenschaftsbericht vorlegte, konnte er auf eine rasante Aufwärtsentwicklung verweisen, die der Speditionsbetrieb allein in dieser kurzen Zeit der vergangenen zwei Jahre durchgemacht hatte: Der Bruttoumsatz war im Geschäftsjahr 1947/48 auf 1,24 Millionen RM geklettert, der Gewinn auf 132 000 RM. Das war gegenüber 1945/46 mehr als eine Verdoppelung (beim Umsatz) beziehungsweise eine Verdreifachung (beim Gewinn).[34] Auch die Belegschaft hatte sich mit 64 Beschäftigten (darunter 18 eigene Fahrer) mehr als verdoppelt.[35] Nur der Fuhrpark hatte aufgrund des allgemeinen Fahrzeugmangels mit drei LKW, einer Zugmaschine und 10 Anhängern keine nennenswerte Erneuerung beziehungsweise Vergrößerung erfahren.[36] Inzwischen erfolgte auch die volle Rehabilitierung Thomas Dachsers. Die Spruchkammer war im Juli 1948 zu dem Urteil gekommen, dass die Hauptbelastungszeugen im Entnazifizierungsverfahren sämtlich »persönliche Feinde und Geschäftskonkurrenten« von Dachser waren, und stufte ihn letztlich als Mitläufer ein.[37] Am 6. September 1948 wurde dann auch endgültig die Vermögenskontrolle über den Betrieb aufgehoben. Thomas Dachser übernahm nun wieder auch formell die Leitung seiner Firma.

---

34 Vgl. RM-Schlußbilanz, in: Bestand Bilanzunterlagen.
35 Vgl. eine namentliche Liste der Belegschaftsangehörigen vom Dezember 1947, in: StA Augsburg, BLVW 167.
36 Der Rechenschaftsbericht vom 14.8.1948, in: ebd.
37 Vgl. Urteilsbegründung der Spruchkammer vom 2.7.1948, S. 3, in: StA Augsburg, BLVW 167.

Kapitel 2

Expansionsstrategie im Zeichen von »Wirtschaftswunder« und europäischer Integration

Netzentwicklung und Netzpolitik:
Der Aufbau des inländischen Stückgutnetzes

Die staatlich reglementierte Verkehrsmarktordnung mit Konzessionspflicht und dem Reichskraftwagentarif bestand auch nach Kriegsende faktisch unverändert weiter. Die Militärregierung war mit ihren Versuchen, eine Liberalisierung in Gang zu setzen, gescheitert. In den Schwarzmarkt- und Inflationsjahren der unmittelbaren Nachkriegszeit besaß der Reichskraftwagentarif zwar nur eher theoretische Bedeutung, da die Tarife seit Kriegsbeginn eingefroren waren und die niedrigen offiziellen Sätze die tatsächlichen Kosten längst nicht mehr deckten. Mit der Währungsreform vom 20. Juni 1948 jedoch rückte der Reichskraftwagentarif wieder ins Zentrum der Preis- und Kostenkalkulationen im Transportgewerbe, und zum 12. August 1948 wurden die Tarifsätze erstmals wieder um 40 Prozent erhöht.[38] Im September 1949 wurde das »Übergangsgesetz zur Änderung des Gesetzes über den Güterfernverkehr mit Kraftfahrzeugen« erlassen und schließlich im Güterkraftverkehrsgesetz (GüKG) vom Oktober 1952 endgültig der gewerbliche Straßengüterverkehr im gesamten Bundesgebiet geregelt. Es knüpfte auch und gerade hinsichtlich des Konkurrenzschutzes für die Bahn an die Gesetze von 1936 an, wobei es aber eine Reihe von Modifikationen gab. Neben der Schaffung des Bundesamtes für Güterfernverkehr (BAG) als Instanz zur Überwachung der Tarifordnung wurde erstmals die Zahl der Konzessionen für das Bundesgebiet kontingentiert (12 594 Genehmigungen) und nach Ländern aufgeteilt. Die 50-Kilometer-Zone als Abgrenzung zwischen Güternah- und Güterfernverkehr wurde explizit bestätigt (zeitweise hatte es Überlegungen zur Schaffung einer 80-Kilometer-Zone

---

38 Vgl. Heimes, S. 183 ff.

gegeben), gleichzeitig aber war die unbegrenzte Ausgabe von Bezirksgenehmigungen mit einem Radius von 150 Kilometern beschlossen worden.[39] Für die Transport- und Speditionsunternehmen galt es in Zukunft, sich dieser komplexen und differenzierten Tarifklassen und Konzessionstypen durch Konzessionsteilung, Konzessionskäufe und Kombination von Nah-, Bezirks- und Fernverkehrstransporten möglichst so zu bedienen, dass die Restriktionen zu Gunsten des eigenen Unternehmens unterlaufen, die von Wettbewerbskämpfen weitgehend verschonten bequemen Einnahmemöglichkeiten aus dem Tarifgebäude aber gleichzeitig voll ausgeschöpft wurden. Thomas Dachser und seine Niederlassungsleiter verstanden es, das sollte sich bald zeigen, auf dieser Klaviatur der Verkehrsmarktregelungen virtuos zu spielen.

Phasen der Niederlassungsgründungen und Kapitalbedarf

Als Erstes nahm Dachser nach Kriegsende wieder die Transportverkehre ins Rheinland auf und eröffnete bereits im Mai 1946 die Niederlassung Neuss. Die Art des Hauptgeschäfts und die vergleichsweise abgelegene Lage Kemptens als Hauptsitz der Firma bedingte dabei eine Reihe von Weichenstellungen, die das Unternehmen bis heute prägen: Das hauptsächliche Ladegut war Käse, damit waren Schnelligkeit und Zuverlässigkeit (und das hieß letztlich das Bemühen um Qualität) Vorbedingungen für einen Erfolg. Die geografische Lage erforderte zudem den Aufbau eines großen, flächendeckenden Netzes von Zweigniederlassungen. Während andere Spediteure in Industrieregionen zu lokalen »Platzhirschen« wurden, entwickelte sich Dachser zu einem dezentral organisierten Unternehmen, dessen Basis ein Netz weitgehend eigenständig agierender Niederlassungen bildete. In rascher Folge, allerdings anfangs oft nur mit rudimentären Investitionen[40] und weitgehend dem speditionellen Geschick des jeweiligen Niederlassungsleiter überlassen, wurden zwischen 1946/47 und 1950/51 die Grundlagen des Niederlassungsnetzes gelegt: Nach der Wiedereröffnung der Zweignie-

---

39 Gleichzeitig wurden die verschiedenfarbigen Konzessionen eingeführt: Rote Konzessionen galten für den unbeschränkten Güterfernverkehr, blaue Konzessionen für Gütertransporte bis 100 km. Vgl. dazu Heimes, S. 183 ff., und auch Bicker, Chronik, S. 56 f.
40 So begann Ulrich Weiss den Aufbau der Zweigniederlassung Wangen mit der sprichwörtlichen Obstkiste als Schreibtisch und einer geliehenen Schreibmaschine. Vgl. dazu Notiz Weiss über die Anfänge beim Aufbau der Zweigniederlassung Wangen, o. D., in: Bestand Bicker.

Bild 1: Käsekühlzug Anfang der 1950er Jahre

derlassungen in Neuss und Memmingen folgten 1948 Filialgründungen in Wangen, ein Jahr später in Frankfurt/Main und Hamburg, 1950 dann in München, Köln und Neu-Ulm. 1951 sollten Niederlassungen in Kaufbeuren und Berlin folgen, 1952 schließlich in Kornwestheim/Stuttgart und Augsburg.[41] Anfang der 1950er Jahre verfügte Dachser damit bereits über ein Netz von 13 Zweigniederlassungen, das allerdings einen deutlichen Schwerpunkt im süd- und südwestdeutschen Raum besaß.

Die rasche Ausweitung des Geschäfts, insbesondere nach der Währungsreform, aber auch die erheblichen Investitionsaufwendungen für die Erneuerung und Erweiterung des Fuhrparks, für Grundstückskäufe und Mieten, hatten dabei deutliche Spuren in den Bilanzen hinterlassen. Im ersten Nachwährungsreform-Geschäftsjahr 1948/49 verzeichnete Dachser bereits einen Bruttoumsatz von 3,711 Millionen DM, 1951 sollten es dann 12,5 Millionen DM sein. Auffallend war, dass die DM-Eröffnungsbilanz bei einer Bilanzsumme von 297 681 DM ein Eigenkapital von 271 292 DM auswies und als Verbindlichkeiten ganze 19 241 DM auftauchten. Thomas Dachser hatte sein Unternehmen durch die Währungsreform praktisch vollständig entschuldet. Wie viele andere Unternehmer auch hatte er

---

41 Vgl. dazu im Einzelnen auch Bicker, Chronik, S. 47 ff.

kurz vor dem 20. Juni 1948 eine Reihe von Privatdarlehen aufgenommen und damit seine Bankschulden in bald wertlosen RM zurückgezahlt. Der Rest der Schulden war dann (wie allerdings die Barguthaben auch) 10:1 abgewertet worden. Der immense Kapitalbedarf – inzwischen bestand der Fuhrpark aus 13 LKW und 17 Anhängern – ließ aber neue Kredite und damit den Zufluss von Fremdkapital unumgänglich werden. Am Ende des Geschäftsjahres 1948/49 standen daher bereits wieder knapp 318 000 DM Verbindlichkeiten in der Bilanz. Das erste Nachwährungsreform-Jahr hatte letztlich auch nur einen mageren Gewinn von 11 474 DM erbracht, der sich allerdings schon ein Jahr später auf 37 462 DM verdreifachen und, bei inzwischen über 200 Beschäftigten, im Jahr 1951 auf knapp 150 000 DM hochschnellen sollte.[42] Von den Zweigniederlassungen schrieb einzig Augsburg infolge von Anlaufverlusten rote Zahlen, während alle anderen Niederlassungen Gewinne lieferten. Die Hauptumsatzträger und auch wichtigsten Gewinnbringer aber waren letztlich drei Filialen: Kempten, Wangen und Neuss/Düsseldorf. Allein auf die Ertragsstärke dieser drei Niederlassungen (und damit auch von diesen abhängig) sollte sich das Dachser-Netzwerk lange Zeit stützen. Neben der Abfertigung von Ladungsgeschäften für die süddeutschen Nahrungsmittel- und Molkereibetriebe begann Thomas Dachser nun auch mit der Einrichtung von Stückgutverkehren per LKW als zusätzliches, neues speditionelles »Produkt«, deren Kunden vor allem die süddeutsche mittelständische Zulieferindustrie waren. Sowohl was die infrastrukturellen wie die »produktionsmäßigen« Voraussetzungen für das Angebot speditioneller Dienstleistungen anging, war damit bei Dachser die Basis für die Expansion in die »Wirtschaftswunderjahre« gelegt.

Thomas Dachser verfolgte beharrlich seine Vision weiter, ein flächendeckendes Stückgutnetzwerk aufzubauen. Die erste, mit der Währungsreform in Gang gesetzte Expansionswelle war mit dem schnellen Aufbau des Stammnetzes der 14 Zweigniederlassungen[43] bereits Anfang der 1950er Jahre abgeschlossen. Zu Beginn der 1960er Jahre setzte dann eine zweite Welle von Niederlassungsneugründungen ein, die bis Mitte der 1970er Jahre andauern sollte. Den Anfang machte bereits 1959 die Gründung einer Zweigniederlassung in Nürnberg/Fürth sowie Saarbrücken, 1966

---
42 Vgl. Bilanz 1948/49, in: Bestand Frieß.
43 Ab 1954 war in der Hauptniederlassung Kempten mit der Trennung von Speditionsbetrieb und Geschäftsverwaltung dort auch eine eigene Zweigniederlassung entstanden.

folgten Niederlassungen in Hannover und Mannheim, 1968 in Dortmund, ein Jahr später in Alsdorf sowie 1973 schließlich in Karlsruhe. Das Niederlassungsnetz umfasste damit inzwischen 21 Filialen.[44] In Saarbrücken war es dabei zu einer spezifischen Entwicklung gekommen, denn die ursprüngliche Absicht Dachsers, nach dem wirtschaftlichen Anschluss des Saargebiets dort eine eigene Zweigniederlassung zu errichten, war infolge der Übergangsbestimmungen zum Schutz der saarländischen Wirtschaft fehlgeschlagen. Aus diesem Grund musste man den Umweg über eine eigene GmbH-Gründung wählen. Zusammen mit dem Ehepaar Keller, das allerdings von Anfang an nur als Treuhänder für die Firma Dachser fungierte, wurde im Oktober 1959 mit einem Stammkapital von 20 000 DM die Speditionsfirma Keller & Co. gegründet. Anfangs beschränkte sich die Tätigkeit des Tochterunternehmens ausschließlich auf Spedition, Lagerei und Güternahverkehr. Erst ab 1963 wurden entsprechende Konzessionen erworben und ein eigener Güterfernverkehr aufgebaut.[45] Unbeschadet ihrer rechtlichen Selbstständigkeit wurde Keller & Co. von Anfang an wie eine Zweigniederlassung der Firma Dachser geführt. Auch in Karlsruhe ergab sich eine spezifische Situation. Die dortige Süd-West-Spedition (SWS) war eine Gemeinschaftsgründung örtlicher Speditionsfirmen mit kommunalen Behörden, die allerdings tief in den roten Zahlen steckte. Für Dachser ergab sich dadurch 1973 eine günstige Beteiligungsmöglichkeit, die 1975 dann rasch in eine Mehrheit und alleinige operative Führung ausgebaut wurde. SWS Karlsruhe fungierte innerhalb des Dachser-Netzwerkes zwar als Zweigniederlassung, behielt aber, anders als Keller & Co., lange Zeit organisatorisch wie gesellschaftsrechtlich einen hohen Grad an Autonomie.[46]

Dass das Dachser-Netz tatsächlich aber noch weit engmaschiger war, lag daran, dass seit den 1950er Jahren vor allem die größeren Niederlassungen eine Reihe von Außenstellen errichteten. Damit konnte man nicht nur den wachsenden und oft von spezifischen Kundenbedürfnissen geprägten Verkehrs- und Güterströmen gerecht werden, sondern vor allem

---

44 Ausführlich zu den einzelnen Niederlassungsprofilen vgl. Bicker, Chronik, S. 60–85 und S. 124–142.
45 Vgl. zur gesellschaftsrechtlichen Konstruktion Aktennotiz vom September 1965, in: Bestand Bicker sowie auch Bicker, Chronik, S. 79f. Vgl. auch den Ergebnisabführungsvertrag zwischen Keller & Co. und Dachser vom 24.11.1970, in: ebd.
46 Vgl. dazu auch Bicker, Chronik, S. 217f. sowie Zeitzeugeninterview Tonn.

Schaubild 1: Niederlassungsnetz (Trockengut) Deutschland 1979

auch die Güterfernverkehr-Konzessionierung umgehen. Je dichter das Netz, umso leichter war es, sich den Einschränkungen zu entziehen und den Nahverkehrsradius der jeweiligen Filiale auszuweiten. Das bedeutete letztlich eine erhebliche Flexibilisierung und Möglichkeit zur Aufweichung gegenüber der vom Staat mit seiner Güterverkehrspolitik ursprünglich betriebenen rigiden Abschottung der zwei Transportmärkte Güternahverkehr und Güterfernverkehr. Der Niederlassungsleiter der Zweigniederlassung Neuss, Walter Schramm, errichtete zum Beispiel im Laufe der 1960er Jahre Außenstellen in Dortmund (die dann später eigenständige Zweigniederlassung wurde), Düren (Aachen), Plettenburg und Rheinberg (bei Duisburg/Essen). Die Zweigniederlassung Kempten ihrerseits besaß Außenstellen in Achern/Baden und Sonthofen. Am aktivsten bei der Errichtung von Außenstellen aber war die Zweigniederlassung Wangen mit ihrem Niederlassungsleiter Ulrich Weiss. Zur Gewinnung neuer Kunden hatte Weiss noch in den 1950er Jahren Niederlassungsaußenstellen in Ravensburg und Friedrichshafen sowie Konstanz und Lindau errichtet – bei Letzterer stand dabei das lukrative Warenverzollungsgeschäft im grenznahen Bodenseegebiet im Vordergrund. Als der Lebensmittelkonzern und Großkunde Kraft 1957 zudem seinen Produktionsschwerpunkt nach Norddeutschland verlegte, installierte Weiss – gegen den Willen von Thomas Dachser – nur ein Jahr später eine Außenstelle in unmittelbarer Kundennähe im niedersächsischen Fallingbostel.[47] Später sollten noch mit Bremen und Radolfszell zwei weitere Außenstellen der Niederlassung Wangen hinzukommen, die damit einen mächtigen Betriebsstättenverbund darstellte. Insgesamt 16 Außenstellen ergänzten daher 1969/70 das Dachser-Filialnetz und bis Mitte der 1980er Jahre kamen weitere hinzu. »Eine der über 50 Dachser-Niederlassungen ist immer in Ihrer Nähe«, lautete daher einer der Werbeslogans des Unternehmens.[48]

Verkehrsmarktkonjunkturen und schleichende Liberalisierung. Formen des Wettbewerbs im staatsregulierten Transportmarkt

Das Volumen des Güterverkehrsmarktes war inzwischen seit 1950 geradezu explosionsartig gewachsen. Bis 1970 stieg das Güteraufkommen aller Verkehrsträger von 688,6 Millionen Tonnen (1950) auf 2,844 Milliarden Tonnen, ähnliche Wachstumsraten wiesen die dabei erbrachten Transportleistungen auf: 1950 betrugen diese noch erst 70,4 Milliarden Tonnenkilometer, 1970 bereits 215,3 Milliarden Tonnenkilometer.[49] Der Güterverkehrsmarkt wies jährliche Wachstumsraten von bis zu 15 Prozent auf, zeigte allerdings auch 1953, 1958 und 1967, wenn auch nur kurzfristig, deutliche Einbrüche.

Ein genauerer Blick auf die Zusammensetzung der Aufkommens- und Leistungsstruktur im Güterverkehr nach den einzelnen Verkehrsträgern

---

47 Vgl. dazu Bicker, S. 82 f., sowie eine Gesamtübersicht über die Betriebsstätten 1971, in: Bilanz 1972, Anlage I/1, sowie auch die Aufstellung der Niederlassungen mit den Prokuristen der Dachser GmbH 1954 bis 1970, in: Bestand Bicker.
48 Vgl. *Dachser aktuell* Jg. 1986, H. 1/2.
49 Vgl. Statistik des BGL 1950 bis 2005, in: http://www.bgl-ev.de/web/daten/verkehr_gueteraufkommen.htm (Zugriff am 10.9.2007).

*Schaubild 2: Die Güterverkehrsmarktkonjunkturen 1950 bis 1970
(Jährliches Wachstum des Güteraufkommens und
der Transportleistung in %)*

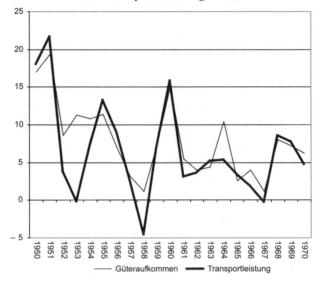

Quelle: Bundesverband Güterkraftverkehr, Logistik und Entsorgung (BGL)

zeigt dabei, dass sich innerhalb dieses Wachstumsmarktes gewaltige Verschiebungen vollzogen. Der große Verlierer im Wettbewerb der Verkehrsträger war die Bahn, deren Anteile sich innerhalb von 25 Jahren praktisch halbierten. Hatte die Bahn noch 1950 30,3 Prozent aller beförderten Gütermengen transportiert, so waren es 1970 nur noch 13,3 Prozent und schrumpfte bis Mitte der 1980er Jahre auf knapp 10 Prozent. Bei der Verkehrsleistung hatte die Bahn 1950 sogar noch einen »Marktanteil« von 56 Prozent besessen, 1970 war er aber auf 33,2 Prozent geschrumpft und erreichte 1985 nur noch 25 Prozent.[50] Der große Gewinner der Marktumschichtung war der Straßengüterverkehr, der seinen Anteil am Verkehrsaufkommen von knapp 60 Prozent (1950) auf zunächst 75,1 Prozent (1970) und schließlich über 80 Prozent im Laufe der 1980er Jahre steigern konnte. Noch deutlicher waren die Anteilsgewinne bei der Verkehrsleistung. 1950 waren 20,3 Prozent aller geleisteten Tonnenkilometer mit LKW erbracht worden, 1970 waren es dann 36 Prozent und Mitte der 1980er Jahre bereits deutlich über 50 Prozent. Die Gründe für diese Entwicklung lagen in der größeren Anpassungs-

---

50 Vgl. dazu auch die Statistiken bei Heimes, S. 307 f. sowie Aberle, S. 44 ff.

fähigkeit des LKW als Verkehrsträger an die wachsenden Ansprüche der verladenden Wirtschaft. Insbesondere erwies sich der LKW für die Beförderung wertvoller Produkte und Halbfabrikate als besonders geeignet, während die Priorität der Schiene mehr im Massenguttransport (Kohle, Eisen, Stahl, Mineralöl) lag. Diese waren aber ständig zurückgegangen beziehungsweise hinter der sonstigen Entwicklung der Güterströme zurückgeblieben.[51] Allerdings darf nicht übersehen werden, dass mehr als drei Viertel der beförderten Güter innerhalb der 50-km-Zone lagen, das heißt auf den Güternahverkehr entfielen. Vor allem aber verzeichnete der Werksverkehr, das heißt die unternehmenseigenen Transport- und Speditionsaktivitäten, sowohl im Nah- wie im Fernverkehrsbereich eine massive Zunahme, die sich im Laufe der 1970er Jahre sogar noch beschleunigte. Zwischen 1950 und 1970 hat der Werksverkehr, dessen Schwerpunkt im Nahrungs- und Genussmittelgewerbe, bei der Metallerzeugung und -verarbeitung sowie im Großhandel lag, von 6,0 auf 26,6 Milliarden Tonnenkilometer beziehungsweise von 233,3 auf 1,244 Millionen Tonnen gesteigert und bis 1980 zumindest im Bereich der Verkehrsleistung noch einmal verdoppeln können.[52] Dieses Wachstum des Werksverkehrs, der damit für die gewerblichen Güterverkehrsunternehmen wie Dachser neben der Bahn den zweiten Hauptkonkurrenten um Marktanteile darstellte, war eine direkte Folge der staatlichen Tarifordnung. Das starre Festpreissystem ließ es nicht zu, dass die Spediteure der verladenden Wirtschaft flexible Preise entsprechend den unterschiedlichen Beförderungsanforderungen einräumen konnten. Es war daher kein Wunder, dass Verlader, deren Beförderungen vom Güterverkehrsgewerbe infolge der künstlichen Verknappung des Beförderungsangebots durch die Kontingentierung oder wegen des zeitweise unattraktiven Tarifentgelts wiederholt nicht ausgeführt wurden, sich aus der Abhängigkeit vom Verkehrsgewerbe zu lösen suchten und eigene Werksverkehre aufbauten.[53] Der Werksverkehr konnte bis in die 1990er Jahre hinein seine starke Position behaupten. Erst im Gefolge der Deregulierung und der von den Unternehmen betriebenen Outsourcing-Politik sollte er an Bedeutung verlieren. Die dadurch frei werdenden Marktanteile sorgten dann für einen neuen Wachstumsschub bei den Speditionen und Logistikunternehmen.

---

51 Vgl. Heimes, S. 254f.
52 1980 waren es 40,6 Mrd. tkm.
53 Vgl. dazu auch Peters, S. 31, sowie Heimes, S. 255ff.

Verkehrsmarktpolitik der 1960er Jahre und die Konkurrenz mit der Bahn

Der Transport- und gewerbliche Güterverkehrsmarkt selbst wurde dabei nach wie vor von den ordnungspolitischen Maßnahmen der Kapazitätssteuerung über Konzessionen und der Koordinierung der Preispolitik mit Hilfe des Tarifsystems durch den Staat geprägt. Aber seit den 1960er Jahren befand sich der Markt bereits in einer Übergangsphase von der vollkommenen Regulierung zu einer schleichenden Deregulierung. Den Anfang hatte die Verkehrsnovelle vom August 1961 (»Kleine Verkehrsreform«) gemacht. Das dabei erlassene vierte Änderungsgesetz zum GüKG räumte dem gewerblichen Güterverkehrsgewerbe einen entscheidenden Einfluss auf die künftige Gestaltung der Frachttarife ein. Neu gebildete Tarifkommissionen des Gewerbes, in denen allerdings erstmals auch die Verladerschaft mittelbar beteiligt war, entschieden nun über die Tarifpolitik. Von wirklicher Tarifautonomie konnte zwar keine Rede sein, da das Bundesverkehrsministerium nach wie vor ein entscheidendes Wort mitreden konnte. Aber der Startschuss zur Auflösung der bisherigen strikten Tarifparität von Schiene und Straße und damit zur Entkoppelung vom Reichskraftwagentarif und dem Deutschen Eisenbahngütertarif war damit gefallen.[54] Im Januar 1969 war es dann mit der Einführung des »Leber-Pfennigs« kurzzeitig zu einem Rückfall in die Zeiten der einseitigen »Bahnschutzpolitik« gekommen. Die Speditionen und Transportunternehmen wurden mit einer Sondersteuer (Straßengüterverkehrssteuer) von 1 Pfennig je Tonne und Kilometer belegt. Allerdings brachte die letztlich nur bis Ende 1971 geltende Steuer der Bahn keinen Wettbewerbsvorteil im anhaltenden Schiene-Straße-Konflikt und für die Speditionsunternehmen sogar noch insofern einen Vorteil, als auch der Werksverkehr mit 3 bis 5 Pfennig je Tonnenkilometer zusätzlich und damit höher belastet worden war.[55] Mitte der 1970er Jahre gewann dann der Deregulierungsprozess mit der Lockerung weiterer Bestimmungen deutlich an Fahrt. Seit dem 1. Januar 1973 erstreckte sich die Konzessionsgültigkeit nicht mehr allein auf das Einzelfahrzeug, sondern auf den Inhaber. Dadurch war der Spediteur in der Lage, ein Kraftfahrzeug seiner Wahl im Güterfernverkehr einzusetzen. Und im Juni 1975

---

54 Vgl. Heimes, S. 194 f.
55 Vgl. dazu Heimes, S. 201 ff., sowie Aberle, S. 113 ff., und auch Vahrenkamp, S. 29 f.

wurden die bis dahin gleichfalls staatlich verordneten Kundensätze und Hausfrachttarife im Spediteursammelverkehr aufgehoben. Das war der Beginn der Entwicklung eines an den tatsächlichen Kosten orientierten Preisbildungsmodells, aber zugleich auch eines mehr oder minder offen betriebenen Verdrängungswettbewerbs unter den Speditionsunternehmen über den Preis.

Den Preiswettbewerb eingeläutet hatte allerdings schon lange zuvor die Deutsche Bundesbahn. Sie hatte die Entkoppelung des Deutschen Eisenbahngütertarifs und des Reichskraftwagentarifs dazu benutzt, unter anderem im März 1964 einseitig ihre Tarife drastisch um 25 Prozent abzusenken, und die Fernverkehrsunternehmen sahen sich nicht in der Lage, dieser Tarifentwicklung zu folgen.[56] Die Bahn blies damit zu einer regelrechten Tarifoffensive gegen die Speditionen. Mit einer Flut von »Kampftarifen«, in deren Gefolge die Regeltarife deutlich absanken, versuchte sie, den Güterfernverkehrsunternehmen das Wasser abzugraben.[57] Besonders hohe Wellen schlug im Frühjahr 1974 die Einführung eines Stückgut-Städtetarifs (AT 483), mit dem die Bahn den Speditionen Konkurrenz zu machen suchte. Nach eingehender Überprüfung und Vergleich mit den eigenen Kundensätzen kam man bei Dachser jedoch schnell zu dem Schluss, dass »selbst wenn man vom Bahnsatz 20 Prozent Marge abzieht [...] die Bahn in jedem Fall teurer als der Spediteur-Kundensatz [ist]. So gesehen ist die ganze Sache eine Bauernfängerei«.[58]

Neben der Wettbewerbspolitik verfolgte die Bahn gegenüber den Güterverkehrsunternehmen aber gleichzeitig auch eine Kooperations- und Integrationsstrategie. 1969 gründete man die Kombiverkehr KG als Gemeinschaftsunternehmen von Transportunternehmen, Kraftwagenspediteuren und Deutscher Bundesbahn. Auch Dachser war Gründungsmitglied. Der kombinierte Verkehr mit mobilen Containerverladungen im Huckepack-Verfahren schien die ideale und vor allem auch verkehrspolitisch sinnvolle Verbindung von Schienen- und Straßengütertransport.[59] Aber der Kombiverkehr setzte sich als alternatives Transportkonzept nur

---

56 Vgl. dazu Heimes, S. 190 ff.
57 Vgl. dazu im Detail auch *Dachser aktuell* Jg. 1964, H. 3 ff.
58 Notiz Wecker an Weiss vom 22.2.1974, in: Bestand Frieß. Vgl. auch Protokoll der Geschäftsführung vom 13./14.3.1974, S. 2 f., in: ebd.
59 Vgl. dazu Thomas Zeller, »Kombinierter Verkehr – die ewige Zukunftshoffnung«, in: Harry Niemann, Armin Hermann (Hrg.), *100 Jahre LKW*, Stuttgart 1997, S. 379–394.

langsam durch[60], und vor allem reduzierte Dachser bald wieder seine über die Bahn vermittelten Verkehre. Untersuchungen zeigten, dass auch der Kombiverkehr steuerlichen und ordnungspolitischen Reglementierungen unterlag und daher nur einem beschränkten Benutzerkreis offenstand. Die Hauptnutzer waren hauptsächlich mittlere und größere Speditions- und Güterfernverkehrsunternehmen. Nur solche Firmen verfügten über ein regelmäßiges, möglichst paarig anfallendes Transportgutaufkommen im Ladungs- und Sammelgutverkehr sowie über die personellen und organisatorischen Voraussetzungen, um Kombiverkehre überhaupt rentabel zu betreiben.[61] Genau hier lag aber das eigentliche Problem, denn der Kombiverkehr konnte letztlich nicht kostendeckend gestaltet werden. Zudem war es schwierig, qualitativ gute Laufzeiten zu halten. »Niederlassungen, die konventionell Linienverkehre unterhalten«, so konstatierte man bei Dachser im Februar 1982, »bieten eine wesentlich bessere Laufzeit als die Niederlassungen, die ihr Sammelgut im Kombiverkehr verladen.«[62] Mitte der 1980er Jahre startete die Bahn ungeachtet der Kombiverkehre einen neuen Angriff auf die Konkurrenz von der Straße. Diesmal hatte man es mit einem Ausnahmetarif für Partiefrachten auf das Sammelgutgeschäft der Speditionen abgesehen. Aber den Transport- und Speditionsunternehmen war es durch Interventionen im Verkehrsministerium gelungen, den Dumping-Frachtsätzen weitgehend die Spitze zu nehmen und damit einen größeren Einbruch der Bahn in den Markt für Nicht-Massengüter abzublocken.[63] »Von den Spitzen der Bahn«, so stellte man in der Dachser-Geschäftsführung bereits im Dezember 1983 fest, »geht zur Zeit eine ausgesprochen aggressive Verkaufspolitik aus, die zwar der Bundesbahn nicht den erhofften Auftragszuwachs bringt, da die Leistungsfähigkeit der DB nicht ausreicht, aber in einer Vielzahl von Fällen zu Preisverfall führt. Offiziell will die Bahn mit den Spediteuren kooperieren, tut aber tatsächlich das Gegenteil, indem sie einen massiven Verdrängungswettbewerb versucht.«[64]

---

60 Vgl. dazu die Daten zur Aufkommensentwicklung im Kombiverkehr 1969 bis 1999, in: http://www.bgl-ev.de/daten/kombiniert.html.
61 Vgl. Dünner, S. 45.
62 Protokoll Geschäftsführung vom 4.2.1982, S. 3, in: ebd.
63 Vgl. dazu Protokoll Geschäftsführung vom 9.5.1984, in: ebd., sowie Hans-Jürgen Mahnke, »Falscher Ordnungsrahmen«, in: *Die Welt* vom 27.6.1984.
64 Protokoll Geschäftsführung vom 7.12.1983, S. 5, in: Bestand Frieß. Vgl. auch Protokoll Niederlassungsleiter-Tagung vom 21./22.3.1984, S. 14, in: ebd.

Margentarife und brancheninterne Konkurrenten

Neben dem externen Wettbewerb durch die Bundesbahn und den Werksverkehr machte Dachser mehr und mehr der brancheninterne Konkurrenzkampf zu schaffen. Die Einführung von Margentarifen Mitte der 1960er Jahre hatte dazu geführt, dass die Margenuntergrenze vielfach zum Richt- beziehungsweise Normalpreis geworden war und sich die Tarife damit am unteren Ende des Preiskorridors eingependelt hatten. Die Bereitschaft zur Missachtung der Tarifordnung und auch die tatsächlichen Verstöße, etwa indem den Kunden das Rollgeld[65] nicht berechnet wurde, nahmen vor allem bei den kleineren Speditionen und Fuhrbetrieben zu. Dabei waren es aber gerade auch die größeren Unternehmen, die Preisunterbietungen als Wettbewerbsinstrument einsetzten, allerdings in einer differenzierten und formal legalen Art und Weise. Tarifnachlässe wurden nicht im Rahmen von einzelnen Beförderungsaufträgen angeboten, sondern bei Speditionsaufträgen, die eine Reihe unterschiedlicher Leistungsarten wie Zollabfertigung oder Lagerhaltung umfassten. Im Rahmen dieser komplexen Aufträge waren nun lediglich die Transportleistungen tarifgebunden, alle anderen Leistungsvergütungen dagegen wurden frei kalkuliert und boten dadurch entsprechende Möglichkeiten zu Kundenrabatten. Kleine und mittlere Unternehmen, die nicht dieses Bündel unterschiedlicher speditioneller Leistungsarten aus einer Hand anbieten konnten, besaßen dagegen nicht die Möglichkeit des kalkulatorischen Ausgleichs. Die Auswirkungen dieses unterschiedlichen Preisverhaltens lagen auf der Hand: Die Lage der kleinen und mittleren Unternehmen im gewerblichen Straßengüterverkehr verschlechterte sich, selbst und gerade wenn sie ihrerseits Tarifnachlässe praktizierten. Sie wurden von den Großunternehmen übernommen oder schieden aus dem Markt aus.[66]

Alles in allem vollzogen sich das langsam wachsende Ausmaß und die vielfältiger werdenden Formen des Wettbewerbs aber nach wie vor im engen Korsett der staatlichen Verkehrsmarktordnung. Die schleichende

---

65 Bei den speditionellen Abläufen werden generell Vorlauf, Hauptlauf und Nachlauf unterschieden. Der Vorlauf bezeichnet den Transport von Waren zu einer Sammelstelle oder auch einen Verschiffungshafen bzw. Flughafen. Der Hauptlauf bildet den bedeutendsten Teil eines Beförderungsvorganges. Er wird auch bezeichnet als Verkehr von einer Sammelstelle zur Verteilstelle. Nachlauf ist die Zustellung von Gütern von der Verteilstelle an den Endempfänger. Rollgeld ist das Entgelt für den Vor- und Nachlauf.
66 Vgl. dazu ausführlich Out, S. 30 f.

Deregulierung bedeutete für die Unternehmen zwar tendenziell sinkende Erlöse, denen man aber vergleichsweise leicht durch Rationalisierungsmaßnahmen begegnen und diese damit auffangen konnte, sodass nach wie vor aus der Sicht der Unternehmen befriedigende Ertragsverhältnisse herrschten. Allein zwischen Mai 1970 und April 1973 waren zum Beispiel die Reichskraftwagentarife im Sammelladungsverkehr wie im Stückgutbereich um 35 beziehungsweise 36 Prozent gestiegen. Einen echten Preiskampf und Verdrängungswettbewerb ließ die »kontrollierte Wettbewerbsordnung« nicht zu, und die staatlichen Maßnahmen hatten überhaupt die Marktteilnehmer zur Schaffung immer neuer Kapazitäten angeregt beziehungsweise die Abneigung, Überkapazitäten abzubauen, verstärkt.[67] Immer mehr wurde deutlich, dass die beim Straßengüterfernverkehr getroffenen Regulierungsmaßnahmen zwar zum Schutz der Bundesbahn gedacht waren, tatsächlich jedoch zum Schutz der im Markt befindlichen Güterverkehrsunternehmen vor zu intensiver Konkurrenz und zur Absicherung von beachtlichen Gewinnpositionen bei zahlreichen Anbietern führten.[68] Dazu kam, dass die allgemein sehr heterogene Marktstruktur in ihren nicht unerheblichen regionaltypischen Unterschieden nach Ballungsräumen, Verkehrsknotenpunkten und ländlichen Gebieten durch Angebot-Nachfrage-Beziehungen gekennzeichnet war, die sehr stark von langfristigen Bindungen zwischen Verlader und Spediteur geprägt waren. Diese langfristigen Bindungen bildeten, zumindest noch bis in die 1980er Jahre, für einen Großteil der mittelständischen Speditionsunternehmen eine wesentliche Voraussetzung zur Erhaltung der Existenz.[69]

Trotzdem hatte Dachser und seine Geschäftsführung in dieser Phase einen deutlichen Vorgeschmack auf das bekommen, was in einer »heißen Phase« der Liberalisierung an Konkurrenzkämpfen auf die Branche und das Unternehmen zukommen würde. Durch rechtzeitige Spezialisierung und eine umfassende Qualitätsstrategie machte man sich daher in Kempten daran, die sich vor allem über Preiskriege vollziehenden Wettbewerbsprozesse zu unterlaufen und so seine Wettbewerbsposition nicht nur bloß zu behaupten, sondern auch gleichzeitig auszubauen. Es galt, die Konkurrenten einschließlich der Bahn mit Verbesserungen in der Produktpolitik zu überflügeln und

---

67 Vgl. dazu auch Peters, S. 30 f.
68 Vgl. Aberle, S. 117, sowie auch Hamm, S. 471 und 482 ff.
69 Vgl. dazu auch Out, S. 57.

mit Leistungsinnovationen auszustechen. Dazu gehörten ein komplexes Sortiment logistischer Leistungen und der Einstieg in neue Geschäftsfelder.

Der Kampf um die Optimierung der Netzleistung: Qualitätspolitik und Produktionsbedingungen speditioneller Dienste

Wie gut sich Dachser innerhalb dieses Marktumfeldes nicht nur behaupten, sondern auch rasant wachsen konnte, zeigt ein Blick auf die Umsatzentwicklung. Außer einem kleinen Umsatzrückgang im Jahr 1975 konnten jährliche Zuwächse verbucht werden, die deutlich über dem Markt- und Branchenwachstum lagen.

Einen wesentlichen Treibsatz dafür stellte auf lange Sicht die dezentrale Organisationsstruktur dar, trotz oder gerade wegen der dadurch anfangs allenthalben auftretenden Reibungspunkte. Ungeachtet des auf dem Papier stehenden dichten Niederlassungsnetzes war Dachser bis weit in die 1970er Jahre hinein vor allem noch ein Zusammenschluss von Niederlassungen, die zwar unter einem Namen firmierten, aber einen hohen Grad an Unabhängigkeit besaßen und das speditionelle Geschäft sehr auf die eigenen Erfordernisse ausgerichtet und jeder für sich auf ganz individuelle Art und Weise betrieben. Von einem Firmen-»Netzwerk« konnte zu dieser Zeit erst ansatzweise die Rede sein, geschweige dass es in den Niederlassungen ein ausgeprägtes Netzwerk-Bewusstsein und -Denken gab. 1957 trafen sich alle Niederlassungsleiter überhaupt erstmals zu einer gemeinsamen Tagung, regelmäßige Niederlassungsleiter-Treffen mit der Geschäftsleitung der Hauptniederlassung Kempten sollte es erst Ende der 1970er Jahre geben. Und das große Wort führten dabei die leistungsstarken Niederlassungen. Ulrich Weiss in Wangen, Walter Schramm in Neuss/Düsseldorf, Willy Steeg in Frankfurt (der allerdings 1969 aus gesundheitlichen Gründen ausschied), Georg März in Kempten und Klaus Sachs in Köln – das waren die »Niederlassungs-Fürsten«, die in ihren Zweigniederlassungen den überwiegenden Teil des Gesamtumsatzes von Dachser erwirtschafteten.[70] Sie bestritten die Großkundenge-

---

70 Zur Charakterisierung der Personen vgl. auch Bicker, S. 65 f., S. 71 f. und S. 85 f. In den Anfangsjahren hatte auch noch Franz Lebert eine dominierende Rolle innerhalb der Dachser-Prokuristen gespielt. Lebert allerdings verließ die Firma 1954 und baute in Kempten eine eigene, hinfort mit Dachser vor allem im Allgäuer Raum konkurrierende Spedition auf.

Schaubild 3: Umsatzentwicklung 1950 bis 1979 (in Millionen DM)

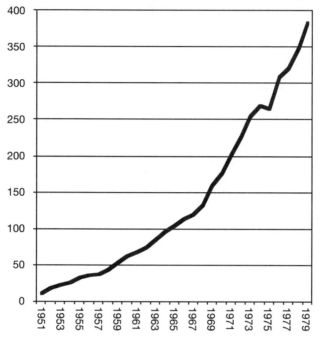

Quelle: Bilanzen Dachser GmbH/KG 1950 ff.

schäfte und waren damit vor allem im Ausgangsgeschäft engagiert, das heißt, sie akquirierten Neuaufträge und holten gleichsam die Transport-Tonnagen ins Haus. Ihren Interessen mussten sich die kleineren und vor allem auf das damals weniger lukrative Eingangsgeschäft – sprich die Weiterleitung und Endverteilung der Güter an die Empfänger – zurückgedrängten Zweigniederlassungen oftmals unterordnen. Eine Rückrechnung, das heißt die interne Leistungsverrechnung und geregelte Leistungsvergütung der Ausgangshäuser für die Feinverteilung der Güter zu den Kunden durch die Eingangshäuser, gab es noch nicht. Die Preise für Nachlaufleistungen wurden von den großen Ausgangshäusern festgesetzt, zum Teil mussten die kleinen Niederlassungen auch Service ohne Kostendeckung erbringen.[71] Insbesondere die Niederlassung Wangen spielte die dominierende Rolle innerhalb des Dachser-Verbundes. Sie

---

[71] Vgl. dazu die Erinnerungen der beiden ehemaligen Niederlassungsleiter Georg Dobisch und Hans Kraus, in: *Dachser aktuell* Jg. 2003, H. 4, S. 32f.

steuerte als größte Dachser-Filiale den Löwenanteil zum Gesamtgeschäft bei und entwickelte sich unter Weiss für Dachser zu einer wahren Goldgrube. 1954 bereits erzielte Wangen einen Umsatz von 0,77 Millionen DM, zehn Jahre später war dieser auf 17,237 Millionen DM bei einem Gewinn von 1,41 Millionen DM hochgeschnellt, weitere zehn Jahre später, 1974, näherte sich der Umsatz der 30-Millionen-DM-Grenze und der Gewinn betrug inzwischen 4,067 Millionen DM.[72] Es waren letztlich die satten Erträge aus Wangen, unter anderem aus dem Transport- und Speditionsgeschäft für Kraft, die es Dachser erst ermöglichten, neue Filialen zu gründen und in der Anfangsphase auch über Wasser zu halten. Nur weil Düsseldorf/Neuss, Wangen und Kempten beständige und selbst in den schwieriger werdenden Zeiten Anfang der 1970er Jahre sogar noch wachsende Gewinne ablieferten, stieg ungeachtet der 1971/72 wachsenden Zahl von Verlustniederlassungen der Gesamtumsatz des Unternehmens Dachser weiter.

Tatsächlich war die geografische Expansion des Niederlassungsnetzes noch in den 1950er Jahren von einer eminenten Größenexpansion der einzelnen Filialen an den jeweiligen Standorten begleitet worden. Laufend mussten in den Zweigniederlassungen wegen Kapazitätsengpässen und zur Bewältigung des Umsatzwachstums und der gestiegenen Tonnage die Lagerhallen erweitert und die speditionellen Anlagen vergrößert werden. Vielfach war man auch gezwungen, sich innerörtlich neue Gewerbestandorte zu suchen und die Zweigniederlassung von Grund auf durch Neubauten zu ersetzen. Die Zweigniederlassung Köln etwa war schon drei Jahre nach ihrer Gründung zu klein geworden und musste 1953 auf ein neues Gelände umziehen, 1956 und 1957/58 folgten Erweiterungsbauten in Frankfurt, Neuss und Stuttgart, 1960 war die Zweigniederlassung Neu-Ulm nahezu komplett umgebaut, erweitert und modernisiert worden. Zwischen 1962 und 1966 erfolgte nach und nach auch die Verlegung des Stammsitzes in Kempten aus den zu klein gewordenen Gebäuden nach Oberwang und damit außerhalb des damaligen Stadtgebiets. Das neu erbaute Verwaltungsgebäude und die ebenfalls neu errichtete Speditionsanlage waren zu diesem Zeitpunkt eine der größten und modernsten in ganz Deutschland.

Das Dachser-Filialnetz entwickelte allerdings zunehmend Zentrifugalkräfte und schuf damit für die Hauptniederlassung einen wachsenden

---

72 Vgl. dazu die Aufstellungen der Niederlassungsergebnisse in den jeweiligen Bilanzen.

Schaubild 4: Entwicklung der Niederlassungsergebnisse 1964 bis 1972 (Indiziert auf der Basis 1964 = 100)

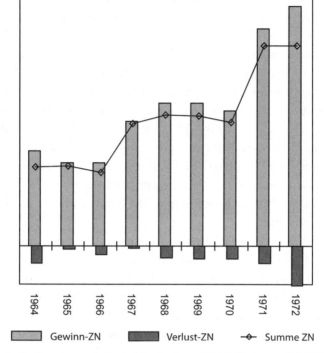

Quelle: Berechnet nach den Angaben in: Bestand Frieß, Notiz vom 18.2.1971.

Steuerungsbedarf. Drei Maßnahmen standen dabei im Mittelpunkt. Erstens die Verteilung und der rationelle Einsatz der Güterfernverkehrskonzessionen, zweitens die Einführung eines (einheitlichen) Kostenrechnungswesens und drittens schließlich die Entwicklung und Umsetzung einer niederlassungsübergreifenden Qualitätsstrategie.

Konzessionsmanagement

Erst durch den zusätzlichen Kauf von roten (unbeschränkter Güterfernverkehr) und blauen (bis 100 km) Konzessionen und deren geschickter Kombination war es möglich, neue und an den Bedürfnissen der großen Kunden ausgerichtete Verkehre einzurichten und zu betreiben. Die ersten, 1953 für insgesamt 5 100 DM erworbenen drei Konzessionen gingen daher an die Zweigniederlassung Wangen (2) beziehungsweise Frankfurt (1).

Bild 2: Blick auf die Niederlassung Kempten Mitte der 1960er Jahre

Auch in den Folgejahren lag der Verteilungsschwerpunkt der entgeltlich erworbenen Konzessionen bei den großen Niederlassungen im süddeutschen beziehungsweise südwestdeutschen Raum, wobei dann aber zur Beschleunigung des Aufbaus neuer Verkehre blaue wie rote Konzessionen verstärkt auch an kleinere Niederlassungen wie Fürth gegeben wurden. Von den 1963 inzwischen insgesamt neu erworbenen 22 Konzessionen setzte die Zweigniederlassung Kempten acht, die Niederlassung Neuss vier, Wangen drei, Frankfurt, Fürth und Köln jeweils zwei sowie die Zweigniederlassung München eine ein. Hinter dem Erwerb jeder Konzession stand dabei der Kauf beziehungsweise die Übernahme kleinerer Speditionsfirmen, denn nur so konnte Expansion innerhalb des reglementierten Gütertransportmarktes erfolgen. Das Konzessionierungssystem erlaubte es nicht, gleichsam auf natürlichem Wege, etwa durch Beantragung einer neuen eigenen Konzession, die Kapazitäten zu erweitern. Wollte Dachser wachsen, so war es gezwungen, zusätzliche Genehmigungen über Aufkäufe zu beschaffen. Im August 1968 etwa übernahm Dachser von der

Firma Kraftverkehr Bergstraße Eugen Hirth KG in Bensheim für einen Gesamtkaufpreis von 352 000 DM den Güterfernverkehrsbereich, wobei etwas über 300 000 DM für fünf LKW mit Anhänger anfiel, der verbleibende Restbetrag von 50 000 DM als Anschaffungswert für die entsprechenden dazugehörenden fünf roten Konzessionen (einschließlich des Kundenstamms) zu Buche schlugen.[73] Prinzipiell bestand angesichts des zersplitterten und überwiegend von Klein- und Kleinstunternehmen mit einer oder zwei eigenen Konzessionen geprägten gewerblichen Güterverkehrsmarktes kein Mangel an Konzessionsangeboten für expandierende Unternehmen wie Dachser. Dennoch schnellten die Preise für Konzessionen angesichts der staatlichen Limitierung der Gesamtzahl rasch hoch. Eine rote Fernverkehrskonzession kostete Ende der 1950er Jahre noch etwa 5 000 DM, Anfang der 1970er Jahre jedoch bereits 50 000 DM und 1980 mussten dafür schließlich zwischen 180 000 und 250 000 DM bezahlt werden.[74] Die Entwicklung des gesamten Konzessionsbestandes von Dachser in diesem Zeitraum, als man neben den eigenen Genehmigungen zusätzlich insgesamt 127 entgeltlich erworbene Konzessionen im Gesamtwert von fast 4 Millionen DM besaß (und damit bereits 1979 praktisch mit dem großen Konkurrenten Schenker gleichgezogen hatte), spiegelt demnach nicht nur die rasante Expansion, sondern auch die Wertsteigerungen der Konzessionen wider.

Tabelle 1: Entwicklung des (entgeltlich erworbenen) Konzessionsbestandes 1953 bis 1981

Jahr	Gesamtzahl	Gesamtwert (in DM)
1953	3	5 100
1959	16	151 398
1963	25	429 492
1972	43	915 346
1979	66	1,533 Mio.
1981	127	3,934 Mio.

Quelle: Zusammengestellt nach den Angaben in den Bilanzen.

---

73 Vgl. dazu Bilanz der Thomas Dachser Güterfernverkehr KG für 1963, S. 31 f., in: Bestand Frieß.
74 Vgl. dazu auch Dünner, S. 43 f.

Von diesem Konzessionssystem profitierten eindeutig die finanzkräftigen, größeren Unternehmen, denen die Beschaffung des Kaufpreises keine Schwierigkeiten machte und die vor allem sicherstellen konnten, dass etwa durch paarige Verkehre die Auslastung einer solchen neuen Konzession gewährleistet war und sich somit das in die Konzession investierte Kapital rasch rentierte. Dies aber tatsächlich auch umzusetzen und zu realisieren war das Problem, mit dem Dachser unter anderem Anfang der 1970er Jahre konfrontiert war. Die Kunst seitens der Geschäftsführung bestand nicht nur darin, im Detail die Rentabilität jeder einzelnen Konzession unter die Lupe zu nehmen und zu überprüfen, ob in den Niederlassungen auch den Konzessionen entsprechende Tonnage gegenüberstand. Vielmehr ging es prinzipiell auch darum, die Organisation und Struktur der höchst unterschiedlichen Verkehre jeder Zweigniederlassung mit dem Konzessionsbestand und einer effizienten Konzessionsverteilung in Einklang zu bringen. Diese Art von »Konzessionspolitik«, das heißt der Versuch der rationellen Koordination der Verkehre über die Konzessionsverteilung und -auslastung zwischen den Niederlassungen, war, wenn man so will, der Anfang eines zentralen »Netz-Managements«.

Innovationen: Garantieverkehr und Wechselbrücken

Der rationellere Einsatz der Konzessionen trug wesentlich zur Verbesserung der Leistungsfähigkeit des Gesamtnetzes von Dachser bei. Seit jeher war die Unternehmenspolitik darauf ausgerichtet, aus der Effizienz der speditionellen Dienstleistungen einen Wettbewerbsvorteil zu generieren. Schon in einer Broschüre von 1953, die gleichermaßen Image-, Werbe- und Informationszwecken diente, pries man die hohe Leistungsfähigkeit insbesondere im Stückgut- und Sammelladungsverkehr »durch eilgutmäßige Bedienung zum Teil über Nacht, die fahrplanmäßig und doch elastisch durchgeführt wird.«[75] Alle Zweigniederlassungen »arbeiten auf das engste mit der Zentrale und unter sich selbst zusammen«, so hieß es weiter. »Für ihre speziellen Verkehrsräume bedeuten die Filialen Schwerpunkte, über die sich unser Nah- und Fernverkehr flexibel regelt [...] Demzufolge hat jede unserer Filialen ihren besonderen verantwortlichen Platz im ›Generalfahrplan‹, nach dem unser Speditionsunternehmen

---
75 Vgl. die Broschüre von 1953, S. 9, in: Bestand Bicker.

ausgerichtet ist. Praktisch sind die Filialen im beziehungsvoll durchorganisierten Verkehrsraum unseres Unternehmens der verlängerte Arm der Geschäftsleitung und ihrer Hauptabteilungen.«[76] Längst war es Dachser gelungen, das Image eines reinen »Käsespediteurs« abzustreifen und zum Sammelladungsspediteur aller Güter zu werden, der über sein früh aufgebautes und vergleichsweise dichtes Niederlassungsnetz vom rasant wachsenden Austausch der Wirtschaftsgüter zwischen den Industrieregionen Deutschlands in den »Wirtschaftswunderjahren« profitierte. Das zentrale Leistungsangebot von Dachser war es, mit fahrplanmäßigen Linienverkehren eine zuverlässige Transportleistung erbringen zu können. »Dachser-Stückgutlinien – Markenartikel des Verkehrs« lautete der Slogan, mit dem man sich qualitätsmäßig von den Konkurrenten zu unterscheiden versuchte. Parallel zum dichten Netz der Linienverkehre gewann auch das Lagereigeschäft an Bedeutung.[77] Daneben bot das Unternehmen aber auch eine Reihe von Spezialverkehren an: Neben dem Lebensmitteltransport in Kühl- und Thermozügen unterhielt man auch Tankzüge zur Treibstoffbeförderung sowie Kipperzüge zum Transport von Schüttgut. Dazu kam 1959 der Einstieg in den Möbel- und Umzugstransport. Zusammen mit Georg Kolb gründete Dachser die Dachser & Kolb Möbelspedition.[78]

Der Entfaltung weiterer Qualitäts- und Leistungsmerkmale von Dachser waren allerdings aufgrund der gesetzlichen Rahmenbedingungen zunächst enge Grenzen gesetzt. Prinzipiell bot zwar der noch vielfach unterentwickelte gewerbliche Gütertransportmarkt der Bundesrepublik der 1950er und 1960er Jahre »die fast historisch zu nennende Chance und Herausforderung, die sich bildenden nationalen und internationalen Warenströme neu zu organisieren und zu strukturieren, ja diese oft sogar durch vorausgreifende Maßnahmen erst zu ermöglichen«[79]. Tatsächlich aber verhinderte das rigide Gesetz- und Tarifsystem der staatlichen Verkehrsmarktordnung in weiten Teilen nicht nur den Preis-, sondern auch den Qualitätswettbewerb. Terminzusagen für Gütertransporte durch die Spediteure etwa waren verboten. Als dann aber im November 1966 seitens der Bundesbahn beschlossen wurde, die Beförderungsart »Eilstück-

---

76 Ebd.
77 Vgl. dazu näher Bicker, S. 83f. und S. 148f.
78 Vgl. dazu näher Bicker, S. 104ff.
79 Erinnerungsnotiz Bicker, o.D., in: Bestand Bicker.

gut« zum 1. Oktober 1967 aufzuheben und damit das »Terminverbot« fiel, ergriff Dachser als Branchenvorreiter sofort die sich eröffnende Chance. Zunächst nur in einigen »Pilot-Niederlassungen«, dann auf das gesamte Niederlassungsnetz ausweitend, wurde im Laufe des Jahres 1968 der »Garantieverkehr« für Stückgut-Sendungen im Inland als neues Leistungsprodukt eingeführt. Man garantierte sichere Ankunftszeiten und erklärte sich bereit, für Laufzeitverzögerungen die Haftung zu übernehmen.[80]

Dachser hatte damit gleichsam sein erstes Markenprodukt innerhalb des speditionellen Leistungsspektrums geschaffen, dem später weitere folgen sollten. Um qualitative Dienste wie die fahrplanmäßigen Linien- und Garantieverkehre überhaupt anbieten und gleichzeitig aber auch die wachsenden quantitativen Gütervolumen bewältigen zu können, waren umfangreiche Rationalisierungsmaßnahmen erforderlich. Das Problem dabei bestand auch hier darin, den technischen Stand der Lade- und Verladeanlagen innerhalb des Niederlassungsnetzes möglichst zeitgleich auf ein ausgewogenes, hohes Niveau zu bringen. Die modernsten Unterflurförderer und Teleskopförderbänder sowie Hebebühnen und Gabelstapler, das heißt die weitestgehende Mechanisierung der bis dahin noch überwiegend in reiner Handarbeit betriebenen Be- und Entladevorgänge und die dadurch gewonnenen kürzeren Umschlagzeiten in den Ausgangshäusern nützten wenig, wenn es in den kleineren Eingangshäusern durch veraltete Arbeitsabläufe zu Fehlern und Verzögerungen kam. Die Rationalisierungsreserven, die mit der Modernisierung der Speditionsanlagen freigesetzt wurden, waren gewaltig: Wo früher vier Personen mit der Entladung eines Lastzuges sechs Stunden brauchten, wurden die LKW nun von zwei Personen in eineinhalb Stunden entladen.[81] Eine Vergrößerung der Transportleistung durch Verringerung der Standzeiten war das Ergebnis. Und eine technische Innovation, bei der Dachser ebenfalls Vorreiter war, brachte gleichzeitig auch die Verringerung der Laufzeiten

---

80 Vgl. dazu Bicker, S. 150f., sowie auch *Dachser aktuell* Jg. 1968, H. 1/2, S. 2 und ebd., H. 8/9, S. 1.
81 Vgl. dazu für die Zweigniederlassung Neu-Ulm *Dachser aktuell* Jg. 1960, H. 11, S. 1f. Vgl. dazu auch die Eindrücke der speditionellen Rationalisierung in den USA, die der Neu-Ulmer Niederlassungsleiter Heidler von einer Amerika-Reise mitbrachte, in: *Dachser aktuell* Jg. 1966, H. 5/6/7, S. 1, sowie zur Rationalisierung in der Zweigniederlassung Wangen, die innerhalb des Dachser-Netzes auch hier eine Vorreiterrolle spielte, Bicker, S. 142f.

Bild 3: Garantieverkehr

und damit weitere Kapazitäts- und Leistungserweiterungen: die Wechselbrücke.

Mitte der 1960er Jahre war mit der Einführung von Containern eine Revolution der Transporttechnik eingeleitet worden. Bei Dachser entwickelte sich im Gefolge dessen – vor allem durch Thomas Dachsers Schwiegersohn Thomas Simon vorangetrieben – nun die Idee zur Entwicklung eines von den Fahreinheiten lösbaren, genormten und zwischen den Fahrzeugen tauschbaren Transportbehälters. Zusammen mit der Firma Kögel wurden 1968 schließlich erste Prototypen entwickelt, für deren Weiterentwicklung zur Serienherstellung allerdings auch eine entsprechende Neukonstruktion der Fahrgestelle der LKW notwendig war.[82] Diese fahrzeugtechnischen Probleme waren jedoch nur eine Seite der Schwierigkeiten bei der Durchsetzung des speditionellen Einsatzes von Wechselbrücken. Das fast noch größere Problem waren die weitreichenden Auswirkungen auf die Organisation der speditionellen Abläufe. Die Verkehre zwischen den Niederlassungen und innerhalb des »Netzes« mussten neu getaktet werden, es ergaben sich neue Anforderungen an Zeitdisziplin verbunden mit größeren

---

[82] Vgl. dazu ausführlich Bicker, S. 178 ff.

Abhängigkeiten zwischen den Niederlassungen und letztlich daraus resultierend insgesamt auch Rückwirkungen auf den Nutzungsgrad einzelner Konzessionen und deren Verteilung. Im Januar 1970 fiel schließlich die Entscheidung, innerhalb der nächsten drei Jahre den gesamten Fuhrpark und damit auch die »Netzausrichtung« auf Wechselbrücken umzustellen.[83] Im April 1972 besaß Dachser bereits 350 Wechselbrücken im Wert von circa 3,5 Millionen DM.

Durch die ganze Ausrichtung seines Leistungsangebots hatte sich Dachser auf die grundlegenden Veränderungen des Güterverkehrsmarktes im Laufe der 1960er Jahre eingestellt, ja diese vielfach auch selbst mit vorangetrieben. Statt einfachem Gütertransport war mehr und mehr speditionelle Kompetenz für moderne Sammelladungs- und Stückgutverkehre gefragt. Ununterbrochene Transportketten und intermodale Containerverkehre lauteten die neuen Stichworte, die anstelle des einfachen Relationsspediteurs den »Spediteur als Generalunternehmer« im Dienste der verladenden Wirtschaft erforderten. Die klassischen Transportunternehmer konnten mit Konkurrenten wie Dachser, die rechtzeitig auf Spedition, Service und Stückgut, das heißt auf eine komplexe und anspruchsvolle Art des Straßengüterverkehrs umgestellt hatten, nicht mehr mithalten.[84] Eine der großen Herausforderungen war jedoch, den einmal erreichten Stand der Qualität zu halten beziehungsweise weiter zu verbessern. »Zur Erhaltung und weiteren Verbesserung des Leistungsstandes der Organisation [ist] mehr Planung, mehr Information und eine intensive Zusammenarbeit auf allen Ebenen notwendig«, hieß es mahnend dazu im Protokoll der Niederlassungsleiter-Tagung im Juni 1972.[85] Die Firma Dachser stehe in ihrer Gesamtheit zweifellos nicht schlecht da, wenn man sie mit den übrigen Betrieben der Branche vergleicht. Es gelte aber, endlich den Blick über den Kirchturm der eigenen Zweigstelle hinauszuwerfen und ein neues Denken im Sinne des Wohls des Unternehmens insgesamt zu praktizieren. »Es ist notwendig, dass für die Gesamtorganisation mehr Teamarbeit geleistet wird [...] Jede Niederlassung ist zwar ein Betrieb für sich, aber letzten Endes gehören alle zusammen; ein wesentlicher Faktor für die Stärke der

---

83 Vgl. dazu Protokoll Geschäftsführung vom 12./13.1.1970 sowie vom 9./10.3.1970, S. 4 ff., und auch Bicker, S. 183, sowie Zeitzeugeninterview Thomas Simon.
84 Zu Fiege vgl. Stoffregen-Büller, S. 119.
85 Vgl. zusammenfassendes Protokoll des Informationsseminars in Bad Homburg am 3./4.6.1972, S. 1 f., in: Bestand Bicker.

Bild 4: Wechselbrücken-System 1974

einzelnen Niederlassung ist die Größe und Leistungsfähigkeit der gesamten Organisation.«[86]

Seit Anfang der 1970er Jahre kamen mit der Entwicklung neuer Verkehrssysteme in der Industrie, die unter dem Schlagwort »physical distribution« firmierten, ganz neue Herausforderungen auf die Speditionen zu. Es handelte sich dabei um die komplette Neuorganisation des Warenverteilungssystems in den produzierenden Unternehmen und dessen Umgestaltung und Ausrichtung auf produkt- und marktgerechte Zielsetzungen, »vor allem unter dem Gesichtspunkt der Gesamtoptimierung aller Funktionen und der Kostenreduktionen«.[87] Für die Speditionen ergaben sich innerhalb dieser Reorganisationskonzepte der Wirtschaft zahlreiche neue Aufgaben und Funktionen, die als Nachfrage der Großkunden mit geänderten Anforderungsprofilen an die speditionellen Leistungen auch auf die Dachser-Niederlassungen

---

86 Ebd., S. 9, sowie vgl. auch Protokoll Geschäftsführung vom 7.6.1972, in: ebd.
87 Stabenau in: DVZ 25 (1972) vom 29.2.1972.

mehr und mehr zukamen. Rasch wurde dabei deutlich, dass es notwendig wurde, Großkundengeschäfte nicht mehr von den jeweiligen Niederlassungen allein zu verhandeln und entscheiden zu lassen, sondern zentral unter Einschaltung der Hauptniederlassung abzuschließen. Man müsse das Großkundengeschäft durchaus aggressiv vorantreiben, so hieß es in einer Notiz der Geschäftsführung und »eine Geschäftspolitik in der Richtung betreiben, dass wir intensiv neue Großkunden werben, die uns nicht am Anfang sofort Mark und Pfennig Gewinn bringen müssen, sondern die uns auf lange Sicht hinaus einen Erhalt unserer Substanz, das heißt die Stärke unserer eigenen Verkehre geben müssten«.[88] Wie schwierig dies allerdings in der Praxis war, zeigten die Ladungs- und Transportverkehre für den amerikanischen Chemiekonzern DuPont. Dieser hatte Ende der 1960er Jahre bei Hamm/Westfalen ein großes Chemiefaserwerk errichtet und Dachser vor allem über die Niederlassungen Dortmund und Saarbrücken dafür die Transport- und Speditionsaufträge erteilt. Das DuPont-Geschäft entwickelte sich allerdings nicht nur wegen der Sperrigkeit der Güter kompliziert, sondern auch wegen der bald hinzukommenden weiteren Aufgaben und Wünsche des Kunden, unter anderem hinsichtlich der Übernahme von Verpackungsdienstleistungen.[89] Dachser bekam deutlich zu spüren, wie sich im Laufe der Zeit der Güterverkehrsmarkt mehr und mehr von einem Verkäufer- zum Käufermarkt wandelte. Anstelle der früher längerfristigen Aufträge ging DuPont 1973 zum Beispiel dazu über, die anfallenden Transporte nur noch jeweils für ein Jahr zu vergeben und dann die bezahlten Tarife einer Überprüfung zu unterziehen, gleichzeitig »aber dennoch einen guten Service zu verlangen«[90]. Für Dachser, beziehungsweise die betroffenen Zweigniederlassungen, hieß das im Herbst 1973, entweder für die Deutschland-Transporte eine Minusmarge einzuräumen oder aber das Geschäft an Mitkonkurrenten zu verlieren, die mit ihren Angeboten zum Teil 30 Prozent unter den Dachser-Preisen lagen, obwohl man schon in der Kemptener Hauptniederlassung die Rendite des DuPont-Geschäfts »mit Fragezeichen versehen« musste.[91]

---

88 Brief Sachs an Thomas Dachser vom 25.1.1974, in: ebd.
89 Vgl. dazu Aktennotiz Schramm über die Besprechung mit DuPont vom 13.2.1970, in: Bestand Bicker, Ordner Großkunden.
90 Ebd.
91 Vgl. dazu Aktennotiz Simon über die Besprechung bei DuPont am 14.9.1973 sowie Schreiben Schramm an Simon vom 1.10.1973, in: ebd. Letztendlich kündigte Dachser dann wegen der schlechten Rendite das DuPont-Geschäft.

Anfänge des betrieblichen Rechnungswesens

Rentabilitätsprobleme in den einzelnen Niederlassungen, insbesondere bei der Kalkulation und Durchführung von Lagergeschäften, hatten deutlich werden lassen, dass es für Dachser gute Gründe gab, sich schließlich daran zu machen, systematisch Methoden der Kostenrechnung und des betrieblichen Rechnungswesens einzuführen. Auf große Vorbilder und ausgearbeitete Handbücher zur speditionellen Kostenrechnung konnte man sich dabei nicht stützen. Vieles musste daher erst selbst entwickelt und in der Praxis der Geschäftsabläufe innerhalb des Gesamtunternehmens wie der einzelnen Niederlassung erprobt werden. Von außen besehen bestand für betriebswirtschaftliche Kostenrechnungsverfahren im Zeitalter der »auskömmlichen Tarife« der staatlichen Verkehrsmarktordnung eigentlich kein Anlass, und die Mehrzahl der Transportunternehmen und Speditionen kümmerte sich auch nicht um diese Frage. Aber schon das Problem des optimalen Einsatzes der Konzessionen in dem weit verzweigten Niederlassungsnetz hatte gezeigt, dass dafür die einheitliche Erfassung der Kosten und Erträge im Güterfernverkehr unabdingbar war. Das Unternehmen hatte daher bereits Ende der 1960er Jahre auf maßgebliche Initiative von Dachsers Tochter, Christa Rohde-Dachser, einen Forschungsauftrag an die Universität München gegeben, der in die Promotion über »Kostenrechnung in der Spedition« von Gerd Wecker mündete.[92] Wecker wurde dann als Mitarbeiter angeworben und widmete sich in der Hauptniederlassung dem Problem, die theoretischen Ergebnisse in der speditionellen Praxis der Dachser-Niederlassungen zu testen und umzusetzen. Ausgangspunkt war ein entscheidungsorientierter Ansatz, das heißt, über Betriebsabrechnungsbögen (BAB) sollte eine Zurechnung der Kosten zu den Verursachern versucht und gleichzeitig auch Licht in das weithin herrschende Dunkel von Ort und Ausmaß der einzelnen Ertragskomponenten gebracht werden. Vor allem aber galt es zunächst, bei den Niederlassungsleitern überhaupt erst ein Bewusstsein dafür zu schaffen, dass mit Hilfe von Kostenstatistiken im Fern- und Nahverkehr, mit Lagerkostenkalkulationen und Monatsleistungsmeldungen nützliche Instrumente für das »Niederlassungsmanagement« bereitstanden. Bis auf Wangen besaß zu diesem Zeitpunkt keine Zweigniederlassung ein halbwegs ausgearbeitetes statistisches

---

92 Vgl. dazu Zeitzeugeninterview Christa Rohde-Dachser und Zeitzeugeninterview Wecker.

Erfassungswesen, und selbst die Hauptniederlassung musste sich zunächst auf das in Wangen zusammenlaufende Zahlenwerk stützen. In einer Reihe von Tagungen ging man nun daran, auf Seiten der Niederlassungsleiter ein betriebswirtschaftliches Kosten- und Ertragsdenken anzustoßen und zu verankern.

Der zunächst hürdenreiche und schwierige Weg der Implementierung von betrieblicher Kostenrechnung und Zahlenorientierung mündete aber bald in zählbare Erfolge. In der Zweigniederlassung Berlin etwa war nach dem Aufdecken von diversen Verlustquellen und der daraufhin vorgenommenen Umstrukturierung der Läger im Juni 1972 die Ertragswende eingeleitet worden, und im Frühjahr 1973 wurde die Zweigniederlassung Neu-Ulm kosten- und betriebstechnisch erfolgreich unter die Lupe genommen. Ein häufiges Problem, auf das die Kostenrechner in den Zweigniederlassungen dabei stießen, war die höchst unterschiedliche Art der Tarifabsprachen und -vereinbarungen, das heißt die Anwendung der Tarife im Sammelladungsgeschäft sowohl gegenüber den Kunden wie auch bei der internen Leistungsverrechnung zwischen Ausgangs- und Eingangshäusern. Wie problematisch das für das Gesamtunternehmen sein konnte, hatte sich etwa an den Transporten für den Konsumgüterkonzern Procter & Gamble gezeigt. Der Konzern bestand angesichts der unterschiedlichen Tarife der Niederlassungen auf den jeweils niedrigsten Sätzen, ungeachtet der Kostendeckung vor Ort. »Bei den Konditionen, die wir dieser Firma machen mussten, kann ich sicher sagen, dass wir kein oder nur wenig Geld verdienen werden«, hieß es dazu in einer Notiz der Geschäftsführung im August 1972.[93]

Insgesamt war man bei Dachser gut drei Jahre nach den Initiativen dem großen Ziel des Aufbaus einer einheitlichen Betriebsabrechnung und einer entscheidungsorientierten Kostenrechnung im Rahmen eines betrieblichen Informationssystems ein gutes Stück näher gekommen. In einer Reihe von Kostenrechnungsseminaren waren die Niederlassungsleiter mit der Erfassung der Erlös- und Aufwandkomponenten zur Erstellung der – erstmals im Dezember 1973 bei (fast) allen Niederlassungen durchgeführten – monatlichen Erfolgsrechnung vertraut gemacht worden und in einer wahren Flut von Rundschreiben etwa über die Art und Weise der Ermittlung der Relationsrentabilität beziehungsweise der Rentabilität des Stückguts pro

---

93 Aktennotiz Weiss an Wecker vom 7.8.1972, in: Bestand Wecker, Ordner Großkunden.

Bild 5: Dispositionstafel in einer Niederlassung Mitte der 1960er Jahre

Relation aufgeklärt worden.[94] »Einzelne Niederlassungen haben sich konsolidiert beziehungsweise sind sogar stärker im Gewinnstreben geworden«, konstatierte man in der Geschäftsführung im Januar 1974 zufrieden.[95] Es war daher kein Wunder, dass seitens der Geschäftsführung verstärkte Bemühungen einsetzten, das Kostenrechnungswesen wie schon zuvor die

---

94 Vgl. etwa das Rundschreiben vom 20.12.1973, in: Bestand Frieß.
95 Protokoll der Geschäftsführungssitzung vom 15.1.1974, in: ebd.

Konzessionspolitik stärker als zentrales Element einer von der Hauptniederlassung ausgehenden »Netzwerksteuerung« zu etablieren und auszubauen. Allenthalben hielt man es unter anderem auch für notwendig, zusätzlich zu den bisher erfassten Zahlen noch eine kurzfristige Erfolgsrechnung aufzubauen, die unabhängig von der Buchhaltung die Geschäftsleitung in die Lage versetzte, monatlich über den Erfolg oder Misserfolg der einzelnen Niederlassungen informiert zu sein. Dachser befand sich, alles in allem gesehen, in der ersten Hälfte der 1970er Jahre in einer entscheidenden Phase auf dem Weg zu einem Unternehmen mit starker Zahlenorientierung, die dann bald wesentlicher Teil der Unternehmenskultur wurde.

Die Anfänge des europäischen Auslandsgeschäfts

Die Aufnahme internationaler Transportverkehre und Speditionsgeschäfte bei Dachser erfolgte zunächst eher spontan und ohne ausgeklügelte Strategie. Die Initiative lag bei einigen wenigen Niederlassungen, die aufgrund von Kundenwünschen in der ersten Hälfte der 1950er Jahre eigene Auslandsabteilungen zur Abwicklung nahezu ausschließlich von Exportgeschäften aufbauten. Von Kempten aus gingen etwa Allgäuer Käse und Neugablonzer Schmuckwaren schon seit 1951 in regelmäßigen Sammelverkehren nach Schweden und Dänemark, wenig später nahmen die Niederlassungen Köln und Düsseldorf Transporte nach Belgien, Holland, Luxemburg und England auf.[96] Vor allem aber entfaltete die Niederlassung Wangen Aktivitäten zur Einrichtung grenzüberschreitender Linienverkehre mit Schwerpunkt Schweiz, Italien und Österreich. In der Niederlassung München bestand zudem seit 1951 ein Luftfrachtbüro, und die Niederlassung Hamburg wickelte in ihrer Überseeabteilung die ersten Seefrachtgeschäfte nach Amerika ab. Prinzipiell war es dabei jeder Niederlassung selbst überlassen, ihre jeweiligen Sendungen über den preisgünstigsten Weg in die europäischen Nachbarländer und das übrige Ausland zu leiten. In den einzelnen Ländern liefen die Dachser-Sendungen daher über eine Vielzahl von Korrespondenten und ausländischen Partnerspeditionen. An diesem System niederlassungseigener Export-/Importverkehre und ausschließlich filialbezogener Korrespondentenbeziehungen änderte sich bis Anfang der 1970er Jahre im Wesentlichen

---

96 Vgl. zu den Anfängen detailliert Bicker, S. 87 ff.

nichts. Zwar gab es 1961 durch die Einrichtung sogenannter federführender Niederlassungen für bestimmte Auslandsverkehre erste Koordinationsversuche.[97] Zur Stärkung der Verkehre und um »dadurch konkurrenzfähiger [zu] werden«, wurden alle Zweigniederlassungen angehalten, ihre Sendungen für bestimmte Relationen über diese zuständigen Filialen zu leiten und die Akquisitionsarbeit in beiden Richtungen mit diesen abzustimmen.[98] Dazu gab es Überlegungen, den Garantieverkehr auch auf den Export auszudehnen.[99] Allerdings stand es jeder Zweigniederlassung frei, sich daran zu beteiligen. »Unsere Organisation mit vielen Niederlassungen«, so musste man in der Hauptniederlassung letztlich Anfang 1970 feststellen, »bietet leider unseren ausländischen Partnern kein Bild einer klaren Konzeption. Jede Niederlassung arbeitet im Export- und Import-Geschäft weitgehend selbstständig und es kommt zu den unterschiedlichsten Vereinbarungen«.[100] Die Export-Gesamttonnage betrug 1970 nur 208 900 Tonnen, bei den Importen lag sie mit 52 868 Tonnen noch niedriger. Die Volumina waren im Vergleich zum Gesamtgeschäft nicht nur verschwindend gering, sondern es herrschte auch ein deutliches Ungleichgewicht von Export- und Importgeschäften, das heißt, man war mit einer massiven Unpaarigkeit der Verkehre und Güterströme konfrontiert.[101] Nach Relationen aufgeschlüsselt dominierte eindeutig der Verkehr nach Italien mit insgesamt fast 66 000 Tonnen Export-/Import-Tonnage[102], gefolgt von Dänemark, Schweiz, Ös-

---

97 Für die Verkehre nach Mailand und Turin war die Niederlassung Kempten federführend, für Bozen und Triest die Zweigniederlassung München. Die Österreich- und Schweiz-Verkehre standen unter der Federführung der Zweigniederlassungen Wangen und Stuttgart, und Letztere war auch, allerdings nur für alle süddeutschen Niederlassungen, für die Verkehre nach Frankreich zuständig.
98 Vgl. Gesprächsnotiz Koordinierung des Ex- und Imports in der Dachser-Spedition vom 9./10.5.1961, in: Bestand Bicker, Ordner ZfA.
99 Vgl. dazu das 12-seitige Memorandum der Zweigniederlassung Wangen vom 12.12.1967, in: ebd. Zu den dann tatsächlich gestarteten Bemühungen zur Einführung von Garantieverkehren im Holland- und Italiengeschäft vgl. Akten- und Besprechungsnotizen vom 2.2.1968 und 22.2.1968, in: ebd.
100 Brief des Niederlassungsleiters von Neu-Ulm an Weiss vom 27.2.1970, in: ebd.
101 Vgl. dazu »Tonnageaufstellung und Analyse der Auslandsverkehre 1970« vom 28.7.1971, in: Bestand Bicker, Ordner ZfA.
102 Die Italienverkehre waren der erste internationale Verkehr, den Dachser in der zweiten Hälfte der 1950er Jahre gestartet hatte und der lange der stärkste Verkehr bleiben sollte. Zu den Problemen, insbesondere auch mit den diversen italienischen Partnerspeditionen vgl. Situationsbericht Bicker vom 14.12.1961 sowie DVZ-Interview mit Thomas Simon vom 20.6.1985 und Bicker, S. 154ff. Vgl. auch Zeitzeugeninterview Thomas Simon.

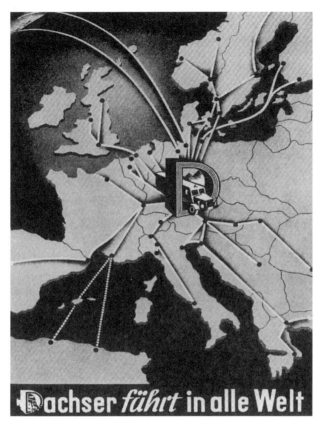

Bild 6: Werbebroschüre Anfang 1950er Jahre

terreich und Holland. Frankreich als zweitwichtigster Güterverkehrsmarkt in Europa rangierte in den Auslandsverkehren von Dachser erst an sechster Stelle, auch wenn einige Niederlassungen wie Köln, Kempten und Neu-Ulm bereits ein bedeutendes Verkehrsaufkommen, sei es als Direktverkehre oder über verschiedene Korrespondenten, nach Frankreich verzeichneten. Insgesamt waren es etwa nur sieben bis acht Niederlassungen, die Anfang der 1970er Jahre nennenswerte Europaverkehre im Sammelgut- und Ladungsgeschäft aufgebaut hatten, und auch bei diesen wusste man nur über Tonnagevolumen und Relationen Bescheid. Was die Rentabilität einzelner Europaverkehre oder des Auslandsgeschäfts insgesamt anging, war man dagegen auf Vermutungen angewiesen.

Dachser wurde von Konkurrenten wie Kunden zunehmend als internationale Spedition wahrgenommen, und diesen Anspruch hatte das Unter-

Schaubild 5: Außenhandelskonjunkturen (jährliche Wachstumsraten der Importe/Exporte in %) (1957 bis 1986)

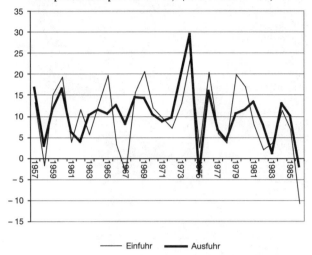

Quelle: Statistisches Bundesamt, Langzeitreihe Gesamtentwicklung des deutschen Außenhandels.

nehmen auch in seiner Namensgebung als »Thomas Dachser, Internationale Spedition« nach außen dokumentiert. Seit der Gründung der EWG 1957 profitierte Dachser zudem von einem sprunghaften Anwachsen der grenzüberschreitenden Güterströme. 1963 betrug der entsprechende Empfang und Versand von Gütern in Deutschland bereits 77,3 Millionen Tonnen und sollte bis 1975 auf 127,2 Millionen Tonnen steigen.[103]

Deutschland mit seiner florierenden Exportwirtschaft war dabei der größte und wichtigste Güterverkehrsmarkt in der Europäischen Wirtschaftsgemeinschaft. Von diesem Wachstum konnte der Güterkraftverkehr weit überdurchschnittlich profitieren, denn während der Anteil der grenzüberschreitenden Bahnverkehre in diesem Zeitraum stagnierte (relativ sich sogar von fast 40 Prozent auf 21,7 Prozent halbierte), konnte sich die von den LKW-Spediteuren transportierte Gütermenge im europäischen Im- und Export mehr als verdreifachen. Ihr Anteil stieg von 13 Prozent auf 27 Prozent. Bis Mitte der 1980er Jahre sollte sich die Gesamttonnage al-

---

103 Vgl. Heimes, S. 253. Die eigentliche Europäische Wirtschaftsgemeinschaft (EWG) entstand erst 1972, als nach langen Verhandlungen und vor dem Hintergrund der schnell verfallenden Stellung Großbritanniens als Weltmacht und Weltwirtschaftsmacht, England und die übrigen EFTA-Staaten, die bis dahin gleichsam ein Konkurrenzmodell gebildet hatten, der EWG beitraten.

lein im grenzüberschreitenden Güterkraftverkehr Deutschlands von knapp 1 Million Tonnen (1950) auf 83,2 Millionen Tonnen (1976) und schließlich knapp 140 Millionen Tonnen (1985) geradezu explosionsartig entwickeln.[104] Europa war ein großer und potenziell auch lukrativer Güterverkehrsmarkt, und in absehbarer Zukunft, so war man Ende der 1960er Jahre auch in der Geschäftsführung von Dachser überzeugt, würde die EWG einen einheitlichen Wirtschaftsraum mit Binnenverkehr darstellen. Zusätzlicher Druck, der Organisation des Auslandsgeschäfts endlich mehr Aufmerksamkeit zu widmen, kam aber von den Kunden sowie den Konkurrenten. Großkunden wie DuPont verlangten von Dachser auch die Abwicklung ihrer Transporte von und nach Luxemburg, Kraft forderte die Ausweitung der speditionellen Leistungen auf Holland und Belgien. Die großen Konkurrenten wie Kühne & Nagel und Schenker waren bereits diesen Expansionsbestrebungen der Konzernkunden unter erheblichem Kapitaleinsatz durch Filialgründungen im Ausland gefolgt, gleichzeitig streckten neu entstandene multinationale Speditionen wie die britisch-holländische P&O-Gruppe ihre Fühler auch nach Deutschland aus und schließlich kam es vermehrt zu Zusammenschlüssen beziehungsweise Kooperationen von kleineren Speditionen zu transnational agierenden Sammelladungsgemeinschaften im Containerverkehr. »Es ist abzusehen«, so hieß es daher in einem Brief des Leiters der Kemptener Import-/Export-Abteilung, Hans Bicker, an Thomas Dachser warnend, »dass, wenn wir nichts unternehmen, unsere ohnehin nicht besonders starke Position im internationalen Verkehr in dem Maße relativ laufend schwächer wird, wie die Kräfteballung bei unseren Mitbewerbern fortschreitet. Wenn dies vermieden werden soll, werden wir [...] aktiv werden müssen.«[105]

Aufbau der Auslandsniederlassungen und Gründung
der Zentralstelle für Auslandsverkehre (ZfA)

Es war schließlich Dachsers Schwiegersohn Thomas Simon, der zusammen mit Hans Bicker Anfang der 1970er Jahre ein ganzes Bündel von Aktivitäten initiierte, um das internationale Geschäft zu reorganisieren und auch im Sinne einer systematischen Strategie voranzutreiben. An erster Stelle stand zunächst die Neuordnung der Zusammenarbeit

---

104 Vgl. ebd., S. 211, sowie Statistische Informationen des BDF vom 31.8.1987, Nr. 30/87.
105 Brief Bicker an Dachser vom 8.3.1971, in: ebd.

Bild 7: Zollabfertigung am Grenzübergang Lindau

mit den verschiedenen Korrespondenzspediteuren und das Bestreben, ebenso dauerhafte wie verlässliche Partnerschaften aufzubauen. Als Zweites gab es Überlegungen zu Kooperationen, die aber letztlich alle im Sande verliefen. Drittens und vor allem ging man aber schließlich an die Errichtung eigener Niederlassungen im europäischen Ausland, und darauf wurde in der Folgezeit das Hauptaugenmerk gerichtet. In zwei Ländern besaß Dachser zu diesem Zeitpunkt bereits eigene Betriebsstellen: 1967 war unter dem Patronat und in enger organisatorischer Anbindung der Niederlassung Wangen in Zürich die Dachser Speditions AG gegründet worden, und vier Jahre zuvor hatte man sich mit 51 Prozent an der dänischen Transportfirma Gregers Larsen beteiligt.[106] Anfang der 1970er Jahre fiel nun der Entschluss zur Etablierung weiterer Auslandsfilialen. Zeitlich kurz hintereinander erfolgte die Gründung eigener Häuser in Großbritannien (Dachser Transport Ltd.), Belgien, Holland, Luxemburg und in den USA.[107] Der Aufbau eines

---

[106] Vgl. dazu im Einzelnen Bicker, S. 160 ff. und S. 254, sowie Protokoll Geschäftsführung vom 10.3.1981, S. 3, in: ebd. Zum Schweizgeschäft der Niederlassung Wangen, das geradezu monopolartig von dessen Niederlassungsleiter Weiss bearbeitet wurde – keine Niederlassung durfte etwa Direktverkehre aufbauen, sondern musste alle Güter über Wangen transportieren lassen, bis Konkurrenten dieses System unrentabel werden ließen und die Betriebsstelle in Zürich dann auch tatsächlich in die Krise geriet – vgl. Zeitzeugeninterview Bendele.

[107] In den Niederlanden erfolgte der Aufbau in einem zweiten Anlauf, da dort 1964 mit einem einheimischen Spediteur zunächst ein Joint Venture gegründet worden war (Dachser & Bijsterbosch), das aber 1967 in Konkurs gegangen war. Vgl. dazu Bicker, S. 162 ff. Zum Aufbau der Dachser-eigenen Häuser in Europa vgl. auch Zeitzeugeninterview Thomas Simon.

Bild 8: Seefracht-Container in die USA

speditionellen Netzes auf europäischer Ebene erwies sich dabei als weit schwieriger und komplexer als vielfach erwartet. Zwar galt kein staatliches Konzessions- und Tarifsystem, aber dafür waren zahlreiche andere Faktoren wie die Zollgesetzgebung, Haftungsfragen, Wettbewerbsbedingungen und die speditionelle Abstimmung mit den Korrespondenten zu berücksichtigen – Fragen, die man nicht mehr der alleinigen Initiative einzelner Niederlassungen überlassen konnte. Bereits im März 1971 war daher von Thomas Simon und Hans Bicker an Thomas Dachser der Vorschlag herangebracht worden, in Kempten eine zentrale Stelle für internationale Verkehre einzurichten. Konkurrenzfirmen wie Kühne & Nagel und Schenker besaßen längst entsprechende Zentralstellen für internationale Verkehre. Aber es dauerte schließlich bis Juli 1973, bis die »Zentralstelle für Auslandsverkehre« (ZfA) aus der Taufe gehoben wurde. Ihre Gründung bedeutete die vierte und entscheidende Initiative des Unternehmens zur Ausweitung der Geschäfte auf die europäischen und überseeischen Verkehrsmärkte. Die Aufgabe der ZfA war es, nach außen hin die Gesamtorganisation im Verhältnis zu ausländischen Korrespondenten, Partnern, Niederlassungen und Kunden, das heißt in allen internationalen Fracht- und Speditionsangelegenheiten, zu vertreten. Sie

Bild 9: *Linienverkehre mit französischen Partnern*

war außerdem für den überregionalen Akquisitionseinsatz im In- und Ausland, zur Unterstützung bestehender oder Entwicklung neuer Verkehre im internationalen Bereich sowie für die Schulung eigener qualifizierter Kräfte in den Import-/Exportabteilungen der Niederlassungen zuständig.[108]

Die ZfA bedeutete innerorganisatorisch ein weiteres zentrales Steuerungsinstrument der Hauptniederlassung gegenüber den Zweigniederlassungen, auch wenn die neue Stelle gegenüber den Filialen ihre primär subsidiäre Funktion für die Organisation des Auslandsgeschäfts und die Import-/Exportaktivitäten betonte. Die ZfA hatte tatsächlich zunächst einen schweren Stand. Allenthalben beklagten sich die Niederlassungsleiter über eine Beschneidung ihrer Eigenständigkeit und ihrer Kompetenzen durch die neue Stelle. Die ZfA ihrerseits beklagte sich darüber, dass eine Reihe von Niederlassungen die Existenz der ZfA dazu nutzte, bald sämtliche speditionellen Detailprobleme bei den Export-/Importverkehren wie Verladeschwierigkeiten, Schäden und Reklamationen einfach nach Kempten abzuschieben. Dass die ZfA eine so schwierige Position im Unterneh-

---

[108] Vgl. dazu auch »Funktionsbeschreibung für die ZfA« vom 1.7.1973 und auch Protokoll Geschäftsführung vom 21.3.1973, S. 12 ff, in: Bestand Bicker sowie ausführlich dazu auch Bicker, S. 230 ff.

men besaß und Thomas Simon wie Bicker für ihre Auslandsstrategie nicht nur gegenüber den Niederlassungsleitern, sondern auch innerhalb der Geschäftsführung um Anerkennung kämpfen mussten, lag an den ganz auf das nationale, heimische Geschäft ausgerichteten Denktraditionen. Nur langsam stießen die Appelle Thomas Simons zu gemeinsamen Anstrengungen, die internationale Bedeutung von Dachser zu vergrößern und das Image im internationalen Verkehr zu verbessern, auf Widerhall.[109] Aber bald zeichneten sich die positiven Effekte der Bemühungen der ZfA ab: Der Wildwuchs bei den Partnerbeziehungen lichtete sich und wurde durch ein Netz unternehmens- und leistungskonformer ausländischer Korrespondenten ersetzt. Auch die Lösung interner Struktur- und Managementprobleme in den Auslandshäusern machte Fortschritte. Mit seinen 7 ausländischen Tochterfirmen, den bald auf 16 ausländische Zweigniederlassungen angewachsenen eigenen Standorten, den circa 15 Partnerspeditionen in den verschiedenen europäischen Ländern sowie den 7 Luftfrachtbüros verfügte Dachser Ende der 1970er Jahre im Vergleich zu den meisten Wettbewerbern über eine durchaus bemerkenswerte speditionelle Infrastruktur zur Abwicklung von Import-/Exportgeschäften. Entsprechend rasch entwickelte sich auch das Güteraufkommen der Auslandsverkehre, das sich allein zwischen 1970 und 1982 mehr als verdoppelte.

Tabelle 2: Güteraufkommen der Dachser-Auslandsverkehre 1960 bis 1985 (in to)

Jahr	Import	Export	Insgesamt
1960	14 568	9 177	23 745
1970	52 868	208 900	261 768
1975	125 000	230 000	355 000
1982	198 684	356 768	555 452
1985	252 460	435 161	687 621

Quelle: Zusammengestellt und berechnet nach verschiedenen Unterlagen im Bestand ZfA/Bicker.

Einen »Netzcharakter«, wie er sich zu diesem Zeitpunkt im Speditionsverbund der Inlandsniederlassungen herausbildete, besaßen die Auslandsstandorte jedoch nicht. Nahezu ausschließlich konzentrierten die auslän-

---

[109] Vgl. dazu u. a. Protokoll der ZfA-Tagung vom 6./7.11.1975 sowie Protokoll der Niederlassungsleiter-Tagung vom 18./19.4.1977, S. 16, in: ebd.

dischen Tochtergesellschaften ihre Geschäftstätigkeit auf die deutsche Muttergesellschaft und ihre Niederlassungen, ohne eigene Geschäftstätigkeit untereinander zu entwickeln. Die große Aufgabe und Herausforderung der Geschäftsführung war es daher, auch im europäischen Ausland zum System- und Netzspediteur mit entsprechenden Qualitäts- und Leistungsangeboten zu werden – ein Ziel, das ungleich zeitaufwändiger, komplexer, kostenintensiver und auch mit Rückschlägen verbunden sein sollte, als es im Inlandsbereich der Fall war.

Aufbau und Entwicklung der Unternehmensführungsorganisation: Corporate Governance jenseits des Familienpatriarchalismus

Die maßgebliche Einflussnahme, die Familien in ihren Unternehmen ausüben, erfolgt über zwei zum Teil interdependente Möglichkeiten: zum einen über die Eigentumsfunktion und die daraus abgeleitete Kontrolle, zum anderen über die alleinige Ausübung beziehungsweise die direkte Beteiligung am Management des Unternehmens.[110] Dieses System der Corporate Governance, das in den Gesellschaftsverträgen fixiert ist, in der Praxis der Unternehmenskontrolle und Unternehmensführung aber davon durchaus abweichen kann, ist nicht zuletzt im generationellen Ablauf der Übertragung der Eigentumsrechte am Unternehmen einem Wandel unterworfen. Dies gilt geradezu exemplarisch auch für Dachser. Von der alleinigen Eigentums-, Kontroll- und zugleich auch Managementfunktion Thomas Dachsers über die Vererbung an die beiden Töchter Annemarie Simon und Christa Rohde-Dachser bis hin zur Einbeziehung der dritten Generation beider »Familienstämme« ergab sich ein komplexes Verhältnis unterschiedlichster Formen der Präsenz und des Engagements einzelner Familienmitglieder bei der Kontrolle wie der Führung des Unternehmens. Was die Unternehmensentwicklung Dachsers prägte, war aber, dass dabei praktisch von Anfang an auch familienexterne (allerdings zugleich durch langjährige und vertraute Mitarbeit ausgezeichnete) Manager – im geschäftsführenden Management wie in dem späteren Kontrollgremium – eine entscheidende Rolle spielten. Die Unternehmensgeschichte von Dachser ist daher vor allem auch eine Geschichte des permanenten

---

110 Vgl. dazu Klein, S. 3 f.

Ringens um eine gleichermaßen den Familienverhältnissen wie modernen Kontroll- und Führungsmechanismen angepasste Corporate-Governance-Verfassung, die zudem noch in veränderten gesellschaftsrechtlichen Formen der Unternehmensorganisation praktiziert wurde.

Firmenorganisation und die Betriebsaufsplitterung von 1954

Den Erlass der Gesetze zur Wiederherstellung der Verkehrsmarktordnung nach Kriegsende, aber vor allem auch die künftige Ausrichtung seiner unternehmerischen Tätigkeit hatte Thomas Dachser zunächst zum Anlass genommen, sein Unternehmen im Juli 1949 als »Thomas Dachser Spedition« im Handelsregister eintragen zu lassen. Mitte 1952, mit Beginn der Auslandsverkehre, erfolgte eine erste Umfirmierung in »Thomas Dachser, Internationale Spedition«.[111] Im Februar 1954 erfolgte dann eine erste unternehmensorganisatorische Zäsur: Es kam zu einer gesellschaftsrechtlichen Teilung des Unternehmens in die Dachser Spedition GmbH (mit einem Grundkapital von 100 000 DM) und in die Einzelfirma »Thomas Dachser Güterfernverkehr KG«. Die Motive für die Betriebsaufsplitterung waren vor allem steuerlicher und haftungsrechtlicher Art. Während die Einzelfirma die traditionelle Rolle als reines Transport- und Fuhrunternehmen fortführte, sich dabei aber auf das Güterfernverkehrsgeschäft konzentrierte und mithin Eignerin des Fuhrparks mit den dazugehörigen Konzessionen, aber auch des gesamten Anlagevermögens beziehungsweise Immobilienbesitzes war, übernahm die GmbH das Speditions- und Lagergeschäft einschließlich des Güternahverkehrs und der Luftfrachtgeschäfte und trat formal als Pächterin der Fahrzeuge und Niederlassungsanlagen auf.[112] Die Betriebsaufteilung bedeutete aber zugleich auch das formalrechtliche Ende der Alleineigentümerschaft Thomas Dachsers, denn als Gesellschafterin und Geschäftsführerin der GmbH fungierte neben Thomas Dachser nun auch mit einem Anteil von 20 Prozent des Kapitals seine Frau Anna Dachser-Geissler, die im September 1957 zudem mit einer

---

111 Vgl. dazu Auszüge aus dem Handelsregister des Amtsgerichts Kempten, in: Bestand Bicker sowie Bicker, S. 57.
112 Vgl. dazu Bicker, S. 57, sowie Schreiben Thomas Dachser an die Mitarbeiter vom 1.2.1954 und Vertrag über das organschaftliche Verhältnis zwischen beiden Firmen vom 4.2.1956, in: Bestand Frieß, Ordner GmbH/KG.

Einlage von 100 000 DM stille Gesellschafterin an der inzwischen über ein Eigenkapital von insgesamt 770 000 DM verfügenden Einzelfirma wurde. Thomas Dachser selbst führte zu diesem Zeitpunkt die beiden Unternehmen als Eigentümermanager und praktizierte eine Art »Management by travelling around«. Laufend besuchte er die einzelnen Niederlassungen und kümmerte sich dabei auch um Detailprobleme wie Lagerorganisation und Fahrzeugkäufe. Gleichzeitig aber überließ er entsprechend dem dezentralen Aufbau der Firma viele Entscheidungen den Niederlassungsleitern vor Ort. Einen kleinen Kreis von ihnen, der sich im Wesentlichen aus den »Zweigniederlassungsfürsten« der großen und ertragsstarken Niederlassungen zusammensetzte, gewährte Thomas Dachser durch die Ernennung zu Direktoren eine nach außen sichtbare Heraushebung und bezog sie vor allem auch in den unternehmenspolitischen Entscheidungsprozess hinsichtlich der Gesamtfirma mit ein. Vor allem der Niederlassungsleiter von Wangen, Ulrich Weiss, stieg dabei rasch zum engsten Vertrauten Thomas Dachsers auf. 1961 zum Direktor ernannt, machte Dachser ihn 1967 schließlich zu seinem Stellvertreter und Geschäftsführer und signalisierte damit die Bereitschaft, auch Familienexternen gesellschaftsrechtlich relevante Positionen einzuräumen.[113] Die beiden hatten dabei eine Art Arbeitsteilung in der Unternehmensführung vereinbart: Weiss widmete sich vor allem den administrativen Aufgaben, während Thomas Dachser sich auf die laufende Kontrolle der Niederlassungen konzentrierte.

Dass Weiss dabei aber faktisch immer mehr Einfluss gewann und bald die wesentlichen Linien der Unternehmenspolitik bestimmte, lag zum einen daran, dass Thomas Dachser aus privaten Gründen bereits 1960 seinen Bürositz nach Köln verlegt hatte. Dazu kam, dass Dachsers Gesundheit seit Ende der 1960er Jahre zunehmend so angegriffen war, dass er nicht mehr in der Lage war, die Entwicklung der Firma wirklich zu überschauen. Und schließlich war es zwischen Dachser und seiner älteren Tochter Christa Anfang der 1960er Jahre zu Auseinandersetzungen über die weitere Unternehmensentwicklung gekommen, die eine ursprünglich vorgesehene Nachfolge nicht zustande kommen ließen.[114] Tatsächlich hatte sich Christa Dachser auf Bitten des Vaters für ein akti-

---

113 Zu Weiss vgl. Bicker, S. 85 f.
114 Vgl. dazu Zeitzeugeninterview Christa Rohde-Dachser.

Bild 10: Thomas und Anna Dachser Ende der 1950er Jahre

ves Engagement im Unternehmen entschieden, Betriebswirtschaftslehre studiert, 1961 mit einem speditionellen Thema das Diplom erworben und danach als Prokuristin Verantwortung im Tagesgeschäft übernommen. Neben der Begleitung des Vaters bei seinen Reisen zu Kunden und Niederlassungen konzentrierte sich Christa Dachser in Fortführung der Rolle der Mutter im Unternehmen auf die finanziellen Angelegenheiten. In der Firma herrschte ein erheblicher Nachholbedarf, was Finanzkontrolle und Kapitalmanagement anging. Insbesondere in die Immobilieninvestitionen waren inzwischen so hohe Summen geflossen, dass die Liquidität des Unternehmens ernsthaft bedroht war. Der kritischen Lage versuchte nun die Tochter durch die Erstellung von Finanzplänen zu begegnen. Doch Thomas Dachser hielt ungeachtet dessen an seinen impulsiven und eigenmächtigen Investitionsentscheidungen fest. Nach dem Zerwürfnis schlug die Tochter daher eine akademische Laufbahn im sozialwissenschaftlichen Bereich ein, die sie schließlich bis zur Übernahme eines Lehrstuhls für Psychoanalyse an der Universität Frankfurt führte. Dennoch blieb sie, wie auch ihre Schwester Annemarie Simon, in unterschiedlicher Weise in die Unternehmensführung und Kontrolle aktiv involviert.

Liquiditätskrise und »Frieß'sche Ordnung«

Ende der 1960er Jahre befand sich Dachser auf dem Scheitelpunkt zwischen einer inhabergeführten Spedition, in der die Entscheidungen noch vielfach intuitiv dem Geschäftssinn von Thomas Dachser entsprangen, und der Notwendigkeit einer streng organisierten kaufmännischen Ordnung. Im Jahr 1966 wurde daher auf Initiative von Ulrich Weiss und Christa Rohde-Dachser ein junger Revisions- und Wirtschaftsprüfassistent, Dieter Frieß, eingestellt, der auf dem kaufmännischen Brachland des Unternehmens nach und nach ein Fundament errichtete. In wochenlanger Arbeit wurden von Frieß, der bereits 1969 Prokura erhielt und zum Leiter der Hauptniederlassung in Kempten ernannt wurde, Niederlassungen inspiziert, Grundvermögen bewertet, Bilanzen geprüft und Kostenabgleiche vorgenommen. Er setzte sich für den Aufbau einer Revisions- und Steuerabteilung sowie für die Einführung einer Kostenrechnung bei Dachser ein, baute später darüber hinaus auch eine Rechtsabteilung auf und etablierte erstmals eine zentrale Personalabteilung. Ehe die ersten Konturen der später sprichwörtlich gewordenen »Frieß'schen Ordnung« im Unternehmen sichtbar wurden, zeigten sich zunächst einmal deutlich die Hinweise für die kritische finanzielle Lage von Dachser. So kam es, dass sich Mitte Januar 1970 unter Leitung von Christa Rohde-Dachser und Ulrich Weiss (und ohne Thomas Dachser) eine kleine Gruppe von leitenden Mitarbeitern traf, um eine kurz-, mittel- und langfristige Unternehmensplanung zu entwerfen.[115] Das Ziel war »das sichere Bestehen der Firma auch in zwan-

---

115 Neben Christa Rohde-Dachser und Weiss waren dies Thomas Simon, der Ehemann von Annemarie Simon und Schwiegersohn Dachsers, die Niederlassungsleiter von Kempten, März, und von Köln, Sachs, sowie aus der Hauptniederlassung die für den Bereich Revision/Finanzen bzw. Kostenrechnung Zuständigen Dieter Frieß und Gerd Wecker.

zig Jahren«.[116] An erster Stelle stand dabei das brennende Personalproblem und die Aufstellung eines Ausbildungsprogramms zur Rekrutierung geeigneter Nachwuchsmanager, an zweiter Stelle die Frage der langfristigen Investitions- und Finanzplanung. Das Unternehmen drückte inzwischen eine hohe Zinslast für langfristige Bankschulden. Sie war seit 1968 von 0,9 Millionen DM auf 1,89 Millionen DM gestiegen und hatte sich damit in nur drei Jahren fast verdoppelt, und für 1971 war ein weiterer Anstieg auf 2,43 Millionen DM zu erwarten.[117] Angesichts dieser gewaltigen Schuldentilgungs- und Zinszahlungsverpflichtungen sowie einem kurz- und mittelfristigen Investitionsbedarf von 25 Millionen DM sah man kaum noch Möglichkeiten für eine Finanzierung durch Eigenmittel. Man diskutierte verschiedene Lösungsmöglichkeiten, darunter auch die Firmenumwandlung in eine Aktiengesellschaft, allerdings nur unter der Prämisse, dass die Aktienmehrheit bei der Familie Dachser bleiben sollte.

Der Gesellschaftsvertrag von 1972

Gleichzeitig sorgte die Scheidung und Wiederverheiratung von Thomas Dachser für Verunsicherung, drohte doch dadurch im Todesfall Dachsers eine Zersplitterung der Unternehmensanteile und damit die Gefährdung der Firmenexistenz. Es war letztlich Anna Dachser-Geissler zu verdanken, dass das Unternehmen beisammen blieb. Sie verlangte von Thomas Dachser als Gegenleistung für die Einwilligung in die Scheidung eine Änderung des Ehe- sowie Erbvertrags, der letztlich festlegte, dass im Todesfall die Firmenanteile allein an die beiden Töchter gehen sollten.[118] Anna Dachser-Geissler schied zudem im August 1970 als Geschäftsführerin der Dachser Spedition GmbH aus, behielt aber ihre stille Beteiligung an der Einzelfirma. Zum 1. Januar 1972, so wurde schließlich auch in einem neuen Gesellschaftsvertrag festgelegt, wandelte Thomas Dachser seine

---

116 Vgl. Protokoll des Treffens vom 12./13.1.1970, in: Bestand Bicker.
117 Notiz zur Liquiditätsübersicht von Römer an Thomas Dachser vom 23.2.1970, in: Bestand Bicker.
118 Vgl. die Verträge in: Bestand Frieß, Ordner GmbH/KG, sowie auch persönliche Unterlagen Christa Rohde-Dachser und Zeitzeugeninterview Christa Rohde-Dachser. In dem Erbvertrag war bereits vorher auch festgelegt worden, dass die Tochter Thomas Dachsers aus erster Ehe vor der Heirat mit Anna Geissler auf alle ihre Erbansprüche verzichtete. Vgl. auch den Erbvertrag vom 9.3.1972.

Einzelfirma in eine Kommanditgesellschaft um und nahm seine beiden Töchter als Kommanditisten auf.[119] Die neue KG war dabei auf die Dauer von 30 Jahren unkündbar. Ein Jahr später nahm Thomas Dachser dann auch per Schenkung die dritte Generation der Dachser-Familien in sein Unternehmen unter Reduzierung seines Anteils auf. Thomas Dachser als persönlich haftender Gesellschafter und Komplementär hielt nun noch 60 Prozent des Gesellschaftskapitals, seine beiden Töchter je 12,5 Prozent und die jeweils drei Enkelkinder als Kommanditisten zusammen 7,5 Prozent. Was zunächst nach einer Krise der Besitz- und Beteiligungsstrukturen von Dachser aussah, endete somit wenig später dank der Weitsicht von Anna Dachser-Geissler, aber auch aufgrund der Einsicht von Thomas Dachser in der Grundsteinlegung zu einem langfristigen Fundament der innerfamilialen Anteilseignerverhältnisse. Die Maxime »Unternehmensinteresse vor private Familieninteressen«, die Thomas Dachser immer praktiziert hatte, wendete er damit auch jetzt konsequent auf sich selbst an.

Erste Geschäftsführungsgremien

Unterdessen gingen die Bemühungen zur Etablierung einer neuen Unternehmensführungsorganisation weiter. Christa Rohde-Dachser und Ulrich Weiss hatten bereits auf der Besprechung im Januar 1970 vereinbart, dass nun regelmäßige Geschäftsführungsbesprechungen abgehalten werden sollten, die zum Teil rein informatorischen Charakter haben und daher mit Beteiligung von Niederlassungsleitern stattfinden, zum Teil aber interne Arbeitssitzungen zu konkreten unternehmenspolitischen Problemen sein sollten. Diese Initiative zur Verbesserung und Verbreiterung der Entscheidungsfindung sowie der Organisation der Unternehmensführung war von Thomas Dachser, wenn auch mit einiger Verzögerung, aufgegriffen worden. Dachser war inzwischen wieder aus dem Rheinland zurückgekehrt, hatte sich allerdings nicht in Kempten, sondern in München niedergelassen und dort quasi eine zweite Hauptniederlassung begründet. Einmal pro Monat, so ließ Dachser Ende Januar 1972 verlauten, werde er »einen bestimmten Kreis von Herren« zu sich nach München bitten, »um auf diese Weise die inner-

---

119 Vgl. den Gesellschaftsvertrag vom 3.7.1972, in: Bestand Frieß, Ordner GmbH/KG.

betriebliche Kommunikation kurzfristig und in entscheidender Weise zu verbessern«.[120] Je vier Mitarbeiter aus der Kemptener Hauptniederlassung (Frieß, Thomas Simon, Wecker, Justiziar Riederer) und die vier »Zweigniederlassungsfürsten« Weiss, Schramm, Sachs und März sollten diesem engeren Führungszirkel (»Münchner Kreis«) angehören. »Insgesamt soll mit dieser Einrichtung der monatlichen Besprechungen das Gleiche erreicht werden«, so hieß es in dem Schreiben Dachsers, »was es in einer gut geführten Filiale schon lange gibt: ein Team von Mitarbeitern, auf das sich der Filialleiter, und in diesem Fall der Chef, verlassen kann.«[121]

Aus diesem Kreis führender Mitarbeiter bildete sich schließlich infolge der für Weiss und Dachser wachsenden Arbeitsbelastungen in dem expandierenden Unternehmen – und aufgrund der weiteren Verschlechterung des Gesundheitszustandes des Firmengründers – nach und nach eine erweiterte Geschäftsführung heraus. Bereits im April 1973 ernannte Thomas Dachser seinen Schwiegersohn Thomas Simon zum Geschäftsführer, der sich in der Folgezeit vor allem mit dem Aufbau des Auslandsgeschäfts und der Fahrzeugtechnik beschäftigte. Für die operative Speditionsleitung war daneben der Kölner Niederlassungsleiter Klaus Sachs, für die Finanzangelegenheiten der Leiter der entsprechenden Abteilung in der Hauptniederlassung, Dieter Frieß, vorgesehen. Dazu sollte, so die Überlegungen, der Neusser Niederlassungsleiter Walter Schramm ebenfalls zum Geschäftsführer, allerdings ohne Aufgabenbereich und ohne Bezahlung, ernannt werden.[122]

Als Organisationsform der neuen Unternehmensführung bei Dachser und damit der neuen Corporate-Governance-Verfassung wurden letztlich zwei Modelle entworfen. Die eine Variante beinhaltete die Etablierung eines Aufsichtsrates mit Thomas Dachser und Weiss als Vorsitzender beziehungsweise Stellvertreter sowie als weiteren Mitgliedern die beiden Töchter Christa Rohde-Dachser und Annemarie Simon und schließlich noch Walter Schramm, der es jedoch ablehnte, neben seiner Niederlassungsleiter-Funktion auch noch als Geschäftsführung ohne Bereich bezie-

---

120 Notiz betr. Monatsbesprechungen vom 25.1.1972, in: Bestand Frieß, Ordner Geschäftsführung.
121 Ebd.
122 Brief Weiss an Dachser vom 25.9.1973, in: Bestand Bicker. Ordner Geschäftsführung.

hungsweise für Sonderaufgaben zu fungieren. Die eigentliche Geschäftsleitung im Sinne von Vorstandsmitgliedern, die nach dem Kollegialführungsprinzip agieren sollte, bildeten demnach Klaus Sachs (Spedition Inland, Bauten und Betriebsmittel, Kostenrechnung und Personal), Thomas Simon (Spedition Ausland, Technik/Fahrzeuge sowie Verkauf/Werbung) und Dieter Frieß (Verwaltung, Finanzen, EDV). Die zweite Variante sah demgegenüber ein Geschäftsführungsgremium mit Dachser und Weiss sowie den drei übrigen Geschäftsführern vor, wobei Erstere wie bisher als eine Art Hauptgeschäftsführer agierten.[123]

Weiss nahm so oder so innerhalb dieses Geschäftsführungsgremiums von Anfang an eine herausgehobene Position ein, und letztlich lief dann alles auf das Modell der erweiterten Geschäftsführung hinaus, wobei sich Christa Rohde-Dachser vorbehielt, eventuell zu einem späteren Zeitpunkt der Geschäftsleitung ebenfalls beizutreten.[124] Als zentrales Entscheidungsgremium, so wurde schließlich auch festgelegt, sollte der erweiterte »Montagskreis«, in dem auch die Niederlassungsdirektoren März, Schramm sowie Justiziar Riederer saßen, bestehen bleiben. Als im April 1974 die neue Geschäftsführung endlich installiert wurde, zeigten sich zwei bemerkenswerte Details: Weiss hatte von Thomas Dachser für die GmbH eine Generalvollmacht erhalten und trat damit nun als Generalbevollmächtigter (GBV) auf,[125] während die drei neuen Geschäftsführer explizit keine Berechtigung zur Einzelvertretung erhalten hatten, sondern die Geschäfte nur gemeinsam mit einem anderen Geschäftsführer vertreten konnten. Auch bei der Laufzeit der Geschäftsführerverträge gab es Unterschiede, denn Weiss wollte abweichend von den anderen Geschäftsführern auf ausdrücklichen Wunsch nur noch für drei (statt fünf) Jahre bestellt werden. Er behalte sich vor, so Weiss, nach Vollendung seines 63. Lebensjahres, das heißt im Jahr 1977, abzutreten.[126]

Die Neuordnung der Organisation der Unternehmensführung und der Corporate Governance war alles in allem ein komplizierter Aus-

---

123 Vgl. dazu auch Notiz Riederer vom 24.10.1973 und »Vorschläge für die Neugestaltung der Unternehmensführung«, o. D., in: Bestand Bicker, Ordner Geschäftsführung.
124 Vgl. Protokoll Geschäftsführungsbesprechung vom 28.11.1973, in: Bestand Bicker.
125 Vgl. dazu die beurkundete Generalvollmacht durch Thomas Dachser vom 30.4.1974, in: Bestand Frieß, Ordner GmbH/KG.
126 Vgl. Protokoll Geschäftsführung vom 19.6.1974, S. 2, in: Bestand Bicker.

Schaubild 6: Dachser-Organisation 1976

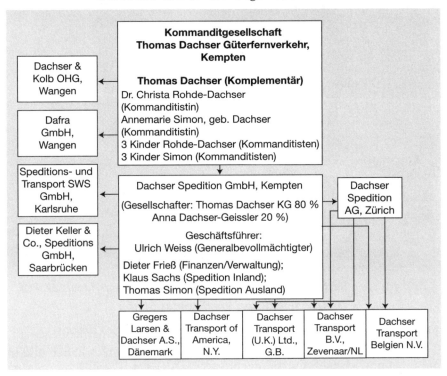

handlungs- und Entscheidungsprozess, in dem viele Detailfragen, insbesondere auch bei der Abgrenzung der jeweiligen Kompetenzen, offenblieben, der zugleich aber dennoch auch die Basis für stabile Führungs- und Kontrollfunktionen im Unternehmen, insbesondere in der Person von Ulrich Weiss und Christa Rohde-Dachser legte. Damit war angesichts des sich verschlechternden Gesundheitszustands von Thomas Dachser, der krankheitsbedingt immer häufiger bei den Geschäftsführungssitzungen fehlte, für Kontinuität gesorgt. Als der Firmengründer im April 1979 schließlich starb, bedeutete das für sein Unternehmen nicht die Art von Zäsur, die sie für inhabergeführte Unternehmen oft darstellt. Neben Weiss, der gleichsam die Richtlinienkompetenz besaß, prägten die drei Geschäftsführer in den folgenden Jahren auf ihre Weise das Unternehmen: Sachs als Spediteur und treibende Kraft zur Weiterentwicklung der speditionellen Organisationsstrukturen, Frieß als Finanz- und Verwaltungsfachmann und oft auch ausgleichende Kraft und

Bild 11: Geschäftsführungsbesprechung 1971: Thomas Dachser und sein Schwiegersohn Thomas Simon

Thomas Simon mit seinen oft gegen den Widerstand seiner Kollegen unternommenen Bemühungen, internationale Verkehre aufzubauen und in das nationale Unternehmen auch einige europäische und internationale Aspekte hineinzubringen.[127]

---

[127] Im April 1977 wurde schließlich der Kreis der Geschäftsführung erweitert: Walter Schramm wurde nun doch gesamtvertretungsberechtigter Geschäftsführer für den Bereich Sonderaufgaben.

Kapitel 3
Strategische Neuorientierung im Zeichen schleichender Deregulierung

Diversifikations- und Qualitätsstrategie: Reaktionen auf die Anfänge des Verdrängungswettbewerbs

Der Güterverkehrsmarkt hatte sich inzwischen dynamisch weiterentwickelt, aber die jährlichen Wachstumsraten fielen in den 1970er und 1980er Jahren nun deutlich niedriger aus. Das Güteraufkommen nahm in den beiden Dekaden nur noch um 16 Prozent, von 2 870 Millionen Tonnen auf 3 350 Millionen Tonnen zu, und auch die Transportleistungen entwickelten sich mit knapp 300 Milliarden Tonnenkilometern (1989) gegenüber 215,3 Milliarden Tonnenkilometern (1970), das heißt einem Zuwachs von 37 Prozent, weit langsamer als noch in den Jahren zuvor.

Der Straßengüterverkehr hatte allerdings seine Anteile am Gesamtaufkommen zu Lasten der Bahn weiter ausbauen können und wies daher deutlich über dem Gesamtmarkt liegende Wachstumsraten auf. Beim Güteraufkommen betrugen die Zuwächse in den 1970er und 1980er Jahren 24,6 Prozent, bei den Transportleistungen sogar 97 Prozent. Dennoch waren auch die Transport- und Speditionsunternehmen vom insgesamt nur noch langsam wachsenden Markt betroffen und sahen sich vor allem im Gefolge der beiden Ölpreiskrisen erstmals auch mit Phasen deutlicher Nachfrageschrumpfung und entsprechenden Umsatzeinbußen konfrontiert.

Die Turbulenzen und der Strukturwandel in der Branche nahmen damit zu. Der sich zunächst noch allmählich vollziehende Konzentrationsprozess gewann an Fahrt. In einer Reihe namhafter und traditionsreicher Familienunternehmen wie der Rhenania Schifffahrts- und Speditionsgesellschaft in Mannheim übernahmen fremde Anteilseigner das Kommando.[128] Andere

---
128 1972 war Rhenania an den britischen Mischkonzern Bowater Industries verkauft worden.

Schaubild 7: Die Güterverkehrsmarktkonjunkturen 1970 bis 1989 (Jährliches Wachstum des Güteraufkommens und der Transportleistung in %)

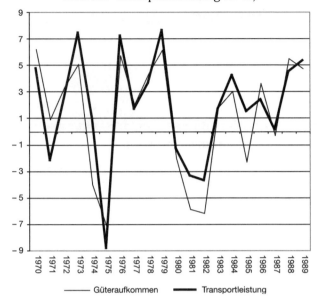

Quelle: Bundesverband Güterkraftverkehr, Logistik und Entsorgung (BGL).

Speditionsunternehmen fusionierten oder schlossen sich zu Interessengemeinschaften zusammen. Insbesondere der Zusammenschluss der zum Stinnes-Konzern gehörenden Rhenus AG mit der Westfälischen Transport AG (WTAG) hatte 1976 die Branche aufgeschreckt. Dazu drängten zunehmend die Transporttochterunternehmen der großen Konzerne aus den angestammten Werksverkehrsaktivitäten in das allgemeine Speditionsgeschäft. Schon 1967 etwa hatte die Thyssen Handelsunion (THU) mit dem Kauf der Spedition Haeger & Schmidt eigene, konzernübergreifende Transportkapazitäten aufgebaut und Anfang der 1980er Jahre eine aggressive Akquisitionsstrategie gestartet.[129] Schließlich tauchten auch neue Konkurrenten aus der Gruppe der kleineren und mittleren Speditionen auf, wie die Log-Sped-Gruppe, ein 1981 erfolgter Zusammenschluss von zehn Sammelladungsspeditionen. Eine wachsende Zahl von Transportfirmen und Speditionen musste aber ganz aufgeben. Ihre Ertragslage hatte sich mit wachsenden Überkapazitäten verschlechtert, und die vielfach

---

129 Vgl. dazu Plehwe, S. 125 f.

dünne Kapitaldecke war schnell aufgezehrt.[130] Trotzdem behielt die Branchenstruktur, nicht zuletzt infolge der schützenden staatlichen Marktordnung mit ihren in der Regel auskömmlichen Tarifen, den seit jeher vorherrschenden klein- und mittelständischen Charakter noch bei. Seit 1956 war die Gesamtzahl der Unternehmen des Straßengüterfernverkehrs zwar nur um ein Viertel gesunken, von 12 164 auf 10 440 (1964), dann 9 031 (1978) und schließlich 8 829 (1986); gleichzeitig hatte sich aber die Zahl der Klein- und Kleinstbetriebe mit nur einer oder zwei Konzessionen von 9 785 (1956) auf 4 763 (1986) praktisch halbiert.[131] Dennoch stellten noch immer über 90 Prozent der Güterfernverkehrsunternehmen jene Betriebe, die maximal sechs Konzessionen besaßen und einen durchschnittlichen Umsatz von unter 5 Millionen DM mit nicht mehr als 50 Mitarbeitern erwirtschafteten. Dachser gehörte mithin längst zu jener Handvoll Unternehmen in der kleinen Spitzengruppe, die über mehr als 40 Konzessionen verfügten und mit mehr als 1 000 Beschäftigten einen Umsatz von über 10 Millionen DM verzeichneten. Im November 1986 waren dies gerade einmal 24 Unternehmen, mit Schenker und Kühne & Nagel an der Spitze. Aber gerade diese beiden großen Dachser-Konkurrenten mit ihren drei- bis viermal so hohen Umsätzen waren von den strukturellen und konjunkturellen Entwicklungen erfasst worden und kämpften Ende der 1970er, Anfang der 1980er Jahre mit spezifischen, aber nicht minder großen Problemen. Schenker war durch die Anteilseignerschaft der Bahn eng in deren Stückgut- und Sammelgutpolitik eingebunden. Das bedeutete wegen der damit verbundenen »Schienentreue« nicht nur ein schlechtes Image und vergleichsweise lange Laufzeiten, sondern vor allem auch der Zwang zu wenig rentablen Verkehren etwa durch die massive Beteiligung am Kombiverkehr.[132] Das Umsatzwachstum von Schenker entwickelte sich daher vergleichsweise träge, im inländischen Sammelgutverkehr mussten sogar erhebliche Marktanteilsverluste hingenommen werden, entsprechend mager fielen die Gewinne aus. Kühne & Nagel kämpfte gleichzeitig nicht nur um den Erhalt als Familienunternehmen, sondern insgesamt um seine Existenz. Anfang der 1970er Jahre hatte das traditionell im internationalen Speditionsgeschäft starke Unternehmen versucht, mit seiner Transportorganisation in den Reedereimarkt einzudringen. Das Vorhaben

---

130 Vgl. dazu Out, S. 27 ff.
131 Vgl. dazu die Angaben bei Massenberg, S. 170 ff., Hamm, S. 478, und Aberle, S. 60.
132 Vgl. dazu Matis/Stiefel, S. 133 ff. und S. 248 f.

Schaubild 8: Umsatzwachstum Dachser, Kühne & Nagel und Schenker 1970 bis 1987 (Indiziert auf der Basis 1970 = 100)

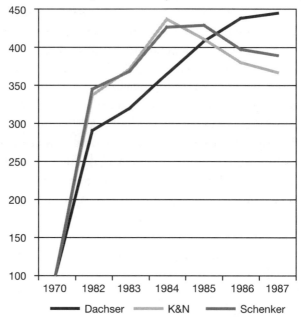

Quelle: Zusammengestellt und berechnet nach den Angaben in den Geschäftsberichten, Bilanzen und Presseveröffentlichungen.

schlug jedoch fehl. Infolge der Ölkrise brachen die Frachtpreise im Seegeschäft zusammen, und 1981 sah sich Kühne & Nagel einem Schuldenberg von 200 Millionen DM gegenüber. Schließlich stieg mit 50 Prozent Anteil eine britische Investmentgruppe ein und rettete, allerdings auf Kosten der Eigenständigkeit, das Unternehmen.[133] Auch wenn, bezogen auf den absoluten Umsatz, noch Welten zwischen Dachser und Schenker sowie Kühne & Nagel lagen, so holten die Kemptener doch im Laufe der 1980er Jahre deutlich auf, und 1985 gelang es sogar, die »Big Two« der Branche im relativen Wachstumstempo zu überflügeln.

Tatsächlich expandierte Dachser mit erheblichem Tempo weiter und begann Anfang der 1980er Jahre mit einer dritten Welle des Netzausbaus, in der vor allem bestehende Lücken in der geografischen Netzstruktur geschlossen wurden. Der Schwerpunkt der Niederlassungsneugründungen hatte ja zunächst in den westdeutschen Industrieregionen in der Mitte

---

133 Vgl. dazu Plehwe, S. 183 ff.

der Bundesrepublik gelegen. Nun wurde 1982 eine eigene Zweigniederlassung in Bremen und Regensburg, 1984 in Freiburg, 1985 in Bielefeld und schließlich 1987 in Hof errichtet. Der Netzaufbau innerhalb Deutschlands war damit im Wesentlichen abgeschlossen. Dachser verfügte in der alten Bundesrepublik über ein dichtes Niederlassungsnetz, das bis auf Schenker keiner seiner Konkurrenten vorweisen konnte. Die Entwicklung der Niederlassungsergebnisse bescherte der Unternehmensführung allerdings ein Wechselbad der Gefühle. Bis 1982 zeigte sich trotz rein zahlenmäßig annähernder Parität von Verlustniederlassungen zu Gewinnniederlassungen eine insgesamt steigende Ergebnisentwicklung, da die Gesamterlöse der positiven Niederlassungen zwar auf hohem Niveau stagnierten, bei den Problemniederlassungen aber ein deutlicher Verlustabbau zu verzeichnen war und einige von ihnen sogar nach kurzer Zeit wieder den Sprung in die Gewinnzone schafften. Die Zweigniederlassungen Hamburg, Berlin, Aachen, Hannover, Kaufbeuren und Saarbrücken gehörten zu dieser Gruppe; andere wie die Zweigniederlassungen Frankfurt, Karlsruhe, Dortmund, Köln, München und Nürnberg hatten ihre Gewinne sogar ausbauen können, die übrigen Niederlassungen ihre Positionen weitgehend gehalten – und all dies in einem insgesamt schwierigen konjunkturellen Umfeld.[134] 1983 und 1984 wurden sogar Rekordergebnisse erzielt, dann aber folgte ein Einbruch mit einer wieder rasch wachsenden Zahl von Verlustniederlassungen.

Die härter werdenden Zeiten führten bei der Geschäftsführung zu Überlegungen, für eine Reihe von Dachser-Niederlassungen eine Neuorientierung vorzunehmen und damit gleichsam einen Umbau der »Netzstruktur« in Gang zu setzen. »Die heutige Unternehmensstruktur mit einer Vielzahl von kleineren und mittleren Niederlassungen«, so gab Weiss im Juli 1982 zu bedenken, »kann wohl in Zukunft nicht mehr beibehalten werden, sondern es wird notwendig sein, statt mehrerer Niederlassungen in einzelnen Gebieten, größere zentrale Anlagen zu errichten, die dann ein weiteres Gebiet abdecken könnten. Dies bedeutet gleichzeitig mehr Effektivität sowohl für den Nah- als auch den Fernverkehr, und zusätzlich auch durch weniger Verwaltungsaufwand geringere Kosten. So könnte zum Beispiel Memmingen ein zentraler Standort für das Allgäu sein, wobei dann die bisherigen Niederlassungen in Kempten, Kaufbeuren, Wangen

---

134 Vgl. dazu die Präsentation der Niederlassungsergebnisse auf der Niederlassungsleiter-Tagung vom 21.3.1984, in: Bestand Bicker.

Schaubild 9: Entwicklung der Niederlassungsergebnisse 1979 bis 1989 (Indiziert auf der Basis 1979 = 100)

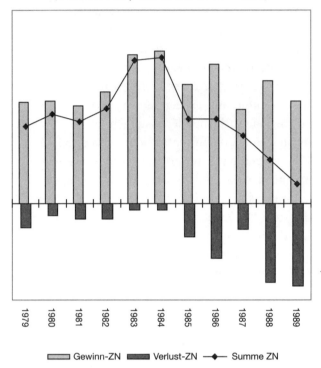

und gegebenenfalls Neu-Ulm zu Gunsten einer solchen großen Lösung entfallen würden. Derartige Lösungen wären auch für andere Gebiete wie zum Beispiel das Rhein-Ruhrgebiet sinnvoll.«[135] Diese Überlegungen, obwohl damals unter den betroffenen Niederlassungsleitern kontrovers diskutiert, sollten erst Jahre später in die Netzpolitik der Geschäftsführung einfließen.

Flexibilität war aber auch bei der Konzessionspolitik erforderlich geworden. Das ganze System war dadurch komplizierter, zugleich aber auch für die Bedürfnisse der privaten gewerblichen Güterverkehrsunternehmen handhabbarer geworden, dass nun nicht nur Fernverkehrskonzessionen gesplittet werden konnten, sondern dass insgesamt die Zahl der staatlich kontingentierten Konzessionen im Laufe der 1980er Jahre erheblich aus-

---

135 Protokoll Geschäftsführung vom 29.7.1982, in: ebd.

geweitet worden war.[136] Dachser hatte dadurch ebenfalls seine expansive Konzessionspolitik fortgesetzt und den Bestand – und damit seine Transportkapazitäten – massiv ausgebaut.

Tabelle 3: Entwicklung des (entgeltlich und unentgeltlich erworbenen) Konzessionsbestandes 1979 bis 1989

Jahr	Gesamtzahl	Gesamtwert (in Millionen DM)
1979	66	1 533
1981	127	3 934
1983	132	4 669
1986	163	8 726
1989	172	9 361

Quelle: Zusammengestellt nach den Angaben in den Bilanzen.

Die Zweigniederlassung Wangen führte dabei Ende 1988 mit 40 roten und blauen Konzessionen die Liste an, gefolgt von Nürnberg, Kempten und Neuss mit je 20 Konzessionen, die Zweigniederlassungen München, Karlsruhe, Alsdorf, Augsburg und Köln verfügten über 10 bis 15 Konzessionen, die übrigen Niederlassungen hielten im Durchschnitt je 3 bis 4 Fernverkehrszulassungen. Um bei der Vielzahl der Konzessionen nicht den Überblick zu verlieren, war in der Hauptniederlassung bald eine eigene Abteilung mit der Konzessionsbewirtschaftung und laufenden Konzessionsbereinigung beschäftigt. Insgesamt ging man in der Geschäftsführung trotz der »Konzessionsschwemme« davon aus, dass infolge der zunehmenden Konzentration der Konzessionen auf einige wenige Großunternehmen mittelfristig eine Verknappung zu erwarten war. Daher galt es bei der Konzessionspolitik nicht zuletzt auch, den Konkurrenten zuvorzukommen oder das Aufkommen neuer Wettbewerber zu verhindern. Die Gefahr, dass bei der starken Zunahme von Konzessionen diese nicht mehr optimal genutzt wurden, war aber nicht von der Hand zu weisen, und die rationelle Füllung der durch die Güterfernverkehrsgenehmigungen geschaffenen Kapazitäten wurde bald zu einer wahren »Sisyphusarbeit« in der Hauptniederlassung.[137]

---

136 Die Zahl der staatlichen Konzessionen betrug 1951 erst 14 800, dann 26 294 (1970) und 33 857 (1986) und sollte bis 1993, dem Ende der Konzessionierung, auf 61 304 steigen.
137 Vgl. Protokoll Geschäftsführung vom 5.6.1984, S. 2, in: ebd.

Anpassungsstrategien

Alles in allem war die Leistungsfähigkeit des »Dachser-Netzes« quantitativ wie qualitativ gegenüber früheren Jahren deutlich verbessert worden. »Die Dienstleistung der Dachser-Organisation ist im großen und ganzen gut«, konstatierte Schramm als Vertreter der Geschäftsführung im März 1980 auf der gemeinsamen Tagung mit den Niederlassungsleitern.[138] Aber gleichzeitig warteten bereits allenthalben neue Herausforderungen. Die Entwicklung in der Wirtschaft erfordert, so schwor die Geschäftsleitung im März 1980 die Niederlassungsleiter auf die sich abzeichnenden Umbrüche in der speditionellen Welt ein, »dass der Spediteur sich als Absatzhelfer und Berater einschalten muss. Eine moderne Spedition muss nicht nur Einzeldienstleistungen, sondern ein logistisches System anbieten. Der Wechsel vom Verkäufermarkt zum Käufermarkt zwingt den Kunden, einen guten Lieferservice zu bieten. Dabei kann der Spediteur durch eine gute Dienstleistung seinem Kunden einen Marktvorteil gegenüber der Konkurrenz verschaffen. Ursache für die wachsende Bedeutung des Lieferservice ist die Veränderung im Kaufverhalten des Verbrauchers. Der Kunde verlangt kurze Lieferzeiten, zuverlässige und schadensfreie Lieferung. Hier setzt das Angebot des Spediteurs ein.«[139] Ein Jahr später war dieser Trend noch deutlicher geworden. »Logistik ist das große Schlagwort«, konstatierte das Geschäftsführungsmitglied Schramm auf der Niederlassungsleiter-Tagung im März 1981. Die klassischen Lager bei den Großkunden würden aufgelöst und die Bedienung von Zentrallägern mit Vorkommissionieren durch den Spediteur verlangt.[140] Tatsächlich war Dachser Anfang der 1980er Jahre erfolgreich der Neueinstieg in die »Kaufhaus-Logistik« gelungen. Im Frühjahr 1981 wurde Dachser Einzugsspediteur von Karstadt in Köln und im Allgäu, ab 1982 wickelte man die »Hertie-Transporte« im gesamten Südwesten Deutschlands ab und gleichzeitig war der Versandhauskonzern Quelle mit zum wichtigsten Kunden der Zweigniederlassung Nürnberg aufgestiegen. Die »arteigenen Gesetzmäßigkeiten« in diesem Geschäft brachten neue Erfahrungen für Dachser: »Einerseits das Ausgeliefertsein gegenüber diesen starken Tonnageanbietern, zum anderen die positive Sogwirkung und den Imagezuwachs.«[141]

---

138 Protokoll Niederlassungsleiter-Tagung vom 6./7.3.1980, S. 3, in: Bestand Bicker.
139 Protokoll der Niederlassungsleiter-Tagung vom 6./7.3.1980, S. 23, in: ebd.
140 Vgl. Protokoll Niederlassungsleiter-Tagung vom 19./20.3.1981, S. 10, in: ebd.
141 Ebd., S. 5.

Die Hauptherausforderung für Dachser bestand aber darin, dass inzwischen auch zahlreiche Konkurrenten in ihrem Leistungsangebot mit den Kemptenern gleichgezogen hatten. »Wenn wir unsere Stellung im Kleingutgeschäft behaupten wollen, müssen wir unseren Garantieverkehr neu aufleben lassen«, notierte daher Weiss im November 1981. »Wir müssen versuchen, gegenüber den Mitbewerbern etwas Besonderes anzubieten, damit wir uns wie früher von denselben etwas abheben können.«[142] Im Frühjahr 1982 erweiterte Dachser daher seine Angebotspalette speditioneller Leistungen. Der »Express-Dienst« garantierte den Kunden die Zustellung seiner Stückgüter innerhalb eines Umkreises von 350 bis 400 Kilometern in 24 Stunden. Zusammen mit dem Garantieverkehr und dem klassischen Stückgut-Normalverkehr bot Dachser damit ein differenziertes Produktkonzept von Schnelligkeit und Zuverlässigkeit an. Damit verschaffte man sich einerseits wieder Wettbewerbsvorteile gegenüber den Konkurrenten. Die neuen Dienste waren rasch auf positive Resonanz bei den Kunden beziehungsweise der verladenden Wirtschaft gestoßen und hatten »das Vertrauen in unsere Organisation enorm wachsen lassen«, wie auf der Niederlassungsleiter-Tagung im März 1983 konstatiert wurde.[143] Gleichzeitig schuf dies aber auch erhebliche neue Leistungsanforderungen an das Netz beziehungsweise die einzelnen Niederlassungen.[144] Ob im Sammelgutausgang, bei den Tourenfahrern, im Stückgutumschlag im Lager oder im Sammelguteingang und der Disposition der Verkehre sowie prinzipiell bei der nach wie vor in den Niederlassungen verbreiteten unterschiedlichen Einstufung von Ausgangs- und Eingangsgut – allenthalben galt es, die speditionellen Arbeitsabläufe permanent auf Schwachstellen und Mängel zu durchleuchten.[145] »Unsere Gesamtleistung muss zuverlässiger, sauberer, optimaler werden«, lautete das Fazit, und noch Anfang der 1980er Jahre wurde daher von der Geschäftsführung das Thema »Qualität der Dachser-Dienstleistungen« in den Mittelpunkt der Hauptniederlassungsaktivitäten gestellt. Die Bewältigung der wachsenden Markt- und Kundenanforderungen erforderten gleichsam ein neues Niveau an Qualität in den speditio-

---

142 Notiz Weiss an Wecker vom 13.11.1981, in: Bestand Frieß.
143 Protokoll der Niederlassungsleiter-Tagung vom März 1983, S. 3, in: ebd.
144 Vgl. ausführlich zur Einführung der neuen Dienste Protokoll der Niederlassungsleiter-Tagung vom März 1982, S. 3ff., in: ebd.
145 Referat des Memminger Niederlassungsleiters Scholaster auf der Niederlassungsleiter-Tagung im März 1982, in: ebd.

nellen Leistungen, und auf dieses Ziel des vor allem auch im Vergleich zu den Wettbewerbern selbstgesetzten hohen Qualitätsstandards (»Dachser-Qualität«) mussten die Niederlassungsleiter eingeschworen werden.[146]

Netzpolitik Ende der 1970er Jahre

Eine der wichtigsten Voraussetzungen dafür war die Schaffung eines für alle Niederlassungen verbindlichen »Systems« und die gleichartige Organisation der speditionellen Abläufe. Jeder Filialleiter bis hin zu den Fahrern und Lagerarbeitern praktizierte nach wie vor vielfach sein eigenes Arbeits- und Organisationssystem.[147] Die Homogenisierung und Steigerung der Leistungsqualität des Niederlassungsnetzes durch ein zunehmend zentrales »Netz-Management« seitens der Hauptniederlassung zu erreichen, ohne aber die Selbstständigkeit und dezentrale Autonomie als Basis für die unternehmerische Dynamik der einzelnen Zweigniederlassung einzuschränken, das war die große Herausforderung, der sich die Dachser-Geschäftsführung und das Unternehmen insgesamt Ende der 1970er Jahre (und damit gleichsam am Vorabend des 50-jährigen Firmenjubiläums) gegenübersahen. Zur Erreichung dieses Ziels reagierte man schließlich mit drei Maßnahmen: Erstens die Einrichtung eines »Know-how-Transfers« zwischen den Niederlassungen, um die punktuellen Leistungsstärken einzelner Standorte auf andere Zweigniederlassungen zu übertragen. Zweitens setzte die Geschäftsführung das Rückrechnungssystem verstärkt zur Sicherung der Leistungsbereitschaft und Qualität in und zwischen den Zweigniederlassungen ein. Dabei war der Geschäftsführung aber bewusst, dass man insgesamt vor allem auch mit Mentalitätsproblemen zu kämpfen haben würde. Dies zeigte sich etwa im Dispositionsbereich, wo sich immer noch die Abfahrtszeit eines LKW überwiegend nach dem größtmöglichen Auslastungsgrad richtete und nicht, wie erforderlich, nach im Voraus fixierten Ankunftszeiten. Dieses neue logistische Konzept der Einführung eines netzverbindenden systematisch funktionierenden Fahrplans, in dem die Ankunftszeit in der Niederlassung nicht mehr wie bisher zufallsbedingt, sondern exakt vorgegeben war und in dem die Strecken nicht nach Bedarf und Auftrag, sondern

---

146 Vgl. Protokoll Geschäftsführung vom 3.6.1982 und die Vorschlagsliste im Anhang dazu, in: ebd. Der Schwerpunkt der geplanten Maßnahmen lag allerdings dabei im Bereich der Weiterbildung und Schulung von Lagerpersonal und Fahrern.
147 Vgl. Protokoll der Geschäftsführung vom 24.7.1979, in: ebd.

regelmäßig nach Zeitplan und unabhängig vom Auslastungsgrad des einzelnen LKW bedient wurden, das war in der Tat »Kulturrevolution pur« für den Großteil der Niederlassungsbelegschaft.[148] Letztlich sollte erst durch den Einsatz verschiedener Informations- und Kommunikationstechnologien die lang ersehnte Umgestaltung des Niederlassungsnetzes zu einem ebenso hochkomplexen wie leistungsfähigen System speditioneller Leistungs- und Qualitätsproduktion Realität werden. Und hier setzte die dritte Maßnahme ein: der Ausbau der elektronischen Datenverarbeitung zum Zweck der Rationalisierung der innerbetrieblichen Abläufe und die Weiterentwicklung der Informationstechnik zur strategischen Waffe im Konkurrenzkampf.

Das Ringen um die richtige IT-Strategie

Erste Schritte in die maschinelle Datenverarbeitung waren bei Dachser bereits Mitte der 1950er Jahre erfolgt. Ulrich Weiss hatte als Niederlassungsleiter in Wangen mit der Einführung von Lochkarten und Tabelliermaschinen begonnen, 1959 erstmals eine IBM-Hollerith-Maschine angeschafft und gleichzeitig die Datenerfassung und -verwaltung von der bloßen Behälterverwaltung auch auf die Buchhaltung ausgedehnt.[149] Bis Mitte der 1970er Jahre entwickelte sich Wangen damit zu einer Art (allerdings IBM-basiertem) »Rechenzentrum« des Gesamtunternehmens. Gleichzeitig hielt die elektronische Datenverarbeitung auch in Form von Nixdorf-Computern in den größeren Filialen Einzug. Dachser war zu diesem Zeitpunkt zwar noch weit davon entfernt, wie die großen Konkurrenten Schenker und K&N über ein umfassendes, geschweige denn homogenes Datenverarbeitungssystem zu verfügen.[150] Aber man konnte schon 1970 konstatieren, dass »der Einsatz der elektronischen Datenverarbeitung in unserer Organisation Realität ist«.[151] Und von nun an wurde

---

148 Zeitzeugeninterview Tonn.
149 Vgl. dazu Bicker, S. 202 ff.
150 Beide Unternehmen behaupten für sich, in Deutschland bzw. Europa die erste Spedition mit eigenem EDV-System gewesen zu sein: Schenker reklamiert dabei 1959, K&N dagegen 1965 als entscheidendes Jahr. Vgl. Matis/Stiefel, S. 234, und K&N Deutschland-Firmenprofil, in: www.kuehne-nagel.com.
151 Notiz Wecker zur »Konzeption einer EDV-Soll-Organisation« vom 27.11.1970, in: Bestand Wecker, sowie vgl. auch Protokoll Geschäftsführung vom 9./10.2.1971, in: Bestand Bicker.

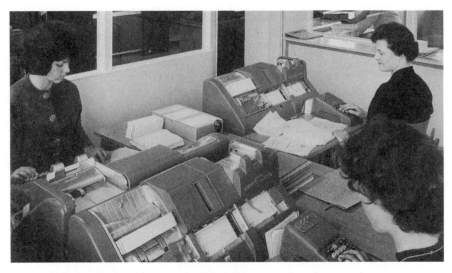

Bild 12/13: Anfänge der EDV: IBM-Hollerith-Maschinen in der Niederlassung Wangen 1959 (oben) und erste Computer Mitte der 1960er Jahre (rechte Seite)

die EDV zu einem zentralen Thema in der Dachser-Geschäftsleitung, denn man sah deutlich voraus, dass sich aus dieser Informations- und Kommunikationstechnologie tiefgreifende Auswirkungen auf die speditionellen Abläufe ergeben würden. »Es wird notwendig sein«, so hieß es in einem Brief der Hauptniederlassung an den Düsseldorfer Niederlassungsleiter Schramm im Mai 1970, »dass sämtliche Niederlassungen in den nächsten Jahren komplett auf die bei uns vorhandenen Anlagen umgestellt werden, um eine Gleichschaltung in der Arbeitsweise zu erreichen«.[152] Dem Aufbau eines einheitlichen EDV-Systems bei Dachser standen jedoch vor allem die wenig oder nur mit großen Problemen kompatiblen EDV-Welten von IBM- und Nixdorf-Geräten entgegen.[153] Ab Anfang der 1980er Jahre rang man in der Geschäftsleitung daher um ein stimmiges EDV-Konzept für die gesamte Dachser-Organisation. Die rasanten Entwicklungen auf dem Hardware- wie Softwaresektor und die vielfach noch in den Kinderschuhen steckende DFÜ-Technologie (Datenfernübertragung) boten ein unübersichtliches Bild, entsprechend schwierig gestaltete sich auch der

---

152 Brief Weiss an Schramm vom 25.5.1970, in: Bestand Wecker.
153 Protokoll der Geschäftsführung vom 8./9.3.1977, S. 10, und auch Protokoll der Niederlassungsleiter-Tagung vom 19.4.1977, S. 2, in: ebd.

Entscheidungsprozess. Ein Fehlgriff konnte weitreichende Folgen haben. Die EDV wurde somit zu einer Schicksalsfrage für das Unternehmen.

Wichtige Anstöße zur weiteren Intensivierung der Bemühungen zum Einsatz der Informationstechnik waren dabei inzwischen nicht nur von außen durch die Weiterentwicklung der DFÜ-Technologie, sondern erstmals auch durch Kunden gekommen. Die »Forderungen von vorhandenen und potenziellen Großkunden nach EDV-Lösungen eigener Probleme und/oder Kommunikation zwischen deren EDV-Systemen mit unserem System« waren daher im November 1982 der Anlass, dass sich der erweiterte Geschäftsführungskreis zu einer »EDV-Planungsklausur« traf.[154] Die Teilnehmer waren sich dabei schnell einig, »dass das bisherige EDV-System mit sechs verschiedenen Maschinensystemen und entsprechend unterschiedlichen Problemlösungen durch interne und externe zentrale und dezentrale Stellen ein so großes Hindernis ist, dass eine möglichst schnelle Änderung Voraussetzung nahezu jeder organisatorischen Verbesserung ist«.[155] Im Inlandsbereich ging es dabei vor allem darum, integrierte Datenverarbeitungskonzepte entsprechend den Leistungsanforderungen der Speditionsorganisation zu entwickeln, im Auslandsbereich dagegen war die erstmalige Versorgung der Tochterfirmen mit funktionierenden EDV-Lösungen das brennende Problem. Grundvoraussetzung war allerdings

---

154 Vgl. das Protokoll der Sitzung vom 10./11.11.1982, in: Bestand Wecker.
155 Ebd., S. 2.

jeweils die Zentralisierung der EDV, das heißt eine Verlagerung von Wangen nach Kempten, eine Maßnahme, die Anfang 1983 zustande kommen und mit der Umstellung auf das Computersystem IBM/38 verbunden sein sollte. Gleichzeitig starteten nach einer zwei Jahre zuvor erfolgreich abgeschlossenen Probephase in der Zweigniederlassung Köln die Aktivitäten, das Dachser-Netz hard- wie softwaremäßig auf die DFÜ-Möglichkeiten und -Anforderungen umzustellen. Die Ausstattung aller Niederlassungen mit Computern wurde verstärkt vorangetrieben – bis Ende 1984 sollten alle Inlandsniederlassungen datenaustauschfähig sein –, und Ende 1983 begann man mit der einfachen EDV-Installation auch in den Auslandshäusern. Tatsächlich bedeutete die sich abzeichnende Umstellung von der dezentralen zur zentralen Datenverwaltung ein weiteres Element in der Netzsteuerung durch die Hauptniederlassung. Die jährliche Niederlassungsleitertagung im März 1984 stand dann auch ganz im Zeichen der sich anbahnenden EDV-Revolution in der Dachser-Organisation und sie machte deutlich, dass auch auf Niederlassungsleiter-Ebene die »DV-Mentalität« rasch wuchs. Das neue Informations- und Kommunikationssystem ermöglichte es etwa den Empfangshäusern schon unmittelbar nach der Verladung, in den Absenderhäusern Informationen über die auf dem Weg befindlichen Sendungen abzurufen. War man in der täglichen Nahverkehrsdisposition hinsichtlich des benötigten Frachtraums bisher weitgehend auf Erfahrung und Schätzung angewiesen, so eröffnete sich nun die Möglichkeit zu exakten Kapazitätsplanungen. Auch der tägliche Stau vor den Toren des Umschlaglagers gehörte der Vergangenheit an. An die Stelle von Improvisation trat in vielen Bereichen der speditionellen Tätigkeiten mit Hilfe der vorauseilenden Informationen und der Erfassung und Verarbeitung sämtlicher Sendungsdaten die rationelle Planung. Die nun möglichen raschen Statusinformationen sparten Zeit, vermieden Reklamationen und erhöhten damit den Servicegrad. All das bedeutete letztlich »ein einheitliches Organisationssystem der Speditionsabläufe aller Häuser«[156], und bald war das neue Datenverarbeitungs- und DFÜ-System für Geschäftsführung wie Niederlassungsleiter »nicht mehr wegzudenken«[157].

---

156 Protokoll Niederlassungsleiter-Tagung vom 21./22.3.1984, S. 11, in: ebd.
157 Ebd.

Heterogene IT-Landschaften

Die 1980er Jahren brachten also eine deutliche Intensivierung der EDV- und IT-Aktivitäten, die in der Erkenntnis des potenziellen Wettbewerbsvorteils den Rang eines strategischen Ziels für Dachser erhielten. In der Geschäftsführung hatte man früh die weitreichenden Veränderungen des Wettbewerbs durch den Einsatz von Informationstechnologie erkannt, sei es bei der Datenfernübertragung in Gütertransportketten, als Instrument zur Transportoptimierung oder über die EDV-Unterstützung beim Lagerumschlag. »Die integrierte Datenfernübertragung würde den Spediteur so eng an den Verlader binden und die Einzelaktivitäten derart transparent machen«, so hieß es etwa in einer Studie, »dass die dadurch mögliche Einflussnahme die Vorteile des Werksverkehrs aufwiegen könnte.«[158] Der Grad der Anwendung von Informationstechnik war in der Branche bereits zu einem Verkaufsargument geworden. Knapp 13 Prozent aller Speditionsbetriebe, so ermittelte der Bundesverband Spedition und Logistik für das Jahr 1985, bedienten sich inzwischen des elektronischen Datenaustausches, allerdings dominierten bei der kommunikativen Vernetzung der Kundschaft und zwischen den Niederlassungen nach wie vor Insellösungen mit entsprechenden Funktionsmängeln und Schnittstellenproblemen.[159] Selbst das Bundesministerium für Forschung und Technologie befasste sich inzwischen mit dem Problem und initiierte eine Reihe von Forschungsprojekten zu »Informationssystemen in Gütertransportketten« sowie zur Entwicklung eines standardisierten Datenaustauschsystems (LOG-System).[160] Entscheidend war aber die Anwendung und Beherrschung der Informationstechnik in unternehmensübergreifenden Systemzusammenhängen, das heißt über die einzelne Niederlassungsebene hinaus. Solange es aber den

---

158 Bernhard Simon, Frank Hasselberg, *Wettbewerbskräfte und Informationstechnik in der Speditionsbranche*, (Diskussionsbeiträge des Lehrstuhls für Allgemeine Betriebswirtschaftslehre und Unternehmensführung der Universität Erlangen-Nürnberg, Heft 31), Nürnberg 1986, S. 26.
159 Vgl. Klaus Zänker, »DFÜ in der Beschaffungslogistik«, in: *Der Spediteur*, Februar 1988, H. 2, S. 25 f.
160 Vgl. dazu Hugo Fiege, *Informationssysteme in Gütertransportketten: System-, Kosten- und Leistungsanalyse auf der Grundlage eines unternehmensübergreifenden Informationssystems*, Frankfurt 1987, sowie Michael Stoffregen-Büller, *Aus Westfalen in die Welt. Fiege – Portrait eines Familienunternehmens*, Münster 2000, S. 148 f., und *Der Spediteur* 1984, H. 8, S. 234 ff., sowie auch »Datenfluss geht vor Warenfluss«, in: *Mittelständische Wirtschaft* 9 (1988), S. 3 ff.

Speditionen nicht gelang, »ihre traditions- und niederlassungsgeprägten Suboptimierungen in betriebsübergreifende Konzepte umzuwandeln, werden Chancen der Differenzierung zur Errichtung von Wettbewerbsvorteilen nicht genutzt«.[161] Dachser arbeitete intensiv an der Umsetzung eines derartigen integrierten IT-Konzeptes verbunden mit der Erkenntnis, dass nur ein ausschließlich an den Anwendungen und der täglichen speditionellen Praxis orientiertes Gesamtkonzept der Datenverarbeitung das Ziel sein konnte. Umso mehr schmerzte es daher, dass man 1986 einen langjährigen Großkunden wie Colgate an die Konkurrenten verlor, »da unsere EDV-Präsentation nicht den Erwartungen entsprochen hat«.[162] Die Dachser-IT-Landschaft war dabei noch immer von Heterogenität geprägt. In Kempten stand ein IBM-System/38 für Buchhaltung, Lohn und Gehalt, Fakturierung und Kundenstatistik. In den Niederlassungen dagegen gab es Nixdorf-8850-Systeme mit selbstentwickelten Speditionsprogrammen, die unter anderem bereits die automatische Kilometerermittlung sowie den Sendungsdatenaustausch per DFÜ ermöglichten. 1986 jedoch kündigte Nixdorf das Produktionsende seiner 8850-Systeme an, und Dachser stand unvermittelt vor dem Problem, dass die bestehende Speditionssoftware nicht auf anderen Computern lief.[163] Eine intensive Suche nach dem besten Folgesystem setzte ein, und 1987 fiel schließlich die Entscheidung zu Gunsten des neuen, dezentralen Computersystems IBM AS/400. Die IBM-Hardware bot die besten Voraussetzungen für die erweiterten Hardwareanforderungen und damit für die Realisierung der Vision eines integrierten Gesamtsystems für Buchhaltung und Spedition. Das IBM-System war eigentlich noch geheim und stand erst kurz vor der Markteinführung. Doch gute persönliche Kontakte des Leiters der Dachser-EDV-Zentrale Walter Gatter zu IBM und das nicht unerhebliche Auftragsvolumen führten zu einer vorzeitigen Implementierung. Das neue System optimierte erheblich den Datenaustausch zwischen der Zentrale und den Niederlassungen. Dachser verfügte nun über ein leistungsstarkes Datenverarbeitungssystem mit einer Informations- und Clearingstelle in der Hauptniederlassung und DFÜ-gekoppelten Niederlassungen und Lagern. Durch die bessere Vernetzung konnte nun jederzeit der Status aller Sendungen verfolgt werden, und

---

161 Ebd., S. 30.
162 Protokoll Geschäftsführung vom 1.4.1987, S. 1, in: Bestand Frieß.
163 Vgl. Notiz Max Oberhofer, Erinnerungen aus den spannenden Dachser-IT-Jahren 1986 bis 1991, MS 2006.

damit war das Sendungsauskunft-System (SAS) geboren. Die Kemptener waren zu diesem Zeitpunkt die Einzigen, die ein funktionierendes Tracking und Tracing-System am Markt vorhielten. Dachser hatte damit in seinem Kerngeschäftsfeld, dem klassischen Stückgutgeschäft, bereits ein erhebliches Stück auf seinem Weg in der Transformationsphase vom einfachen Relationsspediteur zum Systemspediteur hinter sich und gegenüber den Konkurrenten in jeder Hinsicht bereits einen deutlichen Vorsprung gewonnen.

Ein Hoffnungsträger mit erheblicher Managementherausforderung: Der schwierige Einstieg in die Lebensmittel-Logistik

Trotz dieser neuen speditionellen Kompetenz war sich die Geschäftsführung bewusst, dass Dachser im Stückgutgeschäft zunächst noch einige Zeit mit sinkenden Erlösen konfrontiert sein würde. Bereits 1981 war man daher darangegangen, eine Diversifikationsstrategie zu entwerfen und durch neue Spezialverkehre, die die Merkmale Schnelligkeit und spezifische Kundenbedürfnisse der Lebensmittelbranche miteinander verbanden, »an höhere Preise heranzukommen«.[164] Dachser hatte schon seit jeher eng mit vielen Allgäuer Käsereien zusammengearbeitet und in den 1950er Jahren auch Lebensmitteltransporte für die Großindustrie wie zum Beispiel Kraft durchgeführt. Der Konsumgüterkonzern war bis in die 1970er Jahre hinein mit einem Jahresumsatz des Transportgeschäfts von circa 9 Millionen DM sogar der größte Kunde von Dachser überhaupt. Allerdings stand hinter dem Kraft-Geschäft noch keine Strategie für das Gesamtunternehmen, sondern die speditionelle Aktivität einer einzelnen Niederlassung. Die gesamte Transportabwicklung für Kraft wurde allein von Wangen aus gesteuert und auch der Kontakt zu Kraft ausschließlich von der Niederlassung beziehungsweise deren Niederlassungsleiter Weiss gepflegt.[165] Anfang der 1980er Jahre jedoch sah sich Dachser von Seiten der Lebensmittelindustrie zunehmend mit Anfragen und Anforderungen konfrontiert, neben den Direktverkehren auch die Feindistribution zu

---

164 Vgl. dazu Protokoll Geschäftsführung vom 6.11.1981, S. 6 f., in: Bestand Frieß. Maßgeblicher Initiator und Antreiber der FD-Aktivitäten von Dachser war innerhalb der Geschäftsführung Dr. Gerd Wecker.
165 Vgl. dazu rückblickend der Brief Weiss an Schramm vom 15.8.1972, in: Bestand Frieß.

übernehmen. Die Unternehmen wollten nicht nur die Ladungsverkehre in die Hände von Speditionen legen, sondern begannen, den eigenen Werksverkehr für die Flächenverteilung und das eigene Auslieferungslagernetz abzubauen. Tatsächlich wurde Dachser, kaum dass es den neuen Dienst im Mai 1982 anbot, von der Entwicklung des Marktes und der großen Nachfrage nahezu überrollt. Von der Lebensmittelmesse ANUGA kehrte die Dachser-Geschäftsführung im Herbst 1983 mit einem prall gefüllten Buch von rund 240 Ordern und vielversprechenden Kundenkontakten der Käse-, Fleisch-, Feinkost- und Süßwarenindustrie zurück, darunter namhafte Großunternehmen wie Ferrero, Metro, Hipp und Marox. Dabei war man sich aber im Klaren, »dass wir für den FD bei weitem noch nicht so gerüstet sind, wie es sein sollte«.[166] Bis zur tatsächlichen Einführung des Dachser-Frischdienstes (FD) – erst 1999 wurde im Zuge eines Strategiewechsels von Lebensmittel-Logistik gesprochen – als einem bundesweiten 24-Stunden-Dienst mit zentralem Verbundsystem (Frischdienst-Zentralen) im Segment der Lebensmittel-Stückgutsendungen mit definierten Laufzeiten (»Frischdienst-Express«), sollten daher noch drei Jahre vergehen. Die Geschäftsführung hatte ursprünglich einen Markteinstieg gleichsam auf der Basis des rudimentären Netzes der Käse- und Kraft-Geschäfte der Niederlassung Wangen angestrebt, das heißt über eine regionale Schwerpunktbildung mit ausreichenden Kapazitäten und als einfacher Verteilerverkehr. Alles in allem rechnete man mit Investitionen von 2,75 Millionen DM.[167] Durch die Anforderung der Kunden, national und flächendeckend tätig zu sein und sämtliche Produkte im temperaturgeführten Bereich auch im Fernverkehr speditionell abwickeln zu können, wurde diese Konzeption jedoch schnell zur Makulatur. Rasch wurde auch deutlich, dass der neue Frischdienst nicht einfach durch den Rückgriff auf das bestehende Niederlassungsnetz im klassischen »Trockengut-Geschäft«[168] betrieben werden konnte, sondern der Aufbau eines weiteren, sich nur zum Teil mit dem

---

166 Protokoll Geschäftsführung vom 9.11.1983, S. 1f., in: ebd.
167 Protokoll Geschäftsführung vom 10.12.1981, S. 8, sowie zum rudimentären Stand der FD-Planungen und -Aktivitäten vgl. auch Protokoll Niederlassungsleiter vom 24./25.3.1983, S. 7f., in: ebd.
168 Trockengut ist ein Dachser-spezifischer Begriff und wurde seit Anfang der 1980er Jahre als Benennung zur Abgrenzung der Geschäftsfelder gebräuchlich. Er steht für alles, was nicht Lebensmittel-Logistik oder Luft- und Seefracht darstellt. Im gegenwärtigen Dachser-Jargon würde man inzwischen eher von European Logistics sprechen, also dem Europäischen Landverkehr.

»alten« Netz überschneidenden »FD-Netzes« erforderlich war. Art und Umfang der Folgeinvestitionen wurden lange Zeit unterschätzt, und die tatsächlichen Aufwendungen lagen daher bald weit über den ursprünglichen Planungen.[169]

Marktspezifika und Netzspezifika

Das gesamte Marktvolumen im temperaturgeführten Bereich, so hatte eine Dachser-intern erstellte Studie ergeben, betrug pro Jahr circa 12 bis 15 Millionen Tonnen, und insbesondere im Bereich von +2 Grad C bis +8 Grad C bestand ein großes Nachfragepotenzial der Lebensmittelunternehmen.[170] Damit verbunden war allerdings auch die Integration der FD-Dienstleister wie Dachser in ein geschlossenes Warenwirtschaftssystem zwischen Lebensmittellieferant und Handel. Die Spedition wurde ein verlängerter Arm der Lebensmittelkonzerne für die Anlieferung bei den Abnehmern. Daraus resultierten völlig neue und hohe Anforderungen an die Qualität wie die strikte Einhaltung vereinbarter Laufzeiten, orientiert an Haltbarkeitszeiten und Verfalldaten der Produkte, konstante Einhaltung der vorgeschriebenen Temperaturen in allen Stufen der Transport- und Lagerkette sowie die zuverlässige Erbringung zusätzlicher Leistungen wie Bestell- und Lagerverwaltung, tägliche Bestandsmeldungen, Warendisposition und Preisauszeichnung bis hin zum Inkasso. Als FD-Spezialist musste nicht nur die Herstellung einer örtlichen, sondern vor allem auch einer zeitlich genau spezifizierten Verfügbarkeit des jeweiligen Transportgutes sichergestellt werden. Es genügte nicht mehr, wenn Zeitvorgaben bei der Mehrzahl der Beförderungsaufträge eingehalten wurden, sie mussten praktisch bei allen Aufträgen eingehalten werden. Denn auch der schnellste Service nützte nicht viel, wenn er eine zu hohe Fehlerquote aufwies und damit unberechenbar wurde.[171] Der große Investitionsbedarf ergab sich daher nicht nur aus den erforderlichen Um-, Aus- und Neubauten tech-

---

169 Vgl. dazu Protokoll Geschäftsführung vom 2./3.2.1983, S. 5 f., sowie auch die Debatte in der Geschäftsführungssitzung am 12.11.1984, in: Bestand Wecker.
170 Vgl. dazu »Neue Strategien der Warenverteilung – durch Produktinnovation Reserven erschließen«, Vortragsmanuskript Wecker vom 11.1.1988 sowie ders., *Kühlhäuser im Warenfluss. Die Lebensmittelfachspedition im Netz logistischer Systeme*, MS 12 Seiten vom 16.11.1987, in: Bestand Wecker.
171 Vgl. ebd.

nisch moderner FD-Anlagen sowie der Anschaffung einer ganzen Flotte von speziellen Verteiler- und Sammelfahrzeugen sowie Wechselthermoskoffer, sondern vor allem auch in Schulungs-, Ausbildungs- und Organisationskosten zur Sicherstellung der geforderten »FD-Qualität«. Wie eng beides zusammenhing, zeigte sich an der Fuhrparkstruktur. Während im klassischen Trockengut-Geschäft die Güterverteilung inzwischen vielfach über beauftragte Nahverkehrsunternehmen und Frachtführer lief, erforderte die hohe Qualität beim Transport, Umschlag und vor allem auch bei der Auslieferung der FD-Sendungen, dass eigene Fahrzeuge eingesetzt wurden.[172] Und für diese benötigte man, soweit es den überregionalen Verkehr betraf, wiederum auch eigene beziehungsweise zusätzliche Konzessionen, was mit entsprechenden Anschaffungskosten verbunden war. Der große »Konzessionshunger« von Dachser in den 1980er Jahren speiste sich ganz wesentlich aus dem Einstieg in die Lebensmittel-Logistik und deren Ausbau.

Beim Aufbau des FD-Netzes und seiner Struktur schlug Dachser daher einen anderen Weg ein als bei seiner bisherigen Stückgut-Netzentwicklung. Ein wesentlicher Unterschied bestand schon allein darin, dass das FD-Netz gleichsam von »oben« durch die Hauptniederlassung systematisch aufgezogen wurde und sich nicht aus einem kontinuierlichen Wachstum entwickelte. Ein grundsätzliches Problem waren dabei häufige Kapazitätsengpässe. Der FD hatte von Beginn an ein schnelles Wachstum an Sendungen und Tonnagen zu bewältigen, denen die Organisationsstrukturen von Dachser zunächst nicht gewachsen waren. Die Kühlverkehre zwischen den Niederlassungen verliefen keineswegs regelmäßig, und vor allem machte auch das Problem der unpaarigen Verkehre, das heißt die ungleiche Auslastung der Kühlzüge bei Hin- und Rückweg im Hauptlauf zu schaffen. Erst die im April 1985 erfolgte Einrichtung eines Frischdienst-Zentrums (FDZ) in Kelsterbach bei Frankfurt schuf hier Abhilfe. Es ermöglichte »mit guter Auslastung zu einem Punkt zu fahren und nicht wie bisher, mit schlechter Auslastung zu vielen Relationen«.[173] Anders als im »Trockengutnetz« wurden die Verkehre daher über ein zentrales Transit-Terminal

---

172 Vgl. dazu auch Wilfried Schumacher, »Reaktion der Speditionen auf veränderte Marktstrukturen im Expreß- und Paketbereich«, in: *Märkte im Wandel*. Bd. 13: Transportmärkte. Kurier-, Expreß- und Paketdienste, Hamburg 1985, S. 87f.
173 Protokoll der Niederlassungsleiter-Tagung vom 21./22.3.1985, S. 12, in: Bestand Frieß.

Schaubild 10: Dachser-Frischdienstterminals beziehungsweise »FD-Netz« 1984

geführt und abgewickelt.[174] Um das FDZ herum wurde ein Sternverkehr von 28 eigenen »FD-Niederlassungen« eingerichtet, das heißt, nur an etwa der Hälfte der Niederlassungsstandorte wurde der neue Dienst mit speziellen Organisationseinheiten institutionalisiert und installiert.

Über dieses Netz von FD-Terminals, die untereinander durch eigene FD-Linienverkehre verbunden waren, war es möglich, temperaturgeführte Sendungen in kleinen Größen innerhalb von 24 Stunden und schneller bundesweit zu befördern. Bis dieses Konzept jedoch auch in der Praxis funktionierte, war ein langer Lernprozess erforderlich. Die Implementierung des FD bedeutete für die betroffenen Niederlassungen vielfach völ-

---

174 Vgl. dazu auch Bicker, S. 299 ff.

lig neue Anforderungen an die Organisation der speditionellen Abläufe zusätzlich zum klassischen »Trockengutmanagement«. Mit einer ganzen Serie von Niederlassungsleiter-Tagungen, der Ausgabe eines »Frischdienst-Handbuches« sowie der Einrichtung eines eigenen »Arbeitskreises FD« suchte die Geschäftsführung der zahlreichen speditionellen und organisatorischen Detailprobleme Herr zu werden.[175] Eine wesentliche Voraussetzung für die Weiterentwicklung des FD, so zeichnete sich dabei ab, war, der allenthalben in den Niederlassungen vorgenommenen Verknüpfung mit dem Trockengut-Geschäft entgegenzuwirken und ein Bewusstsein dafür zu wecken, dass der FD »konzeptionell als eigenständige Abteilung gesehen wird«.[176]

Konkurrenzkämpfe

Das Hauptproblem des FD-Geschäfts war aber, dass sich das Kalkül der Geschäftsführung, aus dem neuen Dienst überdurchschnittliche Erträge zu erwirtschaften, als Fehleinschätzung erwies. Man hatte zwar mit Anlaufverlusten gerechnet, aber nicht in der Höhe und von der Dauer, mit denen Dachser bald konfrontiert war. Die Geschäftsführung versuchte entsprechend auch der Marktpositionierung im Trockengutgeschäft den Preiseinstieg in den Lebensmitteltransportmarkt auf hohem Niveau. Die Konkurrenten, allen voran der Marktführer Kraftverkehr Nagel, reagierten jedoch sofort mit einer deutlichen Absenkung ihrer Tarife. Sie zwangen Dachser in einen heftigen Preiskampf, in dessen Folge die Kostendeckung des Geschäfts erheblich litt. Die Lebensmittel-Logistik war nicht nur bei Dachser (und anders als das Trockengutgeschäft) durch die Abhängigkeit von wenigen Großkunden geprägt und dadurch im Falle eines Verlustes oder Abwandern eines Kunden höchst anfällig. Im Kampf um diese Großkunden lieferten sich Dachser und Nagel in der Folgezeit einen erbitterten Konkurrenzkampf. Um den Kemptenern etwa das traditionelle Käsegeschäft streitig zu machen, drohte der 1935 gegründete und im westfälischen Vers-

---

175 Vgl. dazu Protokoll Niederlassungsleiter-Tagung vom 21./22.3.1984, S. 5 ff., Protokoll der Niederlassungsleiter-Arbeitstagung vom 24./25.9.1984, S. 9 ff., sowie z. B. Protokoll AK Frischdienst vom 6.7.1984, in: ebd. Zu den spezifischen Rückrechnungsproblemen im FD-Bereich vgl. Protokoll Niederlassungsleiter-Tagung vom 24.9.1985 und vom 10.12.1985, S. 2 ff., in: Bestand Frieß.
176 Protokoll Niederlassungsleiter-Tagung vom 21./22.3.1984, S. 5, in: ebd.

Bild 14: Frischdienst-Lastzug

mold, dem Zentrum der deutschen Fleisch- und Wurstwarenindustrie, angesiedelte Konkurrent mit der Eröffnung einer Filiale in Memmingen – was Dachser zu entsprechenden Plänen für einen neuen FD-Terminal im Raum Versmold veranlasste.[177] Zentrum der Auseinandersetzungen war dann aber das Ringen um die Lebensmitteltransporte von UDL (Union deutsche Lebensmittelfabriken), der deutschen Tochterfirma des Lebensmittelmultis Unilever. Es ging dabei um ein Frachtvolumen von 35 Millionen DM im Jahr oder circa 400 000 Tonnen Fertigware, die von den vier UDL-Werken mit Zentrallägern in Hamburg, Kleve, Mannheim und Nürnberg an die Kunden zu verteilen waren. Bislang hatte dies UDL über die unternehmenseigene Werksverkehrgesellschaft »Elbe Transport GmbH« selbst vorgenommen. Im Frühjahr 1984 jedoch fiel die Entscheidung, den eigenen Fuhrpark aufzugeben (wodurch mit der dann als eigenständiges Unternehmen auftretenden Elbe ein weiterer Konkurrent auf den Plan trat) und die gesamte Distribution des jeweiligen Zentrallagers einem gewerblichen Spediteur zu übertragen. Kraftverkehr Nagel hatte dabei eigentlich die besseren Karten. Der Konkurrent verfügte bereits über eine komplette FD-Organisation mit 500 Fahrzeugen, während bei Dachser diesbezüglich erst Ansätze vorhanden waren. Bei einem überschlägigen Vergleich der Umsatzstruktur durch die Dachser-Geschäftsführung standen Ende

---
177 Vgl. Protokoll Geschäftsführung vom 12.11.1984, S. 4f., in: ebd.

Bild 15: FD-Wechselbrücken Anfang der 1980er Jahre

1984 Jahrestonnagen von 300 000 Tonnen Frischdienstgut und 500 000 Tonnen Normalgut bei Nagel 250 000 Tonnen FD-Gut und 2,4 Millionen Tonnen Normalgut bei Dachser gegenüber. Allein daraus ergab sich, welche große Bedeutung dem umkämpften Unilever-Aufkommen für Dachser zukam.[178] Das Ringen endete aber schließlich mit einem Erfolg für Dachser. Zwar hatte man nicht den Zuschlag für die Übernahme aller vier Zentrallager erhalten, aber immerhin im Oktober 1984 beziehungsweise April 1985 die Lager-, Transport- und Verteilungsaufgaben in Mannheim und Nürnberg, zusammen ein Warenvolumen von über 200 000 Tonnen im Jahr, übernehmen können.[179] Allerdings hatte UDL dabei seine Marktmacht so weit ausgespielt, dass sich Nagel, Dachser und Elbe schließlich in den berechneten Frachtsätzen so weit unterboten, dass das ganze Geschäft, nicht zuletzt auch angesichts der gewaltigen Vorlaufinvestitionen, für Dachser sich als nicht kostendeckend herausstellte.[180] »Es handelt sich dabei um einen Prestigeerfolg für Dachser«, so verteidigte sich denn auch die Geschäftsführung auf der Niederlassungsleiter-Tagung im März 1985,

---

178 Vgl. dazu auch Protokoll Geschäftsführung vom 5.12.1984 sowie bereits auch Protokoll Geschäftsführung vom 30.7.1984, in: ebd.
179 Vgl. Protokoll Geschäftsführung vom 3.10.1984, S. 3, und vom 16./17.4.1985, S. 5, in: ebd.
180 Vgl. zu den Details der UDL-Verhandlungen die diversen Gesprächsnotizen und Besuchsberichte vom 17.4.1984 bis Dezember 1985 in: Bestand Wecker, Ordner UDL.

»wobei die gute Leistung für Kraft eine entscheidende Rolle gespielt hat. Die UDL wird eine Sogwirkung ausüben, denn wer Kraft und Union zufrieden stellen kann, hat bewiesen, dass er einer der ganz Leistungsstarken auf dem Markt ist.«[181]

Die Geschäftsjahre 1985 und 1986 standen bei Dachser mithin ganz im Zeichen der enormen Herausforderungen, die beim Markteinstieg in das Frischdienstgeschäft vollkommen unterschätzt wurden. Für einen Ausstieg aus dem mit hohen Eintrittskosten erkauften Einbruch in diesen Markt war es aber, das war allen bewusst, zu spät. Zudem war die Geschäftsführung nach wie vor überzeugt, dass angesichts des gewaltigen Potenzials des Lebensmitteltransportmarktes dem FD-Geschäft realistische Zukunftschancen eingeräumt werden mussten.[182] Beharrlich konzentrierte man sich daher auf die Verbesserung der organisatorischen Abläufe und die Verankerung eines »Dachser-Qualitätsstandards« auch im FD-Bereich.[183] Der Einstieg in den FD-Bereich mit seinen kundenspezifischen Anforderungen war zugleich der Startschuss zur Verankerung eines neuen Elements in der Unternehmenskultur von Dachser: Die Implementierung und Orientierung einer »marketinglogistischen Unternehmensphilosophie«.[184]

Kooperation statt Alleingang: Dachser, der Deutsche Paket Dienst (DPD) und der Einstieg in die Kurier-, Express- und Paketdienst-Logistik (KEP)

Der zweite Markt, auf den die Diversifikationsstrategie der Geschäftsführung abzielte, war ebenfalls ein hochdynamisches Segment speditioneller und logistischer Dienstleistungen: der Markt für Kurier-, Express- und Paketdienste. Die Geschichte des Einstiegs von Dachser in dieses Marktsegment beginnt, so sah es zumindest rückblickend lange Zeit die Geschäftsführung, zunächst mit einer vertanen Chance. Ende März 1976 hatten sich 18 mittelständische Transport- und Speditionsunternehmen, verstreut über die ganze Bundesrepublik, unter dem Namen Deutscher

---

181 Protokoll Niederlassungsleiter-Tagung vom 21./22.3.1985, S. 12, in: Bestand Frieß.
182 Vgl. Protokoll Geschäftsführung vom 18.9.1986, S. 3, in: ebd.
183 Vgl. dazu auch »In die Kälte gewagt« (Interview mit Gerd Wecker) in: *Zeitschrift für Logistik*, April 1986, S. 12–13.
184 Manuskript eines Wecker-Vortrags vom 19.1.1988, S. 4, in: Bestand Wecker.

Paket Dienst GmbH (DPD) zusammengeschlossen. Zweck der Kooperation war der Aufbau und die Unterhaltung eines nach einheitlichen Kriterien arbeitenden Pakettransportdienstes, das heißt von Sendungen bis 30 Kilogramm. Voraussetzung für das Entstehen des neuen und in den Folgejahren mit erheblicher Dynamik wachsenden Marktes war der kurz zuvor erfolgte Wegfall des Postmonopols bei Paketbeförderungen gewesen. Damit eröffnete sich ein neuer, ebenso zukunftsträchtiger wie potenziell lukrativer Markt, und Dachser bot sich die Möglichkeit, hier von Anfang an dabei zu sein. Die Geschäftsführung war sich über die Bewertung von Chancen und Risiken dieses neuen Marktes nicht einig und beschloss, die Entwicklung zunächst abzuwarten.[185] Dachser blieb damit einiges erspart, denn die DPD-Gesellschafter mussten in dieser »liberalisierten Insel« innerhalb des Gütertransportmarktes zunächst erhebliches Lehrgeld bezahlen. Der Glaube, dieses Spezialgeschäft mit dem klassischen Sammelgutverkehr gemeinsam abwickeln zu können, erwies sich als ebenso irrig wie verlustreich.[186] Dazu kam der nur wenige Monate nach der DPD-Gründung erfolgte Einstieg der großen amerikanischen Paketdienstkonzerne wie UPS auf den deutschen Markt und sich dadurch bald verschärfende Wettbewerbsbedingungen. Anfang 1980 unternahm der DPD nach einer grundlegenden Reorganisation einen zweiten, diesmal weit erfolgreicheren Anlauf. Mit erheblichen Investitionsmitteln wurde ein unabhängiges, eigenes Verteil- und Sammelnetz aufgebaut, und durch die dezentrale Struktur des DPD war es von Anfang an möglich, das gesamte Bundesgebiet flächendeckend zu bedienen.[187] Mit dabei war nun auch das Unternehmen Dachser, das sich intensiv darum beworben hatte, als Korrespondenzspediteur für den DPD, zunächst im Allgäuer Raum, zu arbeiten und damit Mitglied im Gesellschafterkreis zu werden.[188] Die Erwartungen über die Wirtschaftlichkeit des neuen Dienstes waren dabei in der Geschäftsführung zwar positiv, aber eher verhalten. Das Paketgeschäft dürfte im Eingang kostendeckend und im Ausgang durchaus mit

---

185 Protokoll Geschäftsführung vom 23.2.1976, S. 5, in: Bestand Bicker.
186 Vgl. dazu Bicker, S. 189, und zur DPD-Frühgeschichte auch *Manager Magazin* 8/1985, S. 110.
187 Vgl. dazu Ernst Frahm, »Nationale und internationale Paketdienste«, in: *Märkte im Wandel. Bd. 13: Transportmärkte. Kurier-, Expreß- und Paketdienste*, Hamburg 1985, S. 70 ff.
188 Vgl. Protokoll Geschäftsführung vom 2.12.1980, S. 5, in: Bestand Bicker.

Gewinn betrieben werden können, so mutmaßte man im Februar 1981. Alle waren sich jedoch dabei einig, dass »dieses Geschäft im Interesse der Erweiterung unseres Dienstleistungsangebots auf jeden Fall angegangen werden sollte, zumal das Risiko begrenzt [sei]«.[189] Die tatsächlichen Wachstums- und Ertragsraten übertrafen dann jedoch schnell die kühnsten Träume. Betrug die Zahl der Pakete 1984 noch 25 Millionen Stück, entsprechend einem DPD-Gesamtumsatz von 250 Millionen DM, so wurden 1985 bereits 40,5 Millionen Pakete vom DPD befördert, 1986 waren es dann 60,5 Millionen, das heißt ein Jahresumsatz von 560 Millionen DM. Jährliche Wachstumsraten von bis zu 30 Prozent waren die Regel. Das DPD-Geschäft entwickelte sich damit bei Dachser zum bei weitem lukrativsten Geschäftsfeld.[190] Allerdings blieb es nicht aus, dass auch die Kemptener trotz des späteren Einstiegs Lehrgeld bezahlen mussten. Man hatte den Fehler gemacht, die DPD-Depots in Wangen, Kempten und München anfangs zusätzlich durch die dortigen Niederlassungsleiter mitverwalten und managen zu lassen, die dem höchst dynamisch wachsenden Bereich aber nicht die nötige Aufmerksamkeit schenken konnten.[191] Dazu kamen chronische Kapazitätsengpässe. Bald gelang es jedoch, das DPD-Geschäft in den Griff zu bekommen und von den anhaltenden Wachstumsraten weiter zu profitieren.

Lernprozesse und Erfahrungen

Probleme deuteten sich aber von zwei anderen Seiten her an. Zum einen bestand die Gefahr der Kannibalisierung des klassischen Sammelgutgeschäfts durch die Express- und Paketdienste. Die Grenzen zwischen beiden Teilmärkten wurden zunehmend fließend, und erhebliche Teile des bisherigen Stückgutaufkommens drohten vom ›KEP-Markt‹ absorbiert zu werden. Als Gegenreaktion begannen die traditionellen Sammelgutspediteure, ihren Service zu verbessern und vor allem verstärkt auf eine Verkürzung der Laufzeiten in Richtung 24 Stunden als Normalleistung hinzuarbeiten. Innerhalb der Dachser-Organisation hier einen Ausgleich zu finden war kein Problem, aber dadurch, dass auch die spezialisierten Kurierdienst-Konzerne mehr und mehr in den Markt für höhergewichtige

---
189 Protokoll Geschäftsführung vom 10.3.1981, S. 4, in: ebd.
190 Vgl. dazu Zeitzeugeninterview Wecker.
191 Vgl. Protokoll Geschäftsführung vom 3.7.1985, S. 3, in: Bestand Bicker.

Sendungen drängten, drohte eine Verschärfung des Konkurrenzkampfes im angestammten Hauptgeschäftsfeld von Dachser. Das zweite Problem war, dass Dachser im DPD mit Gesellschaftern zusammensaß, denen die Kemptener im Speditionsgeschäft erhebliche Konkurrenz machten, und als ein Großteil dieser DPD-Gesellschafter sich 1986 auch im Stückgutgeschäft zu einer Allianz, der Systemgut GmbH, zusammenschlossen – eine direkte Antwort auf den Dachser-Express-Dienst – bahnten sich Konflikte an. Zunächst aber ging die Konstellation »Wettbewerber in der Spedition – Partner im DPD« gut, und erst mit dem Aufkommen neuer großer Konkurrenten in den 1990er Jahren sollte der KEP-Markt und damit auch der DPD in Turbulenzen geraten.

Dachser war es letztlich ohne großes finanzielles Risiko und weit billiger als etwa der große Konkurrent Kühne & Nagel, der 1983 mit erheblichem Kapitalaufwand einen eigenen Kühne & Nagel Parcel Service gründete, gelungen, in den lukrativen KEP-Markt einzusteigen. Durch Frischdienst und DPD positionierte sich Dachser auf zwei neuen Märkten mit großem Marktvolumen und erheblicher Wachstumsdynamik, und beide Märkte fungierten zudem gleichsam als Experimentier- und Lernfeld der Liberalisierung. So beträchtlich die anfänglichen Verluste in der Lebensmittel-Logistik waren, so groß waren die Gewinne in der KEP-Logistik, insofern lässt sich unter dem Strich eine weitgehend ausgeglichene Bilanz der Diversifikationsstrategie ziehen, die Dachser Anfang der 1980er Jahre eingeschlagen hatte.

Die Eroberung des europäischen Speditions- und Transportmarktes und erste Integrationsversuche von Inlands- und Auslandsnetz

Das bei weitem größte Marktpotenzial, das noch der Erschließung durch Dachser harrte, lag allerdings nicht in der funktionalen, sondern in der geografischen Expansion. Thomas Simon und Hans Bicker hatten über die ZfA inzwischen die Organisation der internationalen Landtransporte weiter verbessert und sich vor allem darum gekümmert, die Anbindung der Europaverkehre an die inländischen Niederlassungen einheitlich zu regeln. Das lange Zeit übliche System der Beiladung bei verkehrsführenden Filialen mit festen Beiladesätzen wurde nun aufgegeben und nach und nach durch die Bildung von sogenannten Risiko- und Gewinngemeinschaften ersetzt.[192] Insbesondere im Holland- und Großbritannien-Verkehr bedeutete die Einrichtung dieser »Risikoverkehre«, dass sich eine Reihe von Zweigniederlassungen zusammentat und zu einem Festpreis an bestimmten Tagen regelmäßige Verkehre einrichtete. Dadurch ergab sich nicht nur ein Anreiz zur Steigerung des grenzüberschreitenden Transportaufkommens, sondern auch die Sicherstellung fahrplanmäßiger Abfahrten und Laufzeiten.[193] Gleichzeitig wurden aber die Direktverkehre auch jeder einzelnen Niederlassung auf allen Relationen forciert. Dabei feilte die ZfA weiter an einem strategischen Gesamtkonzept des außerdeutschen Geschäfts und entwarf Ende 1980 ein ganzes Bündel von »unternehmenspolitischen Instrumentarien zur Ausweitung der Auslandsaktivitäten« von Dachser.[194] Neben dem Auf- und Ausbau von stabilen Korrespondentenbeziehungen und der Gründung eigener Firmen unter jeweiligem Landesrecht wurde dabei auch der Kauf oder die Kapitalmehrheitsübernahme einer ausländischen Firma als Option genannt sowie der Einsatz eigener »Delegierter« vor Ort erwogen. Deren Aufgabe bestand in der Entwicklung einer speditionellen Infrastruktur in den Zielregionen, in der Schaffung eigener Kontakte zur Verladerschaft sowie in der Koordination und Kontrolle von Verkaufsaktivitäten bis hin zur Lösung speditioneller Detailprobleme. Tatsächlich wurden dann in den USA, Fernost, aber auch in Frankreich, »ZfA-Delegierte« eingesetzt.

Das Hauptproblem von Dachser im internationalen Geschäft, so die Überzeugung der ZfA, lag jedoch nicht so sehr im »Auslandsnetz« mit den eigenen Häusern und den zahlreichen Partnern, sondern im Inlandsbereich. »So imposant dieses Verbundnetz ist«, hieß es in einem Vortrag auf der Niederlassungsleiter-Tagung im März 1984 dazu, »so stellt sich gleichzeitig die Frage, wie es noch besser genutzt werden kann als bisher, denn irgendwie scheint ein Punkt erreicht worden zu sein, über den hinaus es nur in einem Umdenkungsprozess weitergehen kann. Unserer deutschen Organisation fällt hierbei eine Art Schlüsselrolle zu, sie ist gleichsam die Spinne im Netz.«[195] Das internationale Geschäft, so hieß es ergänzend

---

192 Vgl. dazu Bicker-Bericht vom 14.3.1974, in: Bestand Bicker.
193 Vgl. dazu Protokoll der ZfA-Tagung vom 23./24.11.1976, S. 4 f., in: ebd.
194 Vgl. dazu das 11-seitige Konzept Bickers, o. D., in: Bestand Bicker.
195 Protokoll der Niederlassungsleiter-Tagung vom 21./22.3.1984, S. 10 ff. Vgl. auch Protokoll der Arbeitssitzung der Niederlassungsleiter 24./25.9.1984, S. 12/Anhang, in: Bestand Bicker.

dazu in einer weiteren umfangreichen Studie der ZfA vom November 1984, »ist längst nicht mehr eine lediglich das nationale Geschäft umrankende Arabeske, sondern stellt einen Bereich dar, der für eine auf Wachstum abgestellte Organisation mehr denn je von existenzieller Bedeutung sein wird.«[196]

Die in der Vergangenheit an sich im Ganzen erfolgreiche Entwicklung des internationalen Bereichs bei Dachser »stößt nun an Grenzen, die ihr von der gegebenen – und bisher durchaus erfolgreichen – Firmenstruktur und Philosophie gezogen werden«.[197] Nicht zuletzt gehe es auch darum, ob bei aller Notwendigkeit flexiblen Reagierens im taktischen Bereich auch oder gerade im internationalen Bereich mittel- und langfristige Unternehmensziele formuliert und angestrebt werden sollten.

Neuordnung der Partnerbeziehungen

Die ZfA startete daher eine Fülle weiterer Aktivitäten und Initiativen, die weniger darauf gerichtet waren, die Zahl der Verkehre zu vergrößern als vielmehr das große und vielstufige Leistungsgefälle der Dachser-Niederlassungen im internationalen Bereich auf ein Niveau zu bringen. Man hatte festgestellt, dass Ende 1984 wöchentlich circa 460 Abfahrten aus 20 Niederlassungen in die verschiedensten europäischen Relationen gingen. Diese Zersplitterung bedeutete kostenmäßige wie speditionsorganisatorische Aufwendungen, durch die man gegenüber den länderbezogenen Relationsspediteuren mit ihrer Spezialisierung auf wenige Verkehre, aber täglichen Abfahrten mehr und mehr aus dem Markt gedrängt zu werden drohte. Um dem zu begegnen, initiierte die ZfA Anfang 1985 die Errichtung eines Plattformsystems. Dabei ging es darum, an geografisch günstig gelegenen Niederlassungen das anfallende Export- und Importgut so zu bündeln, dass von dort aus dann tägliche Pendelverkehre mit den wirtschaftlichen Ballungszentren anderer europäischer Länder eingerichtet werden konnten.[198] Eine konsequente Anwendung des Plattformsystems, so die Überlegungen der ZfA, würde das Leistungsniveau der Auslandsverkehre generell deutlich anheben. Als Pilotprojekt wurden

---

196 Der 23-seitige Bicker-Bericht vom 8.11.1984, S. 1, in: ebd.
197 Ebd., S. 3.
198 Vgl. dazu Protokoll der ZfA-Auslandstagung vom 16./17.1.1985, S. 1f., und Protokoll der Niederlassungsleiter-Tagung vom 21./22.3.1985, S. 4f., in: ebd.

die bis dahin vernachlässigten Frankreich-Verkehre ausgewählt. Entsprechend der wirtschaftsgeografischen Struktur Frankreichs sollten drei bis vier Niederlassungen als zentrale Drehscheiben fungieren: Die Zweigniederlassung Edingen/Neckarhausen für die Verkehre nach Lyon, die Zweigniederlassungen Neu-Ulm und Karlsruhe als »Doppelplattform« für die Verkehre nach Marseille, und zwei weitere noch auszuwählende Niederlassungen aus dem süddeutschen Raum für die Verkehre in den Raum Paris und nach Nordfrankreich.[199] Als »Sollzustand« wurde dabei ein Laufzeitschema zwischen 24 und 48 Stunden angestrebt und damit eine erhebliche Verbesserung der bisherigen Leistung. Die dafür erforderliche Umstrukturierung der Verladeströme und speditionellen Abläufe war an sich schon aufwändig genug. Kompliziert wurde die ganze Sache jedoch noch dadurch, dass Dachser in Frankreich zu dieser Zeit mit zwei unterschiedlichen Partnern zusammenarbeitete – der Société d'entreprise de Transport et de Transit (SET) vor allem für den Raum Paris und der Mory S. A. für Transporte nach Marseille und Umgebung. Da man mit der SET nicht mehr zufrieden war, nahm die ZfA die Neuorganisation der Frankreich-Verkehre zum Anlass, zumindest für die süddeutschen Frankreich-Verkehre den Korrespondenten zu wechseln und allein auf Mory zu setzen.[200] Die 1979 erst entstandene Mory-Gruppe war wie Dachser ein Familienunternehmen, allerdings mit 10 000 Beschäftigten, 78 innerfranzösischen Niederlassungen und einem starken Luft- und Seefrachtbereich ein weit größerer Spediteur und zu diesem Zeitpunkt auch die größte unabhängige französische Transportgruppe.[201] Außer den »üblichen Schwierigkeiten« eines solchen Wechsels war dabei prekär, dass Dachser in Norddeutschland und insbesondere in Nordrhein-Westfalen mit der SET weiterhin zusammenarbeiten und auch die Italien-Verkehre mit dem zur SET gehörenden Partner Züst Ambrosetti beibehalten wollte. Ende November 1985 konnte man in der ZfA jedoch erleichtert feststellen, dass die schwierige Umstellungsphase ungeachtet zahlreicher Detailprobleme sprachlicher wie organisatorischer Art (»nichtkongruenter Verladeablauf zwischen der physisch-operativen und

---

199 Vgl. dazu Rundschreiben der ZfA zur Neuordnung der Verkehrsstruktur mit Frankreich vom 23.11.1984, in: ebd.
200 Vgl. dazu Protokoll Geschäftsführung vom 8.5.1985, S. 1 f., in: ebd.
201 Vgl. dazu das Gesprächsprotokoll über die Verhandlungen Dachser-Mory vom 8.2.1985, in: ebd. sowie auch *Dachser aktuell* Jg. 1985, H. 11/12, S. 5.

der papierabfertigungsmäßigen Ebene«) »als geglückt angesehen werden kann«.[202]

Wachsende Bedeutung des Luft- und Seefrachtgeschäfts

Darüber hinaus gewann in den Aktivitäten der ZfA die Organisation des Luft- und Seefrachtgeschäfts eine wachsende Bedeutung. Seit der Gründung der Luftfrachtbüros zunächst in München, dann auch in Stuttgart und Frankfurt in den 1950er Jahren, stellte der Luftfrachtbereich von Dachser einen eigenen organisatorischen Bereich innerhalb des Gesamtunternehmens dar. Es gab allerdings keine zentrale Führung, sondern der Leiter des Münchner Luftfrachtbüros, Kurt Gudzent, hatte diesen Bereich eher nebenher mitbetreut.[203] Bereits im Frühjahr 1971 hatte man daher in der Geschäftsführung konstatieren müssen, dass Dachser mit seinem Luftfrachtgeschäft weit hinter der allgemeinen Expansion dieses Gütertransportmarktes zurückblieb.[204] In den folgenden Jahren bemühte Dachser sich, in diesem Geschäftsfeld aufzuholen, und 1979 rangierte man mit einem Umsatz von 27,8 Millionen DM in Deutschland hinter Schenker, Kühne & Nagel, Union Transport und Panalpina auf Platz 5 unter den umsatzstärksten Frachtagenten der International Air Transport Association (IATA). Aber mit 96,9 Millionen DM beziehungsweise 93,5 Millionen DM IATA-Frachtumsätzen bei Schenker und Kühne & Nagel war der Abstand zu den beiden führenden Unternehmen, die bereits auch über ein internationales Luftfrachtnetz verfügten, erheblich. Im Frühjahr 1982 war es Dachser nun gelungen, als einziges deutsches Mitglied in die World Air Cargo Organisation (WACO) aufgenommen zu werden. Die WACO war ein in den 1970er Jahren entstandener weltweiter Zusammenschluss von 30 bis 35 Luftfrachtspediteuren.[205] Mit einem Schlag konnte Dachser damit auf ein weltweites Korrespondentennetz im Luftfrachtbereich zurückgreifen und damit nicht nur quantitativ den speditionellen Leistungsbereich erweitern, sondern vor allem auch qualitativ daran gehen, neue Leistungsangebote zu offerieren.[206] Unter dem Namen

---

202 Protokoll der ZfA-Tagung vom 26.11.1985 sowie Aktennotiz vom 14.11.1985, in: ebd.
203 Vgl. dazu näher auch Bicker, S. 261 f.
204 Vgl. Protokoll Geschäftsführung vom 9./12.2.1971, S. 4, in: ebd.
205 Vgl. dazu auch Bicker, S. 371 f.
206 Vgl. dazu Aktennotiz Bicker vom 30.5.1983 und vom 21.4.1983, in: Bestand Bicker, Ordner WACO.

»Euro-Logistik-System« und »Global-Logistik-System« bot Dachser in der Folgezeit eine ganze Palette von Luftfrachtleistungen mit Door-to-Door-Service, kurzen Laufzeiten und linienmäßiger täglicher Abwicklung an. Das Problem, mit dem man aber hier konfrontiert wurde, war die Anpassung der eigenen Kapazitäten an die großen (und im Wesentlichen vom Dollarkurs beeinflussten) Fluktuationen der Warenströme. Während man noch Anfang der 1980er Jahre Mühe gehabt hatte, in den USA Laderaum nach Europa aufzutreiben, war es nun, im Frühjahr 1985, umgekehrt, das heißt, die Luftfrachtorganisation schob wie eine Bugwelle circa 60 bis 100 Tonnen Güter ständig vor sich her, weil in Europa keine Ladekapazitäten aufzutreiben waren.[207] Nach wie vor fehlte auch ein längerfristiges strategisches Konzept für den Luftfrachtbereich. Das Luftfrachtaufkommen von Dachser war relationsmäßig weit verstreut und wies keine attraktiven Konzentrationspunkte auf, Verkauf und (Raten-)Einkauf waren noch wenig effizient. Zudem hatten Bicker und Thomas Simon bereits erkannt, dass es notwendig war, die bisherige Beschränkung des Geschäfts allein auf die Luftfrachtbüros aufzugeben und in allen Dachser-Niederlassungen entsprechende Aktivitäten zu entfalten. »Eine stärkere gemeinsame Arbeit zwischen Luftfrachtorganisation und Niederlassungen« war erforderlich.[208] Alles in allem gelang es Dachser daher, anders als im Bereich der nationalen Landverkehre, bis Mitte der 1980er Jahre nur mit Mühe, im Luftfrachtbereich den Anschluss an die beiden Spitzenreiter Schenker und Kühne & Nagel zu halten und, obzwar gleichzeitig eine deutliche Expansion der IATA-Umsätze erzielt werden konnte, den großen Abstand nicht noch größer werden zu lassen.[209]

Eine weitere Initiative der ZfA betraf das nach wie vor kaum entwickelte Seefrachtgeschäft. Bereits im Februar 1978 hatte Thomas Simon auf einer Tagung mit den Niederlassungsleitern angekündigt, den

---

207 Vgl. Protokoll Niederlassungsleiter-Tagung vom 21./22.3.1985, S. 3, in: Bestand Bicker. Vgl. dazu auch Prognos AG, »Luftfrachtmarkt Bundesrepublik Deutschland 1983«, o. O., 1985.
208 Vgl. Protokoll Niederlassungsleiter-Tagung vom 21./22.3.1984, S. 13, in: ebd., sowie bereits auch Protokoll der Niederlassungsleiter-Tagung vom 25./26.3.1982, S. 12, in: ebd.
209 Schenker erzielte inzwischen (1987) 211,4 Mio. DM und Kühne & Nagel 204,3 Mio. DM IATA-Umsätze, d. h., beide zusammen machten fast die Hälfte der gesamten IATA-Frachtumsätze in Deutschland aus. Dachser rangierte inzwischen auf Platz 8. Vgl. Aktennotiz Simon vom 6.6.1988, in: Bestand Bicker.

»Dornröschenschlaf der Dachser-Organisation im Bereich der Übersee-Spedition«[210] zu beenden. Aber das Seefrachtgeschäft war gegenüber den drängenderen Problemen im Luftfrachtbereich sowie bei den europäischen Landverkehren wieder in den Hintergrund gedrängt worden. Im Herbst 1985 unternahm die ZfA nun einen zweiten Anlauf, gegenüber den bestehenden fragmentarischen Lösungen mit einer Seefrachtabteilung bei der Zweigniederlassung Hamburg sowie einer »Service-Leitstelle Fernost« in Bremen eine umfassende Entwicklung des Seefrachtsektors in Gang zu setzen. Es gelte, so verkündete Bicker im September 1985 auf einer Tagung gegenüber Niederlassungsmitarbeitern, »die vorhandene Außenstruktur mit der deutschen Organisation so zu verbinden, dass ein in sich geschlossenes und effizientes Leistungssystem entsteht.« Ziel sei es, originäre Dachser-Dienstleistungen im Seebereich zu schaffen, um damit eine eigene Identität sowohl bei der Verladerschaft als auch bei den Reedereien zu gewinnen.[211] Im Oktober 1986 präsentierte die ZfA schließlich ein umfassendes Konzept, in dem unter anderem die Bildung einer eigenen Organisationsstruktur, ähnlich der Luftfrachtorganisation, vorgeschlagen wurde. Die neue Seefrachtorganisation, so die Erwartung, würde als Profit Center endlich das Marktgebiet des lukrativen Überseegeschäfts, das von den Niederlassungen nicht erschlossen werden könne, erfolgreich bearbeiten.[212]

Die zahlreichen Aktivitäten von Thomas Simon und Hans Bicker über die ZfA rückten massiv die Bedeutung des Auslandsgeschäfts bei Dachser ins Bewusstsein und setzten auch einen erkennbaren Aufschwung in diesem Bereich in Gang.[213] Nicht zuletzt bewirkte aber der mit der Einführung des Frischdienstes erfolgte Einstieg in die Lebensmittel-Logistik und die damit verbundene Konzentration von Niederlassungsleitern und Geschäftsführung auf den Ausbau des Inlandsnetzes, dass viele Initiativen und Maßnahmen der ZfA zunächst verpufften. Schon im Juli 1981 hatte sich Thomas Simon in der Geschäftsführungssitzung darüber beklagt, dass aufgrund der zahlreichen Investitionen im Inlandsbereich kein

---

210 Protokoll der ZfA-Tagung vom 12./14.2.1978, S. 22, in: ebd. Zur Organisation und Lage des frühen Seefrachtgeschäfts bei Dachser vgl. auch Zeitzeugeninterview Bendele.
211 Protokoll der Tagung vom 27.9.1985, in: ebd. Vgl. auch die ausführliche Aktennotiz über »Seeverkehr bei Dachser – Gedanken zur Entwicklung« vom 16.7.1985, in: ebd.
212 Vgl. Protokoll Geschäftsführung vom 8.10.1986, Anhang S. 1–6, in: Bestand Frieß.
213 Vgl. dazu im Einzelnen auch Bicker, S. 344–380.

Bild 16: Ein LKW von Dachser/Züst Ambrosetti Far East in Hongkong Ende 1980er Jahre

Geld mehr für die Expansion auf dem Auslandssektor vorhanden sei.[214] Gewaltige Summen, so monierte er auch drei Jahre später, »werden im Inland investiert, für die Erweiterung unserer Auslandsgeschäfte werden jedoch keine größeren Mittel eingesetzt. [...] Dadurch schwinden unsere Chancen, eine echte ›internationale Spedition‹ zu werden, immer mehr, weil der zu verteilende Kuchen weiter in stärkere Hände [der Konkurrenten] gerät.«[215] Es war letztlich ein strategisches Dilemma zwischen in- und ausländischer Expansion, in dem sich Dachser Mitte der 1980er Jahre befand. Und zudem bauten sich vor dem Unternehmen angesichts der sich abzeichnenden Umbrüche auf dem europäischen Güterverkehrsmarkt, die gerade auf eine »euronationale« Integration und Homogenisierung der Grundstrukturen speditioneller Abläufe hinausliefen, neue Herausforderungen auf. »Niemand kann im Moment genau sagen, wie ein europäischer Verkehrsmarkt in zwei, fünf oder zehn Jahren aussehen wird«, so skizzierte Thomas Simon auf der Niederlassungsleiter-Tagung im Februar 1986 die Entwicklung. »Eines ist jedoch sicher: Auch unser Unternehmen,

---

214 Vgl. Protokoll Geschäftsführung vom 7.7.1981, S. 10, in: ebd.
215 Ebd.

bisher vorwiegend national orientiert, wird sich auf einen europäischen Verkehrsgroßmarkt einstellen müssen. Selbstverständlich wird es auch weiterhin ein Speditions- und Transportgeschehen innerhalb nationaler Grenzen geben. Aber dies wird man nicht mehr isoliert vom übrigen europäischen Marktgeschehen betrachten können. Es wird eine gegenseitige Durchdringung der Verkehrsmärkte geben, wie es dieses schon längst auf den Märkten der Warenproduktion und des Konsums gibt [...] Zusammen mit unseren nationalen und ausländischen Mitbewerbern befinden wir uns also in Kürze in einem Marktgebiet von 320 Millionen Einwohnern. Dies ist ein ungeheures Potenzial an Produktion, Handel und Konsum und, als verbindendes Glied, auch für Speditions- und Transportleistungen. In diesem Geschehen ist unsere Organisation sowohl Objekt als hoffentlich auch Subjekt. Es dürfte uns eigentlich vor der auf uns zukommenden Entwicklung nicht bange sein. Wir haben bereits ein starkes europäisches Geschäft und wir verfügen in nahezu allen europäischen Ländern inzwischen über erstklassige Partnerorganisationen. Die größten Schwierigkeiten liegen bei uns selbst, weil wir von sicherlich erprobten Denk- und Verhaltensweisen zu einem großen Teil Abschied nehmen müssen.«[216]

Modernisierung und Professionalisierung von Unternehmensführung und Unternehmensorganisation

Nach Thomas Dachsers Tod im April 1979 lag die Verantwortung für die Leitung der gesamten Dachser-Organisation zunächst allein in den Händen von Ulrich Weiss. Noch ein Jahr vor dem Tod Thomas Dachsers hatte Weiss im April 1978 die bei Gesellschaftern, Geschäftsführung und Niederlassungsleiter bestehende Unsicherheit über die Dauer seiner Führungsposition bei Dachser ausgeräumt und auf Drängen der Gesellschafterfamilie seinen Verbleib in der Firma auch über das 65. Lebensjahr hinaus zugesichert.[217] Weiss war eine ausgeprägte Führungspersönlichkeit und genoss sowohl bei den Geschäftsführern als auch bei den Niederlassungsleitern weiterhin eine große Anerkennung und Autorität. Vor allem fungierte Weiss als zentrales Bindeglied zwischen Unternehmen und Familie, und die alleinerbenden Töchter, die nun zu Komplementärinnen wurden, bekräftigten seine Posi-

---

216 Protokoll Niederlassungsleiter-Tagung vom 27./28.2.1986, S. 2 ff., in: Bestand Bicker.
217 Vgl. Protokoll Geschäftsführung vom 14.4.1978, S. 3, in: Bestand Frieß.

tion, indem sie diesem neben der weiter bestehenden Generalvollmacht für die GmbH nun auch für die KG eine Generalvollmacht erteilten, »allein sämtliche anfallenden Geschäfte der Firma Thomas Dachser Güterfernverkehr abzuschließen und zu tätigen«.[218] Gesellschaftsrechtlich waren diese Vollmachten, die Weiss nun von Seiten der Eigentümerfamilie besaß, weniger von Bedeutung, da die letzte Entscheidungsbefugnis für beide Firmen bei den Töchtern als Komplementärinnen und Hauptgesellschafterinnen lag. In die Öffentlichkeit und in das Unternehmen hinein aber zementierten

Bild 17: Ulrich Weiss

sie die Führungsposition von »General Weiss«, wie er im Unternehmen respektvoll genannt wurde, und signalisierten vor allem stets auch das enge Vertrauensverhältnis zwischen dem familienfremden Manager und der Gesellschafterfamilie. In den Debatten zur Entscheidungsfindung durch den Geschäftsführerkreis besaß Weiss ein grundsätzliches Vetorecht und behielt somit das letzte Wort.[219]

Ende der dualen Rechtsform

Diese duale Rechtsform des Gesamtunternehmens, das heißt der Leistungsverbund von GmbH und KG, erwies sich allerdings zunehmend als kompliziert. Dies, und nachdem infolge der Körperschaftssteuerreform des Jahres 1976 auch die früheren steuerlichen Vorteile der Unternehmensaufsplitterung wegfielen, führte schließlich dazu, dass erste Überlegungen zur Zusammenführung der Firmen und damit eine Neuordnung auch der Firmenorganisation insgesamt angestellt wurden. Im Dezember 1976 bestand

---

218 Kopie der Vollmachtsurkunde vom 28.11.1979, in: Bestand Frieß, Ordner GmbH/KG, sowie auch Zeitzeugeninterview Christa Rohde-Dachser.
219 Vgl. dazu u. a. Protokoll Geschäftsführungssitzung vom 28.2.1980, S. 1f., in: Bestand Frieß.

allenthalben Einigkeit, die »gewerbliche Zweigleisigkeit« zu beenden und »zur Sicherstellung einer stetigen Fortentwicklung der Dachser-Organisation« die Gliederung des Unternehmens neu zu durchdenken.[220] »Es wird insbesondere daran gedacht, aus Haftungsgründen und um eine stetige Geschäftsführungspolitik sicherzustellen, grundsätzlich die bestehenden Firmen in einer Gesellschaft zu vereinen.«[221] Abermals tauchte dabei die Überlegung auf, die neue Gesellschaft in der Form einer Aktiengesellschaft zu gründen, allerdings zeigte sich nach längerer Diskussion, dass die AG gegenüber einer GmbH im Hinblick auf Haftung und Geschäftsführung keine Vorteile bot. Kompliziert wurde die ganze Angelegenheit aber noch dadurch, dass Anna Dachser-Geissler bereits im April 1976 ihre Absicht kundgetan hatte, möglichst schnell ihren 20-prozentigen Anteil an der GmbH zu gleichen Teilen an ihre beiden Töchter zu übertragen. Ob und in welcher Form diese Anteile steuerlich wie gesellschaftsrechtlich am sinnvollsten bei einer Zusammenführung der beiden Unternehmen eingesetzt werden konnten, dafür boten sich mehrere Optionen.[222] Letztlich blieb mithin die Frage der Neuorganisation unbeantwortet und in der Schwebe. Erst zum 1. Januar 1987, zehn Jahre später, sollte es zur Gründung der Dachser GmbH & Co. KG durch Einbringung der GmbH in die KG kommen.

Aber auch die Position von Christa Rohde-Dachser im Unternehmen gewann an Gewicht. Im April 1980 erhielt sie von Anna Dachser eine Vollmacht zur Alleinvertretung der Mutter als Gesellschafterin in der GmbH. In der Geschäftsführung machte man sich zudem bald auch Gedanken über »organisatorische Änderungen beziehungsweise Anpassungen zur verstärkten Integration von Frau Dr. Rohde-Dachser in die Geschäftsführung der Dachser-Organisation«.[223] Dabei ging es nicht nur um die Organisation des Informationsflusses, sondern vor allem auch um die Verankerung von Einfluss und Kontrolle. 1983 wurde Christa Rohde-Dachser daraufhin auch zur alleinvertretungsberechtigten Geschäftsführerin bestellt. Damit war die Familie wieder direkt in der Unternehmensführung von Dachser vertreten, wenn auch ohne konkrete operative Verantwortung. Annemarie Simon spielte dabei eine zentrale, nach außen aber wenig

---

220 Aktennotiz Städele über eine Besprechung vom 1.12.1976, in: Bestand Frieß, Ordner GmbH/KG.
221 Ebd.
222 Vgl. dazu die ausführliche Stellungnahme Städeles an Frieß vom 15.10.1976, in: ebd.
223 Aktennotiz von 1981 (o. D.), in: Bestand Frieß, Ordner GmbH/KG.

Bild 18/19: Die beiden jungen Hauptgesellschafterinnen Christa Rohde-Dachser und Annemarie Simon Ende der 1970er Jahre

sichtbare Rolle, denn sie trug nicht nur die Bevollmächtigung von Weiss mit, sondern sprach ihrer Schwester gegenüber ein tiefes Vertrauen aus, indem sie gleichsam informell auch dieser alle Vollmachten übertrug, wodurch Christa Rohde-Dachser erst die aktive Rolle der Unternehmensführung und -kontrolle einnehmen konnte.

Die neuen Gewichtsverteilungen zwischen Eigentümerfamilie und familienfremden Managern sowie die Brückenfunktion von Ulrich Weiss hatten die Corporate-Governance-Strukturen zwar formal verändert, ohne aber faktisch an der Unternehmenspolitik etwas zu verändern. Insgesamt überwog die Tendenz, nach der raschen und kapitalintensiven Expansion zunächst einen etwas vorsichtigeren Kurs einzuschlagen. Weiss erinnerte etwa in der Geschäftsführungssitzung vom Mai 1979 daran, »dass die Geschäftsführung nicht die Risikofreude eines Herrn Thomas Dachser haben könne. Sie muss versuchen, das Erreichte zu bewahren.«[224] Und für Christa Rohde-Dachser stellte sich als zentrale Frage, ob ein Bewahren möglich sei, indem man das Wachstum der Firma im Rahmen der bisherigen stetigen Erweiterung betreibe oder durch Expansion, die man mit

---

224 Protokoll der Geschäftsführungssitzung vom 3.5.1979, S. 4., in: Bestand Frieß.

eigenen Mitteln nicht mehr bewältigen könne mit der Folge, das Wesen der Familienfirma aufgeben zu müssen.²²⁵ Solange man jedoch mit einer hohen Eigenkapitalquote Herr im Hause blieb und die Investitionen aus eigener Kraft selbst zu finanzieren waren, stand einer Expansion nichts im Wege. Die Grundposition der Eigentümerfamilie war mithin von Anfang an klar. Es ging nicht darum, dass »die Familie kurzfristig viel Geld verdienen möchte«, wie Christa Rohde-Dachser schon 1976 gegenüber der Geschäftsleitung betont hatte, sondern darum, langfristig ein gesundes Unternehmen zu erhalten, das angemessen expandiere. Bei Investitionsentscheidungen müssten mithin keineswegs allein die Auswirkungen auf die Kapitalverzinsung für die Anteilseigner im Mittelpunkt stehen.²²⁶

Der neue Gesellschaftsvertrag von 1979

Der neue, am 24. Juli 1979 geschlossene Gesellschaftsvertrag schrieb diese Grundprinzipien auch rechtlich bindend fest: Der Vertrag und damit die familiäre Bestandssicherung des Unternehmens galt bis Ende 2008, das heißt knapp 30 Jahre, und ein eng definierter Katalog von Entnahmeregeln für die Gesellschafter legte fest, dass der Löwenanteil der Gewinne im Unternehmen »zur finanziellen Stärkung der Gesellschaft und zum Ausbau derselben« belassen wurde.²²⁷ Diese Verpflichtung und Verantwortung der Familie betonte Christa Rohde-Dachser schließlich noch einmal gegenüber der Geschäftsführung, wobei sie auch ihre mit der Schwester abgestimmten Vorstellungen über das künftige Verhältnis von Gesellschafterinnen und Geschäftsführung präzisierte.²²⁸ Annemarie Simon war demnach, wie schon zuvor, für die Bereiche Werbung, Repräsentation und soziale Fragen zuständig, Christa Rohde-Dachser dagegen »Anlaufadresse für alle übrigen Angelegenheiten und Funktionen, die in die Zuständigkeit eines geschäftsführenden Gesellschafters fallen«.²²⁹ Sie werde sich »allmählich auch stärker in die Geschäftsführung einschalten und den Kontakt zur Firma und zu ihren leitenden Herren damit wieder intensivieren«.²³⁰ Was die Organisa-

---

225 Ebd.
226 Protokoll der Geschäftsführungssitzung vom 23.2.1976, S. 2, in: ebd.
227 Gesellschaftsvertrag vom 24.7.1979, S. 14, in: Bestand Frieß, Ordner GmbH/KG.
228 Vgl. Protokoll Geschäftsführung vom 13.9.1979, S. 2 ff., in: Bestand Bicker.
229 Ebd.
230 Ebd.

tion der Führungsspitze und die Grundsätze der Geschäftspolitik angehe, forderte Christa Rohde-Dachser prinzipiell keine Änderungen, jedoch eine klare Abgrenzung der Funktionen innerhalb der Geschäftsführung sowie den Entwurf klarerer (und das bedeutete strategischer) Zielsetzungen. Die Erfolge der Dachser-Organisation, so Christa Rohde-Dachser, beruhten darauf, dass eine dezentralisierte Arbeitsweise und das Prinzip der Delegation von Verantwortung geherrscht habe. Bei diesem Prinzip des Thomas Dachser möchte sie, zusammen mit Frau Simon und Herrn Weiss, bleiben. Allerdings sei für sie wichtig zu erfahren, wie diese Verantwortung von den leitenden Herren jeweils wahrgenommen würde, »um sich einen Überblick darüber zu sichern, wo die Firma steht und wo Misserfolge und Erfolge zu verzeichnen sind«.[231] Das wurde auch von Weiss bekräftigt. Der Erfolg Dachsers sei es, »dass die Niederlassungen an der langen Leine geführt wurden und die Geschäftsführung große Entscheidungsfreiheit gehabt habe [...] Das müsse auch die zukünftige Grundlage der Geschäftspolitik bleiben.«[232] Auch die Niederlassungsleiter wurden entsprechend informiert. »Ich empfinde es als eine meinem Vater, seinem Lebenswerk und allen Mitarbeitern gegenüber geschuldete Verantwortung«, so betonte Christa Rohde-Dachser im März 1980 auf der jährlichen Niederlassungsleiter-Tagung, »allen bei der Durchführung der weiß Gott nicht leichten Aufgaben auftretenden Problemen und Fragen zusammen mit Herrn Weiss und allen Geschäftsführern so weit zur Verfügung zu stehen, wie es die bestehenden Verpflichtungen zulassen. Ich hoffe auf eine gute und allseits ersprießliche Zusammenarbeit und auf das Vertrauen in die Führungsspitze, der ich mich nach Übernahme des väterlichen Erbes zurechne.«[233]

Wechsel in der Geschäftsführung und strategische Konzepte

Die Unternehmensführung entwickelte tatsächlich eine größere Effizienz. Die Rolle und Position von Weiss war geklärt, zumal er zum 1. Januar 1982 auch seine Funktion als Niederlassungsleiter von Wangen aufgab und sich allein den Aufgaben als Generalbevollmächtigter widmete, und daneben trat die Geschäftsführung nun geschlossener auf. Es gab zudem

---

231 Ebd., S. 3.
232 Ebd., S. 4.
233 Protokoll über die Besprechung der Niederlassungsleiter vom 6./7.3.1980, in: Bestand Bicker.

eine abermalige Erweiterung sowie einen Wechsel. Klaus Sachs verließ im April 1980 das Unternehmen, für ihn rückte nun Gerd Wecker als Geschäftsführer des Bereichs »Nationale Speditionsorganisation (Inland)« auf, und der Kemptener Niederlassungsleiter Georg März verstarb unerwartet. An seine Stelle kam nun der Niederlassungsleiter von Augsburg, Georg Dobisch, als Direktor in den erweiterten Kreis der Dachser-Führungsmannschaft. Die Folge war nicht nur eine weitere Verjüngung der Unternehmensführung, sondern vor allem auch das Ende der Dominanz der alten »Zweigniederlassungsfürsten«. Als die Niederlassungsleiter im März 1981 (erstmals am Eibsee) zu ihrer jährlichen Arbeitstagung zusammenkamen, war die Erleichterung über das Ende der bis dahin vielfach spürbaren »Hackordnung« geradezu mit Händen zu greifen.[234] Das einzig Komplizierte an dieser Organisationsstruktur war, dass es nach wie vor auch in München eine Hauptniederlassung mit Gerd Wecker und seinem Ressort gab, während die anderen Ressorts in Kempten angesiedelt waren, das heißt, Dachser besaß zwei Hauptniederlassungen und eine an verschiedenen Standorten verankerte Geschäftsführung. Wecker hatte dabei inzwischen im Herbst 1983 in seinem Ressort eine Reihe von Umorganisationen vorgenommen. Nicht zuletzt auch zur Umsetzung der strategischen Ziele wurden die Aufgabenbereiche Verkauf/Marketing und Speditionsorganisation (»Produktion«) unter dem Stichwort »externe Logistik« und »interne Logistik« getrennt.[235]

In der neuen Geschäftsführung wurden nun endlich auch umfassende, langfristige strategische Konzepte für die Unternehmensentwicklung von Dachser entworfen. Für den Bereich der Auslandsverkehre und der internationalen Expansion kamen von Bicker und Thomas Simon die bereits erwähnten Denkschriften und Initiativen, daneben entwarf nun aber Wecker auch für den nationalen Bereich umfangreiche Zielvorstellungen. »Unser Engagement«, so hieß es in einer Notiz vom Juni 1980, »muss sich am Lieferservicebedürfnis der verladenden Industrie orientieren, das heißt, wir müssen eine eigene Logistik-Konzeption entwickeln, die der Industrie hilft, sich gegenüber dem wachsenden Kosten- und Wettbewerbsdruck durchzusetzen. Dies ist möglich, wenn unsere Logistik-Konzeption seitens der Industrie sowohl als Instrument der Rationalisie-

---

[234] Vgl. Protokoll Niederlassungsleiter-Tagung vom 19./20.3.1981, S. 29, in: Bestand Bicker.
[235] Vgl. Protokoll Geschäftsführung vom 28.9.1983, in: ebd.

rung als auch als Instrument der Marketingpolitik einsetzbar ist. Unsere Logistik-Konzeption muss demnach durch eine Ganzheitsbetrachtung von Lager, Transport- und Umschlagsprozessen gekennzeichnet sein.«[236] Konkret hieß das nach den Vorstellungen Weckers, dass die Bereiche Lieferzeit, Lieferzuverlässigkeit, Lieferbeschaffenheit und Lieferflexibilität optimiert werden mussten. Auf der Niederlassungsleiter-Tagung im März 1981 präsentierte Wecker dann ein 4-Punkte-Programm: Personal- und Management-Politik (»Die Qualität unserer Mitarbeiter muss auf breiter Ebene, vom Lagermeister über alle hierarchischen funktionalen und Verantwortungsebenen hinauf bis zum Geschäftsführer systematisch und konsequent verbessert werden«), verbesserte Dienstleistung und Qualität (»Wenn es uns gelingt, die Qualität der Mitarbeiter und damit die Qualität der Leistung anzuheben, werden wir auch höhere Erlöse für die wirklich bessere Leistung erzielen«), Verkaufsförderung und Kundenberatung (»Auf mittlere Sicht stelle ich mir eine zentrale Verkaufsleitung vor, der die Bereiche Akquisition, Consulting und Projektgeschäfte unterstehen«) sowie die Bedeutung der EDV für die Lösung logistischer Probleme (»Wenn wir unseren Kunden einen wirklich effizienten Service bieten wollen, sind wir auf exakte und kurzfristige Informationen über das was, von wo, nach wohin, wie viel, wann, wie, zu welchen Kosten, mit welchen Schäden und so weiter angewiesen«).[237]

Die strategischen Bemühungen der Dachser-Geschäftsführung korrespondierten mit ähnlichen Bemühungen in allen deutschen Großunternehmen. Unter dem Schlagwort »strategische Planung« wurden in den Führungsetagen intensive Anstrengungen unternommen, Pläne für die zukünftigen Jahre zu erstellen und durch entsprechend vorausschauende Entscheidungen den Erfolg der Unternehmen zu sichern. In der mittelständisch geprägten Speditionsbranche aber waren solche Aktivitäten noch die große Ausnahme. Zwar hatten auch bei Dachser lange Zeit eher »taktische Maßnahmen« überwogen, mit denen auf Veränderungen der wirtschaftlichen Gegebenheiten reagiert wurde. Aber das änderte sich nun grundlegend. Der Aufbau der »neuen Dienste« und vor allem der Einstieg in den Frischdienst, das heißt die Lebensmittel-Logistik, waren schließlich konkrete Folgen dieses unternehmenspolitischen

---

236 Brief Wecker an Weiss vom 18.6.1980, S. 1 f., in: Bestand Wecker, Ordner Weiss.
237 Vgl. ebd. sowie Protokoll Niederlassungsleiter-Tagung 19./20.3.1981, S. 2 ff., in: Bestand Bicker.

Paradigmenwechsels. Sich um neue Märkte bemühen, den zunehmenden Anforderungen der Kunden stellen und das neue Nachfragepotenzial ausschöpfen, lautete die Devise. »In den nächsten Jahren«, so versuchte Wecker im März 1983 dann auch die Niederlassungsleiter auf die neuen Herausforderungen einzuschwören, »wird sich das Wachstum der Gesamtmenge der zu transportierenden Güter verlangsamen, zumindest beziehungsweise vor allem im nationalen Bereich. Daneben wird diese Entwicklung von einer Änderung der Nachfragestruktur begleitet, das heißt einem gesamtwirtschaftlichen Strukturwandel. Die Nachfrage nach logistischen Leistungen wird sich nicht mehr so sehr in der Transportnachfrage, etwa Transportketten, erschöpfen, sondern mehr als bisher in dem Angebot eines präzisen Transportablaufs und der Organisationsfähigkeit jedes einzelnen Auftrags liegen. Der Schwerpunkt der Marktanforderungen wird im Bereich vor und nach der Strecke liegen, das heißt weniger in der Bewältigung der Entfernung vom Abgangsort zum Empfangsort, sondern in der Aufbereitung der Anforderungen davor und danach. Mit anderen Worten: Unsere Arbeit wird bereits im Datenmaterial des Versenders beginnen und im Rechnungswesen des Empfängers enden. Nur derjenige, der in der Lage ist, sich auf die Struktur der Kundenwünsche einzustellen, wird langfristig mit gesicherten Marktanteilen und trotz Stagnation mit Zuwächsen rechnen können. Verlangt wird heute nicht nur ein hohes Maß an Zuverlässigkeit, Pünktlichkeit, Flexibilität, Schadensverhinderung und Termingenauigkeit im Transportablauf, sondern auch der finanzielle Hintergrund, diese Wünsche zu realisieren.«[238]

Investitionspolitik und Finanzplanung

Die Äußerungen von Weiss und Christa Rohde-Dachser hatten deutlich signalisiert, dass Eigentümer und oberste Spitze gewillt waren, das sich aus den Marktveränderungen ergebende Risiko mitzutragen und die erforderlichen Investitionen vorzunehmen.[239] Allein 1981 hatte Dachser trotz der gesamtwirtschaftlichen Rezession Investitionen von circa

---

238 Protokoll Niederlassungsleiter vom März 1983, S. 5, in: ebd.
239 Vgl. dazu auch explizit die Begrüßungsansprache Christa Rohde-Dachsers auf der Tagung der Niederlassungsleiter vom 21./22.3.1985, S. 1, in: ebd.

40 Millionen DM getätigt, zwischen 1976 und 1984 summierten sie sich auf eine Gesamtsumme von 250 Millionen DM und gleichzeitig sah die mittelfristige Investitionsplanung weitere 100 Millionen DM vor, dazu kamen langfristige Immobilieninvestitionen bis 1989/90 mit knapp 60 Millionen DM.[240] Im längerfristigen Verlauf zeigt sich, dass vor allem zwischen 1969 und 1973 ein massiver Investitionsschub erfolgt war, der allerdings überwiegend in Immobilien geflossen war, kaum dagegen, wie damals kritische Stimmen in der Geschäftsführung monierten, in Verkehre und Personal. Nach einer kurzen Atempause erfolgte nun seit 1979 eine zweite Welle an Investitionen, deren Tempo bis Mitte der 1980er Jahre anhielt.

Schaubild 11: Entwicklung der Netto-Investitionen (Fuhrpark, Immobilien, Beteiligungen) 1963 bis 1986 (in Millionen DM)

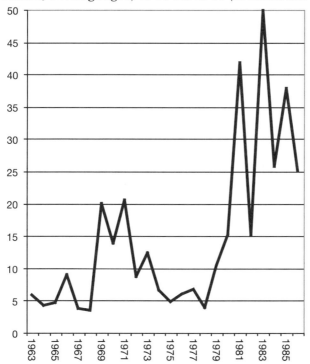

Quelle: Zusammengestellt nach den Angaben in den Bilanzen der Thomas Dachser Güterfernverkehr KG, seit 1980 zum Teil auch konsolidiert KG und GmbH.

---

240 Vgl. Protokoll Geschäftsführung vom 28.9.1983, S. 2, in: Bestand Bicker.

Das Anlagevermögen der KG war damit entsprechend rasant von 0,9 Millionen DM (1951) auf zunächst 8,45 Millionen DM (1961), dann 58,12 Millionen (1971) und schließlich auf 153,26 Millionen DM (1985) gestiegen.[241] Und der überwiegende Anteil davon war aus den eigenen Mitteln finanziert worden. Wie groß die Kapitalkraft von Dachser inzwischen war, zeigt die Entwicklung der Eigenkapitalquote, die damals noch als Relation zum Fremdkapital berechnet wurde.[242]

Tabelle 4: Entwicklung der EK-Quote (Verhältnis von Eigenkapital zu Fremdkapital) 1962 bis 1985

Jahr	GmbH	KG
1962	19,8	20,8
1965	25,7	4,1
1974	50,1	11,2
1980	52,0	44,0
1985	54,4	34,0

Der Geschäftsführung war das Kunststück gelungen, trotz massiver Investitionen die Kapitalbasis auf immer breitere Füße zu stellen. Mit einer Eigenkapitalquote von 53,6 Prozent im Gesamtunternehmen lag Dachser 1986 weit über dem Branchendurchschnitt, der deutlich unter 30 Prozent betrug. Durch zwei Kapitalerhöhungen 1962 und 1976, finanziert aus der Umwandlung von freien Rücklagen in Stammkapital, war im gleichen Zeitraum das absolute Gesellschaftskapital der GmbH von anfangs 100 000 DM auf zunächst 1,5 Millionen und dann 30 Millionen DM erhöht worden. Insgesamt hatte sich das eingesetzte Eigenkapital der Familie zwischen 1960 und 1985 von 3,5 auf 135 Millionen DM fast vervierzehnfacht.

Investive Mittel waren mithin, vor allem seit der zweiten Hälfte der 1970er Jahre, immer in ausreichender Höhe vorhanden. Aber über die Praxis der Investitionsgenehmigungen sollte es dennoch immer wieder zu Konflikten nicht nur zwischen Hauptniederlassung und Zweigniederlassungen, sondern auch zwischen der Geschäftsführung und den Hauptgesellschafterinnen kommen. Als etwa Frieß im November 1981 einen Kriterienkata-

---

241 Vgl. dazu die Angaben in den Bilanzen.
242 Vgl. dazu die Angaben in den Bilanzen der KG bzw. GmbH 1960 ff.

log für Investitionsgenehmigungen der Niederlassungen vorlegte, kritisierte Weiss die dadurch zum Ausdruck kommende »Bevormundung der einzelnen Niederlassung« und wünschte nachdrücklich, »dass die Entscheidungsfreiheit des Niederlassungsleiters weitgehendst gesichert [ist]«.[243] Gleichzeitig behielt sich Weiss die Genehmigung der Investitionsanträge aus den Niederlassungen selbst vor. Nach eingehenden Diskussionen wurde schließlich ein Kompromiss gefunden. Eine Gruppe ertragsstarker Niederlassungen wurde von Investitionsanträgen bis 5 000 DM freigestellt und konnte selbst entscheiden, eine andere Gruppe eher schwächerer Filialen musste dagegen bereits ab Investitionssummen über 2 000 DM entsprechende Anträge an die Hauptniederlassung stellen.[244] Es war offenkundig, dass Weiss hier noch ganz als Niederlassungsleiter dachte und sich gleichsam gegen die eigene Geschäftsführung in der Hauptniederlassung stellte. Umso mehr Bedeutung erhielten daher die Bemühungen des Finanz-Geschäftsführers Dieter Frieß, auch die gesamte kapital- und finanzmäßige Steuerung von Dachser zu modernisieren und zu professionalisieren. In heftigen Auseinandersetzungen mit Weiss setzte Frieß etwa auch durch, dass die Verzinsung auf das eingesetzte Kapital, wenn man so will, ein vereinfachter Vorläufer der heute üblichen Kennzahl ROCE, eingeführt wurde. Auch von Seiten Christa Rohde-Dachsers wurden Änderungen am bisherigen Procedere und in der Organisation der Investitionsentscheidungen und Liquiditätsplanung gefordert, insbesondere um eine insgesamt größere Transparenz durch genauere Kalkulationen und Investitionsrechnungen zu erhalten. Auf der Geschäftsführungsbesprechung im Juli 1983 informierte sie die Dachser-Führung, dass sie künftig eine jährliche Bilanzbesprechung sowie vorab auch die Erarbeitung betrieblicher Kennzahlen wünsche, »damit Trend-Entwicklungen auch bereits in einer vorläufigen Bilanz sichtbar werden«.[245]

Belegschaftsentwicklung und Aufbruch zu einer neuen Unternehmenskultur

Ein professionelles Kapital- und Finanzmanagement gewann umso mehr an Bedeutung, als die Branche, aber nun auch Dachser selbst, Mitte der 1980er Jahre verstärkt in die Zange zwischen steigenden Kosten und

---

243 Protokoll der Geschäftsführung vom 10.12.1981, S. 5, in: Bestand Bicker.
244 Brief Weiss an Simon vom 11.6.1982, in: Bestand Bicker, Ordner Geschäftsführungsprotokolle.
245 Protokoll Geschäftsführung vom 6.7.1983, S. 1, in: Bestand Bicker.

gleichzeitig sinkenden Erlösen geriet. Die hohe und weiter wachsende Kapitalintensität der Branche bei gleichzeitig hohen fixen Kosten wurden allenthalben deutlich spürbar und hinterließ ihre Spuren in den Bilanzen. Die »Netzinvestitionen« in Niederlassungsanlagen, Immobilien und Fuhrparkerneuerungen erforderten und banden erhebliches Kapital, und dazu kamen im Gefolge der Expansion nun auch wachsende Personalausgaben. Aus den einigen Hundert Beschäftigten in den 1950er Jahren waren inzwischen über 3000 Dachsermitarbeiter geworden.

Mit 57,6 Prozent (1975) beziehungsweise 59,1 Prozent (1985) der Gesamtkosten stellten die Ausgaben für Personal bei weitem den größten Kostenblock dar, der in diesem Zeitraum absolut gesehen von knapp 60 Millionen DM auf fast 150 Millionen DM gewachsen war. Dennoch zeigte sich bei genauerem Hinsehen, dass Dachser hier im Vergleich zu den Konkurrenten Kühne & Nagel sowie Schenker günstiger abschnitt.[246] Dachser befand sich mithin, anders als die meisten kleinen und mittleren Speditionen, nicht in einer Konjunktur- und Strukturkrise, sondern in einer Wachstums- und Transformationsphase, die allerdings von gewaltigen Herausforderungen geprägt war. In intensiven Diskussionen machte sich die Dachser-Geschäftsführung daran, darauf eine strategische und unternehmenspolitische Antwort zu formulieren. Man war sich einig, »dass grundsätzlich die derzeitige Organisation sowohl in personeller als auch technischer Hinsicht dringend verbessert werden muss«, allerdings bestanden unterschiedliche Ansichten darüber, ob alle vorhandenen internen Kräfte eher für die permanente und schrittweise Verbesserung eingesetzt werden sollten, ohne die gleichzeitige Expansion abzubremsen, oder ob zur Konsolidierung ein Expansionsstop zweckmäßiger wäre, um zusätzliche Kräfte für einen internen Innovationsschub freizubekommen und somit für die zukünftige Expansion umso besser gerüstet zu sein.[247] Schließlich wurden drei Ausschüsse mit Mitgliedern der Hauptniederlassung, der Geschäftsführung und der Niederlassungsleiter eingesetzt: ein

---

246 1978 etwa betrug der Anteil der Personalkosten am BSG bzw. Speditionsrohertrag bei Dachser 58,4 Prozent, bei Kühne & Nagel dagegen 59,7 Prozent und bei Schenker 61,7 Prozent. Vgl. Notiz Frieß an Christa Rohde-Dachser vom 7.12.1979 und DVZ vom 29.11.1979, S. 6. Vgl. dazu auch Protokoll Geschäftsführung vom 18.9.1985 und vom 4.12.1985, in: Bestand Frieß.
247 Protokoll Geschäftsführung vom 16.1.1986, in: ebd. sowie vgl. auch Protokoll Geschäftsführung vom 11.4.1986, S. 4, in: ebd.

Schaubild 12: Entwicklung der Belegschaft 1950 bis 1986

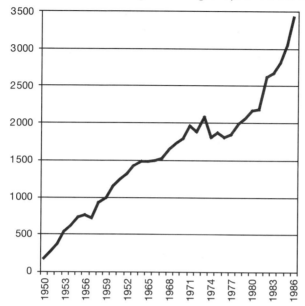

Logistik-Ausschuss sollte mit dem Ziel einer internen Unternehmensberatung nach Rationalisierungsmöglichkeiten in der Speditionsorganisation suchen, ein EDV-Ausschuss die informations- und kommunikationstechnische Durchdringung der speditionellen Leistungen vorantreiben und schließlich ein Verkaufsleiterausschuss für entsprechende Abstimmung der Aktivitäten im nationalen wie internationalen Bereich sorgen.[248] Darüber hinaus verpflichtete sich jeder Geschäftsführungsbereich unter dem Motto »Erlöse steigern, Kosten senken« Maßnahmen zur kurzfristigen Verbesserung der Ergebnisse in Gang zu setzen.[249]

Alle Entscheidungs- und Leistungsträger bei Dachser – Gesellschafterfamilie, Aufsichtsorgane (GBV Weiss), Geschäftsleitung und »Basis«, das heißt die Niederlassungsleiter, zogen bei der Bewältigung der Wachstums- und Transformationsprobleme letztlich an einem Strang. Es war eine der Grundüberzeugungen bei der Unternehmensführung wie den Mitarbeitern, dass »wir die besten Voraussetzungen [haben], aus unserer Firma

---

[248] Vgl. dazu Protokoll der Niederlassungsleiter vom 27./28.2.1986, S. 5f., in: Bestand Bicker.
[249] Vgl. u. a. Protokoll der Geschäftsführung vom 11.4.1986, S. 4f., in: ebd.

etwas zu machen: einen Namen, der in gleichem Atemzug mit Schenker und Kühne & Nagel genannt wird«.[250] Die Herausforderungen Mitte der 1980er Jahre ließen vor diesem Hintergrund denn auch einen Ruck durch das Unternehmen gehen und markieren gleichsam den Aufbruch zu einer neuen Unternehmenskultur.

Neuer Gesellschaftsvertrag und neue Gesellschaftsstruktur 1986/87

Die Bündelung der unternehmensinternen Kräfte wurde von einem organisatorischen Wandel begleitet, an dessen Ende dann die Zusammenführung der beiden unterschiedlichen Dachser-Gesellschaften zu einem einzigen am Markt agierenden Unternehmen stand. Es ging dabei aber um weit mehr als eine bloße gesellschaftsrechtliche Verschmelzung. Mit der neuen Rechtsform wurden gleichzeitig auch die Weichen für eine zukunftsfähige Unternehmensstruktur und Corporate-Governance-Verfassung nicht nur über die Zeit nach der Ära Weiss hinaus, sondern auch für den Wechsel der Eigentumsstrukturen auf die nächste Generation der beiden Familienstämme gelegt und in einem neuen Gesellschaftsvertrag festgeschrieben. Einen ersten Anstoß zur Zusammenführung von GmbH und KG hatte dabei der Tod von Anna Dachser-Geissler im Dezember 1982 bedeutet. Sie vererbte ihren 20-prozentigen Anteil an der Dachser-Spedition GmbH von nominal 6 Millionen DM ihren beiden Töchtern, die diese wiederum zum 1. Januar 1983 in die Firma Thomas Dachser Güterfernverkehr KG einbrachten.[251] Die KG als herrschendes Unternehmen war damit nun 100-prozentige Anteilseignerin der GmbH. Für die Töchter war das aber der Anlass, prinzipiell die Dimensionen und Möglichkeiten der Risikoabsicherung der Kapitaleigner untersuchen zu lassen. Die ganze Angelegenheit war, wie sich schnell zeigte, reichlich kompliziert, ging es doch nicht nur um haftungs- und steuerrechtliche Probleme und dahinterstehende Aspekte der Kapitalversorgung, Kreditwürdigkeit und Aufrechterhaltung der Liquidität, sondern eng damit verbunden auch um Fragen der gesellschaftsrechtlichen Organisation von Dachser und die sich daraus ergebenden Implikationen für die Organisation der

---

250 So schon im Oktober 1972 Thomas Simon in einem Brief an Schramm, in: Bestand Bicker.
251 Vgl. dazu Notiz Frieß vom 19.1.1983 sowie Brief Frieß an Christa Rohde-Dachser und Annemarie Simon vom 8.2.1983, in: Bestand Frieß, Ordner GmbH/KG.

Geschäfts- und Unternehmensführung.[252] Als Modell, in dem alle diese Aspekte am besten unter einen Hut zu bringen waren, schien zunächst die Errichtung einer »Dachser-Familien-KG« als Holding für die GmbH bei gleichzeitiger Umwandlung der Thomas Dachser Güterfernverkehr KG in eine GmbH & Co. KG.[253] Banken und Berater rieten allerdings dringend, dabei die Möglichkeiten zur späteren Umgründung in eine Aktiengesellschaft offenzuhalten. »In einer wie immer gearteten Personengesellschaft wird man ja aus Kapitalerhaltungsgründen daran interessiert sein müssen, den Gesellschafterbestand zusammenzuhalten, was unter Umständen dazu führen kann, dass an der Gesellschaft uninteressierte Gesellschafter ständige Unruheherde bedeuten«, so lautete die Argumentation.[254] Derartige Ratschläge waren nicht uneigennützig, denn 1983/84 bemühten sich die deutschen Großbanken verstärkt darum, mittelständische Betriebe in Aktiengesellschaften umzuwandeln. Es gab prominente und durchaus erfolgreiche Beispiele dafür wie Hugo Boss, FAG Kugelfischer, Porsche, die Schneider Rundfunkwerke oder Villeroy & Boch. Für die Eigentümerfamilien von Dachser war die AG jedoch, allein angesichts der Aussicht, dass die Selbstfinanzierung aus thesaurierten Gewinnen bei einer nicht unwesentlich mit familienfremdem Eigenkapital ausgestatteten AG nicht mehr so leicht möglich sein würde, kein Thema. Die konkreten Umgestaltungspläne der »Dachser-Gruppe« konzentrierten sich daher auf die gesellschaftsrechtlichen Verhältnisse in der Holding als Obergesellschaft.[255] Eine der zentralen dabei zu klärenden Fragen war etwa, wie das laufende operative Geschäft vor eventuellen Streitigkeiten zwischen den Gesellschaftern oder Gesellschafterstämmen geschützt werden konnte. »Sollte abzusehen sein«, so hieß es etwa in einem Rechtsgutachten, »dass nicht alle sechs Kommanditisten eine führende Aufgabe in der Dachser-Gruppe übernehmen können oder wollen, so dürfte ein natürlicher Interessenwiderstreit zwischen tätigen und nichttätigen Gesellschaftern entstehen, der leicht zu ernsten Differenzen führen kann. Diese müssen – soweit das geht – im Interesse des Ganzen von den operativen Gesellschaften

---

252 Vgl. dazu u. a. Notiz Petersen vom 28.1.1983, in: ebd.
253 Vgl. dazu die ausführliche Aktennotiz von Frieß vom 9.8.1984 und vom 7.9.1984, in: ebd.
254 Aktennotiz Frieß für Weiss über die Gespräche mit den Banken vom 29.11.1984, in: ebd.
255 Vgl. dazu das umfangreiche Rechtsgutachten vom 18.2.1985, in: ebd.

ferngehalten werden.«[256] Das Gutachten benannte damit Überlegungen zu Problemkonstellationen, die nicht Dachser-spezifisch waren, sondern für Familienunternehmen überhaupt als typisch galten und gelten.

Die Überlegungen liefen schließlich im April 1985 auf eine gesellschaftsrechtliche Konstruktion hinaus, die so in ähnlicher Weise bereits beim Konkurrenten Kühne & Nagel praktiziert wurde: Eine österreichische GmbH mit den beiden Töchtern von Thomas Dachser als Gesellschafterinnen (die damit statt wie bisher Komplementärinnen nun zu Kommanditistinnen wurden) wurde Komplementär einer einzigen, werbend tätigen GmbH & Co. KG, die aus der Einbringung der bisherigen GmbH in die KG entstand und das gesamte Geschäft von Dachser zusammenfasste.[257] Zum 1. Januar 1987 wurde dann schließlich die neue Unternehmensorganisation in Kraft gesetzt.

An den faktischen Besitzverhältnissen, im Management oder in der Firmenpolitik änderte sich damit nichts. Die Gründe für die Umfirmierung, so ließ man die Kunden und Mitarbeiter wissen, »liegen in der erreichten Größe der Organisation, in der Ermöglichung weiteren Wachstums, in der Einstellung auf sich verändernde Rahmenbedingungen des nationalen und internationalen speditionellen Umfelds und nicht zuletzt in der Erzielung verwaltungsorganisatorischer Vereinfachungen […] Das haftende Kapital der Dachser GmbH & Co. KG wird aus Gesellschaftsmitteln wesentlich erhöht, so dass wir auch in dieser Hinsicht innerhalb unserer Branche keinen Vergleich zu scheuen brauchen. Unsere Firmengruppe weist dann bilanzierte Eigenmittel von über 120 Millionen DM aus.«[258]

Schließlich war auch das künftige Verhältnis der Gesellschafter und Gesellschafterstämme zueinander geregelt und Mitte Dezember 1986 in einem neuen Gesellschaftsvertrag festgeschrieben worden.[259] Christa Rohde-Dachser, Ulrich Weiss und vor allem auch Dieter Frieß arbeiteten bei diesen Maßnahmen zur Schaffung der Grundlagen einer modernen Corporate Governance von Dachser eng zusammen. Festgelegt wurde

---

256 Ebd. Zu den weiteren Optionen der Holding-Konstruktion, bei denen zeitweise auch eine neue Zweiteilung in eine »Dachser-Nord-GmbH« und eine »Dachser-Süd-GmbH« erwogen wurde vgl. Besprechungsnotiz Hahn vom 30.8.1985 und Notiz Frieß vom 26.8.1985, in: ebd.
257 Vgl. dazu die Aktennotiz Frieß vom 1.4.1985 und vom 1.10.1985, in: Bestand Frieß, Ordner GmbH/KG.
258 Rundschreiben vom 15.9.1986, in: Bestand Bicker, sowie *Dachser aktuell 28*. Jg, H. 11/12, S. 2.
259 Gesellschaftsvertrag vom 17.12.1986, in: Bestand Frieß, Ordner GmbH/KG.

Schaubild 13: Dachser-Organisation 1987

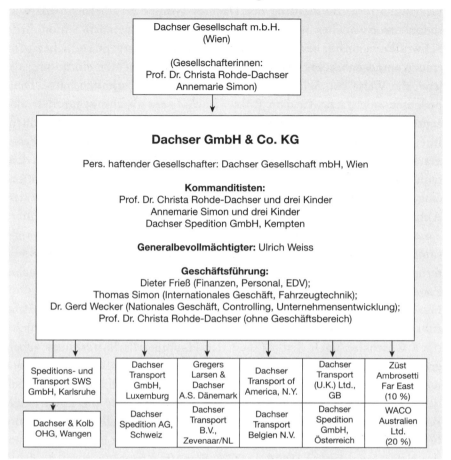

zum einen eine Beschränkung der Zahl der Gesellschafter, das heißt, die jeweils drei Kinder der beiden Hauptgesellschafterinnen konnten ihre Anteile nur jeweils einem Nachkommen vererben, der dann eventuelle Miterben abfinden musste. Auch die Zahl der Geschäftsführer wurde auf maximal fünf begrenzt, wobei Familienangehörige in der Minderzahl sein sollten, das heißt maximal zwei Familienmitglieder im Geschäftsführungsgremium vertreten sein konnten, darunter allerdings nur ein Geschäftsführer von jedem »Stamm«. Da aufgrund der Altersstruktur der dritten Generation jedoch noch kein unmittelbarer Einstieg ins operative Geschäft durch einen der Nachkommen anstand, erklärte sich Christa

Rohde-Dachser bereit, für die »Zeit nach Weiss« als geschäftsführende Gesellschafterin die Leitung der Dachser-Gruppe zu übernehmen. Wie schon zuvor war dies nur dadurch möglich, dass Annemarie Simon ihrer Schwester weiterhin ein großes und keineswegs selbstverständliches Vertrauen entgegenbrachte und damit weit mehr Vollmachten einräumte, als jene, die Weiss von Seiten der Komplementärinnen erhalten hatte. Dies bedeutete auch, dass Christa Rohde-Dachser ein gleichsam familiär akzeptiertes Weisungsrecht gegenüber der Geschäftsführung, also auch ihrem Schwager Thomas Simon erhielt, das sie aber nie explizit geltend machte.[260] Zum anderen bestand eine wichtige Neuerung gegenüber den früheren Gesellschaftsverträgen darin, dass ausdrücklich die Option eingeräumt wurde, einen Beirat nach Vorbild eines Aufsichtsrats in der Aktiengesellschaft als Beratungs- und Kontrollgremium einzurichten. Zunächst war die Etablierung des Beirats durch die Gesellschafterversammlung nur für den Krisenfall vorgesehen, dass sich die beiden Schwestern bei der Berufung oder Abberufung der Geschäftsführer nicht einigen konnten. Der Beirat hätte demnach die Aufgabe, die Geschäftsführer zu bestellen und in einem noch festzulegenden Umfang auch die Geschäftsführung zu kontrollieren, wobei der Katalog der genehmigungspflichtigen Geschäfte nach dem Willen der Hauptgesellschafterinnen »eher großzügig gehandhabt werden sollte, um der Geschäftsführung den notwendigen Aktionsspielraum zu garantieren«.[261] Die Selbstrestriktion bei den Gewinnentnahmen durch die Gesellschafter sowie die langfristige Bestandsgarantie als Familienunternehmen – die Gesellschaft war nun bis zum 31. Dezember 2016 unkündbar – wurde erneut bekräftigt. Trotz der vielen Neuerungen stand der Gesellschaftsvertrag damit mehr denn je in der Dachser-Tradition, in der die Firmeninteressen vor die Familieninteressen gestellt wurden.

---

260 Vgl. dazu bereits die Aktennotiz über eine Besprechung vom 4.6.1985, in: ebd.
261 Schreiben Christa Rohde-Dachsers an Frieß und Annemarie Simon am 16.5.1986 sowie Gesellschaftsvertrag vom 17.12.1986, S. 23 bzw. § 12, in: ebd.

Zwischenfazit

Dachser hat zwischen den 1950er und 1980er Jahren einen tiefgreifenden Transformationsprozess durchlaufen. Aus dem kleinen inhabergeführten Familienbetrieb wurde ein überwiegend von familienexternen Managern geleitetes Unternehmen, in dem aber die Familie operativ wie kontrollierend weiter eine wesentliche Rolle spielte. Mit erheblichem finanziellen wie organisatorischen Aufwand, mit Risikobereitschaft und auch einem Gespür für künftige Entwicklungen in der speditionellen Welt war ein dichtes Gütertransportnetz aufgebaut und etabliert worden. Das Unternehmen stützte sich Mitte der 1980er Jahre auf die drei Säulen des Geschäfts mit nationalen Verkehren, internationalen Verkehren und Spezialverkehren. Selbst in den konjunkturell schwierigen Phasen nach dem Boom der »Wirtschaftswunderjahre« war es dabei noch gelungen, im Branchenvergleich überdurchschnittliche Gewinne zu erwirtschaften und die Kapitalkraft des Unternehmens auszubauen. Das war nicht nur auf den Einsatz der Einzelpersönlichkeiten zurückzuführen, sondern vor allem auch auf die insbesondere seit den 1970er Jahren vorangetriebene Modernisierung und Professionalisierung bei der Unternehmensführung und Unternehmenspolitik, sei es mit dem Einsetzen expliziter Strategieformulierung oder mit der Etablierung diverser netzpolitischer und finanzpolitischer Steuerungsmechanismen. Es gelang dadurch, die Markt- und Wettbewerbsposition nicht nur zu verteidigen, sondern massiv auszubauen. Die Dachser-Geschäftsführer zeichneten sich dabei nicht zuletzt durch eine je spezifische Antizipationsfähigkeit aus. Das bezog sich etwa auf die künftige Bedeutung der Informations- und Kommunikationstechnologie, aber auch hinsichtlich neuer Trends und speditioneller Konzepte wie Logistik, es galt für das Aufspüren neuer Wachstumsmärkte und damit verbundener Differenzierungs- und Wettbewerbsvorteile gegenüber Konkurrenten und nicht zuletzt auch für die frühe Einsicht in die Notwendigkeit der Verknüpfung von nationalen und internationalen Transportmärkten.

Verbunden damit war die Bereitschaft, die speditionellen Abläufe insgesamt wie die Speditionsorganisation vor Ort gleichsam permanent umzubauen und den neuen Herausforderungen entsprechend anzupassen.

Gleichzeitig hatte Dachser aber auch seine Corporate-Governance-Verfassung transformiert und modernisiert und dem rasanten Wachstum des Unternehmens angepasst. Insbesondere in der Dekade zwischen Mitte der 1970er und Mitte der 1980er Jahre hat das Unternehmen auf seine spezifische Weise zwei zentrale Hürden der Existenzsicherung genommen, an denen zur gleichen Zeit viele andere Familienunternehmen scheiterten. Erstens hatte man noch zu Lebzeiten des Firmengründers Thomas Dachser den Übergang auf die zweite Generation der beiden Töchter geschafft, die zusammen mit Weiss als GBV eine stabile Unternehmensführung und -kontrolle etablierten. Zugleich aber wurden auch die Weichen für den reibungslosen Einstieg der dritten Familiengeneration in die operative wie eignermäßige Verantwortung gestellt. Davon unberührt blieb einer der Haupterfolgsfaktoren von Dachser, die dezentrale Unternehmensstruktur mit weitgehender Eigenständigkeit der Niederlassungsleiter, unbeschadet davon, dass die Entwicklung in der Logistikwelt zu integrierten speditionellen Netzen mehr und mehr zentrale Lenkungsfunktionen erforderte. So radikal der Transformationsprozess erschien, so sollte schnell deutlich werden, dass dieser sich in den 1990er Jahren nicht etwa verlangsamte, sondern noch erheblich beschleunigte und im Zeichen von Deregulierung, Globalisierung und logistischer Revolution gleichsam eine neue Qualität erfuhr. Kaum dass die Herausforderungen der Veränderungen im speditionellen Umfeld in den 1970er und 1980er Jahren bewältigt waren, sah sich Dachser mithin einer Phase weit größerer Herausforderungen gegenüber, in der vor allem auch die Corporate-Governance-Strukturen und das Zusammenspiel von Unternehmerfamilien, Geschäftsführung und Niederlassungsleiter einer erheblichen Belastung ausgesetzt sein sollte. Dachser stand damit vor neuen Bewährungen, auch und gerade was seinen Charakter als Familienunternehmen anging.

Teil II

Expansion und Transformation im Zeichen von Verkehrsmarktliberalisierung und Globalisierung

(1987 bis 2005)

In der zweiten Hälfte der 1980er Jahre sahen sich Dachser und die deutsche Speditionsbranche am Beginn eines neuen Transportzeitalters, das von logistischem Systemgedanken, marktwirtschaftlicher Liberalisierung und europäischer Integration geprägt wurde. Die seit 1985 vorangetriebene und Anfang der 1990er Jahre endgültig in Kraft getretene Deregulierung der Transportmärkte in Europa brachte eine neue marktwirtschaftliche Verkehrsmarktordnung und damit nachhaltige Umbrüche der Rahmenbedingungen unternehmerischen Handelns mit sich. Nicht nur die alten innereuropäischen Grenzen für Warenverkehr fielen, auch die globalen Warenströme beschleunigten sich durch die rasante Ausbreitung der internationalen Arbeitsteilung im Gefolge der Globalisierung und veränderter Produktionsprozesse durch Just-in-time-Belieferung und Outsourcing einstmals unternehmenseigener Funktionen. Der Güterverkehrsmarkt wandelte sich gleichzeitig zu einem Markt für logistische Dienstleistungen, der nationale Spediteur mit internationaler Tätigkeit wurde zum global operierenden Eurospediteur, der Spediteur zum Logistik-Dienstleister und »Logistic Provider«. Zulieferung, Vertriebs- und Materialfluss wurden nun zunehmend als ganzheitliche Warenströme integriert. Die Branche veränderte ihre Basis. Neben dem physischen Transport rückte der Austausch von Informationen mit Hilfe komplexer Kommunikations- und Informationstechnologie in den Vordergrund. Die Speditions- und Logistikbranche wurde zur »IT-based industry«. Ein Effekt dieser Revolution war die Schaffung der wirtschaftlichen und organisatorischen Voraussetzungen dafür, dass ein globales Netz der Organisation und Abwicklung der Warenströme entstand, das die Transport- und Transaktionskosten rasch sinken ließ. Auf Seiten der Speditionsunternehmen schlug sich dieser Umbruch in dem Auf- und Ausbau eines logistischen Netzwerkes und dessen Transformation von einer bloßen infrastrukurellen Verknüpfung speditionsorganisatorischer Abläufe in und zwischen zahlreichen Niederlassungen zu einem komplexen informations- und kommunikationstechnisch basierten Produktionssystem logistischer Dienstleistungen nieder. Aus der oft niederlassungsspezifisch geprägten Organisation von Sammelgutlinienverkehren wurden flächendeckend und industriell produzierte Dienstleistungen mit Markenartikelcharakter. Diese von hohem Wettbewerbsdruck begleitete Revolution erfasste die stabilitätsgewohnte und klein- beziehungsweise mittelständisch geprägte deutsche Transport- und Speditionsbranche in dramatischer Weise. Sie führte in den Unternehmen zu hektischen Aktivitäten der strategischen Neupositionierung, zu Kooperationen, Rückzügen und Neueinstiegen in den Logistik-Dienstleistungsmärkten. Fusionen und Akquisitionen veränderten die Unternehmenslandschaft in der Speditions- und Logistikbranche in einem Tempo und Ausmaß, wie es zehn Jahre zuvor noch undenkbar war.

Dachser war aufgrund seiner inzwischen erreichten Größe in diesem von Oligopolisierungstendenzen gekennzeichneten dynamischen Markt- und Branchenumfeld kein Spielball, sondern weitgehend Akteur, der die neuen Spielregeln der Branche nachhaltig mitbestimmte. Das Unternehmen besaß eine ausgeprägte Antizipationsfähigkeit und bereitete sich daher schon früh durch Innovation, Differenzierung und Ausdehnung seiner Europa-Aktivitäten auf die kommenden Herausforderungen vor. Man entwickelte dabei nun vor allem eine Strategie der gezielten Netzsteuerung und richtete das Netz-Management auf eine »euronationale« und globale Integration der speditionellen Leistungskette und Prozesse aus. Gleichzeitig wurde die informationslogistische Metamorphose des Unternehmens vehement vorangetrieben und dabei Marksteine gesetzt, an denen sich die Konkurrenten orientierten. Auch in der Corporate-Governance-Verfassung erfolgte mit der Etablierung eines Verwaltungsrates im Jahr 1992 und dem erfolgreichen Generationenwechsel in der Geschäftsführung, die dann die Etablierung eines Familienmitglieds als Sprecher der Geschäftsführung mit sich brachte, eine Neuausrichtung. All dies schuf gleichermaßen die Voraussetzung dafür, dass die gewaltigen Herausforderungen des Umbruchs erfolgreich bewältigt wurden und der Weg zu weiterem quantitativem wie qualitativem Wachstum des Unternehmens frei wurde. Und dennoch erforderte auch bei Dachser das Management der logistischen Revolution gewaltige Kraftanstrengungen. Die Umsetzung der neuen Europa-Strategie gelang erst nach mehreren Anläufen, die Implementierung der neuen IT-basierten Prozesse wurde zur Schicksalsfrage mit lange Zeit ungewissem Ausgang, der Umbau der Corporate Governance und die Lösung der damit verbundenen Konflikte zogen sich über mehrere Jahre hin. Die Jahre 1990/91 und 1999 markierten gleichzeitig Höhe- und Wendepunkt in diesem Anpassungsprozess, bei dem Dachser vielfach einen eigenen, von den Konkurrenten deutlich verschiedenen Weg einschlug. Die vier folgenden Kapitel behandeln denn auch nicht nur sachthematische Schwerpunkte, sondern charakterisieren die zentralen roten Fäden und spezifischen Erfolgsfaktoren in der jüngsten Dachser-Geschichte, die bis in die Gegenwart hineinreichen.

Kapitel 1
Die neue Verkehrsmarktordnung und die logistische Revolution

Marktsegmentierung, Branchenentwicklung und Wettbewerb

Die neue Zeitrechnung in der Logistikbranche begann Ende Mai 1985. Der Europäische Gerichtshof erließ ein Urteil, das die Brüsseler Behörden zur Durchsetzung der Dienstleistungsfreiheit im innergemeinschaftlichen Verkehr und zur Regelung der Zulassungsbedingungen von Verkehrsunternehmen innerhalb anderer Mitgliedsstaaten der EG (der sogenannten Kabotage) zwang. Am 14. November 1985 legte daraufhin der Europäische Verkehrsministerrat einen Deregulierungsfahrplan fest, aus dem ersichtlich war, was passieren würde, nämlich die Aufhebung der Verkehrswirtschaftsordnung mit Liberalisierung des EG-internen, grenzüberschreitenden Straßengüterverkehrs (1990), die Preisliberalisierung beziehungsweise Lockerung der Tarifbindung (1993), schließlich die Einführung der Regelkabotage im Straßengüterverkehr und zuletzt die völlige Aufhebung der Tarifbindung und Beseitigung der Kontingentierung und Konzessionierung (1997/98). Die Unterscheidung zwischen gewerblichem Straßengüternah- und Straßengüterfernverkehr entfiel.[262] Dazu kam im Juli 1987 die Verpflichtungserklärung der EG-Mitgliedsstaaten, bis Ende 1992 den europäischen Binnenmarkt zu schaffen. Das bedeutete völlig neue Regeln des Wettbewerbs sowie neue Rahmenbedingungen für die Preis- und Erlösbasis der Branche. Die Karten in der Transport-, Umschlag- und Lager-Branche wurden neu gemischt.[263] Auch wenn die Liberalisierung in Deutschland sukzessive und mit Übergangsfristen erfolgte – im Frühjahr 1992 etwa wurde die Nahverkehrszone von 50 auf 75 Kilometer erweitert und gleichzeitig eine massive Aufstockung

---

262 Vgl. dazu auch Dieter Carl, »Die künftige europäische Verkehrsmarktordnung«, in: *Internationale Wirtschafts-Briefe* (IWB), Beilage 2/1990, S. 1–28.
263 Vgl. dazu Aberle, S. 116 ff., sowie *Jahresberichte des Landesverbandes Bayerischer Transportunternehmen* 1988/89, S. 3 f.

der Güterfernverkehrskonzessionen vorgenommen –, wurde vor allem von Seiten der Verbände mit dem Hinweis auf die fehlende Harmonisierung der Wettbewerbsbedingungen innerhalb der EG massiver Widerstand gegen die Brüsseler Liberalisierungspolitik vorgebracht.[264] Die größeren Transport- und Speditionsunternehmen aber nahmen in ihrem Konkurrenzverhalten, ihrer strategischen Ausrichtung und vor allem in ihrer Preispolitik seit Ende der 1980er Jahre die Liberalisierung bereits weitgehend vorweg. Die seit Mitte der 1970er Jahre dauernde Phase der schleichenden Deregulierung mit tendenziell sinkenden Erlösen, aber dennoch aus der Sicht der Branche befriedigenden Ertragsverhältnissen infolge massiver Rationalisierungsmaßnahmen und dadurch auch sinkenden Kosten, wurde von der heißen Phase der Deregulierung mit steigenden Kosten, sinkenden Erlösen und mehreren Wellen der Marktbereinigung (»shake out of winners and losers«) als Folge des Ertragsschwundes abgelöst.

Der neue europäische Binnenmarkt bedeutete zwar ein wachsendes Transportaufkommen bei gleichzeitig aber, so schienen es zumindest die verfügbaren Zahlen anzuzeigen, rückläufigem Anteil deutscher Unternehmen. Tatsächlich fanden sich die deutschen Speditionsunternehmen Anfang der 1990er Jahre nicht mehr nur in ihrem umgerechnet circa 50 Milliarden Euro Umsatzvolumen umfassenden nationalen Markt, sondern in einem etwa dreimal so großen europäischen Markt wieder, dessen Gesamtumsatzvolumen – vor allem infolge erweiterter logistischer Dienstleistungen – bis 2002 auf 585 Milliarden Euro anwachsen sollte.[265] Allein von 1970 bis 1995 stieg das Transportvolumen im Güterverkehr der EU-Länder um 65 Prozent. Der deutsche Heimatmarkt dagegen, obwohl mehr denn je der wichtigste und größte Logistikmarkt in Europa, war durch ein weit geringeres Wachstum, dann sogar Stagnation und leichtes Schrumpfen gekennzeichnet. Das gesamte Güteraufkommen aller Verkehrsträger stieg von 3,031 Milliarden Tonnen (1987) auf 4,019 Milliarden Tonnen (1994), das heißt um durchschnittlich 4 Prozent pro Jahr, stagnierte bis 1999 und verzeichnete dann einen leichten Rückgang auf 3,806 Milliarden Tonnen (2004).[266]

---

264 Vgl. dazu etwa das Verbandsorgan des BSL *Der Spediteur* H. 11 vom November 1992, S. 390 ff.
265 Vgl. dazu Klaus, *Die »Top 100« der Logistik*, 1996 und 2000.
266 Vgl. dazu die Statistischen Angaben des Bundesverbandes Güterverkehr, Logistik und Entsorgung (BGL), auf: www.bgl-ev.de/web/daten/verkehr_gueteraufkommen.htm (Zugriff am 10.9.2007).

Wettbewerb der Verkehrsträger

Der einstige Konkurrent Bahn verlor dabei weiter gegenüber den Lastkraftwagen an Boden. Betrug der Bahnanteil 1987 noch knapp 10 Prozent (dementsprechend umfasste der Anteil des gewerblichen Straßengüterverkehrs 81,4 Prozent), so schrumpfte er bis 2004 auf nur noch 7,3 Prozent.[267] Entscheidender als das weitere Schrumpfen des Transportanteils der Bahn war für die gewerblichen Straßengüterverkehrsunternehmen und Speditionen das deutliche Zurückdrängen des Werkverkehrs, dessen Anteil an der Aufkommensstruktur von 45,1 Prozent (1980) auf 37,4 Prozent (1997) und schließlich deutlich unter 30 Prozent (2004) sank. Der Wachstumstrend des Werkverkehrs wurde durch die Deregulierung gebrochen und sorgte im Gefolge der Outsourcing-Politik der Unternehmen trotz Stagnation der Gesamtgütermenge für deutliche Wachstumsraten bei den Speditionen und Logistikunternehmen. Während das Güteraufkommen in Deutschland also mengenmäßig stagnierte, nahmen die Transportleistungen der Verkehrsträger zwischen 1987 und 2004 deutlich zu: von 262,9 Milliarden Tonnenkilometer über 421,5 Milliarden Tonnenkilometer (1994) auf 560,6 Milliarden Tonnenkilometer, das heißt nahezu eine Verdoppelung. Es stiegen nicht die Mengen, dafür aber die Transportdistanzen. Hier lag, neben den bereits erwähnten neuen logistischen Dienstleistungen, die Ursache dafür, dass der Speditions- und Logistikmarkt insgesamt weiterhin ein Wachstumsmarkt war.

Im Gefolge des Trends von der reinen Transport- zur integrierten Logistik-Dienstleistung verringerte sich auch die einstmals große Abhängigkeit der Branchenkonjunktur vom gesamtwirtschaftlichen Konjunkturverlauf. Ging es der Wirtschaft schlecht, litten auch die Transporteure, während die Logistikanbieter jedoch antizyklisch oftmals davon profitieren konnten. Sprang die Konjunktur wieder an, gab es für beide mehr zu tun. Je stärker ein Unternehmen sich daher zum Logistik-Dienstleister wandelte, desto eher konnte es sich von der Zyklizität der gesamtwirtschaftlichen Entwicklung abkoppeln.

---

267 Bezeichnend ist auch, dass 1970 insgesamt 32 Prozent aller Güter in den 15 Mitgliedsstaaten der EU von der Eisenbahn befördert wurden, 1995 aber nur noch 15 Prozent.

Schaubild 14: Die Güterverkehrsmarktkonjunkturen 1989 bis 2005 (Jährliches Wachstum des Güteraufkommens und der Transportleistung in %)

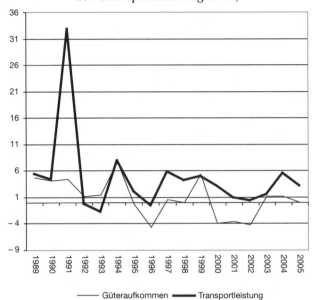

Quelle: Bundesverband Güterkraftverkehr, Logistik und Entsorgung (BGL)

Wandel der Marktsegmente

Der Markt selbst war dabei inzwischen hochsegmentiert und zersplittert. Der volumenmäßig größte Teilmarkt war der Markt für allgemeine Ladungsverkehre mit 1995 geschätzten 26 Milliarden DM oder circa 17 Prozent des Gesamtmarktes, gefolgt von den Marktsegmenten Konsumgüterdistribution (20 Milliarden DM), industrielle Kontraktlogistik (18 Milliarden DM), KEP (14 Milliarden DM) und grenzüberschreitende Verkehre (14 Milliarden DM). Der Teilmarkt für allgemeine Stückgutverkehre, in dem Dachser führend war, machte nur knapp 10 Milliarden DM oder circa 6 Prozent des Gesamtmarktes aus.[268] Anstelle der früher beiden großen Märkte für Ladungen (das heißt Sendungen im Bereich 2,5 Tonnen bis 25 Tonnen) und Stückgüter (das heißt Sendungen zwischen 25 Kilogramm und 2,5 Tonnen) waren zahlreiche

---

268 Vgl. dazu Klaus, 1996, S. 20 ff. Dort auch die weiteren Marktsegmente etwa für Möbel- und Kleidungstransporte.

Teil- und Submärkte getreten, in denen gleichzeitig die Markteintritts- und -austrittsbarrieren neu gezogen wurden. Der Stückgutmarkt hatte tendenziell vom Wirtschaftswachstum und den logistischen Tendenzen wie Outsourcing und Just-in-time-Abwicklung am stärksten profitiert, allerdings auch gleichzeitig im unteren Gewichtsbereich deutlich an die Paketdienste und damit zugunsten der Expansion des KEP-Marktes verloren und sich gleichzeitig in weiten Teilen zu einem kunden- und branchenspezifischen Kontraktlogistik-Markt gewandelt.

Der KEP-Markt seinerseits befand sich jedoch ebenfalls im Umbruch. Nach Jahren des Wachstums geriet in der zweiten Hälfte der 1990er Jahre die gesamte KEP-Branche in Deutschland wie in Europa in erhebliche Turbulenzen. Neben den großen amerikanischen Expressdienst-Konzernen wie UPS und FedEx drängten nun vor allem auch die europäischen Postgesellschaften in diesen Markt und versuchten, sich mit Partnerschaften zu verstärken. Die Konzentrationstendenz in den KEP-Geschäften, so schilderte die Dachser-Geschäftsführung im Juli 1999 dem Verwaltungsrat die aktuelle Lage, habe sich erheblich beschleunigt. Insbesondere die Deutsche Post entfalte »aggressive Aktivitäten«. Sie strebe ein integriertes Dienstleistungsangebot an, das über KEP-Dienste hinausgehe und auch ein europäisches Stückgutnetz beinhalte, um als Anbieter aus einer Hand aufzutreten.[269] Zweiter dominanter Mitspieler im KEP-Markt war die englische Post, die mit German Parcel ihre Aktivitäten ausgeweitet hatte. Dritter großer Wettbewerber war die französische Post, die durch die Übernahme von Denkhaus und anderen Speditionen inzwischen circa 45 Prozent des DPD beherrschte. »Vor dem Hintergrund derart mächtiger Konglomerate ist es für Dachser nicht zielführend, sich in einem regionalen Markt an DPD-Aktivitäten weiter zu engagieren«, konstatierte man in Kempten.[270] Dachser wechselte daher seine Strategie und bemühte sich in der Folgezeit um den Verkauf der inzwischen als eigenständiges Geschäftsfeld etablierten DPD-Aktivitäten. Der dann letztlich im Jahr 2000 vollzogene Ausstieg aus dem Markt für Kurier-, Express- und Paketdienste erfolgte gerade noch rechtzeitig. Auf dem hart umkämpften KEP-Markt waren die Renditen inzwischen rapide gesunken. Die einst stolzen Umsatzrenditen gehörten der Vergangenheit an.

---

269 Protokoll Verwaltungsrat vom 14.6.1999, S. 4 f., in: Bestand Wecker.
270 Ebd.

Vor allem aber verlor der klassische Sammelgutbereich insgesamt viel Marktvolumen an das rasch expandierende Systemgeschäft und die neuen Dienstleistungen der Logistikunternehmen. Dieser neue Markt für logistische Dienstleistungen war denn auch das eigentliche Wachstumssegment innerhalb des Güterverkehrsmarktes. Vieles von dieser Entwicklung hatte sich bereits in den seit 1980 liberalisierten amerikanischen Transport- und Logistikmärkten gezeigt. Die Deregulierung führte dort zu sehr differenzierten Effekten. Bei insgesamt gestiegenem Wettbewerbs- und Kostendruck waren keineswegs die Frachtpreise generell eingebrochen, sondern im Segment erweiterter logistischer Dienstleistungen sogar gestiegen.[271] Durch die starke Zunahme kleinerer und kleinster Transportbetriebe waren erhebliche Überkapazitäten im einfachen Ladungsverkehr entstanden, die vor allem die mittelgroßen Betriebe in Bedrängnis brachten, während die großen Unternehmen von der Entwicklung aber profitierten und weiter wuchsen.[272] Das Ausmaß der Deregulierungsauswirkungen hing mithin letztlich vom logistischen Anforderungsprofil der Güterbewegung ab. Das zeigte sich nun auch in Deutschland. Mit dem Umbruch der Marktanforderungen und Kundenbedürfnisse ging der Zwang zur Erweiterung und zum Teil grundlegenden Neuformulierung des speditionellen Leistungsspektrums hin zu umfassenden logistischen Dienstleistungen einher.[273] Neben den klassischen Funktionen der Spedition, Transportabläufe zu organisieren, Güter zwischenzulagern, umzuschlagen, zu verpacken und zu kommissionieren, wurden mehr und mehr Informations- und Beratungsleistungen gefordert. Der Trend ging damit von der reinen Distributions- zur Beschaffungslogistik und Kontraktlogistik. Anstelle alleiniger Transportoptimierung und Lagerverwaltung waren damit nun verstärkt auch Durchlaufzeitverringerung und Bestandsmanagement mit zusätzlichen Warehousing-Funktionen gefragt.[274]

---

271 Die Profitabilität des netzgebundenen Stückgutmarktes war allerdings gesunken, wofür nicht zuletzt eine allmähliche Auszehrung dieses Marktes durch Überführung von Transportvolumen in spezialisierte Kontraktlogistik- und KEP-Systeme verantwortlich war. Vgl. dazu u. a. Peter Klaus, »Third Party Logistics in den USA«, in: *Logistik heute* Jg. 1998, H. 10, S. 72–76.
272 Vgl. dazu auch »US Transportmarkt wurde nur teilweise liberalisiert«, in: *DVZ* vom 26.7. 1986, S. 23.
273 Vgl. dazu auch H. Baumgarten, Roland M. Zibell, *Trends in der Logistik,* München 1988.
274 Vgl. dazu auch die Studie von A. T. Kearney, *Produktivität und Qualität in der Logistik – Schlüsselfaktoren im europäischen Wettbewerb,* März 1993.

Die logistische Revolution band dabei die Speditionsbetriebe immer stärker in die Produktions- und Absatzprozesse von Industrie und Handel mit ein, wobei das Just-in-time-Konzept gleichzeitig zur »Atomisierung der Warenströme« und der verstärkte Übergang von rohstoffintensiven Massenprodukten zu komplexen Fertigwaren zu immer kleineren Transporteinheiten und einem Wandel der Güterstruktur führten. Mit dem Einzug logistischen Denkens in Industrie und Handel und der Entdeckung der Logistik als Wettbewerbsfaktor sahen sich die Spediteure mit einer doppelten Anforderung konfrontiert. Gefragt war nicht nur die Beschleunigung der Transporte (Laufzeitverkürzung), sondern auch die Herstellung einer örtlich wie zeitlich genau spezifizierten Verfügbarkeit über den jeweiligen Gegenstand des Transports. Diese neue Transparenz der Warenströme bedeutete eine drastische Heraufsetzung der Qualitätsanforderungen. Schnelligkeit und Zuverlässigkeit bei minimaler Fehlerquote wurden die entscheidenden Kriterien der Nachfrage, der Preis spielte demgegenüber eine eher nachrangige Rolle.[275] Mit dem Wegfall der Marktzugangskontrolle und der bequemen Margen aus geschützten Preisen änderten sich auch die Erfolgsbedingungen unternehmerischen Agierens. Statt mehr oder weniger auf Marktnachfrage in gewohnter Weise zu reagieren, statt nur zu organisieren und zu vermitteln, war der Logistik-Unternehmer dazu gezwungen, aktiv in den Markt zu gehen und dort seine Rolle bewusst zu gestalten. Er musste Marketing betreiben und die Qualität der logistischen Leistung als Marketinginstrument nutzen. Die verschärften Rahmenbedingungen zwangen die Speditionen, ihre logistischen Prozesse anzupassen, das heißt neue Dienstleistungsangebote zu entwickeln und gleichzeitig ihre alten Dienstleistungen an der neuen logistischen Qualität auszurichten sowie insgesamt die Produktivität zu steigern. »Für uns ist Logistik eine Querschnittsfunktion, die sich mit der Optimierung von Warenbeständen, Durchlaufzeiten, Servicegrad und dergleichen mehr, also vereinfacht mit der Optimierung des Güter- und Informationsflusses beschäftigt«, betonte Gerd Wecker, der Sprecher der Dachser-Geschäftsführung im Mai 1993 in einem Interview.[276] Drei Fähigkeiten und Kernkompetenzen wurden dabei zu entscheidenden Wettbewerbsfaktoren. Erstens die

---

275 Vgl. dazu Wolf-Rüdiger Bretzke, »Produktentwicklungen im Dienstleistungsbereich«, in: *Der Spediteur* Mai 1987, H. 5, S. 161–170.
276 »Outsourcing ist Megatrend«, in: *Lebensmittelzeitung* vom 7.5.1993, S. 77.

Schaubild 15: Einflussfaktoren des Marktes für logistische Dienstleistungen Mitte der 1990er Jahre[277]

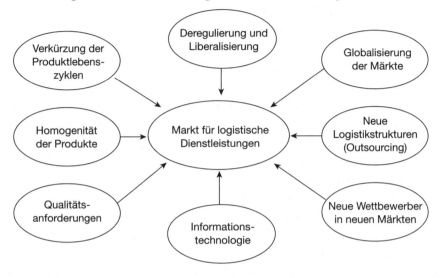

Beherrschung der Informationstechnologie. Unter dem Gesichtspunkt, dass die Zuverlässigkeit beim Warentransport höher bewertet wurde als dessen Laufzeit, waren die Kommunikations- und Datenverarbeitungs-Integrationsleistungen eines Logistik-Dienstleisters entscheidend für die Positionierung des Kunden am Markt und damit auch für die Wettbewerbsposition des Logistikunternehmens selbst. Zweitens die Verfügbarkeit und Beherrschung eines Logistik-Netzwerkes als »Produktionssystem«, das nicht nur flächendeckend transnational und im Sinne einer »Industrialisierung des Transports« agierte, sondern auch eine optimale Integration von physischem und kommunikativem Waren- und Datenfluss garantierte. Drittens schließlich ein Wandel der Unternehmenskultur und Denktraditionen, die neben der Ausrichtung auf die klassische Organisation speditioneller Abläufe stärker auch logistisches Systemdenken integrierten. Traditionelles Speditionswissen und herkömmliche Netzstrukturen reichten mithin nicht mehr aus, um die höchst komplexen logistischen Abläufe zu planen, zu steuern und zu kontrollie-

---

277 Ergänzt und abgewandelt nach: Roland Berger & Partner GmbH, *Trends und Entwicklungen im Markt für logistische Dienstleistungen*, April 1996, S. 12.

ren.²⁷⁸ Aber vielfach lief die Entwicklung des Marktes schneller als der Wandel der Denktraditionen. Zwischen den wachsenden logistischen Anforderungen der verladenden Wirtschaft und dem traditionellen Leistungsangebot der Speditionen tat sich daher eine strategische Lücke auf, deren Schließung für viele Unternehmen der Branche zu einer Existenzfrage wurde.²⁷⁹

Die Struktur des deutschen Güterverkehrsgewerbes erschien angesichts der neuen Herausforderungen und der Umbrüche des Marktes als problematisch und für grundlegende Veränderungen anfällig. Von den 8 800 Unternehmen im Güterfernverkehrsbereich besaßen 1988 nach wie vor 66 Prozent nur bis zu drei Konzessionen und im Durchschnitt nicht mehr als 30 Beschäftigte. Die Mehrzahl von ihnen waren Klein- und Kleinstbetriebe im Familienbesitz, die ihre Existenz der staatlichen Preis- und Kapazitätsregulierung verdankten. Ihnen stand ein knappes Dutzend Großspeditionen mit mehr als 100 Beschäftigten und über 40 Konzessionen gegenüber.²⁸⁰ Bis in die 1990er Jahre änderte sich an dieser Konstellation nichts, außer dass die Zahl der Kleinbetriebe nicht etwa fiel, sondern durch die erleichterten Marktzugangschancen infolge der Deregulierung sogar noch auf über 10 000 stieg.²⁸¹ Auch in der Folgezeit behielt daher der deutsche Transport- und Logistikmarkt seine überwiegend klein- und mittelständische Prägung bei, und sie gilt auch heute noch, wobei sich allerdings eine deutliche Ausdifferenzierung der Wettbewerbs- beziehungsweise Überlebensstrategien und Marktpositionierungen ergab.²⁸²

Annähernd 57 Prozent der Unternehmen waren als Frachtführer und Subunternehmer für größere Speditionen tätig, und wo sich ein-

---

278 Vgl. Hanspeter Stabenau, »Der Spediteur wird zum logistischen Dienstleister«, in: *DVZ* vom 13.3.1990, S. 27 sowie Wolf-Rüdiger Bretzke, »Logistik – Domane der Spedition oder Markt für einen neuen Typus von Dienstleistungsunternehmen?«, in: *DVZ* Jg. 1988, H. 5, S. 17–21.
279 Vgl. ebd. sowie zum Wandel der Logistik-Konzeptionen vgl. auch Ihde, S. 1 ff.
280 Vgl. dazu Aberle 2000, S. 64 ff. und Carl, S. 6 f.
281 Vgl. dazu auch »Strukturdaten aus Spedition und Lagerei 1990«, in: *Der Spediteur*, H. 5 vom Mai 1990, S. 135–146.
282 Vgl. dazu Bundesamt für Güterverkehr, Marktbeobachtung Güterverkehr. Sonderbericht zum Strukturwandel im Güterkraftverkehrsgewerbe (23 S.), auf: http://www.bag.bund. de/cln_009/nn_46326/SharedDocs/Publikationen/DE/Marktbeobachtung/Sonderberichte/ Sonderber_Strukturwandel.html (Zugriff am 10.9.2007).

Schaubild 16: Gruppen auf dem deutschen Transport- und Logistikmarkt (2005)

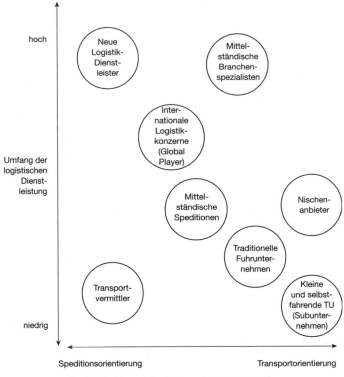

Quelle: Bundesamt für Güterverkehr (BAG), Köln.

zelne Fuhrunternehmen noch als unabhängige »Regionalfürsten« halten konnten, da zeigte sich in jüngster Zeit die Tendenz zur Verdrängung aus dem angestammten Direktkundengeschäft durch die großen Speditionen, die zur Auslastung ihrer Netzwerke nach zusätzlichem Aufkommen suchten.[283] Die Gruppe der mittelständischen Speditionen (2 Prozent) unterteilte sich in eine Reihe von Branchenspezialisten, vor allem aber in Anbieter ähnlicher und damit austauschbarer Standardleistungen. Die Wettbewerbsintensität zwischen diesen Unternehmen war daher hoch, sie konkurrierten hauptsächlich über den Preis und gaben den Kostendruck an die von ihnen beauftragten Subunternehmer weiter. Dominiert wurde (und wird) die Branche aber von den Global Playern, unter die

---

283 Vgl. ebd., S. 7.

die großen, oft traditionsreichen Speditionen, Konzernspeditionen und international tätigen KEP-Dienste fallen und zu denen auch Dachser gehört. Sie zeichnen sich durch ihre großen, engmaschigen europa- beziehungsweise weltweiten Netzwerke aus, deren Aufbau wie bei Dachser zum Teil schon vor Jahrzehnten begonnen hat. Mit ihren Produktionssystemen werden sie den veränderten Anforderungsprofilen großer Konzerne in besonderer Weise gerecht. Als Anbieter eines umfassenden Dienstleistungsangebots, das auf den Standardprodukten Transport und Lagerung aufbaut, beherrschen sie den Markt im Bereich Preisbildung und Wachstumsraten. Dennoch besteht auch zwischen diesen Unternehmen ein beträchtlicher Wettbewerbs- und Preisdruck, und die Eintrittsbarrieren in das netzbasierte Systemgeschäft waren inzwischen nahezu unüberwindbar.[284] Im deregulierten Markt der Speditionsbranche formierte sich letztlich eine Drei-Klassen-Gesellschaft von meist kleinen Anbietern traditioneller Speditions- und Transportleistungen, großen Logistik-Systemanbietern und dazwischen mittelständischen Betrieben, denen letztlich nur die Wahl blieb, entweder zu Subunternehmern der Großen abzusteigen, sich zu Allianzen und Kooperationen und damit zu Nischenspezialisten zusammenzuschließen oder aus dem Markt auszuscheiden.

Hinter der scheinbaren Stabilität der Brache vollzog sich daher ein geradezu dramatischer Umstrukturierungsprozess der Logistikwirtschaft, mit hohen Markteintritts- wie Marktaustrittsbewegungen[285] und einer wachsenden Verschiebung der Marktanteile zugunsten der Großspeditionen, von denen die zehn größten in Deutschland inzwischen nahezu 50 Prozent des Gesamtmarktes beherrschten. Spezialisten für Dokumentenversendungen und Paketverkehre drangen in die traditionellen Sammelgutmärkte der Speditionen ein, »Integrators« wie UPS, FedEx, TNT und DHL mit eigenen Flugzeugen operierten gleichzeitig als Spediteure und Carrier, Reedereien verschoben den Schwerpunkt ihrer Investitionen auf den Aufbau eigener Speditionsorganisationen. Großkonzerne der Industrie und des Handels, aber auch die Post und die (teil-)privatisierten Eisenbahngesellschaften kauften Speditionsunternehmen auf und versuchten, daraus

---

284 Ebd., S. 11.
285 Die Zahl der Insolvenzen stieg etwa allein zwischen 2000 und 2001 um 28 Prozent, zwischen 1999 und 2000 sogar um 41 Prozent. Vgl. BGL (Hg.), *Verkehrswirtschaftliche Zahlen 2003/2004*, S. 26.

Schaubild 17: *Strategische Positionierungen im europäischen Logistikmarkt (2003)*

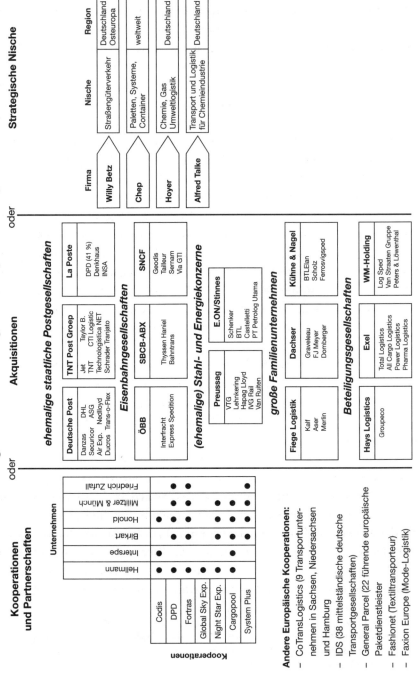

152 | Das Logistikunternehmen Dachser

internationale Organisationen zu bilden.[286] Allen diesen neuen Wettbewerbern war gemeinsam, dass sie über eine hohe Kapitalkraft aus anderen Bereichen verfügten. Dies erlaubte es ihnen, ihre Expansionsstrategien trotz teilweise hoher Anfangsverluste zu verfolgen. Dazu formierten sich unter den mittelständischen Speditionen neue konkurrenzfähige Kooperationen und Allianzen: 1981 bereits gründeten 17 Speditionen die LogSped AG, ein Jahr später folgte die IDS (Interessengemeinschaft der Spediteure Logistik GmbH & Co KG), andere Kooperationen wie die 1996 gegründete »24plus Systemverkehre« oder die Fortras GmbH folgten. Ingesamt 16 größere Allianzen und Verbünde tummelten sich in der zweiten Hälfte der 1990er Jahre auf dem deutschen Logistikmarkt.[287] Viele Verbünde litten unter hoher Fluktuation ihrer Mitglieder, zerfielen wieder oder gerieten unter den Einfluss von Großunternehmen. Einigen wenigen jedoch wie IDS gelang es erfolgreich, den Konflikt zwischen dem Individualismus der einzelnen Netzwerk-Partner und den Interessen des gesamten Kooperationsverbundes in Einklang zu bringen und sich auf dem Stückgutmarkt zu positionieren.[288]

In Kempten ließ man sich von all diesen Aktivitäten nicht beeindrucken, zumal schnell offenkundig wurde, dass die Konkurrenten beim schnellen Netzaufbau über den Zukauf heimischer Speditionen und beim überhasteten Aufbau von Datenverarbeitungsstrukturen viel Geld verloren. Insgesamt war zwar der Anteil der ausländischen Speditionen und Transportfirmen an der Aufkommens- wie Leistungsstruktur des deutschen Straßengüterverkehrs schon seit 1980 kontinuierlich gewachsen,[289] und bis 2003 sollte deren Anteil noch einmal deutlich auf 8,8 Prozent beim Güteraufkommen beziehungsweise 29 Prozent bei der Transportleistung steigen, aber bei genauerem Hinsehen zeigte sich, dass von den groß angekündigten Strategien nach einigen Jahren nur wenig tatsächlich umgesetzt worden war. Die Schweizer Danzas etwa hatte mit der Integration der 1991 übernommenen Aachener Spedi-

---

286 Matis/Stiefel, S. 121 sowie vgl. auch Bjelicic, S. 76 ff.
287 Vgl. dazu im Einzelnen Klaus 1995, Anhang II.
288 Vgl. näher zu den unterschiedlichen Prinzipien der Kooperationsgestaltung und der Allianzmodelle die Studie »Mittelstandskooperation auf dem Prüfstand – Chancen und Risiken mittelständischer System-Stückgutkooperationen in Deutschland«, eine Untersuchung der Fraunhofer ATL Nürnberg im Auftrag der HypoVereinsbank AG München, Nürnberg 2004.
289 Auf 5,7 Prozent bei der Tonnage und 17,5 Prozent bei den tkm (1997).

tionsgruppe Ganser zu kämpfen und schrieb 1994/95 im Deutschland-Geschäft rote Zahlen.[290] Die niederländische Speditions- und Logistikgruppe Frans Maas machte ebenfalls in Deutschland Verluste und beschloss Anfang 1995, sich mit seinem eigenen Netz aus der deutschen Inlandsdistribution zurückzuziehen. Auch die französische Calberson-Gruppe hatte an ihrer deutschen Tochter, der Hamburger Spedition Hermann Ludwig, wenig Freude und musste umfangreiche Sanierungs- und Restrukturierungsmaßnahmen einleiten. Nedlloyd und P&O ging es mit ihren deutschen Akquisitionen Union Transport und Rhenania nicht besser. Und auch der alte und inzwischen teilprivatisierte Konkurrent Deutsche Bahn konnte Dachser auf dem Heimatmarkt keine Marktanteile abjagen. 1991 verkaufte die Bahn ihre Tochter Schenker und entwarf gleichzeitig das 1,8 Milliarden DM teure Konzept einer neuen Stückgut-Spedition unter dem Namen »Bahntrans«. In enger Kooperation mit großen Speditionen wie THL, Schenker, K&N sowie Danzas startete die Bahn in einem bereits von erheblichen Überkapazitäten geprägten Transportmarkt einen Großangriff zur Eroberung des allerdings für die Bahn schon immer schwierigen Stückgut- und Partiefrachtmarktes.[291] Die Bahntrans, so konstatierte die Dachser-Geschäftsführung im November 1992, stelle durchaus eine Gefahr dar, »da dieser subventionierte Wettbewerber die Verkaufspreise zum Rutschen kommen lässt«, gleichzeitig aber waren sich alle einig, »dass die Bahntrans ein Flop werden wird«.[292] Tatsächlich wiesen auch interne Bahngutachten darauf hin, dass das Bahntranskonzept mit seinem alten Kombiverkehrsprinzip unrealistisch und betriebswirtschaftlich zum Scheitern verurteilt war.[293]

Dass Dachser den Heimatmarkt nicht nur erfolgreich verteidigen konnte, sondern vor allem seit 1996 noch Marktanteile hinzugewann, zeigt der Vergleich der Tonnageentwicklung. War etwa 1998 das Marktvolumen insgesamt leicht rückläufig, so verzeichnete Dachser gleichzeitig einen Tonnagezuwachs von 12 Prozent. Im Jahr 2000 stand einer

---

290 Vgl. dazu *Handelsblatt* vom 30.5.1994, S. 17, und vom 2./3.6.1995, S. 15.
291 Vgl. dazu *Der Spediteur* H. 11. vom November 1992, S. 379–383 und »Freie Bahn für den Güterweg?«, in: *TopBusiness* vom Juni 1994, S. 82–90.
292 Protokoll der Strategiesitzung vom 23.11.1992, in: Bestand Wecker.
293 Vgl. dazu die Kurzfassung des Bahntransgutachtens der Unternehmensberatungsgesellschaft Booz-Allen & Hamilton vom 9.11.1993, in: Bestand Wecker.

Schrumpfung der Gesamtmarkttonnage von 5,5 Prozent bei Dachser ein Zuwachs von 9,2 Prozent gegenüber.[294] Im Ranking der TOP 10 der Logistikunternehmen in Deutschland konnte Dachser zwischen 1995 und 2001 zäh seinen 7. Platz hinter den großen Konzernen wie Deutsche Bahn/DB Cargo, Deutsche Post World Net, Schenker, K&N, HapagLloyd und Lufthansa Cargo verteidigen.[295] Als unabhängige Familienunternehmen vergleichbare Mitkonkurrenten wie Hellmann oder Fiege waren demgegenüber ins Mittelfeld zurückgefallen. Im nach wie vor wichtigsten Markt für Dachser, dem Stückgutverkehr, war es dem Unternehmen sogar gelungen, vom lange gehaltenen zweiten Platz im Jahr 2003 in die Marktführungsposition zu rücken, vor Schenker und den in diesem Marktsegment starken Kooperationsverbünden. Im zweiten wichtigen Dachser-Teilmarkt, der Konsumgüterdistribution, war es ebenfalls gelungen, von einem 6. Rang (1995) auf den 3. Rang hinter Fiege und Nagel vorzurücken.[296] Im Segment »Grenzüberschreitende Verkehre« schließlich war der Aufstieg Dachsers in der Marktpositionierung am deutlichsten: von Rang 12 (1995) über Rang 6 (1999) auf Rang 4 (2002), nur noch übertroffen von Danzas/Post, Schenker/Deutsche Bahn und Panalpina.[297] Vergleicht man daher das Wachstumstempo von Dachser mit den beiden großen Konkurrenten K&N und Schenker, so zeigt sich deutlich, dass sich die Kemptener auch seit 1987 am dynamischsten entwickelt haben und den Abstand zu den beiden Großen weiter erheblich verringern konnten.

Startete Dachser 1987 noch mit einem Umsatz, der absolut gesehen gerade jeweils 15 Prozent der beiden Konkurrenten ausmachte, so verzeichnete man 2004 inzwischen eine 30-prozentige Umsatzgröße. Mit anderen Worten: Wiesen die anderen 1987 noch einen sechsmal so großen Umsatz aus wie Dachser, so war er 2004 nur noch dreimal so groß.

---

294 Vgl. Lagebericht der Dachser GmbH & Co. KG zum 31.12.1999 und zum 31.12.2000, in: ebd.
295 Vgl. dazu die Ergebnisse für 1995, 1998 und 2001 jeweils bei Klaus, *Die »Top 100« der Logistik*, S. 22 (1996), S. 19 (1999) und S. 194 (2002).
296 In dem Ranking 2003 stehen zwar die Arvato Logistics Services sowie die MGL Logistik GmbH an der Spitze, aber beide sind Konzerntöchter von Bertelsmann und Metro und lassen sich daher nicht zur eigentlichen Lebensmittel-Logistik hinzurechnen.
297 Vgl. dazu die jeweiligen Angaben in Klaus 1996, 1999 und 2003.

Schaubild 18: Umsatzwachstum Dachser, Schenker, K&N 1987 bis 2004 (Indiziert auf der Basis 1987 = 100)

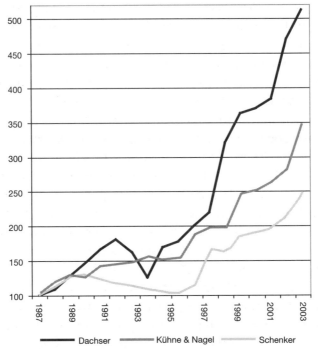

Quelle: Zusammengestellt und berechnet nach den diversen Angaben zu den Konzernumsätzen in den Bilanzen.

Das Fusions- und Übernahmekarussell

Der Strukturwandel der Logistikbranche vollzog sich in drei rasch aufeinanderfolgenden Fusions-, Kooperations- und Übernahmewellen. 1987 übernahm die Rhenus AG das Coburger Familienunternehmen Weichelt, daneben kauften vor allem die Haniel Spedition und Thyssen Trans eine Reihe mittelständischer Speditionen auf.[298] Auch die Rhenania Schiffahrts- und Speditions GmbH suchte 1987 ihre Marktposition durch die Übernahme der Hamburger Max Grünhut KG zu stärken. Spektakulär war dabei auch der Einstieg ausländischer Speditionskonzerne in den deutschen Markt: 1988/89 übernahm die französische Spedition Calberson die Her-

---

298 Vgl. dazu Bjelicic, S. 84 f., und die Liste bei Dieter Plehwe, *Neue Logistik für deutsche Konzerne. »Deregulierung«, Lean Production und Großfusionen in der Speditionsbranche*, Duisburg 1994, S. 45.

mann Ludwig GmbH, der britische Konzern P&O wurde Mehrheitseigentümer bei der Rhenania und der niederländische Verkehrskonzern Nedlloyd Groep N.V. kaufte die Union Transport GmbH.[299] Eine zweite Fusions- und Konzentrationswelle setzte Anfang der 1990er Jahre ein, als die Handelskonzerne Thyssen und Haniel ihre Logistiktöchter zur Thyssen Haniel Logistik GmbH (THL) verschmolzen und ein Jahr später, 1991, Schenker mit Rhenus-Weichelt fusionierte. Zusammen mit K&N, die sich aus der Beteiligung des englischen Lonrho-Konzerns herauskauften und dafür eine 33-prozentige Kapitalbeteiligung durch die VIAG erhielten, waren damit aus dem »Transport-Monopoly« drei nationale, zunehmend aber auch global operierende Big Player auf dem deutschen Logistikmarkt mit jeweils über 10 000 Beschäftigten und Umsätzen in Milliardenhöhe entstanden. Angesichts der jeweiligen Mutterkonzerne und Hauptanteilseigner Veba, VIAG und Thyssen schien es zu diesem Zeitpunkt, als ob die großen Handelskonzerne künftig die Fäden in der Logistikbranche ziehen würden. Die dritte, ab Ende der 1990er Jahre beziehungsweise zur Jahrtausendwende einsetzende Welle des »shake out of winners and losers« zeigte aber schnell, dass nicht nur in Deutschland, sondern europaweit nun die ehemaligen Staatskonzerne Post und Bahn die eigentlichen Big Player der Branche wurden. Die Deutsche Post vollzog eine beispiellose Serie von Beteiligungs- und Unternehmenskäufen, unter anderem der Schweizer Danzas, Teile von Nedlloyd und DHL, die belgische Bahn übernahm THL und Bahntrans und die Deutsche Bahn verleibte sich schließlich 2002 (wieder) den Schenker-Konzern ein, der seinerseits inzwischen 1998 den großen schwedischen Logistikkonzern Bilspedition gekauft hatte.[300] Allein von Ende 1999 bis Anfang 2003 lassen sich im europäischen Speditions- und Logistikmarkt nahezu 100 größere Fusions- und Kooperationsprozesse feststellen, dazu gehörte neben der Übernahme von Schenker durch die Bahn der Kaufrausch des Luxemburger Thiel-Logistik-Konzerns (der unter anderem so klingende Namen wie die Südkraft und Birkart übernahm), der dann aber 2002 selbst von der Investmentgruppe Delton gekauft wurde.[301] Der Konsolidie-

---

299 Vgl. Bjelicic, S. 91. Dazu kam 1991 die Übernahme der deutschen Großspedition Hamacher, die einen Umsatz von 1 Mrd. DM, 82 Niederlassungen und 2 300 Beschäftigte aufwies, durch die japanische Handelsgruppe Footwork International Company.
300 Vgl. dazu im Detail Klaus 1999, S. 11 ff.
301 Vgl. dazu Klaus 2002, S. 73 f., und auch Arthur Andersen, *European Deal Survey 2000 – Logistics. Mergers and Acquisitions in the Logistics Industry 2000*, London 2001.

rungsprozess, der zunächst vor allem von den Post- und Bahnunternehmen ausgegangen war, trat wenig später in eine neue Phase ein, als auch die Großspediteure versuchten, durch den Aufkauf mittelständischer Stückgutspediteure ihre Marktanteile auszubauen oder Zugang zu den Netzen der Stückgutkooperationen zu gewinnen.[302] Die Fusions-, Kooperations- und Übernahmewelle, die anfangs Ausdruck einer regelrechten »Liberalisierungshysterie« (Thomas Simon) war, wirbelt die Branche bis in die jüngste Gegenwart weiter durcheinander. Im Verlauf dieser dritten Fusions- und Kooperationswelle wurde nun auch Dachser selbst aktiv.

Fusion zweier Familienunternehmen: Die Integration von Transports Graveleau in das »Dachser-Netz«

Die Beteiligung, Übernahme und schließlich Integration des französischen Logistikunternehmens Transports Graveleau durch Dachser ist eine Geschichte mit mehreren dramatischen Höhepunkten, bei der auf beiden Seiten die Unternehmenskultur als familiengeführte Betriebe eine entscheidende Rolle spielte. Die Anfänge dieser Entwicklung liegen im Jahr 1988, als Dachser mit Problemen in seinen damaligen französischen Partnerbeziehungen konfrontiert war. Der französische Logistikmarkt war mit einem Gesamtvolumen von circa 122 Milliarden DM nach Deutschland der zweitgrößte und damit auch zweitwichtigste Markt in Europa. Und wie andere große europäische Logistikmärkte befand sich auch Frankreich seit 1993 in einem turbulenten Prozess der Umstrukturierung und Konzentration der Speditionsbranche. Die Staatskonzerne SNCF und La Poste entwickelten sich zu großen Logistik-Playern, denen gegenüber mittelständische Familienunternehmen wie Heppner, Mory und Graveleau ins Hintertreffen zu geraten drohten.[303] Der französische Bahnkonzern etwa übernahm Anfang der 1990er Jahre die Mehrheit an der Calberson-Gruppe, die selbst ein Konglomerat aus insgesamt 100 kleineren Speditionsunternehmen mit zusammen 14 000 Beschäftigten darstellte. Der

---

302 Jüngste Beispiele der Konsolidierungswelle sind die 2005/2006 erfolgten Übernahmen von P&O Nedlloyd durch Maersk-Moeller, ACR durch K&N, der Kauf von Exel durch DHL, von Bax Global durch Schenker, Frans Maas durch PWC oder die Kooperation von ABX mit CargoLine.
303 Vgl. dazu Klaus 1999, S. 53ff., sowie Bjelicic, S. 122ff.

französische Transportmarkt wies dabei im Vergleich zu Deutschland einige Spezifika auf. So bestand in Frankreich traditionell eine größere Trennung zwischen reinem Sammelgut und Direktfracht, nicht zuletzt deshalb, da es keinen offiziellen staatlichen Tarifschutz gab. Unter diesen Bedingungen zeigte sich schnell, dass für Sendungen über 500 Kilogramm die Sammelgutnetze zu teuer waren und nur mit direkten Haus-Haus-Leistungen ausreichende Margen erzielt werden konnten.[304] Diese Entwicklung brachte es mit sich, dass die französischen Spediteure ihr Sammelgut früher als in Deutschland in strukturierte Systeme einbanden. Der Markt für Kurier- und Expressgüter existierte in Frankreich zudem lange vor dem Erscheinen der US-Integrators in Europa. Das brachte eine Tendenz zu großen Speditionen mit sich, die über flächendeckende, integrierte Strukturen verfügten. So weit entwickelt die französischen Speditionen auf dem Heimatmarkt waren, so schwach strukturiert traten sie aber auf dem europäischen und internationalen Markt auf.[305]

Partnerprobleme

Dachser arbeitete in Frankreich zu diesem Zeitpunkt eng mit Mory zusammen, aber 1989 geriet das Unternehmen infolge von Auseinandersetzungen der beiden Inhaberfamilienstämme in die Krise. Mory wurde schließlich 1990 von der französischen Novalliance-Gruppe übernommen, ein ebenfalls im Logistikgeschäft tätiges Unternehmen.[306] »Die Frage, ob wir mit der Organisation Mory weiter zusammenarbeiten sollen oder können, lässt sich im Moment immer noch nicht schlüssig beantworten«, hieß es dazu in einer ausführlichen Aktennotiz der ZfA vom April 1990. »Was sich zur Zeit in der französischen Speditionsszene abspielt, ist ein Chaos mit fast täglich wechselnden Komponenten aus Zu- und Verkäufen, Gerüchten, Intrigen und Meinungsmanipulationen, wobei jeder mit jedem hinter dem Rücken jeweils anderer verhandelt, und dies betrifft nicht nur die Firmeneigner selbst, sondern auch die leitenden Angestellten. Unfreiwillig sind auch wir Teil dieses Spiels geworden,

---

304 Vgl. dazu Jean-Claude Stumpf (Generaldirektor der Heppner S. A.), »Nationale Stärke plus internationale Schwäche«, in: *DVZ* vom 29.11.1990, S. 25 f.
305 Vgl. dazu auch Bernhard Simon, »Unterschiede zu Deutschland in Mentalität und Abwicklung«, in: *DVZ* vom 8.5.1990, S. 20 f.
306 Vgl. dazu Aktennotiz Bicker vom 3.10.1989, in: ebd. Siehe auch Protokoll Geschäftsführung vom 12./13.9.1989 und vom 10./11.10.1989, in: ebd.

nachdem wir seit etwa einem halben Jahr verstärkt Sondierungsgespräche mit verschiedenen französischen Speditionsfirmen führen für den Fall, dass es mit Mory nicht mehr weitergeht, weil bis heute widersprüchliche Meldungen darüber vorliegen, welche Politik Novalliance als die neuen Dirigenten bei Mory verfolgen.«[307] Die Geschäftsführung hoffte auf eine Fortsetzung der Zusammenarbeit mit Mory, hielt sich aber die Option eines Partnerwechsels offen.[308]

Im September 1991 kündigte Mory dann aber plötzlich an, zusammen mit dem Dachser-Konkurrenten THL eine »Europa-Allianz« zu bilden. In Kempten reagierte man darauf sofort und unterschrieb nur zwei Monate später eine umfangreiche Speditionsvereinbarung mit Calberson, die die Grundlage für ein neues Partnerverhältnis im Europa-Geschäft bilden sollte.[309] »Calberson und Dachser«, so hieß es da, »offerieren in beiden Ländern eine flächendeckende, vernetzte Serviceleistung. Dies schließt sowohl Sammelgutdienste als auch Teilladungen und Komplettladungen ein. [Temperaturgeführte Lebensmittel waren davon aber ausgeschlossen]. Ziel unserer Bemühungen ist es, durch höchste Qualität, intensive Marketingaktivitäten und Effizienz unseren gemeinsamen Kunden eine optimierte Transportleistung zwischen Deutschland und Frankreich in beiden Richtungen anzubieten.«[310] Eine nähere Untersuchung der Netzstruktur bei dem neuen Partner zeigte allerdings, dass es erhebliche Unterschiede und damit potenzielle Schnittstellenprobleme beim Aufbau integrierter Netzleistungen gab. Calberson arbeitete mit circa 60 Niederlassungen in Frankreich, wobei die Netze für die beiden Sammelgutprodukte Stückgut Normal (Messagerie Standard) und Express teilweise getrennt bestanden. Dazu war in Kürze ein drittes Produkt im nationalen Bereich, ein Paketdienst, geplant.[311] Noch ehe man sich bei Dachser aber mit den Details der speditionellen Anbindung beider Partnernetze befasste, kam es auch bei Calberson zu internen Turbulenzen und umfangreichen Reorganisationsmaßnahmen, die schließlich dazu führten, dass das Unternehmen 1995 in der von französischer Bahn und Post neu gegründeten und kontrollier-

---

307 Aktennotiz Bicker vom 3.4.1990, in: ebd.
308 Ebd., S. 4, sowie auch zu den allerdings gleichfalls bestehenden potenziellen Risiken einer engeren Verbindung mit Calberson Aktennotiz Bicker vom 12.7.1990, in: ebd.
309 Die Vereinbarung in: Bestand Bicker.
310 Ebd.
311 Vgl. dazu Besuchsbericht bei Calberson vom 4.8.1992, in: ebd.

ten Geodis-Gruppe aufging. Die damit gleichzeitig von heute auf morgen erfolgte Kündigung des Partnerverhältnisses mit Dachser im September 1995 kam für die Kemptener zumindest zu diesem Zeitpunkt völlig überraschend. Plötzlich stand man auf dem wichtigen französischen Logistikmarkt ohne Partner da.

Die Vorgeschichte von Graveleau

In dieser Situation kam es gelegen, dass sich erste Kontakte zu Graveleau ergaben und zumindest für die Relation Paris-Aachen/Alsdorf eine Zusammenarbeit vereinbart wurde.[312] Seit Jahren schon speiste Graveleau über seine Deutschland-Niederlassung in Aachen als Kunde Güter in das Dachser-Netz ein. Dabei blieb es allerdings in der Folgezeit auch zunächst, obwohl man in der Dachser-Geschäftsführung schon damals konstatierte, dass Graveleau »von der Firmenphilosophie ein ähnlicher Netzspediteur [ist], der sehr gut zu Dachser passen würde«.[313] Das Unternehmen war 1928 von André Graveleau, zunächst vor allem als Personentransportfirma, im ländlichen La Verrie (Vendée, Pays de la Loire) gegründet worden. Erst in den 1960er Jahren kamen entsprechend der Wirtschaftsstruktur der Region Transporte für die ansässige Möbel- und Schuh- sowie Textilindustrie hinzu.[314] 1966, nach dem Tod Graveleaus, übernahmen seine vier Söhne das Unternehmen, gründeten eine GmbH (SARL) und begannen Anfang der 1970er Jahre mit dem Aufbau eines Stückgutverkehrsnetzes über eigene Niederlassungen. Im Vergleich zu Dachser war damit Graveleau gleichsam ein Späteinsteiger in das Transport- und Speditionsgeschäft, aber in der Folgezeit expandierte das Unternehmen sehr schnell. Die Umsätze kletterten von gerade einmal 1 Million FF (1966/67) bis Ende der 1980er Jahre auf über 600 Millionen FF; aus einer Handvoll Angestellten war gleichzeitig eine Belegschaft von knapp 1 400 Beschäftigten geworden. Mit dazu beigetragen hatte 1974 und 1979 der Kauf

---
312 Vgl. dazu Gesprächsprotokoll vom 3.11.1994, in: ebd.
313 Protokoll Mobile-Sitzung vom 29.9.1997, S. 4, in: Bestand Wecker.
314 Vgl. dazu und zum Folgenden Zeitzeugeninterview Rongeard sowie »20 ans, 1966–1986«, in: *Virages Spécial* vom September 1986 sowie »25 ans, 1966–1991«, in: *Virages Spécial. Journal d'Entreprise* vom September 1991 und *L' entreprise vendée* Nr. 74 vom September 1996, S. 2–6, mit einem ausführlichen Interview mit Joël Graveleau zur Unternehmensgeschichte.

zweier Speditionen (Express Transport Service/ETS und Transports Sonitram), mit denen die Graveleau-Brüder bestehende Lücken im nationalen Speditionsnetz schlossen.

Anders als Dachser war Graveleau dabei aber immer ein stark zentralistisch aufgebautes und geführtes Unternehmen, das sich zudem – außer einer Zweigfiliale in Italien – lange Zeit kaum für das europäische und internationale Geschäft interessierte. Bei Graveleau gab es daher schon seit jeher eine einzige zentrale Ergebnisrechnung, eine Umsatzzahl und eine Kostenstruktur. »Wir haben nicht getrennt, welcher Bereich und welche Niederlassung Umsatz machten und welche nicht, es gab keine Rückrechnung und den ganzen Ärger.«[315] Erst im Verlauf der 1980er Jahre, Graveleau war 1985 in eine Aktiengesellschaft umgewandelt worden, aber weiterhin in alleinigem Familienbesitz, wurden entsprechend der Konzentration auf die Schuh- und Textilindustrie-Kunden eigene Niederlassungen in Marokko (1984 und 1988) sowie Tunesien (1989) errichtet.[316] Anfang der 1990er Jahre erfolgte eine abermalige Umgründung beziehungsweise Umverteilung der Besitzstrukturen: Drei der Brüder stiegen aus, und Joël Graveleau hielt nun knapp 60 Prozent der Anteile. 20 Prozent lagen bei den vier familienfremden Graveleau-Geschäftsführern und 20 Prozent besaßen die drei Hausbanken des Unternehmens.[317] Mitte der 1990er Jahre unterhielt Graveleau schließlich 42 Niederlassungen und war damit in Frankreich flächendeckend tätig. Dazu kamen eigene Niederlassungen beziehungsweise Büros in Portugal, Belgien, England, Deutschland, Polen, Ungarn und Hongkong. Die Franzosen betrieben dabei eine klare Produktpolitik mit Markennamen wie Effipack (nationaler Sammelgutverkehr) oder Effistock (logistische Dienstleistungen und Lagerung). Ausgesprochen stark waren entsprechend den Veredelungstransporten mit Textilien und Schuhen die Verkehre mit Nordafrika ausgeprägt. Zu allen europäischen Hauptländern unterhielt man zudem tägliche Verbindungen in Form von Plattformverkehren. Die dabei transportierten Mengen,

---

315 Zeitzeugeninterview Rongeard.
316 Vgl. dazu auch »Transports Graveleau: Von Aachen aus in den deutschen Transportmarkt«, in: *DVZ* vom 18.12.1990, S. 17.
317 Die Neuordnung der Kapitalverhältnisse war mit der Gründung einer Holding, der SFG, verbunden, die 1996 in eine Aktiengesellschaft transformiert wurde. 75,49 Prozent der Anteile hielten dann die Familie, 16 Prozent die Banken und 8,51 Prozent Teile des Managements.

Schaubild 19: Umsatzentwicklung Transports Graveleau 1980 bis 1997 (in Mio FF)

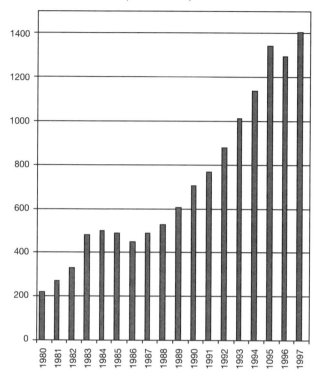

Quelle: Zusammengestellt nach den Angaben in den Rapports Annuels.

etwa auch nach Deutschland, waren allerdings vergleichsweise gering, das heißt, das europäische Geschäft war bisher kaum entwickelt worden. Im nationalen Bereich versuchte Graveleau, sich als Stückgutspezialist auch auf bestimmte hochpreisige Branchen zu konzentrieren. Neben der Modebranche waren das vor allem die Pharma- und die Kosmetikindustrie. Die Umsätze waren gleichzeitig inzwischen auf 1,4 Milliarden FF geklettert und die Belegschaft auf 2200 Mitarbeiter gestiegen.

Zu Jahresbeginn 1998 entschloss sich Joël Graveleau zum Verkauf seines Unternehmens, da seitens seiner Kinder kein Interesse an einer Übernahme der Unternehmensführung bestand.[318] Von Anfang an präferierten er und auch das obere Management einen Einstieg von Dachser. Auch in Kempten zeigte man sofort großes Interesse an dem »Wunsch-

---

318 Vgl. dazu Zeitzeugeninterview Graveleau am 13.10.2004.

partner«, aber man war, was die prognostizierte Entwicklung des Unternehmens anging, vorsichtig, und daher erschien der Dachser-Geschäftsführung der zunächst geforderte Kaufpreis als weit überhöht.[319] Seitens Dachser ermittelte man einen deutlich niedrigeren Unternehmens- und Kaufwert. Noch im Vorfeld der Gespräche hatte Dachser unter der Prämisse, Graveleau als Partner für Dachser in Frankreich zu gewinnen, einen intensiven Personalaustausch initiiert und dabei das Unternehmen auch von innen kennen gelernt. Die Erkenntnis daraus war, dass die Franzosen ähnliche Strukturen, Prozesse und auch eine ähnliche Kultur wie Dachser besaßen und damit gleichsam als »Dachser von Frankreich« bezeichnet werden konnten.[320] Geschäftsführung wie Verwaltungsrat waren sich denn auch darin einig, dass, wollte man das Entwicklungspotenzial von Graveleau in der Zukunft realisieren, die Identität des Unternehmens gewahrt und der Name Graveleau am Markt erhalten bleiben sollte. Auch ein Verbleib von Joël Graveleau in der operativen Führung des Unternehmens für mindestens ein Jahr erschien unabdingbar, das heißt, letztlich würde »die Führung von Graveleau aufgrund der französischen Mentalität nur mit viel Fingerspitzengefühl möglich sein«.[321] Allen war auch klar, »dass mit Graveleau die Europa-Lösung für Dachser geschaffen werden könnte. Selten war ein Partnerunternehmen so passend in der speditionellen Organisation und Datenverarbeitungskompetenz, und selten wusste man im Vorhinein so viel über ein anderes Unternehmen. Damit sind grundsätzliche Voraussetzungen für eine erfolgreiche Zusammenarbeit vorhanden.«[322] Tatsächlich hatte auch der nähere Einblick in die Zahlen bei Graveleau ergeben, dass die Franzosen, obwohl umsatzmäßig nur etwa ein Drittel so groß wie Dachser, eine solide finanzielle Basis besaßen und äußerst rentabel wirtschafteten.[323] Die Überlegung auf Seiten der Dachser-Geschäftsführung war daher, im Falle eines Fehlschlags der Gesamtübernahme sich wenigstens mit dem Erwerb von 51 Prozent der Anteile zu beteiligen.[324] So oder so würde der

---

319 Vgl. das umfangreiche Informations-Memorandum SFG vom Februar 1998 sowie Aktennotiz Haase vom 19.5.1998 und Aktennotiz Geys vom 8.6.1998, in: ebd.
320 Protokoll des Verwaltungsrats vom 29.6.1998, S. 5, in: Bestand Wecker.
321 Ebd.
322 Ebd., S. 6.
323 Vgl. dazu »Vergleich 1997 Dachser – Graveleau« im Anhang zum Protokoll des Verwaltungsrats vom 29.6.1998, in: ebd.
324 Ebd., S. 7.

Graveleau-Deal die bei weitem größte Akquisition in der Unternehmensgeschichte von Dachser sein.

Die Gespräche gestalteten sich in der Folgezeit nicht zuletzt aufgrund der weit auseinandergehenden Preisvorstellungen zäh, auch wenn die Verhandlungsgruppe von Dachser mit ihrer Betonung nicht-monetärer Faktoren (»Wir legten Wert auf die für einen Kauf notwendigen mentalen Gemeinsamkeiten der beiden Unternehmen«) für weiterhin durchaus freundliches Klima sorgten.[325] Das Management von Graveleau, so verkündeten die Kemptener dabei ihre Prämissen für den eventuellen Kauf, »muss gut und in der Lage sein, die Geschäfte selbstständig fortzuführen. Management und Herr Joël Graveleau müssen signalisieren, dass man mit Dachser zusammenarbeiten will und dass die Firma Graveleau bereit ist, sich zu einem europäischen Unternehmen zu entwickeln und mit uns gemeinsam ein europäisches Netz anzubieten. Wir wollen nicht, dass Graveleau seine Kultur ändern muss, genauso wenig wie wir unsere Kultur ändern werden. Die beiden Unternehmenskulturen müssen zusammenpassen.«[326] Dennoch versuchten die Franzosen zu pokern und signalisierten, dass es auch noch andere Kaufinteressenten gäbe und letztlich »ein gewisser Zeitdruck bestehe, den Kauf auf alle Fälle noch im laufenden Jahr abzuschließen«.[327]

Erfolg im zweiten Anlauf

Tatsächlich schien man sich noch im Sommer 1998 bei weiteren Gesprächen rasch näher zu kommen. Beide Seiten waren sich einig, dass auch in Zukunft gesichert sein müsse, »dass die leitenden Mitarbeiter am Unternehmen beteiligt sein könnten«. Im Gegenzug wäre das gesamte Management Graveleaus bereit, sich nach einem Eigentümerwechsel voll für das Unternehmen zu engagieren. Dachser wolle »auf keinen Fall Graveleau dominieren und die deutsche Kultur überstülpen«. Vielmehr solle Graveleau in einer relativen Eigenständigkeit als Schwesterunternehmen geführt werden.[328] Es müsse jedoch gewährleistet sein, dass insbesondere über das Controlling Einfluss ausgeübt werden könne.

---

325 Verhandlungs- bzw. Gesprächsprotokoll vom 6.7.1998, in: Bestand Wecker.
326 Ebd.
327 Ebd.
328 Gesprächs- bzw. Verhandlungsprotokoll vom 27.7.1998, in: ebd.

Auch müsse durch gemeinsame Gremien sichergestellt werden, eine europäische Gesamtpolitik, die gleichermaßen für Dachser und Graveleau gelten würde, vorzugeben. In der Folge wurden bereits auch Formen der künftigen Einbindung von Joël Graveleau in das Gesamtunternehmen etwa als Mitglied des Dachser-Verwaltungsrats diskutiert, und abschließend stellten beide Seiten übereinstimmend fest, »dass auf der gesamten Management-Ebene beider Unternehmen ein großes Einverständnis und Vertrauen für die Zukunftsstrategie in der Zusammenführung beider Unternehmen [besteht]«.[329] Noch im Herbst reisten Dachser-Manager zu einer eingehenden Besichtigung einer Reihe von Graveleau-Niederlassungen nach Frankreich und kamen mit ausgesprochen positiven Eindrücken zurück, wobei »in allen Fällen eine starke Orientierung der Führungskräfte auf die Zentrale und dort in Person von Joël Graveleau bemerkbar [war]«.[330] Auf einer außerordentlichen Verwaltungsratssitzung wurden schließlich noch einmal alle Vorteile und Risiken einer Beteiligung beziehungsweise eines Kaufs von Graveleau abgewogen. Man war sich bewusst, dass es trotz aller Gemeinsamkeiten auch erhebliche Unterschiede in der Organisation der speditionellen Abläufe gab und bei Graveleau vor allem auch noch keine Integration in ein euronationales Geschäft existierte. Dennoch herrschte die Überzeugung, dass »wenn Dachser die Integration mit Graveleau schafft, wir allen andern in Europa überlegen [sind]«.[331] Auch in der Geschäftsführung war die Stimmung angesichts dieser einmaligen Chance »fast schon euphorisch«[332], und so erteilte der Verwaltungsrat schließlich das Mandat, in konkrete Kaufverhandlungen einzusteigen.

Ende Oktober 1998 informierte Joël Graveleau jedoch Dachser unvermittelt, dass man sich unter anderem aus finanziellen Gründen für einen institutionellen Investor als zukünftigen Großanteilseigner entschieden habe. Mit ausschlaggebend dafür war, dass die Franzosen glaubten, durch die neue Lösung doch noch unabhängig bleiben zu können und ihre eigene Geschäftspolitik fortsetzen könnten, auch wenn der Investor plante, das Unternehmen in fünf bis sieben Jahren an die Börse zu bringen. Noch ehe sich die Dachser-Geschäftsführung von dem Schock

---
329 Ebd.
330 Protokoll der Besuchsreise vom 25.9.1998, in: ebd.
331 Protokoll Verwaltungsrat vom 30.9.1998, S. 4, in: ebd.
332 Ebd.

des plötzlichen Verhandlungsabbruchs erholt hatte, kamen bereits Ende Dezember 1998 aus Frankreich wieder Signale zur Wiederaufnahme der Kontakte. Die Gespräche mit dem Investor waren gescheitert, und nur wenige Tage später saßen die Verhandlungsdelegationen von Dachser und Graveleau wieder an einem Tisch. Beide Seiten wurden sich nun schnell einig.[333] Vereinbart wurde ein schrittweiser Einstieg von Dachser mit zunächst 70 Prozent Anteilsübernahme, dann zweieinhalb Jahre später weiterer 25 Prozent sowie schließlich nach drei bis vier Jahren, das heißt im Jahr 2002, der Erwerb der restlichen 5 Prozent, die die Graveleau-Führungskräfte hielten. Joël Graveleau blieb auf ausdrücklichen Wunsch von Dachser zunächst weiter im Unternehmen und führte die operativen Geschäfte fort, um dadurch – das war die große (und letztlich nicht unberechtigte) Sorge der Kemptener, einem Motivationsverlust des Graveleau-Managements entgegenzuwirken. Am 29. April 1999 gaben die Geschäftsführungen von Dachser und Graveleau auf einer Pressekonferenz die rückwirkend zum 1. Januar vollzogene »Ehe« der Öffentlichkeit bekannt.

Mit dem Kauf der 70 Prozent des Aktienkapitals von Graveleau kam Dachser seinem Ziel, das leistungsstärkste paneuropäische Logistiknetzwerk aufzubauen, einen großen Schritt näher. »Was es im deutschfranzösischen Wirtschaftsverkehr bisher noch nicht gegeben hat, wird durch die Verschmelzung der physischen und informatorischen Netze von Transports Graveleau und Dachser möglich: die vollständige Verknüpfung von Waren- und Informationsfluss und damit die Eliminierung von Schnittstellen«, hieß es dazu in der Pressemitteilung.[334]

In der Folgezeit machte sich das Management beider Seiten daran, die trotz ähnlichem Qualitätsverständnis und gleichlautender Firmenphilosophie als Familienunternehmen gewaltige Herausforderung des operativen und unternehmenskulturellen Zusammenwachsens zu bewältigen. Zunächst stand die Integration der beiden logistischen Netze und hier insbesondere auf Seiten von Dachser die Neuausrichtung der grenznahen Niederlassungen im Mittelpunkt. Hatten früher die Dachser-Niederlassungen Saarbrücken, Karlsruhe und Freiburg intensiv auch im

---

333 Vgl. Protokoll Geschäftsführung vom 12.1.1999 sowie Brief Wecker an Graveleau vom 13.1.1999, in: ebd.
334 Vgl. dazu auch *Dachser aktuell* Jg. 1999, H. 2/3, S. 3.

*Bild 20: Pressekonferenz am 29. April 1999 in Paris.
V. l. n. r.: Roger Martin, Joël Graveleau, Bernhard Simon, Dieter Frieß*

Elsass auf französischer Seite Kunden akquiriert, so sahen sich diese nun Graveleau-Niederlassungen in Metz, Nancy, Straßburg und Mühlhausen gegenüber, die den gleichen Markt bearbeiteten. Das Netz musste hier entzerrt werden. Ein Dachser-Manager wurde gleichzeitig als »Transformationsriemen« in das Geschäftsführungsgremium von Graveleau nach La Verrie geschickt. Tatsächlich fielen die Halbjahresergebnisse 1999 der Franzosen mit deutlichen Gewinnsteigerungen gegenüber dem Vorjahr vielversprechend aus, insbesondere in den Exportverkehren von Deutschland nach Frankreich gab es rasch gewaltige Zuwächse, die bis in die Gegenwart anhalten sollten. Gleichzeitig zeichneten sich aber auch die ersten größeren Probleme ab. Die Umsätze bei den Verkehren von Frankreich nach Deutschland, die weiterhin der Kontrolle von Graveleau unterlagen, brachen drastisch ein. Ein großes Problem stellte vor allem der Unterschied zwischen der zentralen und dezentralen Organisation der beiden Unternehmen dar. Die deutschen Niederlassungen waren es gewohnt, direkt und dezentral mit den jeweils Betroffenen Detailprobleme selbst zu klären und unbürokratisch Entscheidungen zu treffen; bei Graveleau musste jedoch nach wie vor alles über La Verrie laufen.[335]

---

[335] »Ich weiß«, so wandte sich Wecker Ende Juli 1999 dazu in einem Rundschreiben an die Niederlassungsleiter, »dass Sie die zentrale Servicestelle bei Graveleau für organisatorisch

Wie groß die nicht nur rein sprachlichen Verständigungsschwierigkeiten waren, zeigte sich nach einer ersten gemeinsamen Strategietagung im Herbst 1999, bei der letztlich die nach wie vor bestehenden Divergenzen in der strategischen Ausrichtung sowie die unterschiedlichen Führungsstile deutlich zum Vorschein gekommen waren.[336] Höchst besorgniserregend aber war aus Sicht der Dachser-Manager vor allem, dass auch innerhalb der Graveleau-Belegschaft Unmut aufkam. Die anfangs positive Stimmung drohte zu kippen.[337]

Schwieriges Synergiemanagement

Das Hauptproblem war, dass infolge des anhaltend starken Wachstums an Eingangssendungen bei Graveleau die Organisationsstrukturen und Netzkapazitäten der Franzosen überlastet waren. Je weiter die Umsätze stiegen und je mehr von Seiten Dachsers in das französische Netz eingespeist wurde, desto rascher stürzten dadurch die Ergebnisse von Graveleau in den Keller. Qualität und Rentabilität der »Schwesterfirma« verschlechterten sich dramatisch. Der tatsächlich erzielte Gewinn im Jahr 1999 lag weit unter den Erwartungen, und auch das Geschäftsjahr 2000 von Graveleau fiel aus Dachser-Sicht enttäuschend aus.[338] Bei näherem Hinsehen zeigte sich allerdings, dass der Gewinneinbruch nicht Graveleau allein betraf, sondern die gesamte Branche erfasste. 1999/2000 waren Boomjahre in der französischen Transportlogistik bei gleichzeitig steigenden Treibstoffpreisen, der Einführung der 35-Stundenwoche und in der Folge all dessen ein sich dramatisch verknappender Fuhrunternehmermarkt. Auch die Konkurrenten von Graveleau hatten Probleme, bei rasch steigenden Mengen die Kapazitäten zur Verfügung zu stellen und dabei aber die Kosten im Griff zu behalten.

In der zweiten Hälfte des Jahres 2001 zeichnete sich jedoch sowohl stimmungsmäßig wie organisatorisch und finanziell eine ebenso plötzli-

---

falsch halten und es Ihnen lieber wäre, sich dezentral an die einzelnen betroffenen Graveleau-Häuser zu wenden. Bitte nehmen Sie zur Kenntnis, dass sich kurz-, mittel- und evtl. auch langfristig an der zentralen Organisation von unserer Schwesterfirma nichts ändern wird ...«. Rundschreiben vom 25.7.1999, in: Bestand Wecker.
336 Protokoll Geschäftsführung vom 5.10.1999, in: ebd.
337 Vgl. dazu vor allem Protokoll Geschäftsführung (mit Joël Graveleau) vom 6.7.1999, S. 4f., in: ebd.
338 Vgl. Schreiben Frieß an Martin vom 14.12.2000, in: Bestand Wecker.

che wie deutliche Wende ab. Erstens konnte zum 1. Juli die anstehende Nachfolgefrage des nun wie geplant ganz aus dem Unternehmen ausscheidenden Joël Graveleau gelöst werden. Mit Philippe Tardieu wurde ein erfahrener Logistik-Manager gewonnen, der seit über 20 Jahren zuerst beim französischen Speditionsunternehmen Ziegler, dann bei Danzas France in leitender Position tätig gewesen war. Was die Integrationsprobleme des Dachser- und Graveleau-Netzes anging, so zeichnete sich, zweitens, eine Lösung infolge der Einrichtung eines »Euro-Hubs« mit Standort in Saarbrücken ab. Es war offensichtlich, dass im Rahmen der Entwicklung einer flächendeckenden bilateralen Speditionsvernetzung neue länderübergreifende Konzepte notwendig wurden. Zur Optimierung der Verkehrsströme in zentraleuropäischer Lage wurde daher die Errichtung eines Umschlagzentrums geplant, das die Abgangs- und Empfangsstation in den einzelnen Ländern, insbesondere in Deutschland und Frankreich nach dem System »Nabe-Speiche« (hub and spoke) verband.[339] Drittens und vor allem aber griffen die inzwischen eingeleiteten Maßnahmen zur Einhaltung des Gleichgewichts zwischen Kapazitäten und Kosten und führten zu einer regelrechten Ergebnisexplosion bei Graveleau.[340] Obwohl man in La Verrie noch allenthalben mit der Aufhebung der traditionell strengen Trennung von national/international zu kämpfen hatte (»Dies ist für Graveleau eine große Revolution«)[341], kletterten Umsatz und Gewinn deutlich. Graveleau war, so konstatierte die Dachser-Geschäftsführung im November 2001, »derzeit der am besten positionierte Logistik-Dienstleister in Frankreich und der einzige mit Gewinn«.[342] Auch in den Folgejahren zeigte sich bei Graveleau ein rasantes Wachstumstempo bei gleichzeitig hoher Ertragsstärke. Bis 2005 kletterten die Umsätze auf 420 Millionen Euro, der operative Gewinn stieg auf 16,6 Millionen Euro (2004), was in den sechs Jahren mit Dachser jeweils eine Verdoppelung bedeutete.[343] Die Franzosen, obwohl nur

---

339 Zur Präsentation der Euro-Hub-Konzeption vgl. ausführlich Protokoll Geschäftsführung vom 20.9.2000, S. 8ff. und Anhang, sowie vom 11.10.2000, S. 5ff., in: Bestand Wecker.
340 Protokoll Verwaltungsrat vom 22.10.2001, in: ebd.
341 So Tardieu auf einer Besprechung mit der Dachser-Geschäftsführung am 12. November 2001.
342 Protokoll Geschäftsführung vom 12.11.2001, S. 4, sowie auch vom 10.12.2001, S. 6ff., in: ebd.
343 Vgl. Transports Graveleau, *Rapport Annuel* 2003, 2004 und 2005.

Bild 21: Die Teilnehmer der Management-Tagung in Straßburg im Frühjahr 2000

ein Drittel so groß wie der Mutterkonzern, erwirtschafteten damit im Jahr 2001 einen überproportionalen Anteil der Ergebnisse der gesamten Dachser-Gruppe. Mit ein Grund dafür war der hohe Anteil von renditestarken Spezialgeschäften, insbesondere im Textilsektor. Zwar hinterließ in den Folgejahren vor allem auch der inzwischen auf dem französischen Speditions- und Logistikmarkt ausgebrochene erbitterte Preiskampf seine Spuren in den Graveleau-Zahlen. Dazu kamen erhebliche Aufwendungen für Investitionen. Der Aufbau der neuen, euronationalen Netzstrukturen war mit strukturellen Änderungen in den Management- und Informationssystemen von Graveleau verbunden, die Kostenrechnung wurde angepasst und im IT-Bereich Erweiterungen um Speditions-, Kunden- und Partneranwendungen vorgenommen. Das nationale Netz wurde gezielt ausgebaut. Seit 1999 waren 16 neue Inlandsniederlassungen eröffnet, eine Reihe erweitert oder modernisiert worden. Zwei kleine Konkurrenten, Transports Vertusiens und Transports Herbin, wurden übernommen, um die Logistikkompetenzen und -kapazitäten im allgemeinen Ladungsgeschäft sowie im Bereich Branchenlogistik (Wein) zu verstärken. In Portugal und Tunesien wurden neue Auslandsniederlassungen gegründet. Dass es nach wie vor Abstimmungs- und Koordinationsprobleme bei der Netzpolitik und -strategie mit Dachser gab, gehörte zur Normalität auf dem gemeinsamen Weg zum euronationalen und paneuropäischen Logistik-Marktführer.

Am Ende gelang es in erstaunlich kurzer Zeit, die Produktionsbedingungen im Gesamtnetz zu homogenisieren und die Einführung neuer Produkte auf einem gemeinsamen Leistungs- und Qualitätsstandard zu schaffen. Auch wenn der Prozess des Zusammenwachsens von Graveleau und Dachser sowie die Integration der Franzosen in die Gesamtorganisation auch sieben Jahre nach der Fusion noch immer im Gange ist, so erfolgt die gemeinsame Bewältigung der anstehenden Herausforderungen letztlich auf der Basis einer partnerschaftlichen Managementstruktur und -kultur, die sich in dieser Form wohl nur aus der Verbindung der Wertetraditionen zweier Familienunternehmen entwickeln konnte. Weit mehr als alle Maßnahmen des interkulturellen Integrationsmanagements signalisierte und vermittelte dabei eine symbolische Geste auf der Management-Tagung im März 2000 in Straßburg, als erstmals alle Führungskräfte beider Unternehmen sowie auch alle Mitglieder der Gesellschafterfamilien zusammenkamen, das im Gesamtunternehmen herrschende familiär geprägte Ge-

Bild 22: Symbolik der Verbundenheit: v. l.n. r.: Annemarie Simon, Joël Graveleau, Prof. Christa Rohde-Dachser

meinschaftsgefühl. Jeder der insgesamt 121 Teilnehmer erhielt dabei zum Abschluss der Tagung von der Dachser-Hauptgesellschafterin Annemarie Simon einen Umschlag mit einem silbernen »D« für die Dachser-Delegation oder einem »G« für die Graveleau-Delegation, auf dem jeweils der Name des Teilnehmers eingeprägt war. Jeder dieser kleinen Buchstaben wurde von den Teilnehmern dann in gemischter Folge zu einer großen Kette zusammengeführt, deren Endglieder – das »D« von Christa Rohde-Dachser und das »G« von Joël Graveleau, an einer großen Medaille befestigt wurden. Diese Medaille zeigte nicht nur eine Weltkarte, auf der mit kleinen Rubinen La Verrie und Kempten gekennzeichnet sind, sondern auf ihr sind auch alle Gesellschafter seit Thomas Dachser namentlich genannt. Unter lebhaftem Beifall der Teilnehmer wurde diese Kette dann von Annemarie Simon und Christa Rohde-Dachser Joël Graveleau umgehängt. Und so hat man denn auch bei Graveleau inzwischen kein Problem, sich mittel- und langfristig auch optisch, das heißt im Signet, immer enger an Dachser anzuschließen. »Transports Graveleau. Dachser Group.« lautet heute das neue Logo.

Weitere Akquisitionen und Ausbau des Europanetzes

Das Prinzip der Verbindung mit Familienunternehmen und damit dem Aufbau gleichsam eines »network of family business« prägte auch die weitere Expansion des europäischen Netzes von Dachser. Bereits vor dem Graveleau-Deal hatte Dachser durch den Zukauf beziehungsweise die mehrheitliche Beteiligung an einem anderen Familienunternehmen sein transnationales Logistiknetz entscheidend in Richtung Osteuropa erweitert. Rückwirkend zum 1. Januar 1999 wurde in Ungarn die Liegl & Dachser Logistik Kft mit einem Stammkapital von 3 Millionen Forint beziehungsweise 23 000 DM gegründet, wobei Dachser 50 Prozent der Gesellschaftsanteile hielt. Joint-Venture-Partner war die Speditionsfirma Liegl, die von Engelbert Liegl von Österreich aus in kurzer Zeit seit der Gründung im Jahr 1991 zu einem der führenden Speditionsbetriebe in Ungarn gemacht worden war. Seit der Öffnung der Grenzen boomte der ungarische Transportmarkt mit jährlichen Steigerungsraten von 60 bis 70 Prozent, und Liegl wickelte nicht nur das gesamte nationale Ungarn-Geschäft des Elektronikkonzerns Sony ab, sondern dominierte auch das Transportgeschäft mit dem Lampenkonzern Tungsram.[344] Drei Jahre später erfolgte der Kauf der unter dem Namen Euronet firmierenden Stückgut- und Ladungssparte des österreichischen Speditionsunternehmens Max Schachinger GmbH & Co. Zwischen Dachser und Schachinger bestanden langjährige und enge Partnerbeziehungen. Bereits 1963 hatte Thomas Dachser mit Max Schachinger die Intensivierung der Verkehre zwischen Deutschland und Österreich in Angriff genommen, und seitdem war das Transportaufkommen zwischen den Dachser-Filialen und Schachingers Niederlassungen in Linz und Wien, später dann auch in Salzburg, Graz und

---

344 Liegl & Dachser fungierte in der Folgezeit auch als Basis für eine weitere Expansion auf dem osteuropäischen Transportmarkt. Im Oktober 2004 wurden durch Liegl & Dachser 80 Prozent des slowakischen Speditionsunternehmens Lindbergh erworben, mit der Option auf eine spätere Gesamtübernahme. Lindbergh zählt zu den führenden Logistikern im slowakischen Markt und verfügt über eine flächendeckende Verteilerstruktur an vier eigenen Standorten. Das Unternehmen sollte zukünftig unter dem Namen Lindbergh & Dachser firmieren. Mitte März 2006 übernahm Dachser 80 Prozent des tschechischen Logistikers E. S. T., der über ein flächendeckendes Netz, auch für temperaturgeführte Transporte, in Tschechien verfügt. Zudem ermöglicht das Luft- und Seefrachtbüro in Prag die Anbindung des tschechischen Landverkehrsnetzes an weltweite Märkte. Das Unternehmen firmiert seit dem 1.7.2006 unter dem Namen Dachser E. S. T. a. s.

Klagenfurt, rasant gewachsen.[345] Dachser hatte ungeachtet dessen Anfang der 1990er Jahre in Lautrach/Bregenz eine eigene Auslandsniederlassung gegründet, in der Folgezeit euronational ausgerichtet und integriert. Mit dem EU-Beitritt Österreichs 1995 waren jedoch vielfach neue Markt- und Konkurrenzbedingungen entstanden, und vor allem Schachinger suchte seitdem einen engeren Schulterschluss mit Dachser. Die Österreicher befanden sich noch am Anfang der Metamorphose vom Frachtführer über den Spediteur zum modernen Logistik-Dienstleister. Schachinger war allerdings auf dem Markt gut positioniert, der Name hatte einen hohen Bekanntheitsgrad und man besaß vor allem auch eine von Dachser geprägte Systemgut-Philosophie. Trotz bestehender Verluste besaß Schachingers Netzgeschäft damit für Dachser einen erheblichen strategischen Wert.[346] Am 24. Januar 2003 unterzeichneten Dachser und Schachinger schließlich den Kaufvertrag, und nach umfassenden Restrukturierungsmaßnahmen wurden die ehemaligen Schachinger-Niederlassungen zum 1. Juli 2004 schließlich als »Dachser Austria« integraler Bestandteil des europäischen Netzwerkes.

Ein weiterer Coup beim Ausbau der unternehmenseigenen Netzstrukturen in Europa erfolgte im Frühjahr 2005 mit der Übernahme des dänischen Logistikunternehmens Haugsted. In Skandinavien war Dachser mit seinem Tochterunternehmen Gregers Larsen beziehungsweise Larsen & Dachser A/S Kopenhagen seit langem speditionell präsent, allerdings war Larsen nahezu ein reiner Chemiespediteur, der kaum Stückgutverkehre abwickelte. In Schweden hatte man zudem kaum einen Fuß in den Speditionsmarkt setzen können, da dieser traditionell von Großkonzernen wie Bilspedition beherrscht wurde. Man arbeitete schließlich mit dem kleinen Unternehmen Transport Konsulten Gruppen als Partner zusammen, in Norwegen mit der Nor-Cargo A/S, beides konzernunabhängige Privatunternehmen. Eine erste Option, ganz Skandinavien intensiv logistisch abzudecken, hatte sich dabei schon im Frühjahr 1998 ergeben, als die Unternehmensführung des dänischen Logistikkonzerns DFDS Transport A/S, mit 5 100 Mitarbeitern und einem Gesamtumsatz von umgerechnet 2,4 Milliarden DM einer der Big Player im europäischen Logistikgeschäft und damals auch noch mehrheitlich in Familienbesitz, bei Dachser be-

---

345 Vgl. dazu und zum Folgenden Bestand Frieß, Ordner Schachinger.
346 Protokoll Verwaltungsrat vom 1.7.2002, S. 12, in: Bestand Wecker.

Schaubild 20: Dachser-Europanetz 2005

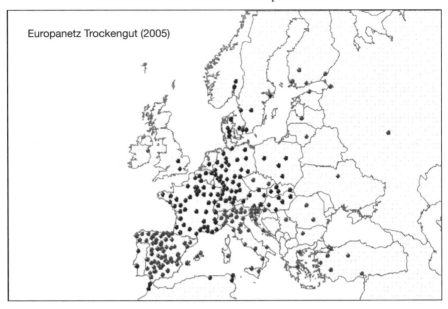

züglich einer engeren Kooperation anfragte.[347] Vor dem Hintergrund der gleichzeitigen Verhandlungen mit Graveleau, denen Dachser von Anfang an die größere Priorität einräumte, wurden die Gespräche aber nicht weitergeführt. Im Oktober 2004 nun aber ergab sich nach entsprechenden Verkaufsankündigungen des dänischen Managements die Chance zur Übernahme von Haugsted. Das 1887 gegründete Traditionsunternehmen beschäftigte 238 Mitarbeiter, die einen Umsatz von 70 Millionen Euro erwirtschafteten, der größte Teil davon mit europäischen Sammelgutverkehren, vereinzelt aber auch mit Warehousing sowie eigenen Luft- und Seefrachtaktivitäten. Der Kauf ermöglichte Dachser auf einen Schlag eine einheitliche strategische Skandinavienlösung, denn mit drei Standorten in Dänemark, vier in Schweden und einer Niederlassung in Norwegen verfügte Haugsted – auch nachdem man sich noch 2002 beziehungsweise 2004 durch den Kauf von Transport Konsulten verstärkt hatte – über ein vergleichsweise dichtes »Skandinaviennetz«.[348]

---

347 Vgl. Protokoll Geschäftsführung vom 3.3.1998, S. 2 ff., und vom 5.5.1998, S. 6, in: ebd.
348 Vgl. dazu Protokoll Verwaltungsrat vom 25.10.2004, S. 9 f., sowie Protokoll Management-Tagung vom März 2005, in: Bestand Wecker.

Innerhalb von nicht einmal zehn Jahren hatte Dachser in Europa eine dichte physische Präsenz als Anbieter von Europalogistik erreicht. Die 1996 auf der Management-Tagung entworfene Vision, bis zum Jahr 2003 der leistungsstärkste paneuropäische Logistik-Dienstleister mit größter physischer Leistung und stärkster IT-Kompetenz zu werden, war damit tatsächlich verwirklicht worden. Wie radikal sich die organisatorischen Abläufe verändert hatten, zeigt sich nicht zuletzt an der Entwicklung der Umsatzstruktur. Das euronationale Trockengut-Geschäft, das 1995 erst 14 Prozent des Gesamtumsatzes betrug, kletterte bis 2004 auf fast 40 Prozent. Das Europanetz von Dachser »stand«, wenn auch noch mit kleinen weißen Flecken etwa in Großbritannien. Die vordringliche Aufgabe der Netzpolitik war aber, neben der geografischen Expansion zunächst und vor allem die speditionellen und logistischen Abläufe und Prozesse neu zu organisieren, das heißt eine möglichst optimale Steuerung von Warendurchflüssen, Kapazitätsauslastung und damit Rentabilität zu entwickeln und zu gewährleisten. Der Schlüssel dazu lag in der weiteren Entwicklung und Implementierung der Informations- und Kommunikationstechnologie.

Kapitel 2
»Intelligente Logistik«: Die informationslogistische Metamorphose von Dachser

Mit Macht hatte die Dachser-Geschäftsführung inzwischen die weitere informations- und kommunikationstechnische Durchdringung der Prozesse und Abläufe im Unternehmen vorangetrieben. Längst war klar, dass die EDV die Voraussetzung für die Entwicklung des Speditionswesens hin zur Logistik war. Die moderne Datenverarbeitung, die in der Speditionsbranche lange Zeit nur zur innerbetrieblichen Rationalisierung der Verwaltungsarbeit eingesetzt wurde, hatte im Gefolge der veränderten Kundenbedürfnisse und Marktstrukturen seit Mitte der 1980er Jahre einen zentralen Stellenwert in der Entwicklung computergestützter Identifikations- und Steuerungssysteme im Warenfluss erhalten. Die informatorischen Austauschprozesse gewannen gewaltig. Das Bedürfnis der verladenden Wirtschaft, den Warenfluss quantitativ wie qualitativ neu zu organisieren, erforderte speditionelle und logistische Leistungen, die im Datenzentrum des versendenden Kunden begannen und im Rechnungswesen des Empfängers endeten.[349] Die Integration der Daten aus Bestandsmanagement, Lagerbewirtschaftung, Auftragsabwicklung und Transport ermöglichte ein Bündel von Zusatzleistungen, die nur mit Hilfe moderner Informationstechnologie erbracht werden konnten. Hatten früher die Investitionen in einen modernen und leistungsfähigen Fuhrpark im Mittelpunkt der Speditionen gestanden, so rückten nun in den sich zu Logistik-Dienstleistern entwickelnden Unternehmen die Datenverarbeitungs- und IT-Investitionen mehr und mehr in den Vordergrund. Der mit den Transportketten verbundene Datenstrom umfasste dabei nicht nur begleitende Informationen wie Ladeliste, Frachtbriefe, Gefahrgutinformationen, später auch Barcode-Informationen und Statusmeldungen über den Zustand der beförderten Güter, sondern vor allem auch vorauseilende Informationen wie Auftragsdaten sowie Mengen

---

349 Vgl. dazu auch Matis/Siefel, S. 240f., und Aberle 2000, S. 527ff.

und Arten der abgefertigten Sendungen.³⁵⁰ Der permanente und schnelle Austausch dieser Informationen zwischen den Ausgangs- und Eingangshäusern wie auch mittels DFÜ erforderte eine neue Qualität der Netzstrukturen im Sinne einer qualitativen Unterfütterung durch ein Informations- und Kommunikationsnetzwerk. Die vollkommene EDV-Überwachung des gesamten speditionellen Systems und ein einheitliches Abwicklungs- und Verkehrskonzept in allen Niederlassungen gingen dabei Hand in Hand. Ein zentrales Problem dabei war allerdings, das Schnittstellenproblem unterschiedlicher Softwarelösungen und Computersysteme zwischen Dachser und seinen Kunden zu bewältigen. Die mit der Informationslogistik einhergehende Transparenz des Warenflusses ermöglichte gleichzeitig die Durchsetzung ganz neuer Dimensionen von Qualitätsstandards. Der EDV- und IT-Einsatz wurde damit zu einem zentralen Bestandteil des auf Optimierung der Leistung und gleichzeitig kostengünstiger Prozessbeherrschung ausgerichteten »Netzwerk-Managements«.

Auf der Suche nach einer neuen Speditionssoftware

Dachser hatte zu Beginn der zweiten Hälfte der 1980er Jahre bereits eine erhebliche Strecke auf dem Weg zur kommunikations- und informationstechnisch basierten Speditionsorganisation zurückgelegt. »Der Leistungsbereich Kommunikation und Logistik«, so verkündete man 1988 stolz, »steht bei Dachser zum einen für Service zur Ergänzung des speditionellen Leistungsangebotes, das heißt Integration von Informationen des Kunden in das Informationsnetz von Dachser und Integration traditioneller Speditionsleistungen in logistische Gesamtlösungen für den Kunden; zum anderen als Element, unternehmensinterne Abläufe zu gestalten und zu verbessern.«³⁵¹ Aber das Dachser-System von Datenverarbeitung und DFÜ wies nach wie vor Schwachstellen auf, unter anderem fehlte weitgehend eine Integration zwischen den Bereichen Luftfracht, Ausland und Inlandsanwendungen.³⁵² Vor allem aber stand man 1988 nach der Entscheidung

---

350 Vgl. ebd., S. 527.
351 Imagebroschüre von 1988, S. 7. Vgl. dazu auch Bicker, S. 337 ff.
352 Vgl. Protokoll der Niederlassungsleiter-Tagung vom 21./22.3.1984, S. 3 ff. und vom 27./28.2.1986, S. 11 ff. Dort wurde auch ein Anwendungsrückstau, d. h. der Zeitpunkt, bis zu dem alle bekannten Anforderungen an das DV-System bei Dachser erfüllt werden könnten, von sieben bis zehn Jahren konstatiert.

für das IBM AS/400-System vor der alles entscheidenden Frage, wie man zu einer neuen Speditionssoftware kommen konnte. Auf der IBM-Hardware liefen die Nixdorf-Programme nicht, und so begann die Suche nach einer Standardsoftware. Als man in der Niederlassung Neuss probeweise ein entsprechendes Programm der Firma RGL einführte, zeigte sich sehr schnell, dass die Software unzuverlässig war und an die Bedürfnisse von Dachser nicht angepasst werden konnte. Für die Verantwortlichen in der Hauptniederlassung war damit klar, dass man anders als die Branchenkonkurrenten einen eigenen Weg einschlagen musste und eine Eigenentwicklung unumgänglich erschien. Wollte man die Datenverarbeitung tatsächlich zum Bestandteil neuer Dachser-Dienstleistungen machen und sich Wettbewerbsvorteile verschaffen, so war ein großer innovativer Wurf eines Datenverarbeitungs-Gesamtkonzeptes notwendig, dessen erfolgreiche Realisierung mit Hilfe einer selbst entwickelten Software allerdings ebenso ungewiss und riskant erschien, wie kurz zuvor die Entscheidung für die Hardware.

Im Sommer 1988 wurde ein großes Softwareprojekt gestartet, dem neben Speditionsfachleuten und IT-Mitarbeitern von Dachser auch Berater von IBM sowie den Softwarefirmen RGL und TSP angehörten. Auf der Suche nach einem markanten Namen zur internen Identifikation, aber auch zur Repräsentation gegenüber den Kunden und Partnern wurde man schließlich fündig: DOMINO.[353] Eine ganze Reihe positiver Assoziationsketten ließen sich mit dem neuen Namen verbinden, von »Überlegenheit« über »modularer Aufbau« bis »spielend leichte Anwendung«.[354] In den folgenden drei Jahren mussten zahlreiche Schwierigkeiten überwunden werden. Für das ganze Spektrum des Speditionsbetriebs mussten neue Definitionen erarbeitet und Anwendungen programmiert werden. Immer wieder stand das ganze Projekt auf der Kippe, da man ohne unternehmerische Erfahrung in diesem Bereich sich an die Entwicklung eines eigenen Softwareprogramms erst herantasten und mühevoll IT-Kompetenzen aufbauen musste. Parallel zu DOMINO wurde zudem eine Datenaustauschzentrale entwickelt sowie auch noch ein neues Buchhaltungssystem IBS gekauft und an die Belange von Dachser angepasst. Im Sommer 1990 machte sich schließlich ein Umstellungsteam daran, die neue Software in der Nieder-

---

353 Vgl. dazu Aktennotiz Oberhofer vom 12.7.1988, in: Bestand Frieß.
354 Ebd.

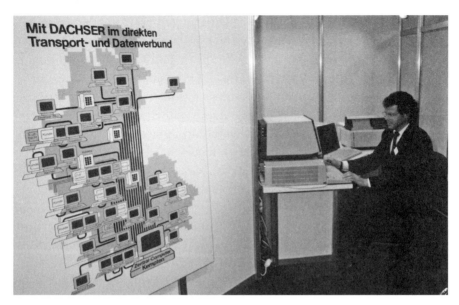

Bild 23: Präsentation des Transport- und Datenverbundes

lassung Memmingen erstmals in der Praxis zu erproben. Die notwendige IT-Infrastruktur wurde installiert, aber ehe die Probephase starten konnte, musste man einen herben Rückschlag hinnehmen. Ein Brand in der Niederlassung Mitte November zerstörte das AS/400-System. So kam es, dass der mit Spannung erwartete eigentliche Umstellungstag erst auf den 3. Juni 1991 festgelegt werden konnte. »Alles lief planmäßig«, so erinnerte sich erleichtert später einer der beteiligten IT-Experten von Dachser. »Die Damen in der Auftragserfassung wurden pünktlich fertig, keine Verzögerung in der Abfertigung, die LKW kamen pünktlich vom Hof. Der Datentausch zwischen DOMINO und den anderen Niederlassungen funktionierte. Die neuen IT-Systeme, Infrastruktur und Software, hatten ihre Feuertaufe bestanden.«[355]

In den folgenden Monaten wurde intensiv weiterentwickelt. Viele Anwendungen fehlten noch, Fehler mussten bereinigt werden, Optimierungen waren notwendig. Sechs Monate nach dem Start in Memmingen wurde Köln als zweite Niederlassung auf DOMINO umgestellt. Letztlich

---

355 Max Oberhofer, Erinnerungen aus den spannenden Dachser-IT-Jahren 1986 bis 1991, MS. Vgl. zur DOMINO-Entwicklung auch das Interview mit Dieter Frieß: »100 000 Zeilen Programmcode mussten neu geschrieben werden«, in: *DVZ* vom 29.6.1993, S. 8.

dauerte es vier Jahre, bis der Implementierungsprozess in allen Inlandsfilialen abgeschlossen war. Die DOMINO-Software umfasste die gesamten speditionellen Abläufe, das heißt neben Aus- und Eingang sowie Import und Export auch die Auftragsverwaltung, Disposition, Abrechnung, Buchhaltung und vor allem auch die Sendungsauskunft (tracking and tracing). Jede Sendung jedes Kunden konnte damit sofort am Bildschirm dargestellt und auch der gesamte Sendungsverlauf aufgezeichnet werden. Man konnte erkennen, ob die Sendung termingerecht übernommen wurde, ob sie sich im Transportverlauf befand, ob sie eventuell beschädigt worden war und ob sie rechtzeitig ausgeliefert wurde. Damit befand sich die Sendung während der Zeit der Verfügungsgewalt beim Spediteur nicht mehr in einer Black Box, sondern in einer »Transparent Box«. Die Daten wurden dabei auch nur noch einmal erfasst, was Doppelarbeit und vor allem Fehlerquellen eliminierte.

Kern des neuen Systems war eine eigens für 3 Millionen DM errichtete Datenaustauschzentrale (DTZ, später EDI-Center), über die die Kommunikation von Borderodaten, Entladeberichte, Weiterleitungs- und Zustellinformationen, Kundenauftragsdaten sowie Buchhaltungs- und Kontingentierungsinformationen innerhalb der Dachser-Organisation sowie mit den Partnerspeditionen und vor allem den Kunden lief. Der Vorteil der DOMINO-Software war, dass sie offen und flexibel sowohl gegenüber den Kunden als auch in Bezug auf die eigene Organisation ausgelegt war. Jeder Kunde verfügte in der DTZ über eine Mailbox, in der alle relevanten Daten erfasst und gleichzeitig entsprechend den unterschiedlichen Hardwaresystemen des Kunden umformatiert wurden. Und selbst bei Veränderungen der speditionellen Organisation und Abläufe ließ sich das System anpassen. Das Grundkonzept von DOMINO war mithin ein integriertes und standardisiertes Speditionssoftwaresystem, das die ganze Bandbreite von Leistungs- und Funktionsbereichen speditioneller Abläufe miteinander verknüpfte.

Die Umstellung der Dachser-Organisation auf DOMINO kam einer »Kulturrevolution« gleich. Längst war die EDV kein bloßes Vehikel mehr, sondern begann, Organisationsstrukturen und Arbeitsabläufe vorzugeben und zu bestimmen. Das neue System musste vor Ort installiert, die Mitarbeiter in den Niederlassungen entsprechend geschult und die speditionellen Prozesse umgestellt werden. Obwohl sich die Geschäftsführung dafür viel Zeit nahm und nach und nach eine Niederlassung nach der anderen »DOMINO-fähig« machte, lief der Implementierungsprozess unter vielfältigen Anpassungsproblemen ab.[356] Im Verlauf des Umstellungsprozesses schwankte die Stimmung in den Niederlassungen zwischen Ungeduld und Skepsis, und anfangs erforderte auch die Erfassung und Eingabe der erheblichen Datenvielfalt, die für das integrierte Abwicklungsprogramm benötigt wurde, Gewöhnung. Ende 1993 aber konnte Dachser schließlich sein zukunftsweisendes »Informationstransportsystem« der Fachwelt präsentieren, wofür das Unternehmen dann auch den prestigeträchtigen Europäischen Transportpreis verliehen bekam. Innerhalb der Branche konnte allein Dachser sich auf ein integriertes IT-System stützen, da alle Konkurrenten zu diesem Zeitpunkt noch mit zersplitterten Informations- und Kommunikationswelten kämpften, mit mehr oder weniger angepassten Standardsoftware-Programmen arbeiteten oder aber, wie etwa Danzas, das komplette informationstechnische Netzmanagement an unabhängige Dienstleistungsfirmen vergeben hatten.[357] Mit seiner hohen Datenverarbeitungs- und IT-Kompetenz hatte Dachser nicht nur erfolgreich den Umbruch zur Systemspedition und zum Logistik-Dienstleister vollzogen, sondern auch gegenüber den Konkurrenten einen Vorsprung bei Qualitätsniveau und informatorischer Kompetenz von zwei bis drei Jahren erreicht. Und diesen Wettbewerbsvorteil wollte man in der Folgezeit nicht nur verteidigen, sondern noch weiter ausbauen.[358]

Noch vor Beendigung der Implementierung von DOMINO hatte Dachser mit der Eigenentwicklung einer weiteren Speditionssoftware begonnen. Unter dem Namen »MIKADO« entstand 1993 ein ebenfalls modular aufgebautes Softwareprogramm für Lagerlogistik, das nach erfolgreichen Tests in einer Reihe von Pilotniederlassungen in allen Niederlassungen implementiert

---

356 Vgl. dazu u. a. Protokoll der Niederlassungsleiter-Tagung vom März 1990, S. 19 ff., Protokoll der Dachser-Management-Tagung vom 18./19.3.1993, S. 15 ff., und auch Zeitzeugeninterview Tonn.
357 Vgl. die Dachser-interne Aktennotiz vom 8.2.1995 über den Vergleich Danzas EDV zu Dachser EDV, in: Bestand Frieß. Vgl. auch »Deutlich einfacher. Rechnergestützte Logistiksysteme bescheren Fuhrunternehmen und Spediteuren große Rationalisierungsgewinne«, in: *Wirtschaftswoche* vom 19.8.1994, S. 82–88.
358 Zwischenzeitlich war kurzzeitig geplant und überlegt worden, die DOMINO-Software an interessierte Wettbewerber zu verkaufen und so einen Teil der Kosten wieder hereinzubekommen (»Dachser als Softwarehaus«), was aber dann verworfen wurde. Vgl. Protokoll Geschäftsführung vom 17.4.1996, S. 6 ff., in: Bestand Wecker.

Bild 24: Rede von Annemarie Simon anlässlich der Verleihung des Europäischen Transportpreises an Dachser 1993

wurde. Dachser präsentierte damit einen weiteren »IT-Coup«. Mit MIKADO wurde die ganze Bandbreite des Warenflusses von der Beschaffungs- über die Produktions- bis zur Distributionslogistik datenverarbeitungstechnisch beherrschbar gemacht, vom Auftragsmanagement über das Bestandsmanagement, die Lagerverwaltung und die Kommissionierung bis zum MIKADO-Informationssystem (MIS), das vor allem dem Datenaustausch zu den einlagernden Kunden diente. In der Niederlassung Landsberg/Halle etwa betrieb Dachser damit ein Zentrallager für den Büroprodukte-Hersteller Zweckform mit einem Sortiment von 1 800 Artikeln in der Kommissionierzone und mehr als 2 000 Palettenplätzen in der Reservezone. Der komplette Lagerbereich lief beleglos bei einer täglichen Auftragszahl von 200 bis 250 Aufträgen und durchschnittlich 15 Auftragspositionen. Eingehende Aufträge wurden dabei elektronisch gegen den Warenbestand geprüft, das System führte selbstständig die Flurförderfahrzeuge und erstellte automatisch den richtigen Lieferschein. Eingehende Lagerware wurde nach dem Prinzip »first in – first out« verwaltet, wobei die Lagerplatzvergabe und die Nachschubbevorratung des Kommissionierbereichs durch automatische Datenverarbeitungsschritte gewährleistet wurde. Es erfolgte eine sofortige Restmengenanzeige der Palette nach jedem Pick. Die Kommissionierung lief über mobile Datenerfassungsgeräte. Die Bestandsverwaltung sowohl des Lager- wie des Kommissionierungsbereichs war auf Online-Basis ausgelegt, damit wurde die permanente Lagerinventur mit Kontrolle von Mindesthaltbarkeitsdaten bei Lebensmittelprodukten und Chargenverwaltung möglich. Als 1995 die Installation von MIKADO in allen Dachser-Niederlassungen abgeschlossen war, hatte das Unternehmen damit seinen bereits bestehenden Logistikvorsprung durch datenverarbeitungsgesteuerte Opti-

Bild 25: Präsentation der MIKADO-Software auf der Transportmesse 1994

mierung in Lagerhaltung und Kommissionierung ausgebaut. Und im Jahr 1995 folgte schließlich der nächste Paukenschlag: Die Einführung eines Barcode-Systems zur Sendungsidentifikation.

Von den Insellösungen zum Branchenstandard. Die Entwicklung der unternehmensübergreifenden Sendungs- und Packstücksteuerung

In logistischen Prozessen, insbesondere bei Umschlagvorgängen, Wechsel der Transportarten und Systemschnittstellen, ist die problemlose Identifikation von Transportmitteln, Versand- und Lagereinheiten grundlegend. Schon lange kämpften Organisationsexperten in den Speditionen mit dem Problem, die mengen- und durchlauforientierte Abwicklung der Sendungen sicherzustellen und zu verbessern. Die bereits vor allem im Handel eingesetzte Barcode-Technologie, das heißt mit warenspezifischen Strichcodes bedruckte und elektronisch lesbare Aufkleber, eröffnete hierzu vielfältige Chancen und Möglichkeiten. Tatsächlich beschäftigten sich seit Anfang der 1990er Jahre alle großen Logistikunternehmen mit derartigen Identifikationssystemen, aber sie waren, wie etwa Schenker, ganz auf innerbetriebliche »Verkehrsleitcodes« zur Steuerung der speditionellen Abläufe ohne Papier fixiert und arbeiteten daher an der Entwicklung von reinen »Inhouse-Codes«, die mit denen anderer Unternehmen nicht kompatibel waren. Es handelte sich durchweg um Insellösungen, zugeschnitten auf den internen Datenaustausch innerhalb eines Konzerns oder in ausgewählten Branchen. In der Speditionsbranche herrschte daher bald eine heillose Zersplitterung. Jedes Unternehmen hatte sein hauseigenes Barcode-System entwickelt und in das jeweilige interne Sendungsverfolgungssystem integriert. Um das Frachtgut durch das eigene Netz zu schleusen, mussten daher immer zuerst die eigenen Labels angebracht werden. Damit erreichte man letztlich nur eine höchst partielle Transparenz, die zudem nur auf die Sendungsebene beschränkt war. Bemühungen zur Etablierung brancheneinheitlicher Standards, wie etwa der auf maßgebliche Initiative des Bundesverbandes Spedition und Lagerei (BSL) entwickelte elektronische Speditionsauftrag in Edifact-Norm, verliefen im Sande. Gleichzeitig wurde die Branche von einer Unzahl verschiedener Standards und einer Welle neuer Informationstechniken aus den USA überrollt. Die logistische Informatik befand sich in der ersten Hälfte der 1990er Jahre mitten in einem Übergangsprozess, dessen Ausgang höchst ungewiss war. »Vielleicht«, so hieß es in einem Kommentar der *DVZ* im August 1995, »kommt die neue Ordnung über die Branchenkonzepte. Dann bleibt Edifact aber auf der Strecke, und die Spediteure bekommen viele, viele bunte PC-Terminals.«[359] Die Integrators im KEP-Markt bewiesen gleichzeitig, dass es »auch andersherum geht. Diese entwickeln ihre eigenen Barcodes und nötigen die Verlader dazu, diese zu nutzen. Dann erhalten die Verlader die vielen, vielen bunten Terminals.«[360]

Allein gegen den Branchentrend: Das Barcode-Projekt

Anders als die Konkurrenten wählte Dachser auch diesmal wieder einen ganz eigenen Weg. Im Unternehmen hatte man sich 1992 mit dem Problem der Sendungs- und Packstücksteuerung zu beschäftigen begonnen, am 1. Mai 1994 fiel dann, unter Leitung von Jens Müller in der Hauptniederlassung Karlsruhe, der offizielle Startschuss zum »Barcode-Projekt«. Noch

---

359 Horst Weise, »Kampf zwischen alt und neu«, in: *DVZ* vom 15.8.1995.
360 Ebd.

im Laufe des Jahres wurden eine Reihe weichenstellender Entscheidungen getroffen. Die erste betraf die Vermeidung einer weiteren Insellösung und dafür die Einführung des Barcodes EAN 128, dessen besonderes Merkmal die Kombination des im Handel seit 1979 verbreiteten Europäischen Artikelnummer-Systems (EAN) mit der NVE (Nummer der Versandeinheit) war. Die NVE stellte keine Speditionsnummer dar, sondern eine vom Produkthersteller generierte, weltweit nur einmal vergebene Artikelidentitätsnummer.[361] Anders als alle bisherigen Barcode-Systeme war das EAN/NVE ein branchenübergreifender Barcode-Schlüssel, er wurde bereits von einem Großteil des Handels und der Industrie akzeptiert und er war für weitere logistische Informationen und Datenverknüpfungen offen. Von Anfang an galt für das Dachser-Barcode-Team die Prämisse, dass das System sich problemlos in die Betriebsabläufe der Kunden integrieren und zudem genügend viele Optionen für die Zukunft offenstehen müssten. Dachser ging mithin kundenorientiert an die Barcode-Entwicklung heran.[362] Den spezifischen Insellösungen setzten die Kemptener ein gleichermaßen neutrales wie offenes und weltweit standardisiertes Identifikationssystem entgegen. Die zweite Entscheidung bezog sich auf die dafür notwendige Hardware. Dachser setzte bei der Scannertechnik entgegen dem Branchentrend nicht auf die damals gängige »Offline-Lösung«, sondern auf die weit teurere und hinsichtlich der Auswirkungen zu diesem Zeitpunkt auch noch unsichere Online-Technik, das heißt Datenfunk, die zudem in Deutschland noch nicht erhältlich war.[363]

Begleitet von hoher Aufmerksamkeit durch die Fachpresse und unbeirrt von zahlreichen Konkurrenten, die andere Barcode-Systeme zu etablieren versuchten, ging das Barcode-Projektteam von Dachser in der Folgezeit daran, das neue Identifikations- und Steuerungssystem in die Praxis umzusetzen. Man hatte dabei an zwei Fronten zugleich zu kämpfen. Zum einen galt es, die unternehmensinternen Abläufe entsprechend neu auszurichten. Dabei wurde schnell deutlich, dass im Gefolge der Barcode-Imple-

---

361 Anstelle von NVE wird im internationalen Sprachgebrauch auch von der SSCC-Nummer (Serial Shipping Container Code) gesprochen.
362 Vgl. dazu auch das Protokoll eines Meinungsaustausches von Dachser- und Schenker-Fachleuten zur Barcode-Entwicklung in den jeweiligen Häusern vom 19.6.1997 sowie ein eingehender Vergleich der beiden Code-Systeme vom 4.3.1997, in: Bestand Wecker.
363 Zweimal reisten daher die Dachser-Manager in die USA, um die »richtige« Technik auszuwählen.

mentierung sämtliche Prozesse überarbeitet werden mussten, insbesondere die Ablauforganisation im Umschlaglager. Es blieb »kein Stein auf dem anderen«.[364] Das Barcode-Projekt, so prognostizierte die Geschäftsführung im Januar 1995, »wird die gesamte Spedition, so wie sie sich heute darstellt, tiefgreifend verändern und bringt ein enormes Einsparpotenzial mit sich«.[365] Barcode bedeutete, dass die Informationstechnologie mit Hallenbildschirmen, mobilen Datenfunkterminals und Scannertechnik nun auch im Lager Einzug hielt, und es war keineswegs von vornherein abzusehen, wie Lagerpersonal und Fahrer auf die Einbeziehung in den informatorischen Prozess reagieren würden. Nach den ersten Schulungsveranstaltungen zeigte sich aber schnell, dass das generell innerhalb der logistischen Arbeitshierarchie lange Zeit unterbewertete und unterschätzte gewerbliche Personal den informationstechnischen Umbruch nicht nur ohne große Berührungsängste mittrug, sondern auch als Aufwertung begriff. Die informatorischen Be- und Entladeprozesse wurden gleichsam automatisiert und damit erheblich beschleunigt. Vor allem nahm die Qualität an einer der kritischsten logistischen Schnittstellen geradezu dramatisch zu. Hatte man den Belabelungsprozess erst einmal im Griff – anfangs testete das Barcode-Team sogar in privaten Tiefkühltruhen die Label-Klebstoffe auf Frostempfindlichkeit –, so ermöglichte der bald erreichte hohe Belabelungsgrad in den Lagerhallen von Dachser die volle Nutzung der Barcode-Technologie. Fehlverladungen, bis dahin eine der Hauptposten unter den Qualitätsproblemen, waren in Zukunft praktisch ausgeschlossen.

So revolutionär der gesamte Umstellungsprozess der Barcodisierung für die Dachser-Organisation war, so lautlos und weitgehend reibungslos verlief er. Am 1. Juni 1994 war zunächst in der als Pilotprojekt ausgewählten Niederlassung Karlsruhe der Echtstart des Barcode-Systems geprobt worden, und knapp ein Jahr später hatte das Barcode-Team alle Umstellungsprobleme so weit gelöst, dass man an die großangelegte Einführung in der gesamten Dachser-Organisation gehen konnte. Auf der aus Sicht des Projektteams historischen Sitzung der Geschäftsleitung am 5. April 1995 erhielt man auch von dieser nun grünes Licht und vor allem die erforderlichen Investitionen.[366] Bereits wenige Monate später hatte das inzwischen 60-köpfige Barcode-Team, unterstützt von eigenen Barcode-Beauftragten

---
364 Auskunft Jens Müller vom 15.9.2006.
365 Protokoll Geschäftsführung vom 18.1.1995, S. 2, in: Bestand Wecker.
366 Vgl. Protokoll der Geschäftsführung vom 5.4.1995, in: Bestand Wecker.

Bild 26: Die erste Ankündigung der Barcode-Anwendung in der Öffentlichkeit 1998

in den einzelnen Niederlassungen, die ersten acht Dachser-Filialen umgestellt. »Dachser als erster Logistiker mit Barcode EAN 128 in der Anwendung« hieß es stolz in der Pressemitteilung, mit der man im Juli 1995 erstmals auch die breite Öffentlichkeit informierte.[367] Bis Ende 1996, das heißt nach nur zwei Jahren, so die Ankündigung, würde die Barcodisierung der gesamten Dachser-Organisation abgeschlossen sein.

Das Barcode-Team von Dachser stand nun vor der nächsten Herausforderung: das neue Konzept an die Verlader und Logistikkunden heranzutragen und sie von den Vorteilen und der Überlegenheit des neuen Systems zu überzeugen. Als Dachser sein Barcode-Informationssystem im Herbst 1994 auf der Fachmesse transport erstmals dem Fachpublikum

---

[367] Pressemitteilung vom 15. Juli 1995, in: Unterlagen Jens Müller.

präsentierte, stieß man auf großes Interesse, aber dennoch bedurfte es großer Überzeugungs- und Informationsarbeit vor Ort, denn bei konsequenter Umsetzung bedeutete die Barcode-Anwendung auf dem EAN/NVE-Standard zum Teil auch erhebliche Eingriffe in die Prozesse bei den Kunden. Als erster Dachser-Kunde stellte L'Oréal in Karlsruhe seinen gesamten Warenausgang sowie das Versandwesen auf die Erfassung und Bearbeitung mit EAN 128 um. Insbesondere auch die großen Handelskonzerne aus der Lebensmittelbranche entschieden sich nach einem Erfahrungsaustausch für die NVE/SSCC im Warenhandling, während die Automobilunternehmen, die Dachser als neue Kunden zu gewinnen suchte, sich nur zur partiellen Nutzung der »NVE-Welt« durchringen konnten. Dafür gelang es Dachser, bei einer Reihe wichtiger Automobilzulieferer den NVE-Code durchzusetzen. Mit der Anwendung des NVE/EAN-Codes war es Dachser im Unterschied zu den bestehenden Insellösungen anderer Spediteure gelungen, die Lücken in den informatorischen Prozessketten zwischen Absender (Hersteller/Lieferant) und Empfänger (Kunde/Handel) zu schließen. Die Kemptener waren als einziges Logistikunternehmen in der Lage, den gesamten Logistikprozess durch Barcode-Scanning durchgängig und mit dem Dachser-DV-System auch online für jede Transportphase transparent zu machen.[368] Ein wesentlicher Vorteil war nicht nur die erhebliche Reduzierung der bisherigen zeitaufwändigen und fehlerbehafteten Erfassungs- und Belegbearbeitung auf Papier, sondern die Warenidentifikation über die Sendungsebene hinaus bis in die einzelnen Packstücke und Chargen. Gleichzeitig konnte der NVE-Barcode mit mehreren Zugriffskriterien wie Auftrags-, Lieferschein- und Frachtbriefnummer verknüpft werden sowie mit weiteren Zusatzinformationen über enthaltene Einzelstücke, Verfallzeiten, Termine, Restlaufzeiten oder Volumina. Die Kombination der speziell für logistische Zwecke entwickelten Nummer der Versandeinheit (NVE) mit der EAN bedeutete, dass die Kunden sozusagen »ihre« EAN hinter die NVE

---

[368] Mit der NVE wurden physischer und informatorischer Warenfluss getrennt, beide Elemente konnten aber dort, wo es notwendig war, wieder zusammengeführt werden, »ohne dass Gefahr bestand, dass zusammengefügt wird, was nicht zusammengehört. Erst durch den umfassenden Einsatz von NVE in allen logistischen Bereichen, von der Beschaffungs- über die Produktions- bis zur Distributionslogistik entfaltet dieses Prinzip seinen großen Nutzen.« Jörg Tonn, »Offene Systeme sind Inhouse-Lösungen klar überlegen«, in: *DVZ* Nr. 124 vom 17.10.1995. Vgl. dazu auch schon *DVZ* Nr. 109 vom 12.9.1995, S. 7.

legen und dadurch bis in den einzelnen Artikel und nicht mehr nur für die gesamte Sendung den speditionellen Ablauf verfolgen und kontrollieren konnten. Das beherrschte auf Artikelebene vier bis fünf Jahre kein anderer Spediteur. »Und das war«, so erinnerte sich später Jörg Tonn als zuständiger Geschäftsführer, »auch verkäuferisch ein großer Vorteil.«[369] In dieser Zeit gelang es Dachser, zahlreiche neue Kunden zu gewinnen und an sich zu binden.

Die folgenden Monate und Jahre standen zunächst aber noch ganz im Zeichen der Bemühungen zur branchenweiten Standardisierung und zugleich Weiterentwicklung des NVE/EAN-128-Barcode-Systems. Auf mehr als 100 Kongressen und Informationsveranstaltungen erläuterte und propagierte Dachser Versendern wie Empfängern die Anwendungsvorteile. Zusammen mit dem im Bereich des Informationsaustausches zwischen Handel und Industrie tätigen Rationalisierungsverband Centrale für Coorganisation GmbH (CCG) sowie auch dem ersten Barcode-Kunden L'Oréal hielt man Vorträge über die schnittstellenübergreifende Sendungs-Identifikation und das »cross docking« mit EAN 128 und NVE sowie generell zur Anwendung von EAN 128 im Warenflusskonzept von Großunternehmen.[370] Die Barcode-Experten von Dachser versuchten vor allem auch, in den verschiedenen Logistik- und Speditionsverbänden Unterstützung für die Durchsetzung der NVE als standardisiertem Logistik-Barcode zu erhalten. Gegen erhebliche Widerstände und letztlich vergeblich versuchte man dabei, diese Gremien davon zu überzeugen, wie wichtig ein EAN-Label sein würde.[371] Die Barcode-Experten von Dachser brachten daneben ihre Erfahrungen auch bei der Entwicklung der VDI-Richtline über »Betriebsdatenerfassung und Identifikation« ein und wurden in den Logistikarbeitskreis des Markenverbandes berufen.[372] Spätestens Ende 1995 war schließlich unverkennbar, dass sich der NVE/

---

369 Zeitzeugeninterview Tonn.
370 Vgl. auch »Der Mut zur Innovation: Barcode NVE/EAN 128 bei Dachser«, in: *Logistik heute* 11/1995, S. 59–61.
371 Zur Standardisierungsdebatte vgl. auch »Die Barcode- und EDI-Zukunft gehört dem Standard«, in: *DVZ* vom 18.10.1997, S. 12 f.
372 Dachser wirkte auch aktiv bei der Entstehung des europäischen EAN-Transportetiketts mit Barcode mit. Zusammen mit der Spedition Pracht saß man im Herbst 1994 als einzige »junge« Spediteure mit am Tisch der entsprechenden, in Brüssel erfolgten Beratungen der Großverlader. Vgl. EAN International, Draft minutes, Label project team meeting vom 1.9.1994, in: Unterlagen Jens Müller.

EAN-Barcode und damit das Anwendungssystem von Dachser branchenweit als Standard durchsetzen würde. Mit dazu bei trug eine Reihe von Zusatzdienstleistungen, die Dachser den Kunden bot. Um auch kleinen und mittleren Kunden den Einstieg in die NVE/EAN-Welt zu erleichtern, bot das Unternehmen kostenlose Labelvarianten an. Vor allem aber zeigte sich, dass die meisten Versender trotz üppiger Datenverarbeitungs-Ausstattung gerade im Versand datenverarbeitungstechnisch oft unterentwickelt waren. Viele arbeiteten dort noch mit Papier und Bleistift. Um die Durchsetzung der NVE/EAN-Verwendung zu forcieren, stellte Dachser daher seit 1995 neben den fertigen Labels ein kostenloses Versandunterstützungssystem, genannt D-Shuttle, zur Verfügung. Die PC-Software diente der Auftragsverwaltung im Warenausgang des Kunden, der damit nicht nur die NVE selbst generieren konnte, sondern die Versandavis per EDI-Anschluss direkt in das Dachser-Sendungsauskunftssystem überspielen und in der Folge durch Eingabe der NVE-Nummer jederzeit den Status der Sendungen abfragen konnte. Das Jahr 1995 markiert daher auch die Geburtsstunde der späteren E-Business-Anwendungen bei Dachser beziehungsweise in der Logistikbranche. Zur gleichen Zeit nahm das Dachser-Barcode-Team auch Kontakt mit einer Reihe von Softwarehäusern auf, um die NVE zu etablieren, und tatsächlich integrierten daraufhin Entwickler wie Bizerba und SAP die NVE in ihre jeweiligen Transportsoftwareprogramme. Der endgültige Durchbruch der Dachser-Barcode-Anwendung war damit besiegelt.

Weitere Innovationen: NV-Online und Active Report

1998 präsentierte Dachser, wiederum als Branchenvorreiter, mit Nahverkehr-Online eine weitere informationslogistische Innovation, die die letzte noch bestehende Lücke bei der elektronischen Sendungsüberwachung und Sendungskontrolle über Barcodes am Ende der Logistikkette im Nahverkehrsbereich schloss. Kernstück war ein Pen Key mit integriertem Touch-Screen und interaktiver Menüführung in allen LKW. Auf dem Gerät wurden bereits vor der Tour alle sendungsrelevanten Daten geladen, bei jedem Zustellstopp die entsprechenden Sendungen aufgerufen und bei der Ablieferung gescannt und elektronisch quittiert. Per SMS gingen dann die Statusinformationen vom LKW direkt zum Dachser-Zentralrechner. Dort standen sie dann in Echtzeit nicht nur den Niederlassungen, sondern auch den Kunden zur Verfügung.[373] Das vom Absender bis zum Empfänger lückenlose packstückbezogene, papierlose Ablieferungs-Scanning in der Stückgut- und Sammelgutspedition war damit Wirklichkeit geworden. Im Jahr 2001 trat Dachser schließlich mit »Active Report«, einem Qualitätssicherungssystem als konsequente Weiterentwicklung des bisherigen Barcode-basierten Sendungsverfolgungssystems, an die Öffentlichkeit. Mit Active Report konnte der Kunde Informationen über Unregelmäßigkeiten im Sendungsverlauf, wie beispielsweise Beschädigungen, Fehlmengen, Ablieferungshemmnisse und Laufzeitüberschreitungen in der Prozesskette bereits dann erkennen, wenn ein rechtzeitiges Eingreifen noch möglich war. Damit wurde ein entscheidender Schritt beim Management unvorhergesehener Ereignisse in der Transportkette und damit bei der logistischen Prozessoptimierung insgesamt gemacht. Mit Active Report wurde gleichsam ein Frühwarnsystem in der Supply Chain installiert. Während in der Branche noch heftig über die Machbarkeit von Supply-Chain-Event-Management (SCEM)-Systemen diskutiert wurde, arbeitete Dachser intern mit diesem SCEM-Tool und bot als erstes europäisches Unternehmen auch extern seinen Großkunden diesen zusätzlichen Service an. »Active Report« war als elektronisches Qualitätssicherungssystem lange Zeit konkurrenzlos. Die schon mit NV-Online durch Dachser in Gang gesetzte »Gläsernheit der Speditionsleistung« war damit auf die Stufe praktisch völliger Transparenz gehoben worden.[374] Im Jahr 2000 in Angriff genommen und bis Ende 2002 vollständig in die Dachser-Organisation implementiert wurden mit diesem Supply-Chain-Event-Management-System völlig neue Qualitätskriterien und -bedingungen in den speditionellen Abläufen Realität.

Inzwischen verfügte ein Großteil der Logistikbranche über mehrjährige Erfahrungen mit dem Barcode-basierten »Tracking & Tracing« von Stückgutsystemen nach dem Vorbild von Dachser. Die dafür notwendigen Aufwendungen für Software-Entwicklung, Barcode-Einsatz und

---

373 Vgl. Jens Müller, »Neues Identifikationssystem sorgt für absolute Transparenz von Waren- und Datenströmen«, in: *DVZ* vom 4.4.1998.
374 Mit dazu beigetragen hatte übrigens auch die Reform des Transportrechts von 1997, mit der das seit über 70 Jahren bestehende Regelwerk abgelöst und die Haftersetzung durch die Versicherung in eine direkte Haftungsregelung zwischen Verlader und Spediteur umgewandelt wurde. Die sich im Schadensfall ergebenden hohen Kosten für die Speditionen zwangen diese, ihre Produktionsqualität zu verbessern.

Bild 27: NV-Online

EDI gingen in den oberen dreistelligen Millionen-Euro-Bereich. Die Barcode-Innovation brachte Dachser gewaltige Produktivitätssteigerungen bei gleichzeitigen erheblichen Qualitätsverbesserungen. Auch wenn sich die Umstellung auf das Barcode-System vor allem im Bereich der Lebensmittel-Logistik als äußerst aufwändig herausstellte, so zeigte sich doch schnell der neue Wettbewerbsvorteil. Denn das Barcode-gestützte Sendungsauskunftsverfahren bot unter dem Motto »Die richtige Ware in richtigen Mengen zur richtigen Zeit am richtigen Ort« einen Qualitätssprung sondergleichen. »Der Einsatz des Barcode-Systems in der Dachser-Organisation«, so hieß es im März 1997 nach Abschluss der kompletten »Barcodisierung« des Niederlassungsnetzes in einer internen Notiz, »hat durch die vollständige Implementierung in die bestehenden Speditionsprogramme sowie der kompromisslosen Umsetzung in der speditionellen Organisation zu einer weiteren Qualitätssteigerung geführt und das Erreichen der »Null-Fehler-Marke« fast ermöglicht«.[375] Das Barcode-System leitete mithin einen Quantensprung in der Informationslogistik ein, der für Dachser als dessen Initiator einen Wettbewerbsvorteil bedeutete, der, konsequent weiterentwickelt, bis in die Gegenwart hinein besteht.

Das Innovationstempo in der Identifikationstechnologie und Informationslogistik verlangsamte sich dabei nicht, sondern nahm im Gegenteil weiter zu und mündete jüngst unter anderem in die Entwicklung der Radiofrequenztechnik (RFID). Seit 2005 beschäftigte sich auch Dachser mit dieser neuen, allerdings technisch vielfach noch unausgereiften Identifikationstechnologie auf der Basis von Transponder und Mikrochip. In der Fachdiskussion oft als Alternative und Konkurrenz zu den Barcode-basierten Identifikationsverfahren gehandelt, zeichnet sich demgegenüber eher ab, dass die neue Technologie eher komplementär und zum Beispiel vorwiegend in geschlossenen Systemen der Kontraktlogistik zum Einsatz kommen dürfte.[376]

E-Logistics-Euphorie und SCM

Mit der Speditionssoftware DOMINO, dem Lagermanagementsystem MIKADO sowie mit Barcode-System, NV-ONLINE (Abhol- und Ablieferungs-Scanning) und Active Report, dem branchenweit ersten SCEM-Tool, verfügte Dachser Ende der 1990er Jahre über ein ebenso leistungsfähiges wie zukunftsorientiertes und innovatives Netz elektronischer Informations- und Kommunikationssysteme, gesteuert über die Datenaustauschzentrale (EDI-Center) in der Hauptniederlassung, das in der Branche seinesgleichen suchte. Bereits seit 1985 setzte Dachser EDI ein und war damit ein Vorreiter seiner Branche. Früher als alle Konkurrenten erkannte man in Kempten, dass der Electronic Data Interchange die absolute Grundvoraussetzung für die logistischen Prozesse sowohl zwischen den Niederlassungen als auch zwischen Dachser und seinen Kunden darstellte. Der elektronische Datenaustausch optimierte die Zusammenarbeit zwischen den Unternehmen und verband die gesamte Supply Chain vom Hersteller bis hin zum Konsumenten. EDI ermöglichte

---

[375] Notiz vom 4.3.1997, in: Bestand Wecker, sowie vgl. auch Protokoll Verwaltungsrat vom 7.4.1997, S. 3, in: ebd.
[376] Vgl. dazu DSLV (Hg.), *Zahlen – Daten – Fakten 2005*, S. 46 ff.

die komplette unternehmensübergreifende elektronische Verzahnung. Kunden versandten nicht nur ihre Aufträge elektronisch, sie erhielten auch beispielsweise Statusmeldungen oder Rechnungsdaten. Dadurch konnte die gesamte Auftragsabwicklung vollautomatisch realisiert werden, was Zeit und Geld sparte. Die Aufträge an Dachser konnten dabei je nach individuellem Bedarf elektronisch übermittelt werden. Mit »Direkt-EDI« bot Dachser etwa die Möglichkeit, Aufträge direkt aus dem Enterprise-Resource-Planning-System (ERP) des Auftraggebers zu übermitteln. Daneben stand mit der eLogistics-Anwendung »Transport Order« Industrie- und Handelsunternehmen ein System zur Verfügung, mit dem sie selbst Aufträge für den Versand und für die Abholung über das Internet generieren konnten. Egal für welche Möglichkeit der Kunde sich entscheidet, alle Daten laufen in das von Dachser selbst betriebene EDI-Center. Es ist die zentrale Kommunikationsplattform zwischen Dachser und den in der Logistikkette beteiligten Unternehmen. Diese versenden ihre Speditionsaufträge nach Bearbeitung der Bestellungen direkt aus dem jeweiligen SAP-System an das Dachser-EDI-Center. Von dort aus gelangen die Aufträge automatisch in das Transport-Management-System des Logistikers. Dachser holt die Sendungen dann direkt im Logistikzentrum der Kunden ab und distribuiert sie entsprechend. Während des gesamten Logistikprozesses stehen alle relevanten Informationen allen Beteiligten rund um die Uhr zur Verfügung. Das EDI-Center unterstützt mithin die reibungslose Integration aller Geschäftsprozesse über standardisierte oder kundenindividuelle Schnittstellen, unabhängig von den ERP-Systemen der Teilnehmer. Deren Zahl stieg dabei rasant und verdoppelte sich von 2003 bis 2005 innerhalb von nur zwei Jahren auf inzwischen über 2 000.

Die Investitionsaufwendungen und vor allem auch die laufenden IT-Kosten hatten dabei beträchtliche Summen verschlungen: Zwischen 1983 und 1993 steckte Dachser rund 70 Millionen DM in die Datenverarbeitung, anstelle der einst 0,7 Prozent des Umsatzes flossen nun inzwischen über 2 Prozent des Umsatzes in IT-Aufwendungen, die sich alles in allem bis 2004 auf 150 Millionen Euro summierten. Die IT-basierte Logistik war zweifellos kapitalintensiv und markierte eine neue Qualität in den Marktzutrittsbarrieren. Die informationstechnischen Infrastrukturen sowohl im Bereich der Hardware wie der Software erwiesen sich bei Dachser aber in all diesen Jahren als so weit leistungsfähig und flexibel, dass nicht nur Innovationen wie Barcode und NV-Online problemlos integriert, sondern auch neue Entwicklungen wie Supply-Chain-Management (SCM), E-Commerce und E-Logistic, die zur Jahrtausendwende die Diskussion in der Branche beherrschten, damit abgedeckt werden konnten. Tatsächlich hatte sich mit der Dotcom-Welle und der New-Economy-Begeisterung des Jahres 1999 auch bei Dachser kurzzeitig eine regelrechte »Solutions-Euphorie« breitgemacht. Die Mehrzahl der Großkunden, so berichtete die Geschäftsführung im Oktober 1999 dem Verwaltungsrat, fordere komplexe Mehrwert-Logistik-Dienstleistungen, die Dachser durch einen Ausbau des Logistik Consultings und von Branchenlogistik-Lösungen noch besser erbringen könne.[377] Die neuen Entwicklungen in der Logistikwelt dürfe Dachser nicht verschlafen, so der Tenor, man dürfe den Zug der Zeit nicht verpassen und müsse gegenüber neuen logistischen Herausforderungen wie SCM oder E-Business aufgeschlossen sein.[378] Bereits im Februar 1999 wurde daher in der Geschäftsführung beschlossen, auf der bevorstehenden internationalen Transportmesse »das Thema SCM zu besetzen, da dies eines der wichtigsten Themen in der derzeitigen Logistik-Diskussion sowohl auf Seiten der Wettbewerber und Kunden, als auch auf Seiten der Presse ist. Die Wettbewerber sind in der Vermarktung dieses Themas meist schon einige Schritte weiter, obwohl eigentlich Dachser dieses Thema durch unsere Datenverarbeitungskompetenz wesentlich besser besetzen könnte.«[379]

SCM bezeichnete dabei die umfassende und ganzheitliche Organisation des Informations- und Materialflusses und zielte auf die »integrative Gestaltung und Steuerung aller prozessgekoppelten Wertschöpfungsaktivitäten«, das heißt die Optimierung des logistischen Netzwerkes als Ganzes.[380] Es ging um die abgestimmte Planung und Steuerung von Waren- und Informationsflüssen, die Synchronisation der Kernprozesse zwischen Zulieferern, Produzenten, Distributoren und Kunden, und die

---

377 Protokoll Verwaltungsrat vom 18.10.1999, in: ebd.
378 Vgl. dazu auch Protokoll Management-Tagung vom März 2000, S. 4, in: ebd.
379 Protokoll Geschäftsführung vom 10.2.1999, S. 12, in: ebd.
380 Positionspapier des Bereichs Unternehmensentwicklung vom Januar 2000, S. 4, in: ebd. Das SCM setzte im Gegensatz zur herkömmlichen Organisation der Logistikkette, wo es an den Schnittstellen immer wieder zu Reibungsverlusten kam, auf ein Modell der Kooperation im Logistiknetzwerk. »Ein Unternehmen, das SCM installiert, wird mit einem Netzwerk von Lieferanten und einem Netzwerk von Kunden gekoppelt, wobei die Logistik wiederum durch ein Netzwerk von Logistikdienstleistern ausgefüllt wird.« Aberle, S. 473.

Bild 28: Messepräsentation SCM-Lösungen 1999

Ergebnisse einer effektiven SCM waren, so die Annahme, reduzierte Durchlauf- und Fertigungsbestände, kurze Gesamtdurchlaufzeiten in der Wertschöpfungskette sowie Liefertermintreue, kurzum, konkrete Wettbewerbsvorteile, die ein integrierter Logistik-Dienstleister als Kundennutzen generieren konnte.[381] Das Denken in »Versorgungsketten«, so schien es, bestimmte allenthalben die Unternehmensorganisation der Zukunft und schuf somit völlig neue Anforderungs- und Funktionsprofile für die Logistikunternehmen. Da SCM letztlich eine ebenso spezifische wie umfassende Form von Logistik-Lösungen darstellte, war es kein Wunder, dass dieses Thema in der Dachser-Geschäftsführung nun auf der Tagesordnung stand.

Die Überlegungen gingen dahin, unter dem Schlagwort »Dachser eLogistics« ein umfassendes, dreistufiges Konzept zum Aufbau von E-Business-Aktivitäten als ergänzende Dienstleistungen im Gesamtportfolio des Unternehmens zu entwickeln, die es ermöglichen sollten, den neuen

---

381 Der Begriff SCM tauchte schon Mitte der 1990er Jahre in der Betriebswirtschaftslehre und vor allem in der Unternehmensberatungsliteratur auf. Vgl. dazu etwa Droege & Comp. Unternehmensberatungs GmbH, *Supply-Chain-Management. Logistikprozesse weiterentwickeln*, 1996.

Wachstumsmarkt SCM zu erschließen und Großkunden noch stärker an Dachser zu binden. Die allenthalben in Wirtschaft, Medien und Öffentlichkeit umherschwirrenden Begriffe wie E-Commerce und Business-to-Customer als Ausdruck offensichtlich neuer Vertriebs- und Handelsbeziehungen hatten für eine regelrechte Goldgräberstimmung bei den Speditionen gesorgt. Ohne Logistik funktionierte E-Commerce nicht, so das Kalkül. »Fulfillment«, das heißt die Erfüllung der in Internet-Shops versprochenen Lieferungen in definierten Zeiten, lautete der neue Aufgaben- und Funktionsbereich der Logistikunternehmen in der scheinbar neuen Welt elektronischer Wirtschaftsbeziehungen. Zunächst ging es für Dachser dabei um den Aufbau von Internet-Infrastrukturen im Unternehmen, dann aber auch um die Erstellung eines eigenen, interaktiven Kundenportals zur elektronischen Geschäftsabwicklung. Mit dem »Dachser Shipment Pointer« erhielt der Kunde zum Beispiel via Internet beziehungsweise Online-Zugriff die schnelle Information über den Status einer Sendung, über die »Dachser Shipment Control« einen raschen Überblick über alle Sendungen, und mit Hilfe von »Dachser eLogistics transport order« konnte der Kunde Speditionsaufträge elektronisch platzieren.[382] Die großen Hoffnungen auf einen neuen Wachstumsmarkt mussten im Gefolge der einsetzenden E-Business-Ernüchterung in der Gesamtwirtschaft sowie des Platzens der Dotcom-Blase am Aktienmarkt jedoch bald begraben werden. Der gesamte Markt für SCM-Lösungen und E-Logistics »ist vollkommen zusammengebrochen« und die Investitionsbereitschaft der Kunden »sehr stark zurückgegangen«, hieß es in einer Dachser-internen Aktennotiz vom März 2002.[383] Viele der scheinbar ernst zu nehmenden Konkurrenten, die neu in der Logistik-Branche aufgetaucht waren, sich allein dem E-Logistic-Konzept verschrieben hatten und, wie etwa D.Logistics oder Microlog, von der Börse hochgejubelt worden waren, verschwanden wieder sang- und klanglos von der Bühne. Dachser hatte trotz aller E-Logistics-Aktivitäten dem scheinbar geltenden neuen Dogma vom »Informationsfluss geht vor Warenfluss« nie gehuldigt und das klassische Speditionsgeschäft nicht vernachlässigt. Die entwickelten eLogistics-Anwendungen wurden aber weiter optimiert und implementiert, und so intensivierte die Geschäftsleitung die strategische Positionierung und den Ausbau der IT-

---
382 Vgl. dazu auch das Protokoll der Projektgruppe E-Business/Anwendungen vom 11.7.2000, in: Bestand Wecker.
383 Aktennotiz Froschmayer vom 5.3.2002, in: ebd.

Kompetenzen als integrierter Logistik-Dienstleister und »Lead Logistics Provider«.[384]

Überblickt man abschließend noch einmal die einzelnen Stationen in der Entwicklung der Speditions- und Logistikbranche zur »IT-based industry« so zeigt sich, wie groß die innovative Vorreiterrolle von Dachser war.

Chronologie der IT-Innovationen bei Dachser

1985	Erster Anbieter einer DFÜ-Zentrale zum elektronischen Austausch der Daten
1988	Entscheidung für Eigenentwicklung DOMINO auf IBM-System AS/400
1989	Start der Microverfilmung von Ablieferbelegen mit telefonischer Beleganforderung
1989	Erstes Niederlassungs-übergreifendes Tracking-&-Tracing (T&T)-System
1990	Start von automatisierten Qualitätsauswertungen, basierend auf den neuen T&T-Daten
1990	Erste Präsentation des übergreifenden T&T-Systems auf der Transport-Messe
1990/1991	Einführung der Speditionssoftware DOMINO
1992	Einführung der Lagermanagementsoftware MIKADO
1992	Start der MF-Jukebox mit elektronischer Anfrage aus dem T&T-System
1992	Erster Anbieter eines T&T-Systems für Kunden, das heißt direkte Zugriffsmöglichkeit der Kunden, auf das T&T-System
1992	Erste EDIFACT-Anbindung in der Logistik
1993	Gewinn Europäischer Transportpreis
1993	Erste automatisierte übergreifende Laufzeitauswertung für Kunden, auf Basis der T&T-Daten (Kundenbericht)
1994	Weltweit der erste Logistik-Dienstleister, der flächendeckend die NVE aus dem EAN-Standard einführt

---

384 Vgl. dazu das ausführliche Konzeptpapier von Andreas Froschmayer, »Prozessbeherrschung als Lead Logistics Provider. Strategischer Anspruch, Erfolge und Praxisanwendungen einer unternehmerischen Vision« (28 Seiten), o. D., in: Bestand Wecker, Ordner Unternehmensentwicklung. Zur Weiterentwicklung der IT-Strategie vgl. die Besprechungsprotokolle vom 10.3.2000, 26.6.2000, die umfangreiche Ausarbeitung zu einem »IT-Rahmenkonzept« vom 6.8.2001 und das Besprechungsprotokoll von IT-Gruppe und Geschäftsführung vom 11.10.2001, in: Bestand Frieß. Vgl. allgemein auch Froschmayer, *Logistik-Bilanz*, S. 62 f.

1994	Start von MDE-Betrieb per Funk (heute WLAN)
1995	Integration der NVE in das T&T-System
1997	Digitale Archivierung mit direktem Abruf der T&T-Systeme
1997	Erstes Zustell- und Abhol-Scanning und Erzeugung von digitalen Ablieferbelegen bei einem Sammelgut Logistik-Dienstleister (Start von NV-Online)
1997	Erster Anbieter von integrierten digitalen Dokumentationen im Archivsystem
1999	Verfügbarkeit des Sendungsauskunftssystems (SAS) für Kunden und Partner im Internet Einführung Digitalfotografie/Picture Desk auf NVE-Ebene
2000	Erster Anbieter eines Supply-Chain-Event-Management-Systems (ACTIVE REPORT)
2001	Start der eLogistics-Anwendungen
2001	Erster Anbieter eines Warehouse-Auskunftssystems
2003	Der 1 000. EDI-Teilnehmer wird gefeiert
2003	Einführung Pick-by-Voice
2004	Einführung NV-Online II
2004	Start Parallelrechenzentrum
2004	Finalist im Wettbewerb »Anwender des Jahres« mit NV-Online II
2004	Druck von RFID-Label im Warehouse-System
2005	Der 2 000. EDI-Teilnehmer wird angeschlossen

Dachser folgte dabei alles in allem nicht nur sehr früh dem Trend der radikalen Neukonstituierung der Branche auf eine informationstechnische Basis, sondern schuf für sich aus dieser Entwicklung einen entscheidenden Wettbewerbsvorteil. Mit dem bereits Anfang der 1990er Jahre kreierten Logo »Intelligente Logistik« positionierten sich die Kemptener am Markt lange vor den Konkurrenten als innovativer Dienstleister mit der neuen Kernkompetenz Informationslogistik.[385]

---

385 Siehe dazu auch »Digitale (R-)Evolution. Die Geschichte der IT bei Dachser, in: *Dachser aktuell* 3/2002, S. 22–23. Als Vergleich siehe die Darstellung der IT-Entwicklung bei Schenker: »Digitale Effizienz«, in: *logistik journal* vom Mai 2005, S. 68–69.

Kapitel 3

Nationale Systemnetzwerke und transnationale Netzstrategie

Die Implementierung der Hard- wie Software des neuen IT-Systems in den Dachser-Niederlassungen war ein Kraftakt und eine Kulturrevolution zugleich gewesen. Sie veränderten grundlegend die Prozesse und Strukturen der speditionellen und logistischen Leistungserstellung. Erst jetzt wurde es möglich, nicht nur das geografische Niederlassungsnetz auch informationstechnisch zu vernetzen, sondern eine ganz neue Netzqualität zu schaffen und zudem auch die euronationale Integration der speditionellen Leistungskette in Angriff zu nehmen. Vorausgegangen war eine grundlegende unternehmensorganisatorische Restrukturierung. Zum Jahresende 1987 war mit Walter Schramm der Letzte aus der alten »Niederlassungsleiter-Garde« aus der Geschäftsführung ausgeschieden, und Ulrich Weiss als Generalbevollmächtigter nutzte dies zu einer Neuordnung der Geschäftsführungsbereiche.[386] Aus seiner Sicht existierten in der Organisation der speditionellen Abläufe im nationalen Bereich erhebliche Defizite, und so löste er die gesamte Speditionsorganisation und Produktion aus dem von Gerd Wecker geleiteten Ressort heraus. Unter Leitung von Jörg Tonn, bis dahin Geschäftsführer und Niederlassungsleiter bei der SWS in Karlsruhe, wurde zum 1. Januar 1988 ein neues Ressort geschaffen, das zunächst unter »Produktion und interne Logistik« firmierte, später aber in den Geschäftsführungsbereich »Speditionelle Leistungskette, Qualität, Infrastruktur« umbenannt wurde. So dringend die Aufgaben der speditionellen Produktionsorganisation eines gesonderten Managements bedurften, so schuf das neue Ressort zunächst dennoch gleich in dreifacher Hinsicht auch problematische Strukturen der Führungsorganisation bei Dachser. Zum einen ging der Großteil der Kompetenzen Tonns zu Lasten von bislang im Ressort Weckers angesiedelten Bereichen und Ar-

---

386 Vgl. dazu auch Brief Schramms an Weiss vom 29.6.1987 und vom 7.12.1987, in: Bestand Frieß.

beitsfeldern, das nun unter »Logistik extern« geführt wurde. Eine Reihe von Kompetenzüberschneidungen und damit potenziellen Konfliktfeldern blieben jedoch bestehen.[387] Dasselbe galt, zweitens, für die Abgrenzung zwischen den Ressorts Tonns und Thomas Simons (Logistik extern, international). Da Tonns Ressort sowohl für die nationale wie internationale Speditionsorganisation zuständig war, waren Konflikte mit dem Auslandsressort geradezu vorprogrammiert. Der Geschäftsführungsbereich »Logistik intern« befand sich mithin in einer doppelten Konfrontationsstellung. Dazu kam drittens, dass Tonn sein Ressort von Karlsruhe aus führte. Dachser besaß damit nun mit Gerd Wecker in München, Dieter Frieß und Thomas Simon in Kempten und Jörg Tonn in Karlsruhe drei Hauptniederlassungen an zum Teil weit voneinander entfernten Orten, was zu entsprechenden Kommunikationsproblemen zwischen den Geschäftsführern führte.[388] Andererseits setzte sich die Dachser-Geschäftsführung nun aus einer Riege junger Manager zusammen, die sich in ihren Kompetenzen und ihren unterschiedlichen Charakteren gut ergänzten: Wecker galt als Visionär, der frühzeitig die branchenspezifischen wie gesamtwirtschaftlichen Entwicklungen registrierte und in die Unternehmenspolitik einzubringen versuchte. Tonn prägten Pioniergeist, Tatendrang und Pragmatismus bei der Bewältigung der anstehenden speditionellen Herausforderungen, Thomas Simon brachte die internationale Perspektive in das lange Zeit weiterhin eher national denkende Unternehmen ein und Frieß übernahm vielfach eine moderierende und ausgleichende Funktion in den oft kontrovers geführten Diskussionen der Geschäftsführer und sorgte zudem dafür, dass allzu hochfliegende Pläne auf den Boden der nüchternen finanziellen Machbarkeit zurückgeholt wurden. Trotz der prekären organisatorischen Verankerung des neuen Ressorts von Tonn sollte dieses sich mithin als einer der wichtigsten Schritte in der Dachser-Geschichte zur Forcierung und Bewältigung des Wachstums des Unternehmens herausstellen. Unter dem Dach dieses Geschäftsbereichs wurde eine umfassende und strategisch ausgerichtete Netzpolitik entwickelt, und mit ihm rückte der Systemgedanke bei Dachser in den Mittelpunkt aller weiteren strategischen Überlegungen.

Umfang und Inhalt des Netz-Managements waren dabei tiefgreifenden Änderungen ausgesetzt. Ging es zunächst noch vor allem um die »nachträgliche« Herstellung einer homogenen Produktion speditioneller

---

387 Vgl. dazu Zeitzeugeninterview Tonn.
388 Erst im Oktober 2001 sollten alle Geschäftsbereiche in der Kemptener Hauptniederlassung vereinigt und zentralisiert werden.

*Bild 29: Die Dachser-Geschäftsführung 1988.
V. l. n. r.: Jörg Tonn, Dieter Frieß, Dr. Gerd Wecker, Thomas Simon*

Leistungen vor Ort, so rückte später mehr und mehr die »vorausschauende« Feinsteuerung der Netzkapazitäten insgesamt in den Mittelpunkt. Mit der Komplexität der logistischen Anforderungen wuchs auch die Komplexität des Netzes und die Notwendigkeit, über Art und Weise der Anbindung der funktionalen Teilnetze – vom nationalen und euronationalen Landverkehrsnetz über das interkontinentale See- und Luftfrachtnetz bis zu den branchenlogistischen Spezialnetzwerken im Lebensmittelbereich – nachzudenken und diese in Angriff zu nehmen.

Von der Vision zur Wirklichkeit: Die Errichtung eines nationalen Systemnetzwerkes und der Wandel zum euronationalen Netzwerkanbieter

Die Integration und Homogenisierung der speditionellen Leistungskette auf nationaler, dann auf europäischer Ebene verlief bei Dachser Ende der 1980er Jahre aufgrund der noch bestehenden klassischen Trennung der

Geschäftsbereiche zunächst voneinander weitgehend isoliert und mit zum Teil gegenläufigen Strategien. Grundsätzlich hatte man sich in dem für das Auslandsgeschäft zuständigen Ressort Thomas Simons schon früh Gedanken über die Positionierung von Dachser im europäischen Verkehrsmarkt nach dem Fall der Grenzen gemacht.[389] »Der Blick nach Europa [ist] für die Dachser-Organisation eigentlich die logische Fortsetzung der Firmengeschichte«, so lautete das Argument.[390] Im Oktober 1988 hatte daher die ZfA einen 40 Seiten starken »Entwurf einer Strategie für den Europäischen Verkehrsmarkt der 1990er Jahre« vorgelegt.[391] Einer Tradition in der Branche folgend, so hieß es dort einleitend, unterscheide auch Dachser noch in seiner Organisation zwischen nationalen und internationalen Verkehren. Diese Begriffe begännen sich nun inhaltlich immer mehr aufzulösen. Die ganze Entwicklung laufe letztlich auf eine Synthese unter dem Stichwort »euronational« hinaus. Die Transportstrecke München-Hamburg sei nicht anders einzuordnen als die Transportstrecke München-Paris. Die euronationale Speditionsleistung stelle mithin die künftige Existenzgrundlage dar, und das hieß, dass auch die Verkehre innerhalb Deutschlands dem Begriff euronational unterzuordnen waren. Als rein international würden lediglich die Bereiche See- und Luftfracht ihre Identität beibehalten können. Viele Elemente dieser neuen euronationalen Speditionsleistung seien bei Dachser bereits vorhanden. Die täglichen Laufzeiten von 24 bis 48 Stunden nach Zentren in Nachbarländern gehörten bereits zur Standardleistung. In den äußeren Grundstrukturen des Sammelns, der konsolidierten Langstreckenbeförderung im Hauptlauf und des Verteilens unterscheide sich ein internationaler Sammelverkehr nicht von einem nationalen. Kostenmäßig und kalkulatorisch hingegen befänden sich die internationalen Sammelverkehre in einer Schieflage. Denn während der grenzüberschreitende Hauptlauf sich seit langem schon in einem deregulierten Raum abspielte, unterlagen Vor- und Nach-

---

389 Vgl. Vortrag Bickers »Die Dachser-Organisation im künftigen europäischen Verkehrsmarkt«, in: Protokoll Niederlassungsleiter-Tagung vom 17./18.3.1987, Anhang, in: Bestand Bicker. Noch immer waren dabei die Italienverkehre mit einem Anteil von 39,4 Prozent bei den Importen und 20,3 Prozent bei den Exporten das wichtigste Europageschäft, gefolgt von Frankreich, Belgien, den Niederlanden und Österreich sowie der Schweiz. Die EG-Staaten machten insgesamt 83,4 Prozent der gesamten Dachser-Import-Tonnagen und 76,4 Prozent der Export-Tonnagen aus. Vgl. ebd.
390 Ebd.
391 Das Bicker-Konzept vom Oktober 1988, in: Bestand Bicker.

lauf regulierenden nationalen Bestimmungen. Mit anderen Worten: »Ein aus welchen Facetten auch immer sich zusammensetzendes europäisches speditionell/logistisches Leistungspaket ist so gut oder schlecht wie der Unterbau, auf dem es steht.«[392]

Als strategisches Gesamtziel der Dachser-Organisation für Europa wurde daher »die Errichtung und der Unterhalt eines durchgehend strukturierten und europaweit flächendeckenden Systems vielfältiger speditioneller und logistischer Dienstleistungen bei Wahrung der eigenen Identität« definiert. Konkret bedeutete das erstens die Angliederung der Leistungspalette von Partnern in den europäischen Ländern, zweitens die Ausrichtung beziehungsweise Erweiterung der Leistungsstruktur der europäischen Dachser-Häuser auf das gesamteuropäische integrierte Leistungsnetz hin, und drittens die Ausrichtung der Struktur der deutschen Stammorganisation auf die Aufgaben sowohl als Teil wie auch als Zentrum und Schwerpunkt eines europäischen Dachser-Verbundnetzes (»die Nabe am Dachser Europarad«). »Euronationale Integration der speditionellen Leistungskette« lautete mithin die große Herausforderung, das heißt, es ging darum, die drei Säulen und Teilnetze als Basis der Europastrategie – eigene Niederlassungen in Deutschland, europäische Dachser-Häuser sowie das Partnersystem – zu einem euronationalen Netzverbund zu verknüpfen und zu integrieren. Ein »völlig neuer Denkansatz« für die Betrachtung der speditionellen Eigenkosten und Kalkulationen, aber auch für die Konzeption der Verkaufstätigkeit war dafür erforderlich.[393] Vor allem aber erschien eine andere Rollendefinition bei den Niederlassungen notwendig. Sie müssten, so die Forderung aus der ZfA, künftig ganz unter europäischen Gesichtspunkten gesehen werden, und das hieß, »bisher als unumstößlich geltende Denk- und Betrachtungsweisen in Frage [zu stellen]«.[394]

So vorausschauend diese Denkansätze und Überlegungen zur künftigen Dachser-Europastrategie waren, so schwierig erwiesen sich jedoch die Bemühungen, diese konkret umzusetzen. Die ZfA etwa hatte gleichzeitig mit ihren strategischen Grundgedanken das konkrete Konzept eines Plattform-

---

392 Ebd., S. 11.
393 Vgl. dazu das unter dem Titel »Euronational« entworfene »Modellprojekt für operationelles Marketing« vom 29.3.1989, in: Bestand Wecker.
394 Bicker-Konzept, Vorwort sowie auch Protokoll Niederlassungsleiter-Tagung vom März 1989, S. 2 ff., zur Präsentation der Strategie gegenüber den Niederlassungsleitern. Siehe dazu auch Protokoll Geschäftsführung vom 18.1.1989, in: Bestand Frieß.

systems als zentrale Grundlage des künftigen euronationalen Netzes von Dachser entwickelt.[395] Die Idee war, ein System von in der Bundesrepublik Deutschland gelegenen Konzentrationspunkten aufzubauen, an denen Sendungen für bestimmte Relationen von verschiedenen Herkunftsorten in einer so großen Menge zusammengezogen wurden, dass daraus tägliche Verladungen zu spiegelbildlich organisierten Plattformen im Ausland vorgenommen werden konnten. Europäische Ballungs- beziehungsweise Distributionsräume sollten dadurch mit deutschen Ballungs- und Distributionsräumen auf der Basis täglicher und in beiden Richtungen laufender Linienverkehre so verbunden werden, dass jede der Filialen die Möglichkeit hatte, in jeder europäischen Relation sowohl dem Preis als auch der Leistung nach konkurrenzfähige Dienste anzubieten. »Es steht außer Frage«, so konzedierten allerdings die ZfA-Planer, »dass die Einführung eines Plattformsystems in der beschriebenen Form und in der letzten Konsequenz nicht ohne gravierende Auswirkungen auf die bisherige Organisations- und Kostenstruktur gesehen werden kann.[396] Nur wenige Wochen, nachdem im Herbst 1989 in Nordrhein-Westfalen ein entsprechendes Pilotprojekt in Angriff genommen worden war, zeigten sich aber organisatorisch wie praktisch so große Abstimmungsprobleme, dass das Projekt aufgegeben wurde.[397]

Neue Netzpolitik: Die »Tonn-Truppe«

Gleichzeitig hatte sich auch Jörg Tonn nach seiner Bestellung zum Geschäftsführer sofort daran gemacht, die Idee eines Niederlassungsnetzwerks als homogenes und auf hohem Qualitätsniveau arbeitendes Produktionssystem bei Dachser umzusetzen. Es galt, den sich nun auch im Speditionsgewerbe abzeichnenden Übergang zu industrialisierten und genormten Arbeitsabläufen zu organisieren. Allein schon die notwendige Einführung der Datenverarbeitung zwang von sich aus zu systemgerechten und logisch aufeinanderfolgenden Gliederungen von Arbeits-

---

395 Vgl. Bicker Strategie-Konzept 1988, S. 31 ff., in: Bestand Bicker.
396 Ebd., S. 33 ff.
397 Vgl. dazu Aktennotiz Bernhard Simon vom 24.10.1989 und vom 11.12.1989, in: Bestand Bicker, Ordner Plattform NRW. Eine Episode blieb auch der Beitritt zum EuroExpress-Verbund Anfang 1993. EuroExpress war ein bereits seit Anfang der 1980er Jahre bestehender Verbund namhafter europäischer Speditionsfirmen, die unter einheitlichem Logo gemeinsam ein europaweites Verbundnetz für Express-Verkehre unterhielten und vermarkteten. Nach negativen Erfahrungen verließ Dachser bereits Ende des Jahres wieder den Verbund.

abläufen in einer vorbestimmten Zeitfolge. Dazu machten es die immer differenzierteren Leistungsanforderungen der Kunden erforderlich, das gesamte Leistungsspektrum in einer Art Baukastensystem zu unterteilen, um daraus wiederum ein weit gefächertes Angebotsspektrum, aus dessen Teilen eine möglichst große Zahl individueller Angebote konstruierbar war, vorhalten zu können. Dies aber führte dazu, alle Arbeitsabläufe im physischen, dispositiven, administrativen und kommunikativen Bereich zu normieren, zu segmentieren und zu standardisieren, das heißt auch für ein Dienstleistungsprodukt die Methodik industrieller Fertigung zu übernehmen.

Drei Maßnahmen standen dabei im Mittelpunkt der Dachser-Netzpolitik. Erstens die Beseitigung von Schwachstellen innerhalb des Niederlassungsnetzes bei der Einführung des 24-Stunden-Dienstes. Ausgangspunkt war dabei die Überlegung, »dass die Qualität der erstellten Leistungen der Gesamtorganisation abhängig ist von der Leistung der schwächsten Filiale«.[398] Es wurde daher eine mobile Einsatzgruppe (die sogenannte Tonn-Truppe) von sechs bis acht Mitarbeitern aufgestellt, bestehend aus drei Lagermeistern, einem erfahrenen Lebensmittel-Logistiker, einem Eingangsfachmann sowie je einem Experten für Abrechnung und Disposition. Es sei bei Problemen in einer Niederlassung in der Regel nicht damit getan, so äußerte Tonn bei der Vorstellung seiner künftigen Aufgaben innerhalb des Geschäftsführerkreises, »in Teilbereichen die Arbeit an sich zu ziehen, sondern es müsse am Gesamtsystem gearbeitet werden«.[399] Als zweiter Maßnahmenbereich stand eine Lösung der aktuellen Palettenprobleme auf der Tagesordnung, ein nur auf den ersten Blick marginaler Aspekt der speditionellen Detailprobleme. Die Rückführung, der Austausch und die Überwachung des Palettenpools waren tatsächlich ein ständiger Streitpunkt zwischen den Niederlassungen und vor allem eine erhebliche Verlustquelle.[400] Schließlich galt, drittens, das Augenmerk der Realisierung des datenverarbeitungsgestützten Abfertigungssystems, von dem man sich »eine kräftige Anhebung des Leistungsstandards von Dachser« erwartete.[401]

---

398 Protokoll der Niederlassungsleiter-Tagung vom 17./18.3.1987, S. 4, in: Bestand Bicker.
399 Protokoll Geschäftsführung vom 15.1.1987, S. 6, in: Bestand Frieß.
400 Vgl. dazu Protokoll Niederlassungsleiter-Tagung vom 17./18.3.1987 und März 1988 mit den eindringlichen Appellen von Weiss diesbezüglich.
401 Ebd.

In einer Reihe von Filialen hatte man, vor allem aufgrund der Nichteinhaltung der Nachtentladung, mit Laufzeiten im Trockengut-Sammelladungsverkehr zu kämpfen, die noch keineswegs dem Standard des 24-Stunden-Dienstes entsprachen.[402] Im Frühjahr 1989 beschloss die Geschäftsführung daher zwei Maßnahmen: Zum einen eine (weitere) Systematisierung der Abläufe, zum anderen eine Art Planungsrechnung, das heißt die Festlegung von Zielvorgaben sowohl auf dem Erlös- als auch auf dem Kostensektor. Der Unterschied von Dachser zu erfolgreichen Konkurrenten wie FedEx, so stellte man in Kempten selbstkritisch fest, liege »ganz offensichtlich darin, dass bei den anderen Unternehmen alle betrieblichen Abläufe ausnahmslos innerhalb eines fest gefügten Gesamtsystems und nach vorgegebenen Standards abgewickelt werden, wobei für die Leistungsbemessung der verantwortlichen Betriebsstellenleiter beziehungsweise Filialleiter die Vorhaltung des Leistungsstandards gleichberechtigt neben die Erzielung wirtschaftlicher Ergebnisse tritt«.[403] Darüber hinaus sei eine Ausweitung der bisher geübten Kostenrechnungspraxis zu einer Controllertätigkeit vor Ort notwendig. Man brauche tagesaktuelle Daten und Kennziffern, die für die Zweigniederlassung nachvollziehbare und zwischen den Filialen vergleichbare Informationen liefern.[404] Die Kosten- und Ergebnisentwicklung jeder Niederlassung wurde damit seitens der Hauptniederlassung einer permanenten Beobachtung unterworfen. Damit, so hoffte man in der Geschäftsführung, würde endlich auch den gravierenden Abweichungen zwischen vorläufigen Buchhaltungsergebnissen und Betriebsabrechnungsbögen ein Ende bereitet werden. Bei Dachser hatte sich inzwischen ein Zwei-Kreis-System der Kostenrechnung etabliert, das die Koexistenz einer Profit-Center-Rechnung und einer Kostenträgerrechnung gewährleistete. Durch dieses System konnte die Betriebsbuchhaltung aufgrund ihrer relativen Unabhängigkeit von der Finanzbuchhaltung zeitnäher arbeiten. Voraussetzung für das Funktionieren war aber die kostenstellen- und periodengerechte Erfassung der entsprechenden Daten. Die Kontrolle der Datenqualität erfolgte vierteljährlich mittels nachträglicher Abweichungsanalysen, und regelmäßig musste die Geschäftsführung feststellen, dass die Bruttospeditionsgewinne in den Niederlassungen viel zu

---

402 Ebd., Anhang sowie Protokoll Geschäftsführung vom 18.2.1988, S. 2, in: ebd.
403 Protokoll Geschäftsführung vom 22.2.1989, S. 1 f., in: ebd.
404 Vgl. HN-Rundschreiben vom 22.6.1989, in: Bestand Frieß.

optimistisch prognostiziert und damit zu hoch ausgewiesen worden waren. Immer wieder wurde die Geschäftsführung von plötzlichen negativen Veränderungen des Ergebnisses überrascht.[405] Erst im Frühjahr 1992 sollte die Controllingabteilung in der Hauptniederlassung konstatieren, dass »die früher durch die traditionelle Unternehmenskultur und Denkungsart bestehenden Hindernisse (Geheimhaltungs-, Autoritäts- und kurzfristiges Erfolgsdenken) für eine Entwicklung des Controllings zu einem Führungsinstrument in den meisten Filialen beseitigt oder zumindest abgebaut werden [konnten]«.[406]

Im Herbst 1989 konnte das Ressort Tonn als Ergebnis seiner Bemühungen schließlich vermelden, dass der 24-Studen-Dienst inzwischen »weitgehend« funktionierte.[407] Gleichzeitig war die Implementierung des Sendungsauskunftssystems vorangetrieben und ein neues Palettenverwaltungssystem installiert worden.[408] Die dabei praktizierte Aufgabenteilung zwischen Hauptniederlassung und Niederlassungsleitern bewährte sich zunehmend: Während die eine für die Implantation von neuen und verbesserten Ablaufstrukturen verantwortlich war, sorgten die anderen dafür, dass diese Strukturen mit Leben erfüllt und ihr reibungsloses Funktionieren aufrechterhalten wurde. Dass man zu diesem Zeitpunkt allerdings bei der Netzorganisation von Dachser noch nicht das selbst gesteckte hohe Qualitäts- und Leistungsniveau gänzlich erreicht hatte, lag auf der Hand. Eine Untersuchung der speditionellen Leistungsbereitschaft in den Niederlassungen, die seitens der Hauptniederlassung im Mai 1990 erstellt wurde, zeigte, dass zum Beispiel in den Ausgangshäusern oftmals noch immer Verladepraktiken vorherrschten, durch die eine Kontrolle des Sendungslaufes erheblich erschwert wurde.[409] Das größte Potenzial bei Dachser, so hatte auch schon zuvor eine detaillierte Analyse der Zweigniederlassung München ergeben, »ist somit die Reduktion der Qualitätskosten«.[410]

Die insgesamt aber doch deutlichen Erfolge des neuen Netzmanagements schlugen sich auch in den Zahlen nieder. Eine Reihe von Niederlas-

---

405 Vgl. dazu u. a. Notiz Frieß vom 15.6.1990 sowie etwa die Prognosen für 1994 bis 1996, in: Protokoll Verwaltungsrat vom 12.10.1993, Anhang, in: Bestand Frieß.
406 Notiz Peterknecht vom 4.4.1992, in: Bestand Frieß.
407 Protokoll Geschäftsführung vom 10./11.10.1989, S. 2, in: ebd.
408 Ebd., S. 7.
409 Der 8-seitige Bericht Tonns vom 8.6.1990, in: Bestand Bicker.
410 Protokoll der Geschäftsführung vom 4./5.7.1989 sowie vom 16.6.1990 zur Debatte über den Tonn-Bericht, in: ebd.

sungen wiesen inzwischen erhebliche Ergebnisverbesserungen auf. Zwar verzeichneten noch immer einige Häuser Verluste, aber der Hälfte von ihnen war es gelungen, ihre roten Zahlen so weit zu reduzieren, dass die Rückkehr in die Gewinnzone absehbar war. Deutlich niedrigere Kosten im Umschlaglager sowie durch Schadensminimierung zeigten, dass sich vor allem die Qualität erheblich verbessert hatte und man dem hohen Anspruch einer »Dachser-Qualität« einen großen Schritt näher gekommen war. Wurden im Januar 1991 noch 6,5 Prozent der Ausgangssendungen als fehlend gemeldet, so sank die Quote bis zum März 1993 auf 1,6 Prozent und tendierte nach der Barcode-Einführung gegen null; und waren im selben Zeitraum zunächst nur 70,9 Prozent aller Stückgutsendungen noch innerhalb eines Tages zugestellt worden, so betrug die Laufzeitquote nun bereits knapp 87 Prozent.[411]

Noch immer aber war das Leistungsgefälle innerhalb der Dachser-Niederlassungen erheblich, und Anfang der 1990er Jahre tauchten neue Problemniederlassungen auf, die zum Teil deutliche Verluste verzeichneten. »Dies ist ein Zustand«, so kritisierte die Geschäftsführung auf der Niederlassungsleiter-Tagung im Frühjahr 1993, »der für die Zukunft unerträglich ist. Niemand in dieser Firma hat das Recht, Verluste zu machen, von definierten vorübergehenden Ausnahmen einmal abgesehen. Verluste sind nicht gottgewollt, sondern in der Regel Folge falscher oder unterlassener Entscheidungen. So sehr wir den Häusern für ihren realisierten Verlustabbau danken, so sehr müssen wir von den Häusern, die ihre Verluste vergrößert haben, verlangen, nichts, aber absolut gar nichts unversucht zu lassen, um aus den roten Zahlen herauszukommen [...] Wollen wir die uns gemeinsam gesteckten Ziele erreichen, nämlich ein Familienunternehmen zu bleiben und ohne fremde Kapitalbeteiligung uns so weiterzuentwickeln, dass wir eine aktive, gestalterische Rolle auch in Zukunft spielen können, dürfen wir die Gewinne der erfolgreichen Häuser nicht durch die Verluste der nicht erfolgreichen aufzehren lassen.«[412] Erst mit der erfolgreichen Einführung der Datenverarbeitung, insbesondere mit der selbst entwickelten Speditionssoftware DOMINO, so die große Hoffnung, werde es gelingen, den Teufelskreis der permanenten Bekämpfung

---

411 Zu den Qualitätskennzahlen vgl. Protokoll Verwaltungsrat vom 15.6.1993, Anhang, sowie auch vom 7.10.1992 und 8.12.1992, Anhang, in: Bestand Wecker.
412 Protokoll Niederlassungsleiter-Tagung vom März 1993, Bericht Wecker im Anhang, in: ebd.

von Verlustniederlassungen zu durchbrechen. »Das Gelingen von DOMINO«, da war sich die Geschäftsführung einig, »[ist] nicht nur für die Sanierung der Verlustfilialen, sondern für die Gesamtorganisation von existenzieller Bedeutung.«[413] Zu diesem Zeitpunkt waren allerdings erst sieben, das heißt ein Drittel aller Niederlassungen auf die neue Datenverarbeitungstechnologie umgestellt, 1993/94 sollten weitere neun Zweigniederlassungen »DOMINO-tauglich« werden und erst 1995 rechnete man mit dem endgültigen Abschluss der informationstechnischen Ausrichtung und Durchdringung des Dachser-Netzes.

Optimierung des Niederlassungsnetzes

Zunächst jedoch stand die Optimierung des Netzes durch dessen regionalen Ausbau im Vordergrund. Die Überlegungen zur Schließung der letzten weißen Flecken in der geografischen Ausbreitung des Netzes waren dabei schon seit 1987 im Gange gewesen.[414] In Bielefeld und Singen wurden durch den Erwerb der Spedition Weber & Weber beziehungsweise Hermann Maier KG neue Niederlassungsstandorte errichtet, dazu kamen anstehende Modernisierungs- und Erweiterungsbauten in einer Reihe bestehender Niederlassungen, wie etwa in München, wo allein 73 Millionen DM verplant waren. Einen grundlegenden Einschnitt in die Struktur wie Organisation des Niederlassungsnetzes bedeutete aber vor allem dann die im Frühjahr 1993 erfolgte Errichtung des Verteilerzentrums Allgäu (VZA) am Standort Memmingen. Der Eröffnung des VZA war unternehmensintern eine sechsjährige Debatte vorausgegangen, in der über die logistischen Vorteile einer Zentralisierung der Ausgangstonnagen und der Bündelung des Eingangsaufkommens im Allgäuer Wirtschaftsraum gegenüber den Nachteilen für die Profit-Center-Struktur der betroffenen Niederlassungen Kempten, Memmingen, Wangen und Freiburg kontrovers diskutiert worden war.[415] Die Niederlassungen Kempten und Memmingen wurden schließlich zum 1. Januar 1993 zusammengelegt, und

---

413 Protokoll Geschäftsführung vom 13.3.1991, S. 2, in: Bestand Frieß.
414 Protokoll Geschäftsführung vom 10.11.1989, S. 3. Zu den langwierigen Verhandlungen bezüglich des Standorts Bielefeld vgl. Aktennotiz Frieß vom 20.6.1988 und Protokoll Geschäftsführung vom 2.6.1989 sowie zu Singen Protokoll Geschäftsführung vom 8.10.1991.
415 Vgl. dazu u. a. Aktennotiz Frieß vom 3.11.1986, in: Bestand Frieß.

auch Wangen musste Teile seines Geschäftsgebietes abtreten.[416] Die dann letztlich als Logistikzentrum Allgäu firmierende Großanlage in Memmingen war mit einer Trockengut-Halle von 7 700 qm sowie einem 1 200 qm großen Kühlbereich für das Frischdienst-Geschäft eine der größten und modernsten Speditionsanlagen in Deutschland.[417] Die damit vollzogene Entzerrung des historisch gewachsenen dichten Niederlassungsnetzes im Allgäuer Raum brachte erhebliche Rationalisierungseffekte. Nicht nur, dass die Nahverkehrsfahrzeuge besser ausgelastet waren und eine deutliche Verringerung der Fernverkehrslinienverkehre erfolgte. Die Beschleunigung des Warenumschlags ermöglichte auch eine Doppelnutzung der vorhandenen Lager- und Umschlagflächen, das heißt die Nutzung ein und derselben Fläche für Eingang und Ausgang. Eingangs- und Ausgangssendungen wurden bis dahin vollkommen separat voneinander behandelt, nun sprachen die Produktionsexperten von Dachser in diesem Zusammenhang von einem »fließenden Zustand der Sendungen«.[418] Die Einführung der Doppelnutzung bei Dachser war eine bahnbrechende speditionsorganisatorische Innovation, durch die die Weichen für weiteres Wachstum und zugleich für die Verbesserung der Qualität gestellt wurden.

Expansion in die neuen Bundesländer

Mitten in diese Bemühungen zur Netzoptimierung erfolgte im November 1989 unerwartet und für Dachser im Grunde äußerst »ungelegen« der Fall der Mauer. Dachser hatte sich gerade aufgemacht, sich europäisch weiterzuentwickeln, DOMINO sollte neu eingeführt und die Doppelplatznutzung überall zum Standard werden. Alle diese Aufgaben zusammen bedeuteten eine gewaltige finanzielle wie personelle Herausforderung, und nun stand die Geschäftsführung plötzlich vor einer weiteren Aufgabe. Auch in den späteren neuen Bundesländern (NBL) galt es, rasch logistische Infrastrukturen zu etablieren und »in den nächsten

---

416 Freiburg, bis dahin Außenstelle der NL Memmingen, wurde dann aus dem NL-Verbund herausgelöst und zum 1. Januar 1995 als selbstständige Niederlassung geführt.
417 Vgl. dazu auch »Logistikzentrum als Alternative zur herkömmlichen Speditionsanlage«, in: *DVZ* vom 20.10.1992, S. 22–23.
418 Vgl. »Logistikzentrum als Alternative zur herkömmlichen Speditionsanlage«, in: *DVZ* vom 20.10.1992, S. 23.

Jahren ein Netz eigener Häuser aufzubauen, die eine flächendeckende Bedienung des Marktes erlauben und zugleich die Basis auch für die Abwicklung internationaler Verkehre bilden«.[419] Als Standorte vorgesehen waren (Ost)Berlin, Leipzig/Halle, Dresden, Erfurt sowie Rostock oder Neubrandenburg, und damit würde die gleiche Netzdichte erreicht werden, wie sie bereits für die alten Bundesländer existierte. Der dafür erforderliche Investitionsbedarf war allerdings beträchtlich, allein für Immobilien und Fuhrpark, so schätzte man, mussten 100 Millionen DM aufgewendet werden, dazu kam der damals noch erforderliche Erwerb roter Fernverkehrskonzessionen. Angesichts dessen und auch vor dem Hintergrund der bestehenden politischen wie immobilienrechtlichen Unwägbarkeiten hielt sich die Dachser-Geschäftsführung mit überstürzten Investitionen zurück. Man setzte zunächst auf insgesamt elf regionale und lokale Partner als Übergangslösung.[420] »Aus der Interessenlage heraus, eigene Investitionen in den neuen Bundesländern zumindest zeitlich zu strecken, werden Zwischenlösungen dergestalt favorisiert, dass so lange wie möglich mit Partnern aus den Neuen Bundesländern zusammengearbeitet wird«, erläuterte die Geschäftsführung auf der Niederlassungsleiter-Tagung im März 1991 ihre Politik. Ein nicht zu unterschätzendes Risiko dieser Strategie war allerdings, dass diese Partner noch von der Treuhand geführt wurden und wegen der Verkaufsbemühungen der Treuhand damit gerechnet werden musste, von einem Tag auf den anderen Partner zu verlieren, weil sie von unmittelbaren Konkurrenten übernommen wurden.[421] Nur auf diese Weise hatte Dachser aber als erster großer Sammelladungsspediteur bereits zum 1. April 1990 und damit noch vor der Wiedervereinigung in Ostdeutschland ein flächendeckendes Distributionsnetz anbieten können. Der zeitliche Vorsprung vor den Konkurrenten erwies sich als hochprofitabel.[422] Allerdings zogen die Wettbewerber schnell nach: Schenker baute mit Investitionen von 200 Millionen DM ebenfalls an einem flächendeckenden Niederlassungsnetz in den neuen Bundesländern, Danzas meldete im

---

419 Rahmenkonzept I von 1991/92, S. 53, in: Bestand Wecker.
420 Vgl. dazu im Detail Bestand Frieß, Ordner Ex-DDR sowie auch Bicker, S. 395.
421 Protokoll Niederlassungsleiter-Tagung vom März 1991, S. 16, in: ebd.
422 Vgl. dazu Protokoll der Niederlassungsleiter-Besprechung »DDR« vom 17.9.1990, in: Bestand Frieß.

Schaubild 21: Niederlassungsnetz (Trockengut) Deutschland 2004 (inkl. Partner)

Dezember 1990 die Komplettierung eines ostdeutschen Servicenetzes aus 14 Niederlassungen und im April 1991 hatte auch THL durch Aufkauf von örtlichen Speditionen in der ehemaligen DDR ein dichtes Speditionsnetz aufgezogen. Im Frühjahr 1991 zeigte sich nun, dass für Dachser die reine Partnerlösung nicht mehr praktikabel war. Zahlreiche der ehemaligen DDR-Handelstransportgesellschaften waren nicht mehr überlebensfähig, und gleichzeitig wuchsen die quantitativen wie qualitativen Anforderungen. Waren 1990 noch durchschnittlich 1 500 Tonnen pro Monat über das »NBL-Netz« geschleust worden, so wurden 1991 bereits über 3 000 Tonnen pro Monat transportiert und 1992 betrug die »NBL-Tonnage« schließlich sogar 5 500 Tonnen pro Monat. Die als betreuenden beziehungsweise steuernden Plattformen mit Direktverkehren agierenden »grenznahen« Niederlassungen Hof, Hamburg, Berlin und Hannover waren schließlich überlastet, sodass nun mit dem Aufbau eigener Standorte begonnen wurde. Zuerst entstanden im Mai 1991 für den FD-Bereich in Querfurt, Magdeburg und Finsterwalde Umschlagflächen, im November 1992 wurde dann in Dresden eine eigene Niederlassung eröffnet, im Frühjahr 1993 ging in Landsberg/Halle eine weitere Niederlassung »ans Netz« und im August 1993 kam der Standort Neubrandenburg als Außenstelle der Niederlassung Berlin hinzu. Ein Jahr später schließlich bezog Dachser in Magdeburg als Außenstelle der Niederlassung Hannover einen weiteren eigenen Standort.

Auch in den neuen Bundesländern wurden bald die speditionellen Leistungen an den Qualitätsstandard des Gesamtnetzes herangeführt. Dass dies in vergleichsweise kurzer Zeit realisiert wurde, lag unter anderem auch an einem ebenso innovativen wie ungewöhnlichen – und letztlich erfolgreichen – Weg, den die Dachser-Geschäftsführung bei der personellen Besetzung von Führungskräftepositionen eingeschlagen hatte: Man setzte auf die Rekrutierung und Fortbildung von ehemaligen NVA-Offizieren.[423] Die vormaligen Armeeangehörigen brachten ein vergleichsweise hohes Bildungsniveau und eine aus naheliegenden Gründen hohe Motivation für die Umschulung mit. Mit Hilfe von Assessment-Centern und eigens entwickelten Trainee-Programmen wählte Dachser schließlich 30 potenzielle neue Führungskräfte aus, die dann auch tatsächlich das neue personelle Rückgrat des »NBL-Netzes« bildeten.

Probleme der Netzsteuerung

Mitte der 1990er Jahre stand das Dachser-Netz und damit die gesamte Netzpolitik jedoch bereits vor neuen Herausforderungen. Die Zahl der Verlustniederlassungen wuchs deutlich.[424] Konjunkturelle Gründe spielten dabei ebenso eine Rolle wie die Verschärfung des brancheninternen Wettbewerbs mit zum Teil dramatischen Preiseinbrüchen auf dem deutschen wie europäischen Transportmarkt. Spätestens Ende 1995 musste sich die Geschäftsführung eingestehen, dass das hochgesteckte einstige Ziel, sämtliche Niederlassungen in schwarze Zahlen zu bringen, nicht erreicht worden war.[425] Zwar konnten in einer Reihe der Problemniederlassungen

---

423 Vgl. dazu auch *DVZ* vom 21.4.1994, S. 20, und auch Zeitzeugeninterview Beiersdorf.
424 Schreiben Tonn vom 16.8.1994, in: Bestand Wecker.
425 Vgl. dazu Protokoll Verwaltungsrat vom 19.6.1995, S. 4, und Protokoll Geschäftsfüh-

Schaubild 22: Entwicklung der Niederlassungsergebnisse 1987 bis 2003 (Indiziert auf der Basis 1987 = 100)

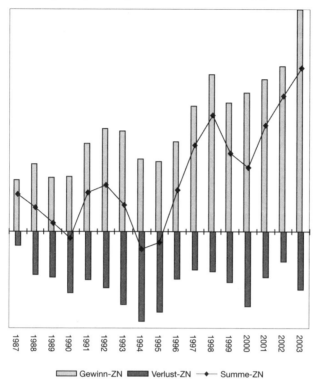

die Verluste wieder reduziert werden, aber unter dem Strich standen 21 Niederlassungen mit positiven Erträgen 20 Niederlassungen mit Verlusten gegenüber.

Erstmals wurde angesichts des offensichtlichen Missverhältnisses zwischen Wachstum, Qualität und Rendite insbesondere von Seiten des Verwaltungsrates nun offen die Frage aufgeworfen, »ob man sich von Verlustfilialen trennen sollte oder nicht, und ob man die Netzstruktur erhalten sollte oder nicht«.[426] Die Antwort der Geschäftsführung aber war eindeutig: Die Netzstrukturen hatten Vorrang. Die Schließung einer Nie-

---

rung vom 7.2.1995, S. 2, vom 13.3.1995, S. 2, vom 9.5.1995, S. 4f., und vom 11.7.1995, S. 2f. Vgl. dazu auch die intensive Debatte auf der Niederlassungsleiter-Tagung vom 7.8.1995, in: Bestand Wecker.
426 Protokoll Verwaltungsrat vom 12.10.1993, S. 3, in: ebd.

derlassung wäre Ultima Ratio. Vorher seien alle anderen Alternativen zu prüfen. Ende 1994 wurde ein »Verlustreduzierungsprogramm« entworfen, in dessen Mittelpunkt die Intensivierung des Verkaufs, Erlössteigerungen durch Preisanhebungen und organisatorische Maßnahmen zur Produktivitätssteigerung standen.[427] Einer Politik der bloßen zusätzlichen Geschäfts- und damit Tonnage-Akquirierung, das heißt mehr Geschäft zu niedrigen Preisen hereinzuholen, wollte sich Dachser jedoch im Gegensatz zu vielen Konkurrenten nicht verschreiben. Damit hätte man nur erreicht, dass die Kapazitäten in starken Eingangshäusern überstrapaziert werden würden. Dennoch galt auf der anderen Seite jedoch auch, dass Dachser Systemanbieter war und davon lebte, ein Liniennetz anzubieten. Dieses Netz brauchte eine Mindestauslastung, ohne die bestimmte Verkehre nicht rentabel aufrechterhalten werden konnten.[428] Die Kunst des künftigen Netzmanagements, da waren sich die Dachser-Geschäftsführer einig, lag darin, das teilweise konkurrierende Verhalten zwischen den Dachser-Niederlassungen und den unterschiedlichen Interessen der Eingangs- und Ausgangshäuser für eine Optimierung des Gesamtergebnisses zu nutzen und zugleich »ein mehr kooperatives Verhalten zu implementieren«.[429] Als zentrales Vehikel dazu erwies sich die nach intensiven Diskussionen zwischen Geschäftsführung und Niederlassungsleitern erfolgte Weiterentwicklung des Dachser-spezifischen Rückrechnungssystems.[430] Es herrschte letztlich Übereinstimmung, dass »wir uns bei den Rückrechnungskonditionen von dem Tarifdenken verabschieden und diese Konditionen endlich auf Kostenbasis aufbauen [müssen]«.[431] Durch eine falsche Rückrechnungspolitik und eine wahrscheinlich auch falsche Verkaufspolitik, so äußerte die Geschäftsführung noch ein Jahr später selbstkritisch, »haben wir es in der Vergangenheit versäumt, rechtzeitig unsere Verkaufsbemühungen auf die vorhandenen Kapazitäten auszurichten«.[432] Die schließlich entwickelte Art und Weise der internen Verrechnung

---

427 Vgl. dazu im Einzelnen Protokoll Verwaltungsrat vom 12.12.1994, S. 3 ff., und vor allem Protokoll Geschäftsführung vom 11.10.1994, in: ebd.
428 Vgl. ebd.
429 Ebd.
430 Vgl. Aktennotiz Frieß vom 16.3.1988 und Protokoll Geschäftsführung vom 14.4.1988, S. 3, in: Bestand Frieß.
431 Brief Thomas Simon an Wecker vom 17.5.1990, in: Bestand Wecker.
432 Brief Wecker vom 9.1.1991 sowie auch vom 21.1.1991, in: Bestand Wecker. Vgl. auch Protokoll Verwaltungsrat vom 8.12.1992, S. 2, in: ebd.

der Leistungen zwischen Ausgangs- und Eingangshäusern und die dabei vorgenommene Differenzierung nach Art, Größe und Gewicht der Sendungen bedeutete letztlich die Schaffung von Kalkulationsgrundlagen, die Steuerungs- und Lenkungsfunktion hatten. Zudem erleichterte auch der zunehmende Einsatz der Datenverarbeitung und der neuen Speditionssoftware DOMINO die Neuorganisation und zugleich Vereinfachung der Rückrechnung.

Projekt »Mobile«: Der lange Weg zum euronationalen Netzwerkanbieter

Während die Kemptener damit beschäftigt waren, ihr Inlandsnetz zu modernisieren und zu einem IT-gestützten Logistiksystem umzubauen, wurden sie gleichzeitig auf dem europäischen Güterverkehrsmarkt mit gleichermaßen aggressiven wie expansiven Europastrategien der Wettbewerber konfrontiert. Schenker etwa hatte Ende der 1980er, Anfang der 1990er Jahre durch die Fusion mit Rhenus-Weichelt und weiteren Zukäufen, insbesondere der schwedischen Bilspedition, rasch ein nahezu flächendeckendes europäisches Speditionsnetzwerk aufgebaut und ging daran, dieses unter der Marke »Eurocargo« sowie der Maxime »Alles aus einer Hand« auf einen einheitlichen Leistungsstandard auszurichten.[433] Mit erheblichem Investitionsaufwand wurde seit 1994 das gesamte Stückgutgeschäft von Schenker neu organisiert, über Zentral-Hubs und ein Datenverarbeitungssystem vernetzt und ganz auf die europäischen Landverkehre ausgerichtet. Gleichzeitig unternahm K&N einen neuen Anlauf zur Marktführerschaft in der Europa-Netzlogistik. Der Konzern hatte ursprünglich am schnellsten auf den absehbaren Abbau der Grenzen in Europa reagiert und sich bereits in der zweiten Hälfte der 1980er Jahre unter dem Motto »Euro-Logistik« mit Millionensummen in großem Stil in bestehende Speditionsfirmen und -netze in Europa einzukaufen versucht. Aber Fehleinschätzungen der Märkte, der Mentalität und der

---

433 Vgl. dazu u. a. »Euro-Logistik-Konzeptionen sind immer stärker gefragt«, in: *DVZ* vom 6.6.1989, S.5 f., sowie »Schenker Eurocargo AG baut Marktposition in Europa aus«, in: *DVZ* 1994, S. 25, und Matis/Stiefel, S. 269 ff. Siehe auch Wolfgang Monning, »Strategien zum Aufbau europäischer Verkehrsnetze: Alles aus einer Hand«, in: *Deutscher Logistik-Kongreß* 1992, S. 615–635.

Leistungsfähigkeit der Partner sowie der Verzicht auf klare Mehrheiten kosteten vor allem in Frankreich, Italien und Spanien K&N viel Lehrgeld. Und als der europäische Binnenmarkt Wirklichkeit wurde, stand der Dachser-Konkurrent mit fast leeren Händen da.[434] 1993/94 startete K&N, weltweit unter den führenden Luft- und Seefrachtspediteuren, aber mit relativ schwacher Position im netzbasierten Geschäft der Landverkehre, daher eine neue Offensive, in mehreren Stufen über Akquisitionen und Beteiligungen ein »Europa-Netz« aufzubauen.[435]

Auch ausländische Speditionskonzerne wie die Schweizer Danzas verstärkten ihre Eurologistik-Aktivitäten. Mit »Key-Market-Managern« und standardisierten Logistik-Produkten europaweit versuchte man, sich auf dem neuen Binnenmarkt zu positionieren. Unter dem Markenzeichen »Eurapid« hatten die Schweizer schon Mitte der 1980er Jahre damit begonnen, in acht westeuropäischen Ländern 23 Plattformen für ein im Franchisesystem betriebenes Europa-Expressgut-System aufzubauen. Aber als größter Zollspediteur Europas brachen Danzas nach 1993 nahezu 40 Prozent des Umsatzes weg und damit ein wesentliches Standbein seines bisherigen Geschäfts. Streitigkeiten unter den Anteilseignern kamen dazu, sodass das Unternehmen dann im Jahr 2000 im Logistikkonzern der Deutschen Post aufging. Schließlich verfolgten auch transnationale Kooperationen wie etwa die 1992 gebildete »Team-Allianz« (Transeuropean Alliance Members) Strategien zum Aufbau europäischer Verkehrsmärkte. Bedeutende nationale Speditionen wie die dänische DFDS Transport und die französische Mory-TNT-Gruppe hatten sich zur selben Zeit unter der Führung der deutschen THL zu dieser Stückgut-Allianz mit 7,1 Milliarden DM Umsatz, über 220 europäischen Standorten und fast 18 000 Beschäftigten zusammengeschlossen und boten einen flächendeckenden Service im Stückgut- und Teilladungsbereich in den wichtigsten westeuropäischen Ländern.[436]

---

434 Vgl. »Land in Sicht«, in: *Manager Magazin* 5/1994, S. 55, sowie auch Bjelicic, S. 83 f., und zur K&N-Geschichte auch »Spediteur auf neuen Wegen«, in: *Industriemagazin* vom April 1987, S. 66–75, und »Wir streben nach Euro-Logistik mit Markenqualität«, in: *FAZ* vom 24.9.1990, S. 19.

435 Vgl. dazu auch »Euronetz in drei Jahren, oder der Zug ist abgefahren«, in: *DVZ* vom 31.7.1993, S. 3, sowie »Rückschläge für das Eurologistik-Konzept«, in: *FAZ* vom 12.6.1991, S. 23.

436 Vgl. dazu *Logistik im Unternehmen* 8 (1994), S. 39 sowie Klaus Giesen, »Strategien zum Aufbau europäischer Verkehrsmärkte-Allianzen«, in: *Deutscher Logistik-Kongreß* 1992, S. 637–651.

Weichenstellung und Bewährungsprobe

Im Herbst 1993 entwickelte die Dachser-Geschäftsführung angesichts dessen nun unter dem späteren Akronym »Mobile« ein neues Europakonzept und zugleich Netzentwicklungsprogramm. In seinem Zentrum stand die europaweite Integration der speditionellen Leistungskette und damit das Ziel, mittelfristig ein konsistentes Europanetz in Form der Ausdehnung des nationalen Leistungsstandards zu erreichen. Tonn beauftragte Bernhard Simon, Enkel Thomas Dachsers und ältester Sohn von Annemarie und Thomas Simon, mit der Aufgabe, das neue Konzept konkret umzusetzen. Simon, zu diesem Zeitpunkt 32 Jahre alt, hatte nach seiner Ausbildung zum Speditionskaufmann und dem Studium der Betriebswirtschaft zunächst ein Traineeprogramm beim damaligen französischen Dachser-Partner Mory abgeleistet, war dann kurzzeitig in leitender Projekttätigkeit im Auslandsressort seines Vaters tätig gewesen und seit 1993 als Bereichsleiter in das Geschäftsführungsressort Tonns gewechselt. Dieser verstand sich auch als Mentor von Bernhard Simon. Es war der Wille von Tonn, obzwar familienexterner Manager, Dachser als Familienunternehmen zu erhalten und mittelfristig Bernhard Simon in die Geschäftsführung zu bringen. Das Mobile-Projekt sollte die große Bewährungsprobe für Bernhard Simon sein, in dem er seine Fähigkeiten unter Beweis stellen konnte, und deren erfolgreiche Bewältigung sollte dann tatsächlich die Grundlage für Bernhard Simons Aufstieg an die Spitze der Geschäftsführung von Dachser werden.

Die große Aufgabe bestand nun im Wesentlichen darin, die speditionelle Leistungskette national und euronational mit dem Ziel zu integrieren, zu homogenen Prozessen zu gelangen und die Kosten pro Sendung auf das nationale Niveau zu drücken. Die Qualität der euronationalen Verkehrsabläufe sollte verbessert und die dort bestehenden Rationalisierungsreserven erschlossen werden, und diese Reserven waren, das zeigten erste Untersuchungen, gewaltig. Betrugen die Gesamtkosten pro Sendung im nationalen Ausgang rund 22 DM, so lagen diese im Export und Import bei jeweils 75 DM, das heißt dreimal so hoch. Die einzuleitende Reorganisation basierte mithin auf der Annahme, »dass bei grenzüberschreitenden Verkehren grundsätzlich die gleichen kostengünstigen Abläufe etablierbar sind wie bei den nationalen Verkehren«, und am Beispiel der Analyse der Verkehre von und nach den Niederlanden fand man im Ressort Tonns schnell Anhaltspunkte für die Richtigkeit dieses Denkansatzes.[437] Noch aber schrieb man in den europäischen Auslandshäusern, nicht zuletzt auch wegen des Wegfalls der Erlöse aus den Verzollungsgeschäften, tiefrote Zahlen. Dazu kam ein weiteres, in den Niederlassungen verankertes Problem. Man müsste, so klagte die Geschäftsführung auf der Niederlassungsleiter-Tagung im März 1993 über die bestehenden unternehmenskulturellen Hürden, »endlich den aktiven Willen zeigen, den euronationalen Gedanken von mentalen Barrieren zu befreien«.[438] Die Geschäftsführung war sich daher klar, dass man nicht nur 1994 »alle Hände voll zu tun haben [wird], um uns im euronationalen Bereich konzeptionell und materiell zu stabilisieren«.[439] Dennoch, so war man sich gleichzeitig sicher, »die Revolution in den Köpfen hat begonnen«.[440]

Als Vorlauf zum eigentlichen Projektstart hatten sich Bernhard Simon und sein Team 1993/94 die Reorganisation der holländischen Niederlassung in Zevenaar vorgenommen. Die gesamte Aufbau- und Ablauforganisation wurde tiefgreifend verändert sowie die Speditionssoftware DOMINO eingeführt. Bereits im Juli 1994 war die Umstellung abgeschlossen und damit ein »echter Meilenstein« in der Integration der euronationalen Leistungskette mit dem Ziel, auch in Holland zu standardisierten Abläufen zu kommen, »die uns in die Lage versetzen, große Sendungszahlen produktgerecht zu verarbeiten«, erreicht.[441] Gleichzeitig war auch in der als Pilotprojekt ausgewählten Niederlassung Nürnberg mit der Umstellung der bis dahin klassischen Export-/Import-Abteilungen auf eine euronationale Ablauforganisation begonnen worden. Bernhard Simons Bemühungen stießen dort allerdings auf erheblichen Widerstand seitens der dortigen für das internationale Geschäft zuständigen Speditionsfachleute. Diese weigerten sich, die Integration der Leistungsabläufe mitzutragen, und drohten schließlich sogar mit Kündigung, um die Entwicklung aufzu-

---

437 Vgl. Protokoll der Verwaltungsratsitzung vom 7.12.1993, S. 8, in: Bestand Wecker sowie zur von dramatischen Ergebnisverschlechterungen geprägten Lage bei Dachser-Holland vgl. Aktennotiz vom 4.3.1994, in: Bestand Bicker.
438 Protokoll der Niederlassungsleiter-Tagung vom März 1993, S. 3, in: Bestand Bicker.
439 Protokoll Verwaltungsrat vom 7.12.1993, S. 8, in: Bestand Wecker.
440 Protokoll Verwaltungsrat vom 16.3.1994, S. 6, in: ebd.
441 Aktennotiz Tonn vom 9.6.1994 sowie Protokoll ZfA-Besprechung vom 31.5.1994, in: Bestand Bicker. Zur weiteren Entwicklung von Dachser-Holland, mit Umsatzzuwächsen von 30 Prozent, aber dennoch anhaltenden Ertragsproblemen, vgl. Protokoll Geschäftsführung vom 4.4.1995, S. 2 ff., in: ebd.

halten. Bernhard Simon aber akzeptierte die Kündigungen, führte mit seinem Team für sechs Monate nun selbst die entsprechende Abteilung und schloss dann bereits Ende Dezember 1994 nach der Einführung von DOMINO die euronationale Ausrichtung der Nürnberger Niederlassung erfolgreich ab.[442] Das Nürnberger Beispiel vor Augen, zeigte in der Folgezeit keine weitere Niederlassung mehr solche »resistance to change«. Zumindest von der formalen Organisation her war nun die dispositive Kombination von Sendungen nach Passau und Linz genauso selbstverständlich wie die innerdeutsche zum Beispiel nach Kassel und Göttingen. Bis Ende März 1995 wurden mit Berlin, Kornwestheim, Neu-Ulm, Rheine, Bielefeld und Frankfurt sechs weitere Niederlassungen euronational umgestellt und verzeichneten in der Folge zum Teil beträchtliche Produktivitätssteigerungen von bis zu 30 Prozent im Export und über 50 Prozent im Import.

Das Projekt zur »Integration der speditionellen Leistungskette« konnte zu einem erfolgreichen Abschluss gebracht werden und legte den Grundstein für das weitere europäische Wachstum von Dachser. Mit dem Mobile-Projekt wurden die Voraussetzungen dafür geschaffen, dass sich Dachser endgültig zu einer grenzüberschreitenden Spedition entwickeln konnte, die Schlagbäume in den Köpfen beseitigt wurden und man im transnationalen Geschäft letztlich zu gleichartigen Qualitäts- und Kostenstrukturen wie im Inlandsbereich gelangte. Damit war Dachser für die weitere Forcierung der Internationalisierung gerüstet.

Dachser war inzwischen, was die Europäisierung anging, weiter in Zugzwang und unter Zeitdruck geraten, denn längst forderten zahlreiche Großkunden bei ihren Ausschreibungen europaweite logistische Kompetenzen auf einheitlichem, hohem Qualitätsniveau. Dennoch entschied sich die Geschäftsführung gegen eine überstürzte Vorgehensweise und setzte lieber auf einen schrittweisen, dafür aber gründlichen und an einem tatsächlichen Funktionieren orientierten Auf- und Umbau des europäischen Netzes. Insgesamt fünf Jahre wurden für die erfolgreiche Implementierung von dem eigens dafür unter Federführung von Bernhard Simon eingerichteten »Mobile-Arbeitskreis«, bestehend aus der gesamten Geschäftsführung sowie zwei Vertretern der Niederlassungsleiter, veranschlagt.[443] Nach

---

442 Vgl. dazu Aktennotizen Theer vom 23.9.1994 und vom 30.9.1994, in: Bestand Wecker, Ordner NL Nürnberg.
443 Vgl. Protokoll der Strategiebesprechung »Europa« vom 9.4.1996, in: Bestand Wecker, Ordner Mobile.

den ersten Reorganisationserfolgen in Holland begann man nun mit systematischen Umstellungsmaßnahmen in der gesamten Schweiz, die damit zum ersten »Mobile-Land« wurde. Die dortigen Voraussetzungen waren günstig, denn es bestand bereits ein vergleichsweise hoher Grad der Integration zwischen den Dachser-Auslandsniederlassungen in Zürich und Basel sowie den grenznahen und traditionell im Schweiz-Geschäft engagierten Inlandsniederlassungen Wangen und Singen.[444] Die Aufgabe war es mithin, grenzüberschreitend DOMINO in Verbindung mit der Barcode-Technologie zu installieren sowie einen 24-Stunden-Service einzuführen, der Dachser in die Lage versetzte, alle bekannten Dachser-Produkte und -Leistungen auf der Relation Deutschland-Schweiz in beiden Richtungen anbieten zu können. Unter der operativen Verantwortung Bernhard Simons wurden die vier Niederlassungen aber vor allem auch darauf ausgerichtet, ihre Verkehre auch untereinander nach dem »Dachser-System« abzuwickeln und so im Sinne der Gesamtstrategie des Unternehmens, das heißt des euronationalen Gedankens zu kooperieren.[445]

Wachsendes »Mobile-Netz«

Im Sommer 1997 konnte die Schweiz schließlich als integraler Bestandteil in das bestehende Dachser-Niederlassungsnetz übergeben werden, und die Entwicklung der Schweiz-Produktverkehre übertraf in der Folgezeit alle Erwartungen. Die europäischen Abteilungen der Niederlassungen erwirtschafteten rasant steigende Gewinne bei Umsatzzuwächsen von 20 Prozent und mehr.[446] Dachser, so verkündete daraufhin selbstbewusst die Geschäftsführung als neue Vision, »will in fünf Jahren der größte und leistungsstärkste Sammelladungsspediteur in Europa sein mit der internen Maßgabe, dass die europäischen Töchter und der euronationale Bereich den gleichen Umsatzanteil erreichen, wie ihn der nationale Bereich derzeit hat.«[447] Das bedeutete faktisch nahezu eine Verdreifachung von knapp

---

444 Vgl. dazu Protokoll der 1. Mobile-Sitzung vom 3.12.1996, in: ebd., und Zeitzeugeninterview Tonn.
445 Vgl. Protokoll der 2. Mobile-Sitzung vom 23.1.1997 und der 3. Sitzung vom 27.2.1997, in: ebd.
446 Vgl. Protokoll Verwaltungsrat vom 15.12.1997, S. 7, in: Bestand Wecker. Dort auch im Detail zum dreistufigen Vorgehen (Entwicklung, Koordination und Integration) der Umstellung.
447 Protokoll Geschäftsführung vom 4.2.1997, S. 2, in: ebd.

300 auf über 800 Millionen DM. Mobile, so wurden Niederlassungsleiter und Mitarbeiter auch auf der Management-Tagung 1997 und 1998 eingeschworen, stehe nicht zuletzt als Synonym von Bewegung und Balance innerhalb einer sich radikal wandelnden Speditionswelt.«Während andere sich noch die Wunden lecken, haben wir bereits begonnen, den veränderten europäischen Markt als Zukunftschance zu begreifen. Galt unser Unternehmen lange als ›Europamuffel‹, so hat sich das inzwischen grundlegend gewandelt. Wir unterscheiden nicht mehr zwischen ›National‹ und ›International‹. Vielmehr handeln wir europäisch im globalen Kontext. Jede wichtige Entscheidung wird von vornherein im euronationalen Rahmen gefällt. In keinem Bereich des Unternehmens sind derart umfassende positive Veränderungen in so kurzer Zeit erzielt worden wie in den europäischen Verkehren: Die Stückkosten konnten um mehr als 30 Prozent gegenüber 1994 gesenkt werden. Noch nie war es vorher möglich, das gesamte Unternehmen ohne ein einziges Rundschreiben derart nachhaltig für eine gemeinsame Verkaufsaktion zu begeistern wie nun im Falle der Schweiz.«[448]

Noch während der Umstellungsaktion in der Schweiz begannen die Arbeiten an der euronationalen Vernetzung von Belgien und in den Niederlanden. Die Auslandshäuser wurden auf DOMINO-Standard gebracht, die Barcode-Technologie eingeführt, Produktverkehre aufgebaut und dabei vor allem auch Wechselbrücken-Begegnungsverkehre zwischen den jeweiligen Ländern, etwa zwischen der Schweiz und Holland, etabliert.[449] Die belgische Dachser-Niederlassung in Willebroek war damit 1994/95 als erster und einziger Logistik-Dienstleister in Belgien in der Lage, einen umfassenden, marktorientierten Logistik-Service wie etwa einen 24-Stunden-Service im Export in die Schweiz anzubieten. Parallel zur Neuorganisation der speditionellen Abläufe erfolgte in den Beneluxländern auch der Aufbau einer Verkaufsorganisation, um die neuen Produkte entsprechend zu vermarkten, und nicht zuletzt begann man mit der Entwicklung eines europäischen Rückrechnungsprocedere. Insbesondere dieses nun europaweit installierte Leistungsverrechnungssystem sollte sich als Wettbewerbsvorteil von erheblicher Tragweite erweisen, denn es schuf

---

448 Präsentation/Vortrag Bernhard Simon auf der Management-Tagung vom 20.3.1997, Protokoll-Anhang, in: ebd.
449 Zu Details vgl. Protokoll der Mobile-Sitzung vom 19.6.1997 und vom 29.9.1997, in: ebd.

eine interne Kostentransparenz und zugleich ein Instrument zur Steuerung des »Europanetzes« von Dachser, über das keiner der Konkurrenten verfügte. Im Oktober 1998 konnte die Geschäftsführung dem Verwaltungsrat die unter Führung von Bernhard Simon inzwischen erreichte erfolgreiche Netzintegration Deutschland-Schweiz-Belgien-Niederlande melden. Die entsprechenden Auslandstöchter arbeiteten nun wie deutsche Niederlassungen untereinander, die Organisations- und Produktionsstrukturen waren homogenisiert und damit die Voraussetzungen für ein einheitliches Leistungs- und Qualitätsniveau auf »Dachser-Standard« geschaffen. Auch hier zeigte sich rasch der Erfolg: Die Umsatzsteigerungen in diesen Ländern betrugen circa 40 Prozent. Drei Monate später wurde auch Österreich ins »Mobile-Netz« eingebunden, die Vorbereitungen für England und Frankreich liefen auf Hochtouren, und nicht zuletzt hatte man – unter eigenständiger Projektverantwortung einzelner Niederlassungen – auch bereits mit dem Auf- und Ausbau von Osteuropaverkehren in Tschechien, Ungarn und Polen begonnen. Auch hier betrugen die Wachstumsraten zwischen 40 und 60 Prozent. Auf der Tagesordnung stand nun die Weiterentwicklung zu einer paneuropäischen Transportorganisation und entsprechenden multilateralen Netzstrukturen mit strategischen Partnerunternehmen.[450]

Drei Zieldimensionen lagen demnach dem Mobile-Projekt in den Augen der Geschäftsführung zugrunde: ein europäisches Produkt-Markt-Konzept[451], die »Europäisierung des Denkens« aller Mitarbeiter sowie »Economies of Scale« durch Normierung von Arbeitsprozessen und Mengenwachstum.[452] Der Begriff repräsentierte letztlich »eine einzigartige Philosophie«, mit der Dachser an das Projekt »Europäisches Netzwerk« heranging: »Kein unkontrolliertes Aufkaufen, kein unkoordiniertes Expandieren, sondern eine durchdachte, intelligente Lösung für die Anforderungen der europäischen Logistikaufgaben«.[453] Tatsächlich wandelte sich Dachser nun in rasantem Tempo zu einem europäischen Unternehmen, das

---

450 Vgl. dazu Protokoll Management-Tagung vom 19./20.3.1998, S. 6 ff., in: ebd.
451 So wurde in der Hauptniederlassung auch ein eigenes Ressort »Euronationaler Verkauf« eingerichtet, dessen Aufgabe es war, europaweit die Ziele und Aktivitäten in den Niederlassungen im Verkauf aufeinander abzustimmen und zu koordinieren.
452 Vgl. dazu auch die Präsentation des Mobile-Konzepts auf der Verwaltungsrat-Sitzung am 7.4.1997, in: Bestand Wecker.
453 Referat Mobile von A. Froschmayer/Bereich UE auf der Management-Tagung vom März 1998, Anhang, in: Bestand Wecker, Ordner Mobile.

zudem über ein integriertes Logistiknetzwerk verfügte, das in der Branche seinesgleichen suchte.

Netzmanagement zwischen globalen und branchenspezifischen Herausforderungen: Aspekte und Probleme der weiteren Netzwerksteuerung

Die Anpassung sämtlicher Prozesse in den einzelnen Niederlassungen, was Organisationsstruktur, Effizienz und Leistungsqualität anging, war inzwischen beträchtlich vorangekommen. Unter anderem hatte man über Verbesserungen bei der Hauptlauf-Disposition deutlich geringere Produktionskosten erreicht.[454] Zunehmend kristallisierte sich aber nun heraus, dass nach dem Aufbau der neuen Netzstrukturen als künftige Herausforderung des Netzmanagements die Aufrechterhaltung der Funktionen, des Niveaus und der erreichten Qualität, mithin die permanente Steuerung dieses Netzes und die weitere Optimierung der Abläufe in den Mittelpunkt rückten. Insbesondere vollzog sich die weitere Netzpolitik von Dachser zunehmend im Kontext einer spezifischen Wachstumsstrategie des Unternehmens, für die im Dezember 1996 das Motto »Grow to be great« gefunden worden war.[455] Die Reformulierung der Mobile-Strategie und deren Verknüpfung mit einer kontrollierten Wachstumsstrategie war wesentlich von Bernhard Simon und damit einem Mitglied der Gesellschafterfamilie vorgenommen worden.[456] Das Motto bedeutete dabei keineswegs Wachstum oder Größe per se, sondern das strategische »Umschalten« nach einer Phase der Konsolidierung auf profitables, qualitatives Wachstum, gekoppelt an eine Umsatzrendite von 3 Prozent als Zielgröße, und die generelle strategische Stoßrichtung dabei konnte für Dachser nur Differenzierung lauten.[457] Es galt, die »Intelligente Logistik« Dachsers weiter auf Europa

---

454 Vgl. dazu Bericht Tonn auf der Sitzung des Verwaltungsrats am 7.4.1997, S. 4 ff., in: ebd.
455 Protokoll Verwaltungsrat vom 16.12.1996, S. 5, und vgl. auch Protokoll der Management-Tagung vom März 1997, S. 5 ff., in: Bestand Wecker.
456 Vgl. dazu das Positionspapier Simons zur Vorbereitung der Strategiesitzung am 8./9.7.1996, in: ebd.
457 Vgl. ebd., S. 11, sowie Protokoll Geschäftsführung vom 4.2.1997. Vgl. dazu auch das ausführliche Konzept des Bereichs Unternehmensentwicklung zu »Möglichkeiten für eine wachstumsorientierte Unternehmensentwicklung« vom 16.1.1997 bzw. 6.2.1997, in: ebd.

auszudehnen und unverwechselbar zu machen. Zwei Kernprozesse wurden dafür als maßgeblich angesehen: der Kernprozess speditionelle Leistungskette und der Kernprozess Dienstleistung Kunde. Mit beidem verwoben waren die Aktivitäten des Logistik Consultings, die mehr und mehr an Bedeutung gewannen. »Die für Kernprozesse notwendige Nicht-Imitierbarkeit wird vor allem durch die intelligent vernetzte Arbeitsweise aller am Leistungsprozess Beteiligter erreicht«, so hieß es in einem Strategiepapier Bernhard Simons. »Daraus entsteht langfristig ein Erfahrungsschatz, der nicht ohne weiteres von einem Wettbewerber kopiert werden kann. Strategische Unternehmensziele müssen so integrativ aufeinander abgestimmt sein.«[458] Die Dachser-Geschäftsführung unterschied dabei inzwischen drei strategische Geschäftseinheiten: 1. Europäische Netze, die im Wesentlichen das klassische wie euronationale Trockengutgeschäft umfassten, 2. Logistik-Lösungen, wozu neben der Lebensmittel-Logistik und Warehousing auch neue Geschäftsfelder wie Kontrakt-Logistik und Supply-Chain-Management zählten, und schließlich 3. Interkontinental mit den Geschäftsfeldern Luft- und Seeverkehre.[459]

Dachser verfügte schließlich im Frühjahr 2000 als Folge der Europastrategie »Mobile« über ein fertiges Netzwerk zwischen den Ländern Deutschland, Schweiz, Holland, Belgien, Luxemburg, Österreich, England, Frankreich und Ungarn und deckte damit speditionell eine Region von 250 Millionen Einwohnern ab, stufenweise eingebunden wurden zudem sukzessive die Länder Italien, Spanien, Portugal, Schweden, Dänemark, Norwegen, Finnland, Polen, Tschechien und die Slowakische Republik.[460] Die Dachser-Organisation konnte sich damit auf ein sehr gut strukturiertes, speditionell und informatorisch zu 100 Prozent vernetztes System von Logistik-Zentren stützen, das im nationalen und auch euronationalen Sammelgutgeschäft im Vergleich zum Wettbewerb mit an der Spitze rangierte. Dieses Netz und die dafür notwendige Infrastruktur bedeuteten jedoch auch einen großen Fixkostenblock und es band ein sehr

---

458 Strategiepapier Bernhard Simon vom 16.2.1997, S. 2, in: ebd.
459 Rahmenkonzept Dachser GmbH & Co. KG, Management-Version, Stand Januar 2001, in: Bestand Frieß. Vgl. zur Präsentation der wichtigsten Inhalte des neuen Rahmenkonzeptes auch Protokoll Management-Tagung vom März 2000, S. 10 ff. und Anhang, in: Bestand Wecker.
460 Vgl. dazu und den dabei erzielten beträchtlichen Steigerungsarten bei Tonnage und Sendungszahlen Protokoll Management-Tagung vom März 2000, S. 13 ff. und Anhang, in: ebd.

hohes Kapital, das im Rahmen des Sammelgutgeschäfts auch erwirtschaftet werden musste. Eine detaillierte Analyse der Netzkosten und -erträge ergab allerdings, dass trotz aller Verbesserungen die Gewinnmargen aus Sicht der Geschäftsführung noch unbefriedigend waren. Die durchschnittliche Umsatzrendite bei allen nationalen Betriebsstätten lag weit von dem eigentlichen Ziel von mindestens 3 Prozent entfernt. Als Hauptziel des neuen »Netzwerkmanagement« ergab sich daher, so steuernd in die Netzwerkaktivitäten einzugreifen, dass künftig dieses wertvolle Netz qualitativ und quantitativ bewusster und ergebnisorientierter genutzt wurde.

Innovative Steuerungsinstrumente

In der Folgezeit entwickelte Dachser im Kontext eines neuen Schwerpunktprogramms zur Weiterentwicklung des Netzmanagements eine Reihe von innovativen Instrumentarien zur Netzsteuerung.[461] Zum einen wurde im Sinne eines qualitativen Netzwerkmanagements eine konsequente »Gutstrukturanalyse« eingeführt, darunter verstand man die Steuerung der über das Netz abgewickelten Güter hinsichtlich ihrer Struktur, wie etwa Volumen- beziehungsweise Langgut, spezielle Gutstrukturen etwa in der Baumarktlogistik, Wertsendungen oder Kleinsendungen. Die Grundannahme dabei war, dass, wenn die über das Netzwerk abgefertigten Güter im Rahmen der speditionellen Prozesskette von Beginn an durchgängig mit den gutspezifischen Prozesskosten bewertet wurden, sich bereits im Ausgangshaus zeigen würde, ob beziehungsweise inwieweit das Geschäft für das Unternehmen rentabel war.[462] Dazu kam als quantitatives Netzwerkmanagement die Steuerung der über das Netzwerk abgewickelten Sendungs- und Tonnagemengen. Das Ziel war die rechtzeitige Anpassung der Netzinfrastruktur, das heißt der Transport-, Umschlag- und Lagerkapazitäten an die in das Netz eingespeisten Mengen. Man hatte dabei erkannt, dass die Steuerung der über das Netzwerk abgefertigten Mengen im Ausgangshaus ansetzen musste. Eine Ausweitung der Mengen sollte mithin künftig nur dann erfolgen, wenn dadurch nachweisbar im Ausgangshaus unter Berücksichtigung aller Kostenfaktoren ausreichende Renditen erzielt wurden oder die Betriebsstätte durch den

---

461 Vgl. dazu Protokoll der Strategiebesprechung vom 5./6.12.2000, in: Bestand Wecker.
462 Vgl. dazu Referat Schilling auf der Management-Tagung vom 21.–24.3.2003, Protokoll-Anhang, in: ebd.

gezielten Mengenzuwachs deutlich günstigere Kostenstrukturen beispielsweise im Nah- oder Fernverkehr erreichen konnte. Um eine konkrete Steuerung vornehmen zu können, wurde ein Simulationsmodell entwickelt, mit dem man in der Lage war, die aktuelle Netzwerksituation abzubilden und eine Hochrechnung der Mengenentwicklung sowie der Mengenverteilung im Netzwerk zu erstellen. Dies führte nicht zuletzt auch zu einem Instrument der Früherkennung von Handlungsbedarf hinsichtlich eventuell notwendiger Netzwerkinvestitionen wie zum Beispiel Vergrößerung von Umschlaglager oder Erweiterung von Niederlassungen.[463] Gesteuerte Erweiterungsstrategie statt bisheriger bloßer Wachstumsstrategie sowie qualitative Marktführerschaft und Automatisierung der Stückgutabwicklung lauten mithin auf einen kurzen Nenner gebracht die wesentlichen Grundzüge der neuen Netzpolitik. Maßnahmen wie die Gutstrukturanalyse, die aktive Mengensteuerung und das Erstellen von Simulationsmodellen markierten einen Quantensprung in der Netzpolitik von Dachser, denn letztlich gelang damit die Lösung langjähriger Probleme. Endlich wurden Mengenentwicklung und Ertragsentwicklung auf einem neuen Niveau in eine positive Korrelation zueinander gebracht.

Die Neuausrichtung erfolgte vor dem Hintergrund einer sich verschlechternden Ertragslage vor allem infolge wachsender Kapazitätsengpässe. Dazu kamen mit steigenden Treibstoffpreisen und Ökosteuer Kostensteigerungen, die nur zum Teil auf die Kunden abgewälzt werden konnten. Preiserhöhungen waren nur schwer und in geringem Umfang am Markt durchzusetzen.[464] Das bloße Wachstum der Sendungszahlen und Tonnagen, lange Zeit das Erfolgskriterium des Geschäfts, musste mithin angesichts gleichzeitig überproportional gestiegener Produktionskosten im Hauptlauf, Nahverkehr und Umschlaglager zwangsläufig in Frage gestellt werden. Ein selektiver Verkauf nach den jeweiligen Kapazitäten im inländischen Trockengutnetz und im Europanetz erschien notwendig und auch die Abwicklung größerer Geschäfte in Direktladungen, um das Netz nicht überzubelasten. In der Geschäftsführung hatte man erkannt,

---

463 Anstoß für die netzpolitische Neuausrichtung war auch ein Roland-Berger-Gutachten zur »Optimierung des Dachser-Netzwerkes« vom 4.5.1999, in: Bestand Wecker. Der Netzwerk-Management-Ansatz der Dachser-Geschäftsführung ging aber wesentlich über die dort gemachten Vorschläge hinaus.
464 Vgl. dazu Bericht Wecker auf der Management-Tagung vom März 2001, Anlage, S. 7 ff. und S. 28 ff., in: ebd.

dass es darum ging, »schlecht bezahlte« Tonnage aus dem System zu nehmen, das Netz zu bereinigen und dann mit neuen Renditen eine Basis für weiteres qualitatives, aber auch quantitatives Wachstum zu schaffen. Ehe die Maßnahmen der neuen Netzpolitik griffen, musste man in Kempten, nach vorübergehender Reduzierung der Verlust-Niederlassung, im Jahr 2000 bereits wieder 21 Niederlassungen mit roten Zahlen registrieren, denen allerdings nunmehr 35 Gewinn-Niederlassungen gegenüberstanden.[465] Das Phänomen immer wieder auftretender Verlust-Niederlassungen, wenn auch an unterschiedlichen Orten, und der Kampf gegen rote Zahlen in den Filialen, der sich seit den 1970er Jahren wie ein roter Faden durch die Netzpolitik zog, führte schließlich zu einer Grundsatzdebatte zwischen Verwaltungsrat und Geschäftsführung. Aus einer rein betriebswirtschaftlichen Kostenperspektive stellte sich die Frage einer möglichen Schließung von Problemniederlassungen. »Es müsse ausgerechnet werden, ob es nicht sinnvoller ist, einen Knoten zu schließen, und welche Beiträge dieser Knoten zum Gesamtnetznutzen tatsächlich bringt«, hieß es etwa im Dezember 1999 von Seiten des Verwaltungsrates.[466] Dem hielt aber die Geschäftsführung entgegen, dass es angesichts des komplexen Netzwerksystems von Dachser selbst bei erheblichen Verlusten nicht möglich war, einfach einen Netzknoten zu schließen, da darunter das gesamte Netz und damit die Rendite auch der starken Niederlassungen leiden würden. Zudem war offensichtlich, dass Dachser trotz aller Schwachstellen mit seinem spezifischen Netz weit »organisationsstabiler« als die Konkurrenten war. Nahezu alle mittelständischen Speditionen waren in der Zwischenzeit national wie international in Gruppierungen und Verbünde geschlüpft, die ebenfalls komplexe EDV-Systeme und IT-Kompetenz besaßen oder dabei waren, diese aufzubauen. Für diese Kooperationen ergaben sich dennoch schnell Leistungsprobleme und Produktionsschwierigkeiten, wenn, aus welchem Grund auch immer, durch den Wegfall eines Mitglieds ein »Organisationsloch« entstand, und die Integration eines »Wechslers«, so er überhaupt gefunden werden konnte, dauerte oft 10 bis 12 Monate. Es zeigte sich letztlich, wie schwierig es war, ein Netzwerk zu steuern, wenn man bedenkt, dass Dachser als Netzwerkdienstleister gezwungen war, zur Erhaltung einheitlicher Leistungs- und Qua-

---

465 Vgl. dazu im Detail Bericht Wecker auf der Management-Tagung vom März 2001, S. 28 ff., und auf der Management-Tagung vom März 2002, Anhang, S. 23 ff., in: ebd.
466 Protokoll Verwaltungsrat vom 13.12.1999, S. 9, in: Bestand Wecker.

litätsstandards überall eigene Standorte zu unterhalten, aber gleichzeitig auch dafür sorgen musste, dass diese Gewinne erwirtschafteten. Über die richtige Netzphilosophie wurde mithin lange im Verwaltungsrat mit der Geschäftsführung diskutiert, die sich mit ihrer Auffassung dann aber durchsetzen konnte.

Das Europa-Hub

Ein weiterer Kernpunkt der Netzpolitik, die nach wie vor im Rahmen der Mobile-Strategie betrieben wurde, war schließlich die Realisierung des Europa-Hubs, das unter anderem auch die spezifische Verknüpfung des Dachser-Netzes mit dem Graveleau-Netz mit sich brachte. Das Ziel des Europa-Hubs war, Produktverkehre, unter anderem Express-Verkehre, europaweit einzuführen. Dabei sollten alle Niederlassungen mit zugesicherten Laufzeiten für Beschaffungslogistik, einheitlichen Leistungen, marktfähigen Preisen und marktfähigen Laufzeiten eingebunden sein. Das Hub konnte für Zentraleuropa einen 24/48-Stunden-Service gewährleisten. Eine Analyse von Sendungsverläufen zwischen Deutschland und Frankreich hatte gezeigt, welche Ineffizienzen noch immer vorhanden waren, wenn beispielsweise eine Sendung von Bielefeld via Hannover und Paris in Lille zugestellt wurde. Dazu benötigte man eine Laufzeit von 72 Stunden, während mit Hilfe des Hubs derselbe Transport innerhalb von 24 Stunden vollzogen werden konnte.[467] Die Umsetzung dieses Konzepts eines zentralen Netzknotenpunktes war schwieriger und langwieriger als erwartet, galt es doch, strategische Zielsetzung, operative Ausrichtung und Wirtschaftlichkeit in Einklang zu bringen. Ende August 2002 konnte endlich das Hub in Überherrn in der Nähe von Saarbrücken in Betrieb genommen werden. Es war mit einer Fläche von 87 000 qm, davon über 8 000 qm für Umschlaglager, 118 Toren und neuester Technik wie Unterflurförderkettensystem und Kleincolli-Sortieranlage nicht nur eine der größten, sondern auch modernsten Speditionsanlagen in Deutschland. Schon nach wenigen Monaten war die vollständige Integration in die Niederlassungsorganisation vollzogen. Das Hub funktionierte dabei vor allem als zentrale »Clearing-Stelle« zwischen den beiden großen Netzen

---

[467] Vgl. dazu auch Protokoll der Management-Tagung vom März 2000, S. 14f., sowie Protokoll Geschäftsführung vom 20.9.2000, S. 8ff., in: Bestand Wecker.

in Deutschland und Frankreich. Sowohl Daten wie Sendungen aus den unterschiedlichen Netzen wurden eingespeist und diese Vorleistungen gleichsam harmonisiert. 61 Linien waren im Oktober 2002 direkt angebunden, das entsprach 157 Destinationen, und die geplante Startmenge von 255 to/Nacht wurde schon bald überschritten.[468] Im Laufe des Jahres 2004 sollten es dann über 500 to/Nacht sein, und damit war man bereits in die Nähe der Kapazitätsgrenze von 600 to/Nacht gekommen. Die Installation des Hubs brachte enorme weitere Wachstumsschübe für das euronationale Netz von Dachser und stellte zweifellos einen weiteren Meilenstein in der Vision der logistischen Vernetzung Europas dar, die die Dachser-Manager schon seit Ende der 1980er Jahre umgetrieben hatte.

Logistik-Marketing: entargo

Die Fertigstellung und Inbetriebnahme des Europa-Hubs war auch Voraussetzung für die Entwicklung und Einführung einer europäischen Produkt- und Markenpolitik. Die ersten Überlegungen und Aktivitäten zu einer europäischen Marketingstrategie hatte es schon im Frühjahr 1993 gegeben, aber trotz des damals formulierten Ziels, im nationalen wie auch internationalen Verkauf neue Produkte zu schaffen, hatte sich am klassischen Produktportfolio von Dachser in der Folgezeit nichts geändert. Im Wesentlichen stammten die angebotenen Dienstleistungen wie Express, Super Express, Garantie, Fixtermin und Stückgut normal noch aus den 1970er Jahren, und im Zuge der Mobile-Strategie hatte sich die Geschäftsführung darauf konzentriert, diese nationalen Produkte auch auf die europäischen Nachbarländer auszuweiten. Mit dem Erwerb von Graveleau, Schachinger und Liegl und ihren jeweiligen eigenen Produktportfolios sah man sich in Kempten nun aber vor der Notwendigkeit, nicht nur ein homogenes Leistungs- und Qualitätsniveau auf Dachser-Standard zu schaffen, sondern auch deren Vermarktung unter einer einheitlichen Dachmarke in Angriff zu nehmen. Im Sommer 2002 begann man daher mit den Vorbereitungen eines euronational ausgerichteten Relaunch der vorhandenen Produkte unter Einbeziehung einer »Dach-Netzmarke« Dachser.[469] Ein europäisches Netz – eine gemeinsame Kooperationsmarke,

---
468 Vgl. dazu Protokoll Verwaltungsrat vom 21.10.2002, S. 9, in: ebd. sowie Zeitzeugeninterview Tonn.
469 Vgl. Protokoll Verwaltungsrat vom 1.7.2002, S. 6, in: ebd.

so lautete die Formel, und als Vorbild galt das »Star-Alliance-Konzept« in der Luftfahrtbranche.[470] Konkurrenten wie Schenker (»EuroCargo«) oder die europäische Logistikallianz ELS (European Logistics System GmbH) praktizierten bereits eine entsprechende Dachmarken-Strategie, die nicht zuletzt auch eine Antwort auf die zunehmende Industrialisierung und damit Austauschbarkeit der Transport- und Speditionsleistungen war. Das Ziel der Dachser-Geschäftsführung war es daher, durch spezifische Uhrzeit-definierte Zustellungen (9, 12, 18 Uhr) und gestaffelte Laufzeit-bezogene Produkte (24-, 48-, 72-Stunden-Garantie) mit definierten Zusatzleistungen auch europaweit ein eigenes Markenprofil zu erreichen.

Im Februar 2003 wurde schließlich ein Markenname gefunden: Ausgehend von dem Slogan »An entire Europe is the target of Dachser« entwickelte man den Begriff »entargo«. Der Name stand unter der eigentlichen Dach- und Netzmarke Dachser für eine euronationale Produktfamilie mit drei zentralen Produktlinien: targospeed (Express/Garantie), targofix (Fixtermin) und targoflex (Economy).[471] Das künftige »entargo-Netzwerk« von Dachser zeichnete sich mithin durch eine gemeinsame Produktphilosophie, einheitliche Laufzeit- und IT-Standards und ein gemeinsames Qualitätsmanagement aus. Mit »entargo« hatte sich Dachser einen Wettbewerbsvorteil verschafft, denn über die Verzahnung von Marketing und Produktion wurde ein Dienstleistungsprodukt geschaffen, das es auf diesem Niveau auf dem europäischen Logistikmarkt noch nicht gab. Die Dienste wurden dabei auch auf Osteuropa ausgeweitet, zum Jahresanfang 2005 wurden Polen und Tschechien Teil der »entargo-Welt« von Dachser.

Zur Jahresmitte 2005 präsentierte sich das europäische Netzwerk von Dachser mit dem deutschen Inlandsnetz als integriertem Bestandteil in einem vor allem im Vergleich zu den Konkurrenten hoch entwickelten Stadium. Und im Jahr 2004 schrieben erstmals seit 1973 alle Niederlassungen schwarze Zahlen. Trotz allgemein schlechter Konjunkturlage konnte Dachser gegenläufig zum Branchentrend insgesamt deutliche Ergebnisverbesserungen verzeichnen. Die durchschlagenden Erfolge des Netzmanagements waren unübersehbar, und im Sommer 2004 bereits konnte

---

470 Vgl. dazu Protokoll Geschäftsführung vom 25.2.2002, S. 2 f., sowie Protokoll der Management-Tagung vom März 2002, Anhang, in: ebd.
471 Vgl. dazu Protokoll Geschäftsführung vom 10.2.2003, S. 1 f., und Protokoll Management-Tagung vom März 2003, S. 86 ff., in: ebd.

man zufrieden konstatieren, dass das Wachstum der Netztonnage genau auf der vorher prognostizierten und festgelegten Ziellinie lag. »An keinem Standort gibt es derzeit Qualitätsprobleme. Die insgesamt deutlich über Budget liegenden Ergebnisse basieren auf optimalen Produktionsbedingungen«, berichtete die Geschäftsführung im Juli 2004 dem Verwaltungsrat.[472] Und in den einzelnen Niederlassungen schlummerten, so ergaben jedenfalls im Mai 2003 die detaillierten Ergebnisprognosen bis zum Jahr 2007, noch erhebliche weitere Profitabilitätsreserven. Das »industrialisierte Netz« logistischer Dienstleistungen mit weitgehend homogener Güterstruktur, wenigen Großkunden, abgestimmten Infrastrukturanpassungen bei kontrolliertem und gesteuertem Wachstum sowie flankierenden Projektgeschäften mit kundenindividuellen Betreiberkonzepten – all dies gewann nach der Jahrtausendwende bei Dachser rasant an Konturen und es erhielt vor allem auch eine zusätzliche globale Dimension.

Vom Interkontinental-Netz zum Global Logistics Network: Auf dem Weg zur Integration der Luft- und Seefrachtlogistik in das Gesamtnetz

Die erfolgreiche Umsetzung der Mobile-Strategie brachte Dachser nahe an das Ziel, über ein stabiles, datenverarbeitungstechnisch integriertes paneuropäisches Netzwerk zu verfügen. Die Welt hörte jedoch nicht an den Grenzen von Europa auf, und im Gefolge der sich beschleunigenden Globalisierung rückten Internationalisierungsstrategien, das heißt die Integration der Luft- und Seefracht sowie die Herausforderung, Global-Supply-Chain-Management für die Kunden zu realisieren, ins Blickfeld der Geschäftsführung von Dachser. Für die Logistikbranche hatte die globale Verlagerung der Warenströme und deren schier unaufhaltsames Wachstum weitreichende Folgen. Die Unternehmen mussten als Sekundärdienstleister ihren Kunden in die neuen Märkte folgen und entsprechende globale Strukturen aufbauen, um den steigenden Bedarf nach immer komplexer werdenden Logistiklösungen gerecht zu werden. Knoten und Umschlagpunkte in den Transportverkehren änderten sich in einer Geschwindigkeit, die auch rasche Anpassungen in den logistischen Netzwerken

---

472 Protokoll Verwaltungsrat vom 19.7.2004, S. 5, in: ebd.

erforderten. Änderungen im Produktportfolio oder in der Absatzstruktur der Kunden sowie die Verschiebung regionaler Schwerpunkte konnten ausgefeilte Logistikkonzepte schnell zur Makulatur werden lassen. Kaum hatte sich die optimierte logistische Leistungskette etabliert, konnten veränderte Rahmenbedingungen eine neue Konzeption und Optimierung erfordern. Dazu kamen grenzüberschreitende Produktionsverbünde, weltweite Kunden-Lieferanten-Beziehungen und die internationale Expansion von Produktions- wie Handelsunternehmen. Weltumspannende Netzwerke mit standardisierten Leistungen waren gefragt, damit bei der transportlogistischen Produktionsversorgung und Distributionslogistik in Polen oder China die gleiche Zuverlässigkeit geboten werden konnte wie in Deutschland.

Außenhandelskonjunkturen und Besonderheiten des Wettbewerbs

Für das deutsche Transport- und Logistikgewerbe sorgte die florierende Exportwirtschaft Deutschlands seit Jahren für schnell wachsende grenzüberschreitende Verkehre nicht nur im LKW-Frachtbereich. Das Luft- und Seefrachtgeschäft bei Dachser hatte sich denn auch seit der zweiten Hälfte der 1980er Jahre bei Umsatz und Ergebnis positiv entwickelt, wobei man allerdings den, über einen längeren Zeitpunkt gesehen, deutlichen Schwankungen der Außenhandelskonjunkturen unterlag.[473]

Die hohe Konjunktursensibilität, verbunden mit einer großen Abhängigkeit von der Entwicklung des Dollarkurses, war eines der wichtigsten Spezifika des Interkontinentalgeschäfts. Dazu kamen weitere Merkmale, die den Markt für interkontinentale Spedition von den anderen Transportmärkten unterschieden. Bei der herkömmlichen Luftfrachtspedition hatte man es nicht mit einem integralen Leistungs- und Transportsystem zu tun, bei dem der Spediteur jede Stufe und Phase des Gesamtablaufs, sowohl der Leistung als auch dem Preis nach, bestimmte oder wesentlich beeinflusste. Vielmehr organisierte jeder der an der Luftfrachtkette Beteiligten – Airlines, Umschlaggesellschaften, Agenten – die in seinen Bereich fallenden Arbeitsabläufe nach eigenen Optimierungsgrundsätzen. Direkten Leistungs- und Kosteneinfluss hatte der Spediteur lediglich bei

---

473 Vgl. die Zusammenstellung der Bilanzergebnisse der Luftfrachtorganisation seit 1964 in den Präsentationsunterlagen vom 12.2.1992, Protokolle Geschäftsführung, Anhang.

Schaubild 23: Außenhandelskonjunkturen 1986–2005 (jährliche Wachstumsraten der Importe/Exporte in %)

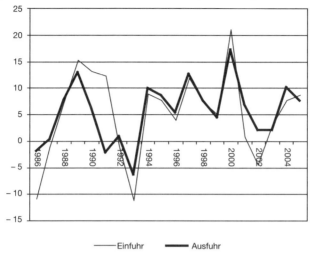

Quelle: Statistisches Bundesamt, Langzeitreihe Gesamtentwicklung des deutschen Außenhandels.

den Zustellungen und Abholungen, sofern sie mit eigenen Kräften durchgeführt wurden. Erst nach und nach bildeten sich gewisse Einflussmöglichkeiten auf die Preisgestaltung des eigentlichen Lufttransports heraus, sei es durch die Konsolidierung von Sendungen oder durch Teilcharter von Frachtraum, sei es durch Aushandeln von Rabatten oder Sonderraten aufgrund eines Gesamtvolumens für bestimmte Relationen.[474] Es gab im Luft- und Seefrachtgeschäft mithin zwei zentrale Erfolgsfaktoren: das Einkaufsvolumen pro Relation, das über die Preise bei den relativ wenigen Carriern und über die Verhandlungsmacht zur Sicherung der Beförderungskapazität entschied, sowie Service und Verkauf, die zur Entwicklung von Kundenloyalitäten führten.

Eigentümlichkeiten wies auch die Wettbewerbssituation auf. Einerseits konnte man von einem insgesamt und längerfristig wachsenden Marktvolumen ausgehen. Andererseits aber war Dachser mit einem verschärften Konkurrenzkampf konfrontiert, der sich in geringen Preiserhöhungsspielräumen widerspiegelte. Auslöser dieser Entwicklung waren die sogenannten Integrators, globale Logistikkonzerne wie UPS und FedEx, die auf bestimmten Routen flugplanmäßig eigene oder gecharterte Flugzeuge

---

474 Vgl. dazu Zeitzeugeninterview Bendele.

nach ausschließlich eigenen speditionellen Optimierungsgrundsätzen einsetzten. Ihre Eigenkosten richteten sich dabei auf der Flughauptstrecke nach dem Auslastungsfaktor und waren somit selbst gestaltbar, während die kleineren Luftfrachtspediteure von den IATA-Tarifen der Airlines abhängig waren.[475] Die Entwicklung der Wettbewerbsbedingungen brachte für Dachser Unsicherheiten hinsichtlich der Stabilität des Interkontinental-Netzes, das sich auf die drei Säulen eigene Büros, das WACO-Agentennetz und zahlreiche Partnerbeziehungen stützte, mit sich, denn der Konzentrationsprozess ließ das Risiko eines plötzlichen Partnerwechsels steigen.

Gründung der Air & Sea Freight Division

Das Luft- und Seefrachtgeschäft war zu diesem Zeitpunkt nur zu einem geringen Teil mit der landgebundenen Organisation verknüpft und unterlag in seinen wesentlichen Teilen eigenen Strukturen organisatorischer, personeller, abwicklungstechnischer und geografischer Art. Es wurde daher bei Dachser auch einer separaten unternehmenspolitischen Betrachtungsweise unterworfen. Mit alles in allem rund 110 Millionen DM Umsatz (davon allein 100 Millionen DM aus dem Luftfrachtbereich) und damit einem Anteil von gerade einmal 10 bis 12 Prozent des Gesamtgeschäfts spielte das Interkontinentalgeschäft Anfang der 1990er Jahre nach wie vor keine führende Rolle, obwohl Dachser unter den deutschen Luftfrachtspediteuren mit einem IATA-Umsatz von 61 Millionen DM (1990) immerhin unter den Top Ten rangierte. Das Angebot von Luft- und Seeverkehren erschien damals bei Dachser eher als Ergänzungsdienstleistung zu den Aktivitäten im Geschäft mit den europäischen Landverkehren. Es war darauf ausgerichtet, deutschen Kunden bei Bedarf einen umfassenden Service anbieten zu können. Die Aktivitäten konzentrierten sich denn auch vor allem auf interkontinentale Verkehre nach Nordamerika und Japan/Fernost, vereinzelt auch nach Australien und Südafrika.

Die Luft- und Seefrachtbereiche waren organisatorisch getrennt und befanden sich zudem vor allem aufgrund der Abkoppelung vom DOMI-

---

[475] Vgl. dazu auch »Steigflug mit schwerer Last«, in: *Industriemagazin* vom November 1988, S. 104–108.

NO-Projekt in der Datenverarbeitung auf einem Stand, der nicht dem der Landverkehrsorganisation entsprach. Im Dezember 1990 entschied sich die Geschäftsführung jedoch zu einer Reorganisation und richtete innerhalb des Auslandsressorts von Thomas Simon einen eigenen Bereich Luft/See unter Leitung des vorherigen Luftfracht-Managers Dieter Bendele ein.[476] »Das Umfeld für Luft- und Seefracht ist auf seine Art so komplex geworden«, so hieß es zur Begründung in einem Rundschreiben an die Niederlassungen, »dass dafür nach außen ganz eigene Strategien entwickelt und umgesetzt werden müssen. Im inneren Bereich gilt es, ein Gefälle zu ordnen, darin bestehend, dass die Luftfrachtorganisation ein in sich geschlossenes Gebilde darstellt mit einer anerkannt hohen Marktposition, während dies alles für die Seefracht nicht zutrifft. Die Kunden und unsere Partner in Übersee erwarten von uns jedoch immer mehr gleich gute oder gemeinsame Problemlösungen für Luft/See. Dies bedingt die Existenz eines zusammenfassenden Steuerungs- und Kontrollorgans.«[477] Die Stellung des Luft- und Seefrachtgeschäfts wurde damit innerhalb der Dachser-Organisation deutlich gestärkt. Mehr und mehr rückte der Gedanke integrierter globaler Speditionsleistungen ins Bewusstsein der Manager.[478]

Inzwischen war man mit äußerst dynamischen Entwicklungen auf dem Luftfrachtmarkt konfrontiert. Es zeichnete sich etwa ab, dass die Nordatlantik-Relationen, bislang die wichtigste Strecke für den internationalen Luftfrachtmarkt, an Bedeutung verlieren würden und dafür mit erheblichen Steigerungen im Fernostfrachtaufkommen zu rechnen war.[479] Die Wettbewerbssituation in Deutschland war zudem dadurch gekennzeichnet, dass die Konzentration an der Spitze zunahm, was letztlich bedeutete, »dass wir einerseits dem Wettbewerbsdruck diverser Großspeditionen durch Erhöhung ihrer Einkaufsmacht, andererseits bei den Kleinsendungen dem Druck der Integrators (DHL, TNT, UPS) ausgesetzt sind, die den Kleinstückgutbereich bis 30 Kilogramm mehr und mehr abdecken«.[480] Die

---

476 Vgl. dazu auch »Vorschlag zur Bildung einer Bereichsleitung Luft/See« (Bicker), vom 2.10.1990, in: Bestand Bicker, ZfA.
477 Rundschreiben vom 19.12.1990, in: ebd. Vgl. auch Zeitzeugeninterview Bendele.
478 Vgl. dazu auch Protokoll der Zielvereinbarungsgespräche vom 5./6.3.1992, in: Bestand Bicker, ZfA. In der Folge war der Luft- und Seebereich auch auf den Niederlassungsleiter-Tagungen personell stärker vertreten.
479 Vgl. dazu die ausführlichen Berichte im Protokoll der Geschäftsführung vom 12.2.1992 sowie Protokoll Niederlassungsleiter 26./27.3.1992, S. 17 ff.
480 Ebd.

Bild 30: Dieter Bendele

Folge war eine dynamische Marktentwicklung mit einem unübersichtlichen Beziehungsgeflecht zwischen Agenten, Kunden und Carriern. Eine zusätzliche Bedrohung stellten die zunehmenden Aktivitäten der großen und kapitalkräftigen japanischen Speditionen dar. Auch auf dem Seefrachtmarkt waren zunehmende Turbulenzen zu verzeichnen, ausgelöst zum einen durch insgesamt wachsende Volumina, zum anderen durch harte Konkurrenzkämpfe, die sich große Reedereien mit dem Marktführer K&N lieferten. Wie im Luftfrachtgeschäft zeichnete sich auch hier die Globalisierung der Warenströme ab mit entsprechenden Chancen für die Gewinnung von Großkunden und deren globaler Beschaffungs- und Distributionslogistik. Mehr und mehr Unternehmen, insbesondere die Textil-, Elektro- und Computerindustrie, verlagerten ihre Aktivitäten auch ins nichteuropäische Ausland und/oder bezogen Waren aus Fernost. Gleichzeitig gewannen vor allem die Niederlande und Deutschland bei amerikanischen und japanischen Großunternehmen als bevorzugte Standorte für Distributions-Drehscheiben für Europa an Bedeutung.

Partnerprobleme, Kooperationen und neue Auslandsniederlassungen

Das Hauptproblem des interkontinentalen Geschäfts von Dachser war aber in der ersten Hälfte der 1990er Jahre zunächst die hohe Fluktuation im weltweiten Partner- und Agentennetz. Die großen Mitglieder der WACO und eine Reihe von Partnerunternehmen begannen, einen eigenständigen Expansionskurs einzuschlagen oder wurden von den sich formierenden Global Playern im Logistikgeschäft übernommen, so dass nicht nur »die bisher festgefügte Struktur der WACO ins Wanken zu geraten begann«, sondern Dachser zunehmend gezwungen war, sich auch bei den übrigen

Agenten nach neuen Partnern umzusehen. Insbesondere im USA-Geschäft war Dachser auf stabile Partnerstrukturen angewiesen, denn für die Luftfrachtabteilung von Dachser war der Verkehr von und nach den USA von existenzieller Bedeutung: Allein 11 Prozent des Gesamtsendungsaufkommens der Luftfrachtorganisation entfielen in der Exportrelation auf das USA-Geschäft, beim Tonnagevergleich sogar über 30 Prozent. In der Importrichtung betrug der Anteil 20,6 Prozent des Gesamtsendungsaufkommens und 15 Prozent bei den Tonnagen. Insbesondere Großkunden machten in zunehmendem Maße ihre Entscheidung über eine Zusammenarbeit mit Dachser von der Frage abhängig, »inwieweit wir in den USA über ein eigenes Niederlassungsnetz verfügen und damit als ›Global Service Provider‹ in Frage kommen.«[481] Die Geschäftsführung machte sich daher zunächst auf die Suche nach einem zuverlässigen amerikanischen Partner, der möglichst über ein landesweites eigenes Niederlassungsnetz verfügte. Als man jedoch nicht fündig wurde, begann man mit dem Aufbau eigener Dachser-Niederlassungen in den USA.

Anfang Januar 1995 schließlich wurden die transkontinentalen Aktivitäten abermals neu strukturiert und deren wachsender Bedeutung durch die Schaffung des eigenen Geschäftsführungsressorts »Luft/See und überseeische Unternehmen« unter der Leitung von Dieter Bendele, das ab 1997 als Air & Sea Freight Division (ASD) firmieren sollte, Rechnung getragen. Die damit vollzogene organisatorische Vereinigung von Luft- und Seefracht und deren vollständige Herauslösung aus dem bisherigen Verantwortungsbereich der Niederlassungen brachte einen stärkeren Ausbau des integrierten internationalen Netzes mit sich. Es war nicht zuletzt eine Antwort auf die sich längst vollziehende Verzahnung der beiden Märkte und deren Verkehre. Global agierende Unternehmen orderten ihre Waren meist per Seefracht, griffen aber bei Lieferverzögerungen und Engpässen auch auf die Luftfracht zurück. Tätigte Dachser für einen Importeur die Verschiffungen, erhielt man in solchen Fällen somit meist auch die Verantwortung für die Luftfracht.[482]

Die Dachser-Geschäftsführung war lange Zeit davon ausgegangen, dass das internationale Geschäft weitgehend auch ohne eigene Niederlassungen in den Empfangsländern abgewickelt werden könnte, und hatte

---

481 Beschluss zur Beteiligung an der Firma Hirdes Freight Ltd. vom 12.10.1995, in: Protokolle Verwaltungsrat, Anhang.
482 Ebd.

daher vorwiegend eine Kooperationsstrategie durch Allianzen und Joint Ventures mit Partnern vor Ort verfolgt. In der zweiten Hälfte der 1990er Jahre fand dann ein Strategiewechsel unter folgenden Prämissen statt: »1. Angebot gesamtlogistischer Dienstleistungen unter Einbeziehung der gesamten Dachser-Infrastruktur (Value Added Services im Rahmen eines Global-Supply-Chain-Management), 2. Etablierung auf den wichtigsten Märkten der Triade (Europa, Asien, Nordamerika) mit eigenen Niederlassungen durch Zukauf kleinerer Unternehmen beziehungsweise Aufbau eigener Büros (und das hieß auch Neuaufnahme von Luft- und Seefrachtaktivitäten in diversen europäischen Ländern wie Großbritannien, Belgien und die Schweiz) und 3. intensivierte IT-Fundierung auch des Interkontinental-Netzes« – so lauteten die neuen Ziele.[483] Mit diesen Maßnahmen wollte Dachser in dem von wachsenden Konkurrenzkämpfen bei gleichzeitiger Segmentierung der Wettbewerber (reine Luftfrachtanbieter, auf Großkunden und Spartenverkauf ausgerichtete Firmen, Anbieter logistischer Gesamtkonzepte) geprägten Luftfrachtmarkt nicht nur bestehen, sondern auch gegenüber den großen Global Playern wie K&N, Schenker oder Panalpina sowie der expandierenden japanischen Logistikkonzerne wie Nippon Express Marktanteile hinzugewinnen.[484]

Kooperationen behielten dabei weiter ihre Bedeutung. Angesichts der großen weltweit operierenden Konkurrenten war man sich bewusst, dass Dachser schon allein aus finanziellen Gründen die Anforderungen eines globalen Netzes noch nicht realisieren konnte. Aber man hatte im Luftfrachtbereich bei weitem die Volumengrenze für einen typischen Routen-Spezialisten überschritten und konnte daher darangehen, eine weitere, mittlere Position im Wettbewerbsgefüge zu verfolgen, das heißt die Positionierung als Betreiber sternförmig vom Zentrum Deutschland/Frankreich als »Home Base« ausgehender transnationaler Verkehre. Im noch wenig entwickelten Seefrachtbereich positionierte man sich dagegen als Routenspezialist mit spezifischem Know-how bei ausgewählten Relationen.[485] Seit Ende 1992 bereits war man für die speziellen Verkehre von und nach Japan mit dem dortigen Partner Nishi Nippon Railroad Co. Ltd. (NNR) ein Joint Venture eingegangen.[486] Ende der 1990er Jahre kamen

---

483 Vgl. dazu Protokoll der Strategie-Sitzung vom 22.–25.9.1995, S. 12 ff.
484 Vgl. ebd.
485 Vgl. dazu Protokoll Niederlassungsleiter 3/1999, S. 3 und Anhang.
486 Vgl. Protokoll Geschäftsführung vom 12.5.1992, S. 2.

nun zur Stärkung der strategischen Position zwei neue Allianzen hinzu, in denen Dachser eine dominierende Rolle einnahm. 1998 gründeten die Kemptener zusammen mit vier weiteren mittelständischen und wie Dachser noch unabhängigen beziehungsweise inhabergeführten Speditionen Johann Birkart GmbH & Co., Geis Cargo J. M. International GmbH, A. Hartrodt GmbH & Co. sowie Militzer & Münch GmbH die Luftfrachtverlader-Kooperation »Future«. Der Kooperation, die ohne jegliche Kapitalverflechtung konzipiert war, gelang es rasch, durch die höheren Frachtvolumen bei den Carriern günstige Rabatte zu erhalten und zur Nr. 3 der deutschen Luftfrachtverlader aufzusteigen. »Future« verband die Vorteile von mittelständischen Dienstleistern mit einem einheitlichen Serviceangebot zu einem erfolgreichen System an Kundennähe, Flexibilität, hohem Qualitätsstandard und innovativen Lösungen.[487] Auch im Seefrachtbereich hatte sich Dachser einer Einkaufskooperation aus neun namhaften Spediteuren (»Group 99«) angeschlossen, darunter neben den Future-Partnern noch Exel, Damco Maritime und Navis, die zusammen pro Jahr mehr als 6 000 Sammelcontainer nach über 60 Relationen weltweit zu günstigeren Frachtraten als die übrigen mittelständischen Seefrachtspediteure verschifften.[488]

Im Frühjahr 2002 leitete Dachser zudem eine Neuordnung des Partnernetzes in Fernost ein. Nachdem inzwischen Züst Ambrosetti von dem französischen Logistikkonzern Geodis übernommen worden war und daher Unsicherheit über die weitere Zukunft der Beteiligung an der Züst Ambrosetti Far East Ltd. (ZAFE) bestand, eröffnete die ASD über ein Joint Venture mit einem der führenden Hongkong-Luftfrachtspediteuren, der Jet-Speed GmbH, gleichsam ein »zweites Netz« in die asiatischen Wirtschaftsräume. Dachser erschloss sich damit nicht nur neue Kundenpotenziale, sondern fasste auch direkt Fuß auf dem chinesischen Markt durch eigene Büros in Beijing, Guangzhon, Quingdao, Shanghai und Shenzhen.[489]

Ein Jahr später, Anfang 2003, eröffnete sich dann die Chance, die

---

[487] Vgl. dazu auch »›Future‹ stärkt Marktposition der Spediteure«, in: *Handelsblatt* vom 12.8.1999, S. 45, sowie *DVZ* vom 3.8.1999, S. 3.
[488] Vgl. dazu Lagebericht ASD auf der Management-Tagung vom März 2000, S. 15 und Anhang.
[489] Vgl. dazu Bericht vor Verwaltungsrat am 18.3.2002, S. 16 f. sowie Protokoll der Dachser Management-Tagung vom März 2003, S. 49 ff.

Bild 31: Dachser-Niederlassung Shenzhen

ZAFE ganz zu übernehmen. Obwohl das Unternehmen zwischenzeitlich unter schrumpfenden Umsätzen und fallenden Margen gelitten hatte, griff die Geschäftsführung zu und baute unter dem neuen Namen Dachser Far East Ltd. ihre Position bei der Generierung von Luft- und Seefrachtaufkommen aus und nach Hongkong sowie China deutlich aus.[490] Dachser wurde damit, was den Import aus Hongkong nach Europa betrifft, eindeutig zum Marktführer. Man war letztlich über ZAFE/Dachser Far East, Jet-Speed und NNR mit drei verschiedenen Vertriebsstrukturen auf dem Markt präsent und bewegte gewaltige Tonnagemengen.[491]

Das differenzierte Vorgehen in den Regionen der Triade bei der Etablierung der globalen speditionellen Präsenz und dem Aufbau eines integrierten logistischen Leistungsangebotes weltweit begann sich nicht zuletzt auch nach der erfolgreichen Eingliederung und Koordinierung der Luft- und Seefracht-Aktivitäten von Graveleau bald auszuzahlen.[492] Bereits im

---

490 Vgl. dazu Protokoll Verwaltungsrat vom 10.3.2003, S. 12 f.
491 Vgl. dazu auch Zeitzeugeninterview Bendele.
492 Anfang 2003 übernahm Graveleau seinen vormaligen belgischen Partner Boulanger Air Freight und verstärkte damit die ASD-Aktivitäten der Dachser-Gruppe innerhalb des europäischen Luft- und Seefrachtmarktes.

Jahr 2000 konnte bei Umsatz und Ergebnis der ASD ein neuer Rekord verzeichnet und in der Folgezeit auf hohem Niveau stabilisiert werden. Hatte das Luft- und Seefrachtgeschäft 1999 noch einen Gesamtumsatz von etwas über 200 Millionen Euro erwirtschaftet, so waren es 2002 bereits 280 Millionen Euro und 2004 schließlich 357 Millionen Euro, mithin ein Umsatzwachstum innerhalb von fünf Jahren von fast 80 Prozent.[493] Ein Netzwerk aus 22 Air & Sea Freight Offices und circa 400 Niederlassungen und Büros an weltweit mehr als 300 Flughäfen und Wirtschaftszentren mit Anbindung und Verknüpfung an das paneuropäische Netzwerk der Landverkehre war inzwischen entstanden. Für einen amerikanischen Lebensmittelkonzern etwa wurden im Jahr 2003 direkt in den Werken Chicago und Phoenix durch Dachser insgesamt 1 251 Tonnen oder 3 140 Paletten Ware aufgenommen, nach Deutschland geflogen und dann über die Niederlassung Langenau an die Endkunden ausgeliefert, und das einschließlich der Bepackung mit Outlet-Displays in nur drei bis vier Tagen. In der Tat erwiesen sich die weltweiten Luft- und Seefrachtmärkte trotz starker Zyklizität als die am dynamischsten wachsenden logistischen Teilmärkte, und Dachser gelang es, daran – wenn auch im Vergleich zu den Wettbewerbern noch auf niedrigem Niveau – überdurchschnittlich zu partizipieren.[494] Dann erfolgten zwei weitere zentrale Schritte beim Ausbau des internationalen Logistiknetzwerks von Dachser. Anfang November 2006 formierten die Kemptener mit Logimasters, einem der führenden brasilianischen Logistikunternehmen, im Rahmen eines Joint Ventures ein gemeinsames Unternehmen: Logimasters & Dachser Transportes Nacionais e Internacionais Ltda., an dem beide Partner zu jeweils 50 Prozent beteiligt sind. Dachser ist durch das Joint Venture mit zwölf Standorten in Brasilien vertreten und baut damit seine Luft- und Seefracht-Dienstleistungen in Latein- und Südamerika deutlich aus. Dazu kam Anfang Februar 2007 eine enge Zusammenarbeit mit AFL, einem der führenden indischen Logistikkonzerne. Beide Partner gründeten mit je 50 Prozent Beteiligung ein Joint Venture, die AFL Dachser Pvt. Ltd. Das neue Unternehmen beschäftigt 495 Mitarbeiter an 30 Standorten und hat seinen Sitz in Mumbai. Dachser arbeitet bereits seit über zehn Jahren mit AFL zusammen. Der AFL-Konzern ist einer der größten Logistik-Dienstleister

---

493 Vgl. dazu auch Lagebericht ASD auf der Dachser-Management-Tagung vom März 2000, S. 15 ff. und Anhang.
494 Vgl. dazu Verwaltungsrat vom 16.12.2002, Anhang.

in Indien und deckt das Land mit seinen über 400 Standorten, darunter 16 Hubs und 46 High-Tech-Warehouses flächendeckend ab. Der indische Logistikkonzern gliederte nun Teile seiner Geschäftsbereiche aus und band sie in das Joint Venture mit Dachser ein. Das Joint Venture bietet indischen Unternehmen durch die Anbindung an das flächendeckende Landverkehrsnetz von Dachser in Europa Vorteile im Exportgeschäft, während für europäische Kunden durch das Joint Venture der indische Absatzmarkt erschlossen wird.

Gegen den Branchentrend: Branchenlösungen, Kontraktlogistik und die Entwicklung neuer netzbasierter Logistik-Konzepte

Trotz des durch hohe System- und Datenverarbeitungskompetenz erreichten Wettbewerbsvorsprungs von Dachser in der netzwerkbasierten Logistik, insbesondere im klassischen Segment der Trockengut-Sammelspedition, hatte das Unternehmen Ende der 1990er Jahre mehr und mehr unter wachsendem Konkurrenzdruck mit Preisverfall und Kundenverlust zu leiden. Es setzte daher wie schon einmal Anfang der 1980er Jahre verstärkt die Suche nach neuen, zusätzlichen Geschäftsfeldern und Aktivitäten ein. Tatsächlich gab es seit jeher in der Logistik-Branche neben dem »Netzangebot« ein zweites großes Betätigungsfeld, das bislang von Dachser kaum besetzt worden war und unter dem Schlagwort Supply-Chain-Management (SCM) und Efficient-Consumer-Response (ECR) beziehungsweise Kontraktlogistik zunehmend an Bedeutung gewann: Es handelte sich um das Angebot von nicht-netzbasierten beziehungsweise nicht notwendig an die Verfügbarkeit eines eigenen Netzes geknüpften individuellen Kundenlösungen als »Service-Provider«. Konkurrenten wie Fiege dominierten diesen Bereich, in dem es konkret vor allem um Zusatzdienstleistungen (Value Added Services) wie Warehousing mit spezieller Kommissionierung oder individueller Distribution mit bestimmten Zeit- oder Qualitätsvereinbarungen ging.[495] Innerhalb der Dachser-Geschäftsführung war man sich allerdings von Anfang an einig, dass es sich bei den neuen, auf spezifische Branchen oder Kunden ausgerichteten Betätigungs-

---

[495] Vgl. dazu das ausführliche Positionspapier des Bereichs Unternehmensentwicklung vom Januar 2000, in: Bestand Wecker, Ordner Unternehmensstrategie.

feldern logistischer Dienstleistungserstellung nicht um alternative oder konkurrierende Logistik-Konzeptionen jenseits des bestehenden Netzes handeln sollte, sondern um eine Symbiose, die das Netz auslastete und angemessene Preisforderungen durch zusätzlichen Service rechtfertigte.[496] Mit dieser Überzeugung, dass die Trennung in netzbasierter und nichtnetzbasierter Logistik ein falscher Denkansatz war und die Grundvoraussetzung erfolgreicher Kontraktlogistik gerade nicht die Herauslösung aus dem Netz, sondern deren Integration war, stand Dachser allerdings lange Zeit in der Branche alleine da.

Baumarkt-Logistik

Mit dem Thema Branchenlösungen hatte man sich bei Dachser eigentlich schon im Herbst 1993 intensiver zu befassen begonnen. Eine Arbeitsgruppe, bestehend aus Niederlassungsleiter und Mitarbeitern der Hauptniederlassung, konstatierte für diesen Bereich logistischer Aktivitäten damals bereits große Chancen. Konkret wurden neun vielversprechende Branchen identifiziert, in denen Dachser zusätzliche Dienstleistungsaufgaben während des gesamten Material- und Güterflusses erhalten und so Anteile an der Wertschöpfungskette übernehmen könnte. Es handelte sich neben der Lebensmittelindustrie um die Branchen Wein/Spirituosen, Glas/Porzellan/Keramik, Baumärkte und High-Tech/Unterhaltungselektronik.[497] »Mit der Einführung von Branchenlösungen, die im Jahr 1994 beginnen wird, soll an die Dachser-Tradition angeknüpft werden, mit Hilfe von Innovationen auf den bearbeiteten Märkten immer wieder neue Standards zu setzen, an denen die Konkurrenz gemessen wird und die Dachser einen Vorsprung vor dem Wettbewerb ermöglichen«, verkündete die Geschäftsführung dann auf der Management-Tagung im März 1994.[498] Am meisten versprach man sich dabei von dem Einstieg in die Bau- und Heimwerkerbranche. Diese wies ein kontinuierliches und starkes Wachstum insbesondere auch in den neuen Bundesländern, in Polen und Tschechien auf. Bei durchschnittlich 1 500 unterschiedlichen Lieferanten kämpften die Baumärkte täglich mit massiven Problemen in der Warenannahme und -verteilung. Dachser entwickelte nun ein Kon-

---

496 Ebd., S. 3.
497 Vgl. Protokoll »Branchenlösungen« vom 21.9.1993, in: Bestand Wecker.
498 Protokoll Management-Tagung vom März 1994, S. 11, in: ebd.

zept, nach dem der Logistik-Dienstleister sämtliche Lieferungen in den Terminals zusammenfassen und dann kommissionieren würde.[499] Noch im Laufe des Jahres wurde für die Baumarktkette OBI eine entsprechende Branchenlösung erarbeitet und umgesetzt. Zwischen 13 000 und 15 000 Sendungen mit rund 3 000 Tonnen pro Monat wurden in der Folgezeit abgewickelt, und der spezifische Kundennutzen für OBI war rasch evident: Er reichte von Frachtoptimierung, Dispositionsverbesserung und Personaleinsparungen bis hin zur Umwandlung fixer in variable Kosten, freieren Verkaufsflächen und letztlich mehr Zeit für Kundenberatungen. Bis 1997 weitete sich das Umsatzvolumen der Baumarkt-Logistik bei Dachser von circa 4 auf 30 Millionen DM aus.[500] Dazu bekam dieses spezifische Branchenlösungskonzept schnell europäische beziehungsweise euronationale Dimensionen. Für OBI Tschechien und OBI Ungarn wurden beschaffungslogistische Dienstleistungen übernommen, und gleichzeitig traten drei weitere Baumarktlieferanten an Dachser heran, von und nach Polen umfangreiche logistische Aktivitäten zu übernehmen, von der Lagerhaltung über die Weiterleitung bis zur Bündelung des Imports.[501] Mit dem polnischen Netz-Partner Lazar wurde dafür schließlich im April 1999 eigens ein Joint Venture gegründet. Dachser-Lazar nahm in der Folgezeit bald eine Schlüsselstellung im osteuropäischen Markt für baumarktspezifische Branchenlösungen ein. Der DIY-Markt bot aber zunehmend auch weltweit erhebliche Wachstumschancen. Im expandierenden globalen DIY-Warenaustausch erhielt dabei die Luft- und Seefracht-Division von Dachser eine zusätzliche Bedeutung. Die Kemptener belieferten 2003 täglich europaweit über 8 000 DIY-Outlets zu definierten Zeitfenstern bis ins Regal und organisierten dabei auch noch vielfach die Beschaffung von Baumarktartikeln aus Fernost.[502] Aus den 15 000 Sendungen pro Monat von 1997 waren dadurch inzwischen rund 60 000 Sendungen pro Monat geworden.

---

499 Vgl. Protokoll Geschäftsführung vom 17.2.1994, S. 3, in: ebd.
500 Für die Baumarkt-Logistik wird auch der Begriff DIY(Do it Yourself)-Logistik verwendet.
501 Vgl. Protokoll Verwaltungsrat vom 20.10.1997, S. 7 f., und Protokoll Geschäftsführung vom 18.9.1997, S. 3 f., in: ebd.
502 Vgl. dazu Protokoll Management-Tagung vom März 2004, S. 9 ff., sowie auch *Dachser aktuell* Jg. 2003, H. 3, S. 19.

Ausbau der Lebensmittel-Logistik

Die größte Erfahrung in branchenlogistischen Geschäften besaß Dachser allerdings in seiner traditionsreichen Lebensmittel-Logistik. Hier hatten Großkunden wie Kraft, Nestlé und UDL schon in der zweiten Hälfte der 1980er Jahre von Dachser verlangt, kundenspezifische Logistik-Lösungen zu entwickeln und zu bewältigen. Der Markt für temperaturgeführte Lebensmittel war nach wie vor ein äußerst dynamisch wachsender Markt. Aber er wies gegenüber dem herkömmlichen Sammelgutmarkt einige ausgeprägte Besonderheiten auf, sodass das FD-Geschäft, wie erwähnt, nicht einfach über das allgemeine Stückgutnetz betrieben werden konnte, sondern ein eigenes Netz erforderte. Vor allem aufgrund seiner durch das Großkundengeschäft geprägten Entstehungsgeschichte war dies grobmaschiger aufgebaut und damit nur partiell deckungsgleich mit dem Trockengut-Netz. Dazu kamen mit Kühlungserfordernissen und anderen lebensmittelrechtlichen Vorschriften weit höhere Qualitätsanforderungen. Das FD-Netz besaß zentrale Plattformen beziehungsweise Bündelungs- und Knotenpunkte. Auch hier war eine rasante kommunikationstechnische »Unterfütterung« beziehungsweise die Schaffung eines entsprechenden »IT-Überbaus« notwendig, zahlreiche Innovationen wie das Sendungsauskunftssystem erwiesen aufgrund der Besonderheit der transportierten Waren gerade hier ihre entscheidende Bedeutung. Dazu kamen aber noch die Erfordernisse einer spezifischen Fuhrpark-Technologie wie etwa die Entwicklung von Mehrkammerkühlfahrzeugen hinzu. Auch was die Wettbewerbslage und das Konkurrenzumfeld anging, das von einem Oligopol und entsprechend heftigen Preiskämpfen geprägt wurde, bestanden spezifische Marktbedingungen. Und schließlich stand Dachser über kurz oder lang auch im Bereich der Lebensmittel-Logistik vor der Herausforderung der transnationalen Expansion und Europäisierung der Geschäftsaktivitäten. Es erforderte einen langen Lernprozess, bis es Dachser gelang, sich auf diese Marktbesonderheiten einzustellen.

Eine der wichtigsten Maßnahmen der neuen Netzpolitik war es daher gewesen, den Frischdienst organisatorisch klar vom »Trockengut« zu trennen. In kurzer Zeit waren zudem eine Reihe von FD-Standorten in den neuen Bundesländern aufgebaut worden, zunächst nur mit Kühllagerflächen in regionalen Schwerpunkträumen, dann bald mit eigenen Niederlassungen in Magdeburg, Querfurt, Neubrandenburg und Finsterwalde.

Die Großräume Schwerin, Berlin/Potsdam, Frankfurt/Oder sowie Plauen, Erfurt, Jena und Chemnitz wurden über die drei FD-Standorte Hamburg, Berlin und Hof aus den alten Bundesländern versorgt.[503] Mitte 1991 wurde zudem in Offenbach eine neue Frischdienstzentrale in Betrieb genommen, die es erlaubte, nun endlich die Mengenschwankungen bei den eingespeisten Netztonnagen in einem deutschlandweiten 24-Stunden-Dienst zu bewältigen. All diese netzstrukturellen Maßnahmen ermöglichten dann im Juli 1992 den Start einer neuen Verkaufsoffensive: die Einführung neuer »FD-Produkte« auf der Basis einer dreistufigen Laufzeitdifferenzierung. Der Regeldienst (Produktname »Frisch«) garantierte die bundesweit flächendeckende Distribution temperaturgeführter Lebensmittelsendungen bei durchgehender Kühlkette innerhalb von 24 bis 48 Stunden, der Expressdienst (Produktname »ExpressFrisch«) umfasste dieselben Lieferleistungen, aber innerhalb von 24 Stunden, und der Terminendienst (Produktname »SuperFrisch«) beinhaltete die Zustellgarantie nicht nur innerhalb von 24 Stunden, sondern zusätzlich auch noch zu fest vereinbarten Zeitfenstern innerhalb definierter Zustellzonen.

Die Umsetzung der neuen FD-Konzeption erforderte in und zwischen den Niederlassungen eine umfangreiche Reorganisation der Abläufe. Gemäß der Produktdefinitionen mussten präzise und allgemein verbindliche Leistungsstandards erarbeitet, die Leistungserstellung in den Niederlassungen damit vereinheitlicht und vor allem einer ständigen Überprüfung unterzogen werden. Man richtete daher ein spezielles Controlling- und Qualitätssicherungssystem zur Ermittlung monatlicher Produktivitätskennziffern ein und legte in einem neuen, weit umfangreicheren »FD-Handbuch« alle Details der organisatorischen Abwicklung, bis hin zur Regelung der Einzelheiten der spezifischen Arbeitsabläufe für Großkundenaufträge, fest. Zudem wurden auch neue, interne Rückrechnungsmodalitäten festgelegt. Dachser gelang es damit, nach und nach nicht nur ein wachsendes Qualitätsniveau der Leistungen zu erreichen, sondern insgesamt auch tatsächlich mehr Tonnage in das FD-Netz zu schleusen. Allerdings bestand nach wie vor eine große Abhängigkeit von einigen wenigen Großkunden, insbesondere von UDL, Nestlé und Kraft. In Nürnberg etwa wickelte Dachser seit 1989 bereits für den Schweizer Nahrungsmittelkonzern Nestlé dessen gesamte Lagerhaltung und Wa-

---

503 Vgl. dazu im Einzelnen Protokoll FD-Aktivitäten NBL vom 12.3.1991, in: ebd.

rendistribution von Milch- und Joghurt-Produkten ab. Täglich wurden in der Niederlassung 180 Tonnen umgeschlagen, die aus vier Nestlé-Werken angeliefert, dort nach Haltbarkeitsdatum sortiert gelagert und innerhalb von 24 Stunden an die Zentrallager des Handels, zum Teil auch direkt an dessen Filialen, ausgeliefert wurden. Dachser investierte dafür in ein eigenes FD-Umschlagzentrum mit einer 2 600 qm großen Halle, einem Hochregallager mit 3 000 Palettenplätzen sowie 5 000 qm Kühlfläche. Und das ganze Abwicklungssystem wurde durch eine umfangreiche Datenverarbeitungsorganisation gesteuert und begleitet. In Herne wickelte Dachser den Großteil der Geschäfte mit dem amerikanischen Lebensmittelkonzern Kraft Foods ab. Im Sommer 1988 hatte man dort auf Betreiben des Großkunden mit erheblichen Investitionen ein Distribution Service Center (DSC) gebaut. Das Kraft-Geschäft nahm in den folgenden Jahren einen erheblichen Anteil im gesamten FD-Geschäft von Dachser ein. Im April 1994 verlor Dachser jedoch 50 Prozent des bisherigen Kraft-Geschäfts an Billigpreis-Konkurrenten, konnte allerdings den Ausfall durch Neukundengeschäfte kompensieren. Die Übernahme von Kraft durch den Philip Morris-Konzern führte dann aber zum völligen Verlust der Kraft-Verkehre, und Dachser sah sich dadurch gezwungen, im Juni 2000 die 43 Jahre zuvor eigens dafür errichtete Niederlassung Fallingbostel zu schließen. Was das Geschäft mit der Unilever-Tochtergesellschaft UDL (Union Deutsche Lebensmittelwerke) anging, so vereinbarten UDL und Dachser im Mai 1993, in Großrohrheim (Hessen) ein neues Distributionszentrum zu errichten, über das der Lebensmittelkonzern dann die gesamte Warenverteilung im Süden Deutschlands abwickeln ließ. Das Betriebsgebäude umfasste 23 000 qm mit 6 000 qm Kühlhallen, 7 500 Palettenplätzen und zwölf Andockstellen für LKW. 80 000 Tonnen pro Jahr sollten, so die Planungen, im FDZ Großrohrheim umgeschlagen werden. Das neue Frischdienstzentrum lief im Herbst 1994 erfolgreich an, und ein Jahr später konnten Dachser und UDL das zehn-jährige Jubiläum der von beiden Seiten als kooperative, faire und partnerschaftliche Kundenbeziehung gepriesenen Zusammenarbeit feiern. Dabei war der 1985 erfolgte Einstieg von Dachser in das UDL-Geschäft schwierig gewesen.[504] Ausschlaggebend für die dann aber erfolgreiche Entwicklung

---

504 Vgl. dazu Notiz Mensing vom 11.9.1991, in: Bestand Wecker, Ordner UDL. Vgl. auch den Rahmenvertrag zwischen UDL und Dachser vom 10.7.1985, in: ebd.

war letztlich die Umsetzung der von UDL geforderten kontinuierlichen Qualitätsverbesserungen. Längst genügte nicht mehr der Verweis auf eine speditionell gute Qualität, sondern gefordert wurde die permanente Weiterentwicklung und Umsetzung eines mehr denn je IT-gestützten Qualitätskonzeptes. Nur so gelang es trotz höherer Tarifsätze, gegenüber neuen Konkurrenten auf dem FD-Markt beim Hauptkunden UDL im Geschäft zu bleiben.

Tatsächlich war das Wettbewerbsfeld inzwischen in Bewegung geraten. Unter anderem tauchte der Schweizer Danzas-Konzern auf dem Lebensmittel-Logistikmarkt auf, und auch in anderen Großkonzernen gab es seit Ende der 1980er Jahre Überlegungen, in den lukrativen, aber immer heißer umkämpften Markt für temperaturgeführte Güter zu diversifizieren. Die Hauptkonkurrenten für Dachser blieben jedoch die beiden alten Wettbewerber Kraftverkehr Nagel (KVN) und die Pinguin-Kooperation. Mit seinen inzwischen aufgebauten 29 »Frischdienstterminals« sowie fünf weiteren, von Partnerhäusern betriebenen FD-Niederlassungen bot Dachser in der zweiten Hälfte der 1990er Jahre ein konkurrenzfähiges flächendeckendes Servicenetz, das alle Voraussetzungen wie Auftragsabwicklung, Lagerbestandsverwaltung, Lagerhaltung, Kommissionierung, flächendeckende Distribution und Liefererfolgskontrolle erfüllte. Und das Dachser-Informationssystem mit Barcode und MIKADO bot die Möglichkeit, jederzeit und umfassend den Empfänger in den Kommunikationsprozess einzubinden. Jeder der drei Mittelständler hatte etwa 12 bis 13 Prozent Marktanteil, daneben besetzten noch die Elbe Transport GmbH (die 1989 von FedEx Deutschland gekauft worden war) als Hausspediteur von UDL sowie Culina, die konzerneigene Logistik-Tochter des Molkereikonzerns Müller, nennenswerte Marktanteile, ohne allerdings Dachser auf dem »Chilled Goods Market« in größerem Umfang in die Quere zu kommen.[505] Kraftverkehr Nagel besaß mit 21 FD-Terminals in Deutschland wie Dachser ein flächendeckendes Netz und schon von dem Standort der Firmenzentrale in Versmold her eine starke Konzentration auf den Fleisch-, Wurst- und Geflügeltransport. Pinguin dagegen war eine

---

505 Daneben spielten auch sogenannte Sortimentgroßhändler oder Broker im FD-Markt eine große Rolle. Sie besaßen allerdings keine flächendeckenden Organisationen und konzentrierten sich auf die zweite Distributionsstufe, d. h. die Belieferung des Kleinhandels. Vgl. dazu auch Peter Klaus, Ulrich Müller-Steinfahrt, »Der Markt für Lebensmittel-Logistik«, in: *Lebensmittelzeitung* vom 20.10.1995, S. 5.

Gruppe von Spediteuren, die sich zudem auf circa sieben Franchisepartner in ganz Deutschland stützten. Das Unternehmen hatte sich am Markt als Niedrigpreisanbieter positioniert, allerdings blieb diese Strategie nicht ohne Folgen. Mit einem geschätzten zweistelligen Millionenverlust sollte Pinguin 1998 in ernste Schwierigkeiten geraten und im März 2000 schließlich in Konkurs gehen.

Von der FD- zur DLL-Strategie

In dieser Situation machten sich Ende der 1990er Jahre im Markt für temperaturgeführte Waren weitere Umwälzungen bemerkbar: Die Großhandelsketten gewannen infolge wachsender Konzentration neben den Lebensmittelkonzernen eine zunehmende Marktmacht. Die Folge war unter anderem, dass, wie im Trockengutgeschäft, ein deutlicher Wandel von der Distributions- zur Beschaffungslogistik einsetzte. Gleichzeitig veränderte sich auch erneut das Wettbewerbsumfeld. Neue Konkurrenten mit bundesweiter Bedeutung wie TTS traten auf, dazu kam der verstärkte Eintritt regionaler Anbieter mit günstigem Kostenniveau, die zum Systemaufbau Großkundengeschäfte preisaggressiv akquirierten. Wachsender Preisdruck bei ungünstiger eigener Kostensituation sowie mangelnde beziehungsweise abnehmende Differenzierungsmöglichkeiten kennzeichneten mithin die Lage auf dem Lebensmittel-Logistikmarkt. Im Frühjahr 1998 entschied sich die Dachser-Geschäftsführung daher zu einer Neuausrichtung des Geschäftsfeldes, das nun unter der neuen Bezeichnung Dachser-Lebensmittel-Logistik (DLL) firmierte.[506] Es waren im Wesentlichen sechs Maßnahmen, mit denen Dachser auf die Nachfrage- und Marktveränderungen reagierte. Erstens erfolgte eine Anpassung des Angebotsumfangs und der Produktionstiefe, das heißt, neben dem Bereich der bisher im Frischdienst beförderten temperaturgeführten Güter wurden nun auch alle nicht temperaturbedürftigen Lebensmittel in die DLL einbezogen. Anstelle der bisherigen Konzentration erfolgte nun eine Ausweitung. Damit erschloss sich Dachser potenziell einen zusätzlichen Markt der Food Logistics von 6,5 Milliarden DM pro Jahr. Ergänzend zum flächendeckenden Frischdienstnetzwerk für die zweistufige Feinverteilung von gekühlten Lebens-

---

506 Vgl. das neue DLL-Konzept in: Bestand Frieß, Ordner Geschäftsfeld FD. Vgl. dazu auch das Protokoll der Besprechung des neuen Konzeptes mit den Niederlassungsleitern vom 30.1.1998 und vom 30.3.1998, in: ebd.

mitteln wurden nun auch einstufige Bündelungssysteme für den gesamten Lebensmittelbereich eingeführt.[507]

Das bedeutete, zweitens, eine Optimierung und Neustrukturierung des Netzwerkes durch Quellgebiets- und Zielgebietsbündelung – ein marktübliches Konzept, das bereits auch die wichtigsten Konkurrenten wie Nagel praktizierten. Bei der Quellgebietsbündelung wurde in sechs bis sieben Großregionen in Deutschland das verfügbare Aufkommen von Lebensmittelherstellern an übereinstimmende Empfänger über definierte Plattformen zusammengefasst und einstufig zugestellt. Der Vorteil lag auf der Hand, denn durch den Wegfall von möglichen Paralleltransporten und einer ganzen Umschlagstufe sanken die Logistikkosten. Durch eine am Bedarf orientierte Abholung und Zustellung in festgelegten Zeitfenstern konnten darüber hinaus Lagerflächen und Warenbestände optimiert werden. Sieben Quellgebietsplattformen bildeten das Grundgerüst des neuen DLL-Netzes: Großrohrheim, Hannover, Herne, Landsberg/Saale, Memmingen, Nürnberg und Offenbach.

Drittens machte man sich auch an eine Ausdünnung des zu dichten Netzes der DLL-Empfangsstationen von 29 auf 20 Stützpunkte, um eine höhere Auslastung zu erreichen, ohne aber die Flächenabdeckung zu gefährden. Das Stückgutvolumen im Markt reichte einfach nicht aus, um in Anbetracht der Überkapazitäten im Food-Logistics-Markt das fein verästelte Dachser-Netz auszulasten. Bei der Zielgebietsbündelung wurden mithin an diesen ausgewählten Netzstandorten die Aufträge der Lebensmittelproduzenten aus verschiedenen Regionen für die Verteilung an gleiche Empfänger zusammengefasst. Viertens erfolgte eine verstärkte Anpassung der warenvorauseilenden und warenbegleitenden Informations- und Kommunikationsflüsse an die Anforderungen der Lebensmittelbranche. Fünftens, und das machte das eigentliche Differenzierungsmerkmal für die DLL aus, erfolgte eine konsequente Ausrichtung aller Unternehmensprozesse auf Hygienevorschriften und die entsprechenden europäischen Normen. Dachser besaß hier mit seiner Informationstechnologie entscheidende Vorteile. Bereits im Jahr 2004, ein Jahr vor Einführung entsprechender EU-Gesetze zur Lebensmittelsicherheit, führte Dachser zum Beispiel ein System zur lückenlosen

---

507 Vgl. dazu auch »Lebensmittel-Logistik bei Dachser. Im Zeichen der Integration«, in: *Logistik heute* Jg. 1998, H. 10, S. 15 f.

Schaubild 24: DLL-Standorte Deutschland 2005

Rückverfolgbarkeit der Ware ein, das in der Folgezeit zu einem der innovativsten und modernsten Temperaturüberwachungssysteme ausgebaut wurde. Es gewährleistete, dass in den über 1 200 Kühlfahrzeugen und 27 deutschen Kühlhäusern der Dachser-Lebensmittel-Logistik permanent alle Temperaturen gemessen, überwacht und dokumentiert werden und somit die Kühlkette transparent wurde. Sechstens schließlich veränderte Dachser auch die unternehmensinterne Organisationsstruktur des DLL-Bereichs. In dem Geschäftsfeld wurden nun zwei eigene Bereiche »DLL Marketing/Vertrieb« und »DLL Produktion/Organisation/ Qualität« geschaffen.[508]

Mit der neuen Angebotsstruktur durch Ziel- und Quellgebietsbündelung auf der einen Seite und der mehrstufigen Feinverteilung auf der an-

---

508 Protokoll Geschäftsführung vom 10.6.1998, S. 7, in: ebd.

deren Seite deckte die Dachser-Lebensmittel-Logistik in den Augen der Geschäftsführung nun die gesamte Marktanforderungspalette ab. Die Verbindung von Plattformen, Warehousing und hohe IT-Kompetenz hatte dem Unternehmen, so sah man es in Kempten, wieder einen Wettbewerbsvorteil verschafft, und die eigentliche Vision war, langfristig die Food-Logistics zu einem gleichgewichtigen Standbein neben dem Trockengut-Geschäft zu machen.[509] Die Etablierung der DLL-Plattformen und die datenverarbeitungstechnische wie organisatorische Realisierung des Bündelungskonzeptes wurden denn auch in der Folgezeit rasch vorangetrieben, die beförderte Netztonnage erheblich ausgeweitet.[510]

Neues Geschäftsfeld: European Food Logistics

Parallel zur Reorganisation auf dem deutschen Heimatmarkt trieb Dachser unter dem Strategiebegriff »European Food Logistics«, der später zur Geschäftsfeldbezeichnung wurde, den beschleunigten Ausbau einer flächendeckenden Europalogistik für Lebensmittel voran. Der eigentliche Startschuss zu einer Intensivierung der Europaverkehre im Lebensmittel-Logistikbereich war bei Dachser zu Beginn der 1990er Jahre gefallen. Über die Zweigniederlassungen Saarbrücken und Alsdorf wurden Lebensmittel-Verkehre nach Frankreich, Luxemburg und Belgien begonnen, dazu gewann man Kooperationspartner in Holland (Cool Care B. V.), Italien (Sittam S. P. A.), Österreich (Frigologo Kühllogistik GmbH) und der Schweiz (Bischoff AG).[511] In der Folgezeit war Dachser damit beschäftigt, dieses Partnernetz zu stabilisieren und weiter auszubauen. In Italien etwa war man nach mehrmaligem Partnerwechsel in der zweiten Hälfte der 1990er Jahre zu Danzas als Food-Logistics-Partner gewechselt, in Frankreich kooperierte man nach längerem Suchen mit Exel und damit einem bedeutenden europäischen Player in der Lebensmittel-Logistik, in Österreich eröffneten sich ebenfalls Optionen zu einem Ausbau der DLL-Verkehre, und für Dänemark, Norwegen und England wurden Möglichkeiten für

---

509 Vgl. Protokoll Management-Tagung vom März 1999, S. 5 und Anlage 9, in: Bestand Wecker.
510 Vgl. dazu Protokoll des Kick-off Meetings DLL vom 27.11.1998, in: Bestand Wecker, Ordner DLL.
511 Vgl. dazu Protokoll der FD-Leiter-Tagung vom 28. 5.1993, S. 2 ff., in: Bestand Wecker, Ordner FD.

einen Einstieg geprüft.[512] Zur Jahrtausendwende konnte Dachser tatsächlich ein umfassendes DLL-Europa-Netzwerk, bestehend aus eigenen Niederlassungen und Partnerschaften mit führenden Dienstleistern in den europäischen Kernländern, präsentieren. Die DLL-Partner waren dabei mit ihren jeweiligen Niederlassungsnetzen über Linienverkehre und über den Datentransfer mit dem deutschen DLL-Netz und dessen IT-Systeme eng verbunden. Bestehende Lücken im europäischen Partnernetz wurden in der Folgezeit geschlossen: mit H. P. Therkelsen in Dänemark, Frech Logistics beziehungsweise der Raben Gruppe in Polen, mit E. S. T. in Tschechien sowie Szemerey in Ungarn.

Value Added Services, Logistik Consulting und Kontraktlogistik

Die Herausforderungen und Probleme in der Lebensmittel-Logistik hatten bereits 1993 zum Aufbau eines neuen Kompetenzbereichs geführt: des Logistik Consultings. Die zunächst nur eine Handvoll Logistik-Fachkräfte umfassende LC-Abteilung verstand sich dabei von Anfang an in einer doppelten Stoßrichtung. Zum einen galt es, die einzelnen Niederlassungen bei der Entwicklung, Bearbeitung und Umsetzung komplexer logistischer Lösungen zu unterstützen, zum anderen aber ging es bereits auch darum, die Nachfrage nach logistischem Know-how seitens der Industrie beziehungsweise Kunden zu befriedigen. Ob es um die Organisation der speditionellen Abläufe für Kraft in Herne und Sprockhövel, um das Warehousing-Projekt von Nestlé in Nürnberg, die Organisation des UDL-Lagers in Mannheim oder Food-Logistics-Managementprobleme in der Niederlassung Aachen, Düsseldorf und in der FDZ Offenbach ging, immer waren die LC-Spezialisten aus der Hauptniederlassung maßgeblich beteiligt.[513] Auch die größeren Konkurrenten hatten inzwischen eigene LC-Abteilungen, zum Teil sogar als eigene Vorstandsressorts, eingerichtet, und hier wie dort war es das Ziel, dadurch einerseits über die professionelle Abwicklung von Logistikprojekten Kunden langfristig an das Unternehmen zu binden und

---

512 Vgl. dazu Protokoll Geschäftsführung vom 24.1.1996, vom 6.5.1997 und vom 2.7.1997 sowie die Bestandsaufnahme in dem FD-Konzept vom 27.11.1997, Kap. 3.1. Siehe auch Protokoll Verwaltungsrat vom 29.6.1998, S. 5, in: ebd.
513 Vgl. die Präsentation des Bereichs auf der Verwaltungsrat-Sitzung am 15.6.1993, in: ebd.

andererseits den eigenen Niederlassungen die erforderliche Unterstützung zur Aktivierung ihrer logistischen Potenziale zu bieten.[514]

Der neue Kompetenzbereich erfuhr vor allem seit 2003 einen rasanten Aufschwung, als Dachser mit der Forcierung der Kontraktlogistik die Bemühungen intensivierte, sich stärker in jenem Logistik-Teilmarkt zu positionieren, der allen Prognosen zufolge das größte Wachstumspotenzial aufwies. Die Kontraktlogistik, oft als Königsdisziplin der Logistik-Dienstleistungen bezeichnet, wies für 2003 allein in Deutschland ein geschätztes Markt- und Umsatzpotenzial von 60 Milliarden Euro auf, wovon 20 Milliarden Euro auf Konsumgüterdistribution und 40 Milliarden Euro auf industrielle Kontraktlogistik entfielen. Dieses Marktpotenzial war erst zu einem Bruchteil ausgeschöpft, das heißt, der Markterschließungsgrad war niedrig, unter anderem wegen der hohen Anforderungen an die Dienstleister sowie der zögernden Bereitschaft der verladenden Unternehmen, komplexe Logistikaufgaben aus der Hand zu geben. Für die nahe Zukunft wurde aber in diesem Bereich mit Wachstumsraten von 15 bis 20 Prozent pro Jahr gerechnet.[515] Unter Kontraktlogistik versteht man Geschäfte, die in einer engen, zwischen Verlader und Dienstleister individuell gestalteten Beziehung mehrere logistische Funktionen integrieren, also nicht nur die Nutzung der Transportnetze und des Warehousings, sondern auch Endmontage, Kommissionierung, Verpackung, Versand und Buchhaltung.[516] Logistische Kernprozesse wie Transport, Umschlag, Lagerung, materialflussbegleitende Dienste wie IT-Unterstützung und Qualitätssicherung, Management-Unterstützung wie Consulting, Projektierung und schließlich Value Added Services wie Versicherungsfragen und Merchandising – all dies musste in der Kontraktlogistik miteinander integriert werden. In Abgrenzung zur reinen Transportlogistik war Kontraktlogistik mithin als Kuppelproduktion mehrerer logistischer Funktionen und Systeme und somit als integrierte Gesamtlösung zu verstehen.

---

514 Image- und Werbebroschüre von 1993, in: Bestand Unternehmenskommunikation.
515 Vgl. Klaus, 2002, S. 15f., sowie BGL-Jahresbericht 2004/2005, S. 137f. Vgl. dazu aber auch die jüngste Studie der Mercer Management Consulting über die »Mythen der Kontraktlogistik« vom Herbst 2004. In der vermeintlichen Boombranche, so das Ergebnis, seien nur wenige Unternehmen erfolgreich. Der Begriff bzw. das Logistikkonzept der Kontraktlogistik war dabei schon Mitte der 1990er Jahre aufgekommen. Vgl. dazu etwa die McKinsey-Studie zu »Kontraktlogistik als Schnittstelle zwischen Handel und Industrie« vom 17.11.1995.
516 Vgl. Wolfgang Stölzle, Jürgen Weber, Erik Hoffmann (Hg.), *Handbuch Kontraktlogistik. Management komplexer Logistikdienstleistungen*, Weinheim 2006.

Der Vorteil und das Charakteristikum dieser Geschäfte waren nicht nur höhere Renditen, sondern vor allem auch die längerfristige Absicherung (»Kontrakt«), zum Teil über mehrere Jahre hinweg, verbunden mit erheblichen Umsatzvolumina von mindestens 1 Million Euro pro Jahr. All dies bedeutete nicht zuletzt die umfangreiche Einbindung des Logistikers in die Prozesse des Kunden und induzierte damit eine hohe langfristige Kundenbindung, verbunden allerdings auch mit nicht unerheblichen Investitionsaufwendungen für die Kontraktlogistik-Kunden.[517] Wollte man als »Logistics Integrator« auf diesem Markt gegenüber den Konkurrenten bestehen, so galt es, die Fähigkeit und das Know-how zu entwickeln, mit standardisierbaren Prozessen kundenindividuelle Lösungen zu erzeugen und vor allem, die dabei auftretenden Schnittstellen aus einer beziehungsweise eigener Hand zu managen.

Mit einem Großauftrag eines amerikanischen Aufzugs- und Rolltreppenkonzerns gelang es Dachser tatsächlich rasch, sich über das klassische Netz- und Warehousing-Geschäft hinausgehend wachsende Marktanteile im Kontraktlogistik-Markt zu sichern. Für Dachser ging es bei dem Projekt um die Realisierung von drei Aufgaben: erstens der Optimierung der europäischen Warenströme unter Einbindung der verschiedenen Werke des US-Konzerns in Europa, zweitens die Verbesserung der Einbindung von Lieferanten und drittens die europaweite Versorgung der Ländergesellschaften mit Fertigungsteilen und Materialien. Das hieß, weltweit die Beschaffungslogistik von Rohmaterial, Zubehör und Ersatzteilen für die Produktionswerke zu organisieren, disponieren und abzuwickeln. Dazu kamen Warehousing-Aufgaben, das heißt die Lagerung von Halbfertig- und Fertigwaren sowie deren Kommissionierung, und schließlich distributionslogistisch die Organisation, Disposition und Abwicklung der weltweiten Verteilung und Zustellung (Just-in-Time) von Zubehör- und Ersatzteilen per Land, Luft und See. Die Luft- und Seefracht wurde mithin zu einem bedeutenden Faktor im Bereich der Kontraktlogistik. Im Grunde arbeitete Dachser dabei wie eine integrierte Logistikabteilung des US-Konzerns. Durch die Zentralisierung der Lagerstandorte, die Optimierung der Warenströme durch Bündelungseffekte sowie die Verbesserung der Steuerung der Beschaffungslogistik für die Montage ließen sich aber auf Seiten des Großkunden erhebliche Kosteneinsparun-

---

517 Vgl. dazu Protokoll Verwaltungsrat vom 19.1.2004, S. 13 f., in: Bestand Wecker.

Bild 32/33: Warehousing als Teil der Kontraktlogistik-Aktivitäten

gen realisieren. Dachser fungierte gleichsam als Supply-Chain-Integrator für den amerikanischen Konzern. Ähnliche kostensparende Komplettlösungen realisierte Dachser auch für einen finnischen Verpackungsmittelkonzern. Für sämtliche vier Werke in Deutschland steuerte Dachser die Beschaffungslogistik von Lieferanten aus ganz Europa. Die Luft- und Seefrachtdivision übernahm zusätzlich den interkontinentalen Import. In Memmingen bündelte Dachser alle ankommenden Warenströme, und von dort aus erhielten die Werke alle benötigten Stoffe, genau heruntergebrochen auf die jeweilige Produktionscharge. Wie schnell die Kontraktlogistik-Aktivitäten eine globale Dimension bekamen und sich als zentrales Vehikel bei der Vernetzung der Transportmärkte Europas, der USA und Asiens erwiesen, zeigt ein weiteres Beispiel. Zusammen mit einem amerikanischen Maschinenbaukonzern realisierte Dachser im Jahr 2005 ein Kontraktlogistik-Konzept in China. Für die dortigen Produktionswerke wurden neben der beschaffungslogistischen Warenanlieferung aus Europa und Lateinamerika Warehouse-Lösungen entworfen sowie ein Distributionsnetz inklusive eines Zolllagerservices aufgebaut und so eine schnelle wie zuverlässige Belieferung der Endkunden vor Ort erreicht. Über das Zentralserversystem in Kempten war Dachser 2005 und ist auch heute noch in der Lage, das Warehouse in China zu steuern und sich einen Überblick über den Echtzeit-Status sämtlicher Lagerprozesse zu verschaffen. Kontraktlogistik bestimmte zunehmend auch das Food-Logistics-Geschäft von Dachser. Für einen niederländischen Lebensmittelkonzern etwa übernahm Dachser schon seit 1996 die Aufgabe, ein ganzheitliches logistisches Konzept für die Beschaffung, die Lagerung und das Bestandsmanagement, die Produktionsversorgung und Distribution der Lebensmittelrohstoffe wie auch der Fertigwaren umzusetzen. Täglich wurden in der Niederlassung Langenau bis zu 500 Tonnen Waren im Rahmen der organisierten europaweiten Beschaffung angeliefert, in zwei Temperaturzonen gelagert, kommissioniert und etikettiert und dann Just-in-Time an die Werke beziehungsweise an den Handel ausgeliefert. Das Besondere dabei war die für Dachser wie den Großkunden gleichermaßen realisierte durchgängige Prozesstransparenz durch Verwendung von optischer Identifikationstechnik sowie EDI-Kommunikation.

Der spezifische Wettbewerbsvorteil, durch den sich Dachser in den Augen der Geschäftsführung dabei von den übrigen Konkurrenten im

Kontraktlogistik-Markt unterschied, war die Kombination aus »intelligenter Kontraktlogistik« und »intelligenten Transport-Logistik-Netzen«, verbunden mit Zusatzleistungen wie Logistik Consulting und anderen Value Added Services.[518] Der forcierte Einstieg in das Geschäft mit Logistik-Lösungen und Branchenkonzepten wurde von Dachser von Anfang an nicht als Alternativ-, sondern als Komplementär- und Integrationsstrategie verstanden und umgesetzt. Die von der Geschäftsführung 2003 verkündete »Konzern-Vision« für Dachser war denn auch ganz von dem neuen Selbstverständnis als integrierter Logistik-Dienstleister geprägt. »Wir wollen die Logistik-Bilanz unserer Kunden verbessern«, hieß es dazu. »Unsere Vision ist, dass wir bis 2007 als weltweit führender Anbieter von Europalogistik unsere Kunden in ihren Märkten durch zukunftsfähige Logistik stärken wollen. Als weltweit bestes Angebot von Europalogistik verstehen wir die in sich schlüssige Integration von europäischen Systemverkehren und Kontraktlogistik sowie deren interkontinentale Anbindung. Wir begleiten unsere Kunden in ihren Märkten und finden gemeinsam mit ihnen durch Bündelung der Kräfte flexible Logistiklösungen.«[519] Schneller als damals von der Geschäftsführung erwartet, wurde diese Vision Realität.

---

518 Protokoll Verwaltungsrat vom 19.1.2004, S. 14, in: ebd. Insofern nahm Dachser jene Entwicklung vorweg, die das Consultingunternehmen Mercer wenig später als Erfolgsformel identifizierte, nämlich die »Kombination von Kontraktlogistik auf Basis eigener Produktionssysteme«. Vgl. Mercer Management Consulting, *Mythen der Kontraktlogistik*, Studie vom Oktober 2004. In diesem Kontext stehen auch die jüngsten, im Jahr 2006 erfolgten Verkäufe der Kontraktlogistik-Sparten von ABX und TNT. Vgl. *Verkehrs-Rundschau* 9/2006, S. 22–25.
519 Präsentation der Konzernvision auf der Sitzung des Verwaltungsrats am 19.1.2003, in: Bestand Wecker.

Kapitel 4

Umbruch der Corporate Governance und die Entwicklung der Unternehmensführungsorganisation im Zeichen der Familienkompetenz

Lange bevor in der deutschen Unternehmenslandschaft die Corporate-Governance-Diskussion um die richtige Form einer Unternehmensverfassung sowie um geeignete Standards verantwortungsbewusster Führungs-, Leitungs- und Kontrollstrukturen aufkam, begann Dachser mit der Modernisierung seiner Corporate-Governance-Strukturen. Anlass dazu war nicht nur der radikale Wandel des Umfelds und die sich daraus ergebenden Herausforderungen, sondern auch die generationelle Entwicklung in den beiden Gesellschafterfamilien und damit die Notwendigkeit zur Weichenstellung der Nachfolge in der Unternehmensführung. Familienunternehmen unterscheiden sich von börsennotierten Gesellschaften durch die wesentlich engere Verknüpfung von Führung, Kontrolle und Eigentum, und insofern bedurfte es schon immer einer prinzipiellen Ausrichtung der Corporate-Governance-Verfassung an den dadurch begründeten Chancen, aber auch spezifischen Risiken.[520] Die entsprechenden Überlegungen zur Transparenz der Unternehmensstrukturen, zur Sicherung einer qualifizierten Führung und Führungsnachfolge sowie zur Einführung einer qualifizierten Kontrolle der Unternehmensführung, der Rechnungslegung und Gewinnverwendung und nicht zuletzt zum Erhalt des Unternehmens im Familienbesitz mündeten bei Dachser Anfang der 1990er Jahre in zwei zentrale Maßnahmen: der Etablierung eines Verwaltungsrates, in dem in der Mehrzahl familienexterne Aufsichtspersonen saßen, und die Initialisierung eines Prozesses der permanenten Anpassung und Professionalisierung der Unternehmensführung bei gleichzeitiger Verankerung einer stark strategieorientierten Unternehmenspolitik.

Im Zentrum der langfristig angelegten Neuordnung der Führungsorga-

---

520 Vgl. dazu Peter May, *Governance Kodex für Familienunternehmen*. Fassung der Kommission vom 4.9.2004, auf: www.kodex-fuer-familienunternehmen.de (Zugriff am 10.9.2007).

nisation standen vier Fragenkomplexe: 1. Wie ist der Generationenwechsel in der Geschäftsführung, später auch im Bereich der Gesellschafter, zu gestalten? 2. Wie soll die künftige Führungsstruktur, insbesondere die Ressortverteilung innerhalb der Geschäftsführung und die damit verbundene Geschäftsordnung, fortentwickelt werden? 3. Welche Vorkehrungen sind im Hinblick auf die Eigenkapitalausstattung des Unternehmens zu treffen? Und 4. Wie sind die Aufgaben und die Kompetenzen des Verwaltungsrates fortzuentwickeln?[521] Diese Diskussion und die für das Familienunternehmen zentrale personalpolitische Weichenstellung war eng mit Bernhard Simon verknüpft, der als Familienmitglied und nicht zuletzt aufgrund seiner Qualifikation und Kompetenz über kurz oder lang in die Rolle des Sprechers der Geschäftsführung hineinwachsen sollte und die Phase der Führung durch ein familienextern dominiertes Dachser-Management beenden würde. Was auf den ersten Blick als Zäsur erschien, markierte jedoch in langfristiger Perspektive eine Kontinuität in der Unternehmensentwicklung.

Die Arbeit des Verwaltungsrates vollzog sich dabei in einem Spannungsfeld zwischen dem deutlich erkennbaren Entwicklungspotenzial von Dachser einerseits und der Notwendigkeit andererseits, dieses mit der Kapitalkraft des Unternehmens als Familienbetrieb in Einklang zu bringen. Die Zusammenarbeit von Verwaltungsrat und Geschäftsführung, die von der starken Führungspersönlichkeit des Generalbevollmächtigten Weiss, dem oftmals praktizierten direkten Zugang zu den Hauptgesellschafterinnen und den daraus auch resultierenden Freiräumen geprägt war, entwickelte sich nicht ohne Konflikte. Es sollte ein für alle Beteiligten hürdenreicher und erst nach mehreren Anläufen in Gang kommender Lernprozess werden. Die beiden Hauptgesellschafterinnen Annemarie Simon und Christa Rohde-Dachser trafen aber ohne zu zögern die erforderlichen Entscheidungen, um den Wandel der Corporate Governance von Dachser voranzutreiben und sicherzustellen, dass die getroffenen Regelungen auch umgesetzt wurden.[522]

---

521 »Kontinuität im Wandel«, Interview mit Prof. Kirsch, in: *Dachser aktuell* Jg. 2004, H. 4, S. 6–8.
522 Vgl. dazu auch Zeitzeugeninterview Kirsch.

Geschäftsführungsorganisation und Geschäftsführungsstrategie

1988 war eine Umstrukturierung der Geschäftsführung eingeleitet worden. Neben der Schaffung des neuen Ressorts für Produktion und euronationale Speditionsorganisation unter Jörg Tonn Anfang 1988 hatte der Generalbevollmächtigte Ulrich Weiss noch eine weitere Neuerung in der Organisation der Geschäftsführung eingeführt, indem er mit Gerd Wecker einen Sprecher der Geschäftsführung bestimmt hatte, was diesem zwar nach außen durchaus eine herausgehobene Position verschaffte, nach innen aber keine zusätzlichen Kompetenzen gegenüber seinen nach wie vor gleichberechtigten Geschäftsführungskollegen bedeuten sollte. »Unbeschadet der Gesamtverantwortung der Geschäftsführung handelt jeder Geschäftsführer in dem ihm zugewiesenen Ressort eigenverantwortlich, ist aber gehalten, die ressortbezogenen Interessen stets dem Gesamtwohl der GmbH und der Dachser GmbH & Co. KG unterzuordnen«, hieß es dazu in der ab 1. April 1989 gültigen neuen Geschäftsordnung. »Jeder Geschäftsführer unterrichtet jeden Mitgeschäftsführer und Herrn Ulrich Weiss über alle wesentlichen Vorgänge und den Gang der Geschäfte in seinem Ressort. Der Sprecher der Geschäftsführung koordiniert die ressortbezogenen Vorgänge mit den Gesamtzielen und Plänen des Unternehmens. Wenn er dies für erforderlich hält oder ein Geschäftsführer dies beantragt, erfolgt die Koordinierung durch Herrn Ulrich Weiss.«[523] Weiss stellte damit aber auch die Weichen für die Zeit nach seinem endgültigen Ausscheiden aus der Unternehmensführung und er setzte das deutliche Signal, dass er in einer starken Position familienexterner Manager die Zukunft von Dachser zunächst am besten aufgehoben sah.

Weiss' Abschied

Im Frühjahr 1989 schied Weiss dann, inzwischen 75 Jahre alt, auf eigenen Wunsch aus der operativen Geschäftsführung aus. »Herr Direktor Ulrich Weiss, Gbv«, so hieß es in einem Gesellschafterbeschluss, »wurde als Geschäftsführer der Dachser Spedition GmbH abberufen. Er hat im Einvernehmen mit den Gesellschaftern die aktive Geschäftsführung in die Hände der gleichberechtigten Geschäftsführer Dieter Frieß, Thomas Simon, Jörg Tonn

---

523 Geschäftsordnung für die Geschäftsführung der Dachser GmbH vom 1.4.1989, in: Bestand Frieß.

und Dr. Gerd Wecker gelegt, um einerseits einen reibungslosen »Generationenwechsel« sicherzustellen und andererseits die Geschicke der Organisation in seiner Eigenschaft als Generalbevollmächtigter der Hauptgesellschafterinnen unter Einbringung seiner Lebens- und Berufserfahrung weiter zu begleiten«.[524] Das Gebot der Stunde, so gab Weiss bei seiner Abschiedsrede auf der Niederlassungsleiter-Tagung Mitte März 1989 dem Dachser-Management mit auf den Weg, sei »die Wiederbesinnung auf die Tugenden Sparsamkeit, Kreativität, Bescheidenheit und Disziplin«.[525] Allerdings behielt Weiss als Generalbevollmächtigter noch immer die maßgebliche unternehmenspolitische Richtlinienkompetenz in den Händen. Gleichzeitig rückte aber Christa Rohde-Dachser nun gleichberechtigt neben Weiss, denn die Gesellschafterfamilien beschlossen, auch »Prof. Dr. Rohde-Dachser mit den gleichen Vollmachten auszustatten wie Herrn Ulrich Weiss«, falls dieser verhindert sei, seine Rechte wahrzunehmen oder diese Aufgabe niederlege.[526]

Die Weichen für die Unternehmensführung in der Nach-Weiss-Ära waren damit gestellt. Der Reorganisationsprozess Ende der 1980er/Anfang der 1990er Jahre ging aber viel weiter. In den folgenden Monaten wurden schließlich fünf neue Elemente in die Unternehmensführungsorganisation von Dachser eingezogen, die auch die Corporate-Governance-Verfassung insgesamt nachhaltig veränderten. Erstens wurde eine Matrix-Organisation eingeführt, das heißt, unterhalb der Geschäftsführer mit ihren jeweiligen Ressorts wurde eine Reihe von Bereichen mit eigenverantwortlich agierenden Führungsmanagern etabliert. Die Bereichsleiter sollten die Geschäftsführung entlasten und waren grundsätzlich den Niederlassungsleitern in der hierarchischen Ebene gleichgestellt, das heißt, sie besaßen gegenüber diesen keine Weisungskompetenz.[527]

Neben bereits existierenden Bereichsfeldern unter anderem für Personal, Datenverarbeitung und Controlling wurde, zweitens, der neue Bereich Unternehmensentwicklung, angesiedelt im Ressort Wecker, geschaffen, von dem künftig die Impulse zur strategischen Ausrichtung von Dachser und die Formulierung von Schwerpunktprogrammen ausgehen sollten. Drit-

---

524 Gesellschafterbeschluss vom 13.4.1989, in: ebd.
525 Protokoll Niederlassungsleiter-Tagung vom 16./17.3.1989, S. 1, in: ebd.
526 Protokoll eines schriftlich gefassten Beschlusses der Gesellschafter der Dachser GmbH & Co. KG vom 1.4.1989, in: ebd.
527 Vgl. Rahmenkonzept, S. 21 f., und Protokoll Geschäftsführung vom 5.12.1990 sowie die entsprechenden Passagen (S. 3) in den Überlegungen von Kirsch.

tens wurde eine Neuprofilierung der bestehenden Geschäftsführungsressorts vorgenommen. Anstelle von interner und externer Logistik oder Spedition Inland und Spedition Ausland tauchten nun die beiden Geschäftsführungsbereiche »Nationales Geschäft« (Wecker) und »Internationales Geschäft« (Simon) auf, und vor allem das Ressort Tonn gewann mit der Ausweitung der Zuständigkeit für produktionsorganisatorische Fragen der gesamten speditionellen Leistungskette unter der neuen Bezeichnung »Speditionelle Leistungskette, Qualität und Infrastruktur« deutlich an Gewicht.

Bild 34: Der Vorsitzende des Dachser-Verwaltungsrates Prof. Dr. Dres. h.c. Werner Kirsch

Viertens erfolgte im März 1992 die Einrichtung eines Verwaltungsrates, dessen Vorsitzender Professor Dr. Werner Kirsch, Inhaber des Lehrstuhls für Strategisches Management und Unternehmensführung an der Ludwig-Maximilians-Universität München, wurde.

Der Verwaltungsrat

Der Verwaltungsrat besaß vor allem beratende Funktionen, das heißt, an diesen wurden »im Wesentlichen diejenigen Aufgaben delegiert, die ansonsten hinsichtlich genehmigungspflichtiger Geschäftsführungsmaßnahmen nach dem Gesellschaftsvertrag von den Gesellschaftern wahrzunehmen sind. Daneben bleibt eine der Hauptaufgaben dieses Verwaltungsrates die Sicherung der Eigenkapitalquote.«[528] Der Verwaltungsrat, so präzisierte Kirsch die Aufgaben des neuen Organs, verstehe sich nicht als Nachfolger von Herrn Direktor Weiss in seiner Stellung als Generalbevollmächtigter,

---

[528] Protokoll der Management-Tagung vom 26./27.3.1992, S. 1, in: Bestand Frieß. Mit ein Motiv für die Einrichtung des Verwaltungsrates waren auch Überlegungen zur eventuellen Änderung der Gesellschaftsform von Dachser in eine Aktiengesellschaft. Gleichsam prophylaktisch sollte die Corporate Governance daher um einen Verwaltungsrat im Sinne eines Aufsichtsrates ergänzt und erweitert werden, um damit die neuen Regeln und Funktionsweisen dieser Corporate Governance sozusagen zu »üben«. Vgl. dazu Zeitzeugeninterview Kirsch.

sondern als Beratungsgremium mit Unterstützungsfunktion für die Hauptgesellschafterinnen in Bezug auf die Überwachung der Geschäftsführung. »Dies bedeutet, dass es zukünftig eine Berichtspflicht der Geschäftsführung gegenüber dem Verwaltungsrat geben wird.«[529] Von der Grundeinstellung her solle jedoch weder die Kompetenz noch die Autorität der Geschäftsleitung in Frage gestellt, sondern im Gegenteil bestätigt werden. »Die Etablierung des Verwaltungsrates bedeutet auch nicht, dass sich die Gesellschafter des Unternehmens sozusagen zurückziehen, sie ist vielmehr als ein Akt der Vorsorge anzusehen«, die zeitlich sinnvollerweise mit dem Rückzug von Herrn Weiss aus dem Unternehmen zusammenfalle, der künftig als Mitglied des Verwaltungsrates eingebunden werde.[530] Der Verwaltungsrat bestand insgesamt aus vier Personen: Neben Kirsch und Weiss waren dies Dr. Wolfgang Pinegger, damals Geschäftsführer eines mittelständischen, im Familienbesitz befindlichen Maschinenbauunternehmens, sowie Dr. Jürgen Schneider, Vorstandsmitglied des Baukonzerns Bilfinger & Berger. Mitglieder der Gesellschafterfamilie saßen zunächst nicht im Verwaltungsrat, waren aber durch die geschäftsführenden Gesellschafter Thomas Simon und Christa Rohde-Dachser ebenso wie Annemarie Simon auf den regelmäßig stattfindenden Sitzungen vertreten. 1996 sollten mit Thomas Simon und 1999 mit Christa Rohde-Dachser die beiden Familienstämme auch offiziell im Verwaltungsrat vertreten sein.[531] Kirsch hatte sich bei der Etablierung des Verwaltungsrates als Vorsitzender eine Reihe von zusätzlichen Kompetenzen und Funktionen ausbedungen. Das betraf vor allem die interne Einbeziehung in das Kommunikationsnetz von Dachser. Der Verwaltungsratvorsitzende hatte die Möglichkeit, zusammen mit dem Sprecher der Geschäftsführung Themen auf die Agenda zu bringen sowie an den mindestens zweimal im Jahr stattfindenden Strategie-Klausurtagungen aktiv teilzunehmen. Kirsch wurde damit eine mehr als nur kontrollierende, sondern auch aktive Rolle mit der Möglichkeit zum Mitgestalten insbesondere von strategischen Belangen eingeräumt.[532]

---

529 Protokoll Management-Tagung vom 26./27.3.1992, S. 6, in: Bestand Frieß.
530 Ebd.
531 Weitere personelle Änderungen im Verwaltungsrat ergaben sich 1995 durch den Tod von Weiss. Am 1. Januar 2002 kam Wolfgang Monning, ehemaliger Vorstandsvorsitzender der Schenker Deutschland AG als neues Mitglied dazu. Monning schied dann aber zum 31.12.2005 auf eigenen Wunsch wieder aus.
532 Vgl. Zeitzeugeninterview Kirsch sowie auch Protokoll Verwaltungsrat vom 8.4.1992 und vor allem die ausführlichen »Überlegungen zur Geschäftsordnung« von Kirsch vom 24.2.1991 und vom 21.3.1991, in: Unterlagen Kirsch.

Fünftens schließlich wurde die Gesellschafterfamilie stärker in die strategischen Überlegungen zur Geschäftsführungsorganisation eingebunden. Neben Thomas Simon saß auch nach wie vor Christa Rohde-Dachser, zugleich stellvertretende Generalbevollmächtigte ohne eigenes Ressort in der Geschäftsführung. Darüber hinaus rückte nun, maßgeblich auf Initiative von Kirsch, Bernhard Simon in den Mittelpunkt aller mittel- und langfristigen Überlegungen zur weiteren Entwicklung der Unternehmensführungsorganisation. Es erschien sinnvoll, so hatte Kirsch bereits im August 1990 in seinen Überlegungen zur Führungsorganisation von Dachser notiert, Bernhard Simon systematisch an die Geschäftsführung heranzuführen und zum Beispiel in den Aufbau des neu zu institutionalisierenden Bereichs »Unternehmensentwicklung und Controlling« einzubeziehen.[533]

Mitte der 1990er Jahre präsentierte sich mithin die neue Unternehmensführungs- und Corporate-Governance-Struktur von Dachser als Ergebnis der Restrukturierungs- und Modernisierungsmaßnahmen, wie in Schaubild 25 dargestellt.

Die neue Verfassung der Führung, Leitung und Kontrolle bei Dachser war im Vergleich zu den Wettbewerbern wie auch zu den bisherigen Strukturen der Unternehmensorganisation durchaus innovativ, zugleich aber auch nach wie vor von unübersehbaren Kompromissen geprägt. Das betraf vor allem die Beibehaltung der Trennung in nationales und internationales Geschäft, während mit dem Ressort Tonns schon auf die neuen »euronationalen« Entwicklungen des Speditionsgeschäfts ausgerichtete Geschäftsführungsaktivitäten bestanden. Die neue Matrix-Organisation dagegen bewährte sich schnell. Anfangs hatten die Niederlassungsleiter Befürchtungen gehegt, dass damit eine Einengung ihrer Position verbunden sein würde. Dann aber zeigte sich, dass es zwischen den Niederlassungen und den Bereichen in strittigen Fragen zu einer kooperativen Kompromissfindung kam und diese Form der Problemlösung in der Kultur des Unternehmens verankert werden konnte.[534] Konstruktiv entwickelte sich nach anfänglichen Spannungen auch das Verhältnis zwischen der Geschäftsführung und dem Verwaltungsrat. Allein die Existenz des Verwaltungsrates zwang nun die Geschäftsführung dazu, anstelle eines vielstimmigen Chores dem Kontrollorgan gegenüber nun mit einer Stimme

---
533 »Überlegungen zur Führungsorganisation von Dachser« vom 9.8.1990, S. 2 und S. 4f., in: Unterlagen Kirsch.
534 Protokoll Management-Tagung vom 14./15.3.1991, Anlage 2, S. 3, in: Bestand Wecker.

Schaubild 25: Die Dachser-Corporate-Governance-Struktur 1994

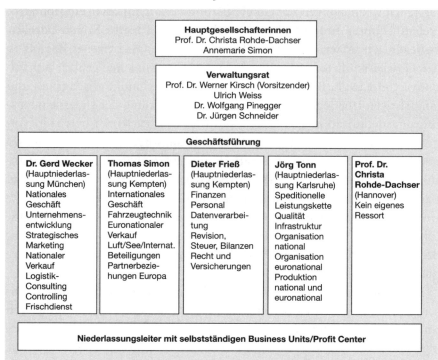

aufzutreten. Prinzipiell seien beide einem »ständigen Lernprozess« unterworfen, so hatte Kirsch im März 1993 in einem Positionspapier notiert.[535] Dachser verfüge auf der einen Seite über Zukunftspotenziale, die es auszubauen und vor allem zu nutzen gelte, auf der anderen Seite sei dies alles mit der Kapitalkraft eines Familienunternehmens in Einklang zu bringen. Es sei Aufgabe des Verwaltungsrates, »dieses Spannungsfeld stets von neuem auch mitzuerzeugen. Es wäre [jedoch] fatal, wenn der Verwaltungsrat dazu beitragen würde, das unternehmerische Element der Geschäftsleitung eher zu lähmen, weil stets nur die Risiken, ausgedrückt in der Gefährdung der Eigenkapitalquote oder in einem hohen Obligo aus Leasing beziehungsweise Miete, im Vordergrund steht. Und es würde die zukünftige Zusammenarbeit sicherlich erheblich erschweren, wenn das angesprochene Spannungsfeld sich ausschließlich in der Formel »hier die unternehmerische Geschäftsführung, dort der bremsende Verwaltungs-

---

535 Das 23-seitige Positionspapier vom 25.3.1993, in: Unterlagen Kirsch.

rat« äußern würde. Das Spannungsfeld muss sich in der Geschäftsführung selbst und in den möglicherweise unterschiedlichen Positionen im Verwaltungsrat niederschlagen. Die Zusammensetzung der Geschäftsführung und des Verwaltungsrates lassen erwarten, dass Letzteres der Fall ist beziehungsweise sein wird.«[536]

Strategische Reorganisation

Gleichzeitig mit der Neustrukturierung der Unternehmensführungsorganisation unterzog sich Dachser aber auch einem strategischen Reorganisationsprozess und trieb die Anpassung der unternehmenspolitischen Entscheidungsprozesse an das veränderte Umfeld und vor allem auch an die inzwischen erreichte Größe voran. Die grundsätzliche strategische Zielsetzung lautete nach wie vor »Positionierung unseres Unternehmens als besonders leistungsstarkes, qualitätsbewusstes Familienunternehmen im euronationalen Markt mit internationaler Ausprägung bei Sicherstellung einer positiven Ertragslage«.[537] Für eine differenzierte und flexible Umsetzung dieser Strategie erschien jedoch die bisherige Zusammensetzung des Entscheidungsgremiums änderungsbedürftig. Sie bestand noch aus den Tagen Thomas Dachsers aus Geschäftsführung und Direktoren, erweitert durch die zeitweise Beteiligung eines oder mehrerer Niederlassungsleiter. Eine funktionale und zeitliche Zweiteilung erschien demgegenüber nun sinnvoller, das heißt, dass die Geschäftsführer in Zukunft für sich diejenigen Themen berieten, die überwiegend in ihre Verantwortung als Organe der Gesellschaft fielen, während in einem zeitlich separierten und um die Direktoren und Niederlassungsvertreter erweiterten Kreis Themen der Organisationsführung und der Umsetzung unternehmenspolitischer Maßnahmen im Vordergrund standen. Beide Kreise waren dabei insofern als offen zu verstehen, als Teilnehmer, die üblicherweise nur dem erweiterten Kreis angehörten, fallweise auch zum internen Geschäftsführungskreis mit zugezogen werden konnten.[538] In der Folgezeit wurde daher ein sogenannter Kleiner Kreis und ein Großer Kreis der Geschäftsführung eingerichtet. Zudem hatte man Kirsch noch vor seiner Berufung zum Verwaltungsratsvorsitzenden um Beratung gebeten, wie Inhalt und

---
536 Ebd., S. 3.
537 Geschäftsbericht Wecker vom 28.2.1990, S. 2 f., in: Bestand Wecker.
538 Vgl. dazu Protokoll Geschäftsführung vom 9./10.4.1990, S. 2, in: ebd.

Ablauf der Geschäftsführungsbesprechungen optimiert werden konnten. Auf einer Besprechung des erweiterten Geschäftsführungskreises Anfang April 1990 hatte Kirsch dann erste Überlegungen zur Problemanalyse und weiteren Entwicklung von Dachser vorgelegt. Kennzeichnend für die gegenwärtige Lage sei, so Kirsch, dass eine interne Wachstumskrise gleichzeitig mit gewaltigen Marktanforderungen zusammentreffe.[539] Als vordringlich sehe er die Notwendigkeit einer systematisch betriebenen und auch unternehmensorganisatorisch fest institutionalisierten Unternehmensentwicklung, und daher sollten in einem sogenannten Rahmenkonzept Ziele, Grundsätze und Grundstrategien sowie alle unternehmenspolitisch relevanten Problemfelder formuliert und dann daraus konkrete Schwerpunktprogramme entwickelt und umgesetzt werden.[540]

Strategieverständnis und Strategieplanung

Hinter diesen Bemerkungen standen ein spezifisches, von der Theorie der strategischen Führung geprägtes Begriffsverständnis und eine Denkweise, mit der sich die Führungskräfte von Dachser erst einmal vertraut machen mussten. Kirsch, Jahrgang 1937, hatte seit 1969 einen Lehrstuhl für Organisation in der betriebswirtschaftlichen Fakultät der Ludwig-Maximilians-Universität München mit dem Forschungsschwerpunkt Strategische Planung und Strategisches Management inne. Er machte sich nun daran, seine Erkenntnisse und Theorien in die Dachser-Strategie einzubringen.[541] Der Begriff der Strategie war nach Kirsch zunächst in einem zweifachen Sinn zu verstehen. Zum einen ging es um strategische Programme als Ausdruck einer evolutionären Führungskonzeption, die für einzelne Organisationseinheiten beziehungsweise Betätigungsfelder erarbeitet werden. Zum anderen ging es um ein Rahmenkonzept, das im Wesentlichen die grundlegenden Maximen festschrieb, die für das Unternehmen als Ganzes oder für einzelne Teilbereiche gelten sollten.

---

539 Vgl. ebd.
540 Vgl. dazu Notiz Kirsch vom 9.4.1990 »Zur Unternehmensentwicklung von Dachser«, in: Unterlagen Kirsch. Allgemein dazu auch Max J. Ringlstetter, *Konzernentwicklung. Rahmenkonzepte zu Strategien, Strukturen und Systemen*, München 1995.
541 Zugleich war Kirsch bis zum Jahr 2000 Geschäftsführer des Beratungsunternehmens Strategema GmbH. Vgl. zum Folgenden Werner Kirsch, *Strategisches Management. Die geplante Evolution von Unternehmen*, Wiesbaden 1997, S. 489 ff.

Die Strategien mussten nun nach diesen Vorstellungen in möglichst effizienter Weise in die operativen Handlungen eingebaut werden. Ein besonders wichtiges Mittel, um dies zu erreichen, war die Führungsorganisation. »Mit der Führungsorganisation muss eine strategieadäquate Aufbauorganisation geschaffen werden, es müssen ›Paläste‹ gebaut werden, die relativ dauerhaft die Aufgaben und Kompetenzen der Mitarbeiter regeln. Andererseits wird es aber auch immer wieder ›Zelte‹ geben, Regelungen oder Kompetenzzuweisungen, die nur vorübergehende Geltung besitzen.«[542] Zwischen Strategie und Struktur bestanden allerdings komplexe Beziehungen, die über ein Rahmenkonzept beziehungsweise über Schwerpunktprogramme liefen, die gleichsam die Übersetzung der Strategien in die Struktur leisteten. Schließlich gab es noch eine weitere Unterscheidung: die Differenzierung zwischen Strategien einerseits und Strategieformulierung andererseits.[543] Es ging dabei um die Frage, wie strategische Führung tatsächlich erfolgte. Strategien konnten auch als Handlungsorientierungen der Akteure begriffen werden, die gleichsam in deren Köpfen gespeichert sind. Strategieformulierungen waren mithin schriftlich und/oder mündlich kommunizierte Beschreibungen von Strategien. Solche Beschreibungen können nun den Charakter von Plänen annehmen, die sich in entsprechenden Strategien als Handlungsorientierungen niederschlagen. Entscheidend dabei war aber der Prozess der Strategieformierung, das heißt, es können sich auch Strategien formieren, ohne dass es mehr oder weniger ausgeprägte Bemühungen um Strategieformulierungen gibt.[544] Und vor allem kann es eine regelrechte Gemengelage von individuellen Strategievorstellungen geben, die keineswegs »parallelisiert« sind und erst nach erfolgter Kommunikation und gemeinsamer Formulierung zur Strategie beziehungsweise einheitlichen strategischen Richtung des Unternehmens insgesamt werden.

Das Rahmenkonzept

Bereits Anfang Mai 1990 hatten sich nun Kirsch und die Geschäftsführung zu einer Sitzung getroffen, um den Prozess der strategischen Unter-

---

542 Ebd.
543 Vgl. dazu Werner Kirsch, *Die Führung von Unternehmen,* Frankfurt 2001, S. 18 ff.
544 Ebd., S. 26 f.

nehmensentwicklung und vor allem die Arbeiten an dem Rahmenkonzept in Angriff zu nehmen.[545] Es hatte schon immer bei Dachser innerhalb der Geschäftsführung individuelle strategische Vorstellungen gegeben, nach denen jeder für sich auch gehandelt hatte, ohne dass diese aber explizit formuliert und schriftlich fixiert sowie einer für alle verbindlichen Verständigung unterzogen worden wären. Das sollte nun geschehen, und einvernehmlich wurde ein Katalog von Themen festgelegt, um sie in ein Rahmenkonzept für Dachser zu integrieren. 1. Auftrag des Unternehmens beziehungsweise Dachser als Familienunternehmen, 2. Führungsorganisation, 3. Strategie (mit den Unterpunkten Innovation und Qualität) 4. Controlling und 5. Datenverarbeitung. Im Frühjahr 1991 wurde schließlich das 110 Seiten starke Rahmenkonzept vorgelegt.[546] »Dachser ist ein professionell geführtes Familienunternehmen mit Konzentration auf profitable Geschäfte im Qualitätswettbewerb«, so hieß es zunächst einleitend über Auftrag und Grundausrichtung des Unternehmens. »Dachser soll auch in Zukunft ein unabhängiges Familienunternehmen sein, das sich in seiner Kultur von reinen Kapitalgesellschaften unterscheidet. Die Hauptgesellschafterinnen bemühen sich gemeinsam mit der Geschäftsführung darum, diese Kultur in aktiver Weise zu pflegen und zu fördern. Sollte sich künftig die Notwendigkeit ergeben, im Interesse der Unternehmensentwicklung zusätzliches Kapital aufzunehmen oder weitergehende Kooperationen einzugehen, dann besteht die feste Absicht, die Kontrolle der Geschäftätigkeit nicht aus der Hand zu geben und den Charakter des Familienunternehmens zu bewahren.«[547]

Vier grundlegende Ziele verschiedener Anspruchsgruppen wurden darüber hinaus formuliert: Erstens erwarteten die Gesellschafter eine angemessene Rendite aus ihrem investierten Kapital, zweitens besaßen die Mitarbeiter ein existenzielles Interesse an der langfristigen Überlebensfähigkeit des Unternehmens und an der Sicherheit ihrer Arbeitsplätze, drittens hatten die Kunden einen Anspruch darauf, zu einem angemessenen Preis eine qualitativ hochwertige speditionelle Leistung zu erhalten, und viertens besaß Dachser im Rahmen der Gesellschaft »eine soziale

---

545 Teilnehmer war auch die Strategma GmbH bzw. deren zweiter Geschäftsführer Dr. Dodo zu Knyphausen.
546 Vgl. dazu und zum Folgenden Rahmenkonzept der Dachser GmbH & Co. KG, Version 1991, in: Bestand Frieß, sowie auch Zeitzeugeninterview Kirsch.
547 Rahmenkonzept, S. 10 f.

Verantwortung im Hinblick auf die Einhaltung von Rechtsbestimmungen, die Schonung der Umwelt und die Einhaltung der Regeln des fairen Wettbewerbs«.[548]

Acht strategische Leitsätze, die in jeweils nach Themenfeldern geordneten Maximen detailliert entfaltet wurden, umrissen dann auf den folgenden Seiten des Rahmenkonzepts die künftige Unternehmensentwicklung von Dachser. Zunächst ging es um die »Beibehaltung der dezentralen Profit-Center-Organisation bei gleichzeitiger Stärkung der zentralen Funktionen und Verbesserung der Effizienz der Hauptniederlassungen«.[549] In diesem Zusammenhang wurde auch das Controlling in den Rang eines strategischen Bausteins erhoben. Seine Entwicklung sollte forciert werden »hin zu einem entscheidungsrelevante Informationen bereitstellenden Führungsinstrument«.[550] Was die einzelnen Geschäftsfelder anging, so wurde als Grundstrategien Folgendes formuliert: euronationales Angebot eines produktorientierten Leistungsstandards auf hohem Qualitätsniveau (Trockengut/national/euronational); nachhaltige Ertragsverbesserung durch Konzentration auf wesentliche Serviceprodukte (Lebensmittel-Logistik) sowie Erhöhung des Marktanteils durch Kooperationen (Luft/See). Als Grundstrategie der Netzpolitik wurde der Aufbau eines flächendeckenden Netzes eigener Häuser formuliert. »Der Besitz eines engen und flächendeckenden Netzes wird als ein wesentlicher Wettbewerbsvorteil angesehen, über den eine Spedition verfügen kann«, hieß es dazu weiter. »Gleichzeitig wird der deutsche Markt als der zentrale Markt in Europa angesehen.«[551] Explizit bekräftigt wurde zudem die implizit schon lange verfolgte Qualitätsstrategie. Dachser verstehe sich als Anbieter qualitativ hochwertiger Leistungen von der Auftragsannahme bis zur Auftragserledigung. Das Unternehmen »will in allen Betätigungsfeldern qualitativ hochwertige Leistungen anbieten und sich dadurch von Billigwettbewerbern absetzen«.[552] In diesem Zusammenhang erhielt auch die Datenverarbeitung eine zentrale strategische Bedeutung. Sie ist »das Mittel, um die Transportleistung zur ›High-log-Leistung‹ zu machen«.[553] Die Datenverar-

---

548 Ebd., S. 11f.
549 Ebd., S. 16.
550 Ebd., S. 89.
551 Ebd., S. 54.
552 Ebd., S. 64.
553 Ebd., S. 79.

beitung sei für Dachser Produktionsfaktor und könne als wichtiges Mittel zur Verbesserung der Qualität der Dachser-Leistungen angesehen werden. Im Rahmenkonzept wurde schließlich auch prinzipiell festgelegt, dass die Strategiekompetenz wie bisher in den Händen der Gesamtgeschäftsführung lag. Die Beschäftigung mit der weiteren Unternehmensentwicklung wurde aber in Zukunft institutionalisiert, einmal in Form von Projekten und Schwerpunktprogrammen, »die als temporäre Organisationsformen die Entwicklung und Implementierung strategisch relevanter Optionen unterstützen«[554], zum anderen aber auch in der Schaffung des neuen Bereichs »Unternehmensentwicklung«. »Dachser hat inzwischen eine kritische Wachstumsschwelle überschritten«, so hieß es dazu abschließend. »Die Zeit des ›Sichtflugs‹ ist vorbei; es gibt einen Bedarf für die Nutzung professioneller Führungsinstrumente.«[555]

Das schließlich verabschiedete und auch auf der Management-Tagung Mitte März 1991 erstmals auch den Niederlassungs- und Bereichsleitern präsentierte Rahmenkonzept bedeutete eine Weichenstellung in der Entwicklung von Dachser. Es leitete eine radikale Selbstbesinnung des Unternehmens und eine schonungslose Analyse der Gegenwartsprobleme ein. Noch wichtiger jedoch war der Ausblick in die geplante Zukunft von Dachser. Das Rahmenkonzept setzte Schwerpunkte für die zukünftige Entwicklung der Firma und fungierte als permanenter Anlass, Schwachstellen im Unternehmen aufzuspüren, die eine Verwirklichung des Gewollten verhinderten. Es war, so erläuterte Kirsch auf der Management-Tagung den Niederlassungsleitern, der Versuch, »die Unternehmensentwicklung zu einer geplanten und kontrollierten Evolution in überschaubaren Schritten zu machen«.[556] Dieses Konzept der geplanten Evolution bedeutete, mit Hilfe des Rahmenkonzepts als Steuerungsinstrument, vor allem auch die Implementierung eines »systematischen Lernprozesses, der in turbulenten Zeiten ein schnelleres Agieren als beim Wettbewerb ermöglicht«.[557] Wie wichtig man nicht nur in der Geschäftsführung, sondern auch auf Seiten der Hauptgesellschafterinnen diese strategische Neuausrichtung von Dachser nahm, zeigte sich darin, dass Christa Rohde-Dachser auf

---

554 Ebd., S. 16.
555 Selbstverständnis des Bereichs Unternehmensentwicklung, o. D., in: Bestand Wecker, Ordner Selbstverständnisse.
556 Protokoll Management-Tagung vom 14./15.3.1991, Anlage 1, S. 1, in: Bestand Wecker.
557 Ebd.

der Management-Tagung im März 1991 zentrale Punkte des Rahmenkonzeptes selbst vorstellte. Mit dem Konzept, so betonte sie, stehe »ein entscheidender Wendepunkt für das Gesamtunternehmen [an]«.[558] Es sei, insbesondere was den Auftrag und die Grundausrichtung von Dachser angehe, auch als Verpflichtung und Absichtserklärung der Gesellschafter zu verstehen. Mit dem Papier wurde letztlich ein fundamentaler Prozess in Gang gesetzt: Die explizite Auseinandersetzung über die Strategien wuchs in die Unternehmenskultur hinein. Dachser wurde zu einem Unternehmen mit ausgeprägter Strategieorientierung und strategischer Denkweise.

Noch im Laufe des Jahres 1991 machte sich die Geschäftsführung an die Erstellung strategischer Schwerpunktprogramme.[559] Vier zentrale Themenfelder wurden zunächst definiert, mit jeweils einem verantwortlichen »Paten« aus der Geschäftsführung: 1. Qualität, 2. Neue Bundesländer, 3. DOMINO, 4. Controlling. Die Schwerpunktprogramme zeitigten schnelle und sichtbare Erfolge. Bereits im Herbst 1993 wurden drei neue Schwerpunktprogramme formuliert, die den zentralen Anpassungs- und Transformationsprozess von Dachser für die Bewältigung der logistischen Revolution voranbringen sollten: 1. Europaweite Integration der speditionellen Leistungskette, 2. Europa (in diesem Zusammenhang sollte auch die Auslandsstrategie neu durchdacht werden) und 3. Mobile (Mobilisierung für Europa). Dazu liefen im Ressort Wecker, quasi im Sinne einer ergänzenden Geschäftsfeldstrategie, Überlegungen zu einem Strategiekonzept an, das unter dem Titel »Euronationales Marketing 2000« geführt wurde.[560] All diese Überlegungen mündeten schließlich im Frühjahr 1994 in vier, von Kirsch als inzwischen fungierender Verwaltungsratsvorsitzender formulierten Leitsätzen, die die neue strategische Ausrichtung, das Selbstverständnis und die Kernkompetenzen von Dachser als identitätsprägende Fähigkeiten gleichermaßen auf den Punkt brachten: 1. »Dachser – Intelligente Logistik für ein neues Europa.« Dieser Leitsatz wies auf die besondere Bedeutung der bisher nicht im Rampenlicht stehenden Auslandsgesellschaften für einen Erfolg in Europa hin. Er warf die Frage nach verstärkter Investitions-

---

558 Ebd., S. 1.
559 Vgl. Protokoll der Management-Tagung vom 14./15.3.1991, S. 9 f., in: Bestand Wecker.
560 Ein eigens gebildeter Arbeitskreis sowie ein neu geschaffener Bereich »Strategisches Marketing« legten dazu auf einer Geschäftsführer-Tagung im August 1994 eine erste Gedankenskizze vor. Vgl. dazu bereits auch AK-Protokoll vom 1.2.1993, in: Bestand Wecker, Ordner Marketing 2000.

tätigkeit im europäischen Ausland auf. 2. »Die Exzellenz des Informationsmanagements im Rahmen eines europaweiten Netz-Verbundes bildet die Grundlage unserer Unternehmensentwicklung«, das heißt, neben den mittlerweile einsatzreifen nationalen IT-Anwendungen musste nun der Fokus auf die Integration der Partner-Netze gelegt werden. 3. »Der Leistungskraft unserer Mitarbeiterinnen und Mitarbeiter gilt unser besonderes Bemühen als Familienunternehmen«. 4. »Wir sind auf die Ertragsstärke aller unserer Niederlassungen und Beteiligungsgesellschaften angewiesen«, das heißt, vor dem Hintergrund der kritischen Selbstfinanzierungskraft eines Familienunternehmens waren deutlich positive Betriebsergebnisse eine essenzielle Voraussetzung für die Bewältigung der Europa-Strategie.[561]

Selbstverständnis und Kernkompetenzen

Die insgesamt sieben zentralen Kernkompetenzen, die Dachser aus Sicht der Geschäftsführung besaß, waren dabei erstmals im März 1997 auf der Management-Tagung von Bernhard Simon benannt und ausformuliert worden.[562] »Im Mittelpunkt der Überlegungen steht, erstens, der Mitunternehmer. Aus der langen Tradition Dachsers, ein Familienunternehmen zu sein, war es schon immer die wesentliche Kernkompetenz Dachsers, Mitarbeiter zu beschäftigen, die sich mehr als Mitunternehmer denn als Angestellte verstehen. Besonderen Ausdruck findet dieser Geist in der Organisation der Profit Center. Dieses Mitunternehmertum gilt es in allen Projekten zu erhalten und auch weiterzuentwickeln. Zweitens: Unternehmer leben von ihren Kunden. Letztlich hat jeder im Unternehmen in bestimmter Art und Weise auch seine Kunden. Dies führt zu unserer unmittelbaren zweiten Stärke, der Kundenorientierung beziehungsweise dem Customer Service, der alle unsere Unternehmungen beeinflussen sollte. Als besondere Ausprägungen der Kundenorientierung sind die zwei weiteren Komponenten unserer Kernkompetenzen in Branchenlogistik

---

561 Protokoll Management-Tagung vom 17./18.3.1994, S. 4f., Bericht Kirsch, in: Bestand Wecker. Vgl. auch Protokoll Verwaltungsrat vom 16.3.1994, S. 7. Siehe auch bereits die ausführlichen Notizen und Überlegungen von Kirsch zur Unternehmensentwicklung, konzentriert auf die Bereiche Marketing und Mobile, vom Januar 1994, in: Unterlagen Kirsch.
562 Das hierbei verwendete Konzept der Kernkompetenzen lehnt sich stark an Michael Porter an. Vgl. Michael Porter, *Wettbewerbsstrategie. Methoden zur Analyse von Branchen und Konkurrenten,* Frankfurt 1992.

und LC-Leistungen anzusehen, in denen entweder für eine ganze Branche beziehungsweise einzelne Großkunden umfassende Lösungen geschaffen werden, die im besonderen die ganz speziellen Wünsche des Kunden berücksichtigen beziehungsweise zu einer besonderen Wertschöpfung für diesen führen. Kundenorientierung kann aber nur dann zugleich auch für uns einen Wertzuwachs darstellen, wenn wir nicht für jeden einzelnen Kunden eine Einzelfertigung betreiben, sondern auf bewährte Systeme zurückgreifen können. Wichtig ist deshalb auch, auf unsere fünfte und sechste Kernkompetenz besonderen Wert zu legen: das Entwickeln und Betreiben von vernetzten Logistiksystemen. In ganz besonderer Weise ist es Dachser gelungen, Datenverarbeitungskompetenz mit der Gestaltung des Prozesses speditionelle Leistungskette zu verbinden. Es werden daraus Wettbewerbsvorteile kreiert, die in der Branche einmalig sind. Diesen Wettbewerbsvorsprung gilt es über die dynamische Fortentwicklung dieser beiden Kompetenzen zu erhalten. Wesentlicher Antriebsmotor dabei ist wiederum Unternehmergeist. Die siebte Kernkompetenz, die wir sicherlich noch intensiv weiterentwickeln müssen, ist, über ein Netz von Partnern zu verfügen, deren Unternehmensphilosophie in großen Teilen der unseren entspricht und die deshalb ähnlich denken wie wir.«[563]

Zweiter Generationswechsel und neuer Gesellschaftsvertrag

Schon länger hatte es Überlegungen gegeben, die beiden Ressorts Tonn und Simon in ein euronationales, gleichermaßen für die Organisation der speditionellen Leistungskette auf nationaler wie internationaler Ebene zuständiges Ressort zusammenzuführen.[564] Im Sommer 1996 erklärte sich nun Thomas Simon bereit, aus der Geschäftsführung auszuscheiden und Mitglied im Verwaltungsrat zu werden.[565] »Zu den starken Momenten in der Geschichte unserer Firma gehört zweifellos«, so betonte Simon dazu in

---

563 Vortrag Bernhard Simon auf der Management-Tagung vom März 1997, S. 7, in: Bestand Wecker.
564 Vgl. dazu Protokoll Klausurtagung zum Thema »Führungsorganisation und Unternehmensentwicklung« vom 21./22.7.1993, in: Unterlagen Kirsch, sowie Positionspapier Kirsch »Zur Unternehmensentwicklung« vom 30.6.1993, in: ebd.
565 Vgl. dazu Zeitzeugeninterviews Kirsch und Thomas Simon sowie Schreiben Simon an die Geschäftsführung und die Niederlassungsleiter vom 11.7.1996, in: Bestand Wecker.

seiner Abschiedsrede, »dass sie in den 1970er Jahren, und noch zu Lebzeiten meines Schwiegervaters Thomas Dachser, einen Generationswechsel so einleitete und vollzog, dass nicht nur die Kontinuität und Entwicklung des Unternehmens erhalten blieb, sondern darüber hinaus auch der Weg in die weitere Zukunft vorgezeichnet wurde. Diesen geglückten Vorgang habe ich als Vorbild vor Augen, wenn ich jetzt […] einen ähnlichen Übergangsprozess mit meinem Ausscheiden aus der aktiven Geschäftsführung am Ende des Jahres rechtzeitig ermöglichen möchte. Ein abrupter Bruch und Rückzug ist auch dies nicht, denn als Mitglied der Familie bleibe ich dem Unternehmen weiterhin eng verbunden. Und so glaube ich, dass der scheinbare Gegensatz von Kontinuität und Wandel in Wirklichkeit eine gegenseitige Ergänzung ist. Diese steht inzwischen als ungeschriebenes Motto über der Geschichte unserer Firma.«[566] Zum Jahresende 1996 präsentierte sich die Dachser-Geschäftsführung schließlich mit einer auch inhaltlich vielfach neu strukturierten Ressortverteilung.[567] Tonn leitete das Ressort »Euronationale Speditionsorganisation und Infrastruktur« (ESI), Wecker das Ressort »Euronationaler Verkauf/Marketing, Unternehmensentwicklung und Logistik Consulting« (MUC), Frieß stand den Bereichen Finanzen, Kaufmännische Verwaltung und Datenverarbeitung vor und Bendele führte das neu geschaffene Ressort Luft- und See/Internationale Beteiligungen. Damit war von den Organisationsstrukturen her endlich der Weg zur euronationalen Ausrichtung von Dachser und zur Forcierung der Mobile-Strategie frei.

Aufstieg in die Geschäftsführung: Bernhard Simon

Parallel zum Rückzug des Vaters vollzog sich der weitere Aufstieg von Bernhard Simon innerhalb des Dachser-Managements. Dieser war bis 1995 als Bereichsleiter »Europäische Speditionsorganisation« im Ressort Tonn tätig gewesen, hatte danach die Leitung des Bereichs Unternehmensentwicklung im Ressort Wecker übernommen und übernahm anschließend für zwei Jahre die Leitung des neu geschaffenen Bereichs Europäische Verkaufsorganisation, verbunden mit einem

---

566 Redemanuskript o. D., in: Bestand Frieß.
567 Vgl. dazu auch Protokoll Geschäftsführung vom 15.10.1996 sowie darin als Anhang auch die von der Geschäftsführung, Kirsch und Thomas Simon einvernehmlich am 1.7.1996 verabschiedete organisatorische Neuausrichtung, in: ebd.

zwischenzeitlich absolvierten Management-Studium an der Harvard Business School. Nicht zuletzt der Verwaltungsratsvorsitzende Kirsch drängte darauf, den Generationswechsel in der Führungsorganisation von Dachser voranzutreiben. Man könnte doch, so schlug er auf einer Gesellschafterversammlung im Mai 1997 vor, den Geschäftsführungskreis zunächst ausweiten, um dadurch für Simon die Möglichkeit zu schaffen, ein eigenes Ressort zu übernehmen und damit organisch in die Verantwortung der Geschäftsführerrolle hineinzuwachsen. Aus dieser Position werde es dann auch möglich sein, dass Bernhard Simon zu einem späteren Zeitpunkt die Sprecherrolle übernehmen könnte. Dann könne mit Ausscheiden von jetzigen Geschäftsführern aus Altersgründen auch der Kreis wieder reduziert werden.[568] Bernhard Simon selbst hatte gleichzeitig in einem Positionspapier Überlegungen zu einer neuen Führungsstruktur vorgelegt.[569] Ausgangspunkt seines Konzeptentwurfs war die Definition von drei Kernprozessen Dachsers, aus denen letztlich der spezifische Wettbewerbsvorteil gegenüber den Konkurrenten resultierte und die gleichsam unter dem Vorzeichen der Prozessorientierung in die künftigen Führungs- und Organisationsstrukturen »übersetzt« werden sollten: Es waren dies der Kernprozess »Speditionelle Leistungskette«, der Kernprozess »Dienstleistung Kunde«, wobei, auf die Geschäftsführungsressorts übertragen, eine Aufteilung in die Geschäftsfelder Trockengut und Lebensmittel-Logistik sinnvoll erschien, sowie der Kernprozess Logistik Consulting/Kontraktlogistik. Bei Letzterem erschien Bernhard Simon aber aufgrund der komplementären Funktion von LC und der daraus resultierenden Kompetenz Dachsers, integrierte Gesamtlösungen anzubieten, zunächst eine Umwandlung in einen eigenen Geschäftsbereich als nicht sinnvoll. Diese Option wurde aber im Sinne eines potenziellen neuen dritten Standbeins von Dachser für die Zukunft explizit offengelassen. Dazu kam neben dem klassischen Ressort für Finanzen und Controlling der eigenständige Bereich Luft- und Seeverkehr. Ausdrücklich befürwortete Simon neben diesen fünf Ressorts als engerer Kreis der Geschäftsführung das bereits praktizierte Modell der erweiterten Geschäftsführung, in der vor allem die Vorbereitung von Entscheidungen

---

568 Vgl. Protokoll Gesellschafterversammlung vom 16.5.1997, in: Bestand Wecker.
569 Vgl. dazu und zum Folgenden das Positionspapier vom 24.6.1997, in: ebd. Eine erste Fassung dieses Papiers war bereits am 29.7.1996 zur internen Beratung an die Geschäftsführung gegeben worden.

der Geschäftsführer passieren sollte. Die Niederlassungsleiter spielten auch in diesem Führungskonzept eine herausragende Rolle. Dabei könne aber deren Rolle »nicht so weit gehen, dass der Niederlassungsleiter sein eigenes Produkt-Markt-Konzept formuliert. Vielmehr ist er in einem Unternehmensverbund integriert und muss nach bestimmten Spielregeln und strategischen Zielvereinbarungen agieren.«[570]

In dem Konzept gab es letztlich drei zentrale Neuerungen gegenüber der bisherigen Unternehmensführungsorganisation, die dann auch in die tatsächliche Restrukturierung einflossen. Erstens die deutliche Trennung von Trockengut- und Lebensmittel-Logistik, wobei es dabei vor allem darum ging, die über Jahrzehnte gewachsene Führungsorganisation mit ihrer primär funktionalen Verantwortungs- und Aufgabenverteilung stärker auf die jeweiligen Logistikmärkte auszurichten. Eine eher auf die Hauptgeschäftsfelder orientierte Spartenorganisation sollte geschaffen werden. Zweitens die starke Synchronisation und Verknüpfung der bisher getrennten Bereiche Netzentwicklung und Verkaufsorganisation und drittens die Etablierung einer Zentralgeschäftsführung, verbunden mit der Option für eine potenzielle Weiterentwicklung zu einer Holding-Geschäftsführung.[571]

Im April 1999 wurde Bernhard Simon schließlich Mitglied der Geschäftsführung, gleichzeitig schied nun Christa Rohde-Dachser als formale Geschäftsführerin aus und wechselte in den Verwaltungsrat. Simon übernahm das neu geschaffene Ressort »Europäisches Netz, Verkauf und Integration«, das eng mit dem Ressort Tonns die europäische Expansion von Dachser vorantreiben sollte. Das Ressort Weckers konzentrierte sich auf die Bereiche Logistik-Lösungen, Unternehmensentwicklung und Marketing, war aber nach wie vor auch für die Lebensmittel-Logistik zuständig, während sich an den Ressorts von Frieß und Bendele nichts änderte. Diese neue Führungsorganisation signalisierte zum einen die Verjüngung der Geschäftsführung unter Einbeziehung von Bernhard Simon als Mitglied der Gesellschafterfamilie sowie eine stärkere Ausrichtung der Geschäftsführungsressorts auf die strategische Positionierung von Dachser im Markt. Es war aber von Anfang an eine Zwischenlösung, denn mit

---

570 Ebd., S. 8.
571 Vgl. dazu auch Positionspapier Kirsch »Überlegungen zu einer Führungsorganisation« vom 6.7.1998 und vom 12.9.1998, in: Unterlagen Kirsch, sowie Brief Kirsch an die Mitglieder des Verwaltungsrates und der Geschäftsführung vom 25.9.2003, in: ebd.

dem altersbedingten Ausscheiden von Frieß und Tonn standen weitere personelle Umbrüche an. Im März und Dezember 2002 verabschiedeten sich dann die beiden langjährigen Dachser-Geschäftsführer in den Ruhestand. Ihre Ressorts übernahmen mit Michael Schilling ein von Tonn als Nachfolger lange eingearbeiteter Manager sowie Dr. Ingo Böckenholt (Finanzen), ein erstmals extern angeworbener Finanzexperte. Zum Jahresende 2004 schied schließlich auch Wecker aus, dessen Ressortaufgaben auf die anderen Geschäftsführungsbereiche aufgeteilt beziehungsweise gleichzeitig nun endlich auch ein eigenes Ressort für Lebensmittel-Logistik unter Leitung des langjährigen Niederlassungsleiter von Neu-Ulm/Langenau und Sprechers der Niederlassungsleiter, Gerhard Riester, geschaffen wurde.[572]

Damit war der tiefgreifende und in vielen Familienunternehmen potenziell oft auch existenzgefährdende Generationswechsel in der Geschäftsführung sowie die gleichzeitig vollzogene strategische und operative Neuausrichtung der Unternehmensstrukturen bei Dachser ebenso rasch und evolutionär wie im Wesentlichen konfliktfrei und konsensual abgelaufen – auch wenn beziehungsweise gerade weil die ersten zentralen Weichenstellungen dafür bereits 1990/91 und damit mehr als zehn Jahre zuvor erfolgt waren. Wie stark dabei gleichermaßen Tradition und Innovation in der neuen Geschäftsführungsorganisation vertreten waren, zeigte sich an zwei Aspekten. Zum einen wurde nun eine klare Ergebnisverantwortlichkeit der einzelnen Geschäftsführer gegenüber dem Verwaltungsrat und den Hauptgesellschafterinnen für ihre jeweiligen Ressorts festgelegt. Das war angesichts der inzwischen erreichten Größe und Komplexität der Dachser-Gruppe ein als notwendig erachteter Bruch mit der gewachsenen Kultur der Geschäftsführung, deren Mitglieder »immer gemeinsam für alles verantwortlich sein wollten«.[573] Die Geschäftsführung verstand sich seit jeher als ein reines Kollegialorgan gleichberechtigter Geschäftsführer, bei denen auch der Sprecher nicht »Primus inter Pares« war. An diesem Konsensualprinzip hielt, zum anderen, auch die neue Grundordnung für die Geschäftsführung von Dachser fest. Mehrheitsentscheidungen sollten

---

572 Zum 1.1.2006 erfolgte auch eine Verjüngung in der Geschäftsführung des Air & Sea-Logistikbereichs. Dieter Bendele ging in den Ruhestand, für ihn rückte dessen langjähriger Mitarbeiter Thomas Reuter in die Geschäftsführung.
573 Zeitzeugeninterview Kirsch. Vgl. dazu auch die Überlegungen von Kirsch zur »Neuorganisation der Führungsstruktur bei Dachser« vom 2.5. bzw. 9.5.2001, in: Unterlagen Kirsch.

Schaubild 26: Die Dachser-Corporate-Governance-Struktur 2005

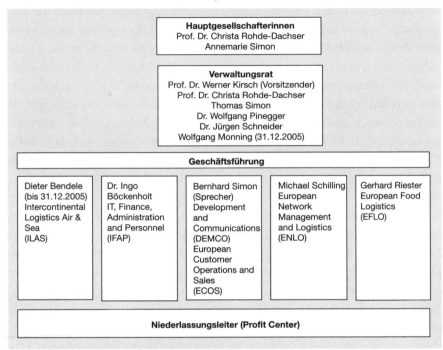

nur in Ausnahmefällen möglich sein und über ein entsprechendes Procedere erschwert werden.[574]

Gegen einen revolutionären Bruch mit der bisherigen Geschäftsführungsordnung und einen Paradigmenwechsel in der Führungsstruktur von Dachser, wie es die Konzeption einer expliziten Holding-Geschäftsführung sowie eine mit zusätzlichen Kompetenzen ausgestattete Sprecherrolle bedeutet hätten, sprach sich vor allem Bernhard Simon selbst aus. »Ich habe in dem Geschäftsführungsgremium sehr wohl erfahren, was Dachser Positives davon hat, viele konstruktive Diskussionen auszutragen. Die sind natürlich nicht immer angenehm, aber für die Zukunft von Dachser äußerst fruchtbar. Es wurden eigentlich keinerlei Fehlentscheidungen getroffen, die derartig viel Geld gekostet haben, dass wir in eine kritische Situation gekommen sind. Das ist eigentlich eine sehr ungewöhnliche Situation, wenn Sie andere Unternehmen mal ansehen, das gab es bei uns

---

574 Vgl. im Einzelnen Grundordnung für die Geschäftsführung der Dachser-Spedition GmbH vom 1.1.2005.

nicht. Und das führe ich auf die konsensuale Geschäftsführung zurück. Ich habe die Meinung vertreten, das wenn ich so viel Macht in den Händen habe – ich werde vom Verwaltungsrat als Sprecher inthronisiert, habe die Familie hinter mir und bin geschäftsführender Gesellschafter –, das Unternehmen Gefahr läuft, diese Erfolgsquelle der konsensualen Willensbildung zu verlieren. Daher habe ich erheblichen Wert darauf gelegt, dass wir auch in der neuen Geschäftsführungsgeneration absolut gleichberechtigt sind, was die Entscheidungsfindung anbelangt.«[575] Bei der Wahl der Struktur müsse berücksichtigt werden, so hatte denn auch Bernhard Simon bereits im Oktober 2003 dazu notiert, »dass die Kultur von Dachser keine klassische Holdingstruktur zulässt. Die Niederlassungsleiter fordern einen engen Kontakt zur Geschäftsführung. Eine zu große Distanz würde die Bindung zu den Hauptleistungsträgern in den Niederlassungen verschlechtern. Die Profit-Center-Kultur mit der engen Bindung an die Geschäftsführung muss auch in einer künftigen Führungsstruktur als Motor des Geschäftserfolges von Dachser erhalten bleiben.«[576] Gegenüber der Dachser-Organisation mit ihrer gewachsenen Kultur, so Simon weiter, würde ein Sprecher ohne unmittelbaren operativen Kontakt mit den Niederlassungen und Tochtergesellschaften auf Akzeptanzprobleme stoßen. »Die abrupte Überleitung zu einem CEO ohne operative Budgetverantwortung für einzelne Geschäftsfelder wäre kaum vermittelbar und würde insbesondere den Verdacht nähren, dass das Familienmitglied nunmehr ›abhebt‹. Gegenüber dem Markt sollte der sich abzeichnende positive Effekt, dass im Familienunternehmen Dachser ein Gesellschafter selbst operativ im Kontakt mit den Kunden tätig ist, gewahrt bleiben und ebenfalls nicht verändert werden.«[577]

Die Berufung von Bernhard Simon zum Sprecher der Geschäftsführung ab 1. Januar 2005 war ein starkes Signal nach innen wie nach außen, wurde doch damit sowohl den Mitarbeitern wie den Konkurrenten und Kunden gegenüber deutlich zum Ausdruck gebracht, dass sich Dachser mehr denn je als Familienunternehmen im Markt behaupten würde. An

---

575 Zeitzeugeninterview Bernhard Simon.
576 Bernhard Simon, »Gedanken zur zukünftigen Führungsstruktur im Dachser-Konzern« vom 2.10.2003 sowie bereits auch das Positionspapier der Geschäftsführung zur Entwicklung der Führungsorganisation der Dachser-Gruppe vom 4.3.2002 und Positionspapier Kirsch dazu vom 8.5.2001, in: Unterlagen Kirsch.
577 Ebd.

der Spitze des Unternehmens stand nach über 40 Jahren wieder ein Mitglied der Gesellschafterfamilie, und damit schloss sich nach einer jahrzehntelangen Phase stark von familienexternen Managern geprägter Führungsstrukturen gleichsam der Kreis.[578] Aber für Bernhard Simon hieß das weit mehr, als nur in die Fußstapfen seines Großvaters zu treten. Die logistische Welt hatte sich seit den Tagen Thomas Dachsers radikal verändert, sie war komplexer und komplizierter geworden. Und während Thomas Dachser nur die Verantwortung für einige 100 Angestellte und Mitarbeiter hatte, trug Bernhard Simon nun die Verantwortung für mehr als 10 000 Mitarbeiter der Dachser-Gruppe.

Der neue Gesellschaftsvertrag von 2001

Den veränderten personellen und strukturellen Verhältnissen trugen die Gesellschafterfamilien schließlich in einem neuen Gesellschaftsvertrag Rechnung. Der Gesellschaftsvertrag vom Dezember 1986 war zwar inzwischen in Details mehrfach angepasst worden, im Wesentlichen aber galten nach wie vor dessen Bestimmungen. Im Sommer 2001 wurde nun eine grundlegende Neufassung des Gesellschaftsvertrages beschlossen. Darin bekräftigten die Gesellschafter durch die Verpflichtung der restriktiven Gewinnentnahme ihre traditionelle Verantwortung für Dachser und verlängerten die Unkündbarkeit des Vertrags um weitere 30 Jahre bis zum Jahr 2030. Sukzessive waren inzwischen auch innerhalb der beiden Familienstämme Gesellschaftsanteile auf die dritte Generation übertragen und diese damit weiter eingebunden worden. »Im Interesse der Fortsetzung des Familienunternehmens«, so hieß es dazu unter anderem, »sollte – die nötige Einigung vorausgesetzt – jeweils ein Mitglied jedes Stammes auch Mitglied der Geschäftsführung werden können.«[579] Eine Einbindung der dritten Generation der beiden Familienstämme erfolgte vor allem aber auch über den Sitz in drei neu eingerichteten Verwaltungsratsausschüssen (Personalausschuss,

---

578 Vgl. dazu auch Bernhard Simon, »Wir wurden zur Menschlichkeit erzogen, nicht zur Nachfolge«, in: *Süddeutsche Zeitung* vom 29.11.2004, S. 24 sowie auch *Handelsblatt* vom 28.9.2004, S. 12, und *Frankfurter Allgemeine Sonntagszeitung* vom 24.7.2005, S. 38.
579 Vgl. dazu Protokoll der Gesellschafterversammlung vom 9.7.2001 sowie Gesellschaftsvertrag der Dachser GmbH & Co. KG vom 31.8.2001.

*Bild 35: Die Dachser-Geschäftsführung 2006. V.l.n.r.:
Bernhard Simon, Dr. Ingo Böckenholt, Thomas Reuter,
Gerhard Riester, Michael Schilling*

Bilanzausschuss, Investitionsausschuss). Neu geregelt wurde schließlich auch die Frage der Übertragung beziehungsweise Vererbung von Gesellschaftsanteilen, wobei grundsätzlich eine Erhöhung der Zahl der stimmberechtigten Kommanditisten und damit eine Zersplitterung der Beteiligungsstrukturen ausgeschlossen wurden. Ein zentraler Punkt in dem neuen Gesellschaftsvertrag war daneben die Neubestimmung der Funktion des Verwaltungsrates, der letztlich deutlich gestärkt wurde. Prinzipiell war festgelegt, dass die Mehrheit der Mitglieder des Verwaltungsrates familienexterne Dritte waren, allerdings behielten die beiden Hauptgesellschafterinnen durch ihre aktive Präsenz im Verwaltungsrat faktisch ihre maßgebliche Rolle. Die künftigen Kompetenzen machten nun aber den Verwaltungsrat neben einem Beratungs- und Kontrollorgan potenziell auch zu einem Entscheidungsorgan. Insbesondere erhielt er nun die Verantwortung zur Bestellung und Absetzung von Geschäftsführern und bekam damit bislang von den Gesellschafterinnen ausgeübte Rechte übertragen.[580] Vergleicht man alles in allem die einzelnen Bestimmungen des neuen Gesellschaftsvertrags mit den Regelungen des Corporate-Governance-Kodex, den die Unternehmensverbände im Jahr 2004/05 als Vorbild entworfen haben, so zeigt sich, dass Dachser die Bestimmungen, sei es bei den Rechten und Pflichten der Gesellschafter, den Kompetenzen des Verwaltungsrates, beim Zusammenwirken von Geschäftsführung und Verwaltungsrat sowie bei der Transparenz der Rechnungslegung geradezu mustergültig erfüllte.

Selbstfinanzierungskraft und Professionalisierung des Investitionsmanagements

Das Vertrauen der Gesellschafterfamilie in den von familienexternen Mitgliedern dominierten Verwaltungsrat bildete und bildet gleichsam das Herzstück der praktizierten Corporate Governance bei Dachser. Dessen zentrale Funktion und Aufgabe war die Kontrolle über die Art und Weise, wie die Geschäftsführung mit dem eingesetzten Eigenkapital und den erwirtschafteten Gewinnen umging, das heißt die Sicherstellung der Selbstfinanzierungskraft von Dachser und dadurch die »Bewahrung und Fortführung der Idee eines Familienunternehmens«.[581] Er musste darauf achten, dass das Unternehmenswachstum mit der Entwicklung des Cashflows Schritt hielt und der Finanzierungsbedarf künftiger Investitionen sich an der Kapitalkraft des Unternehmens ausrichtete. Das Procedere der Investitionsgenehmigungen war dabei im Laufe der Zeit vielfach geändert worden. Lange Zeit hatte Weiss aufgrund seiner Vollmachten die einzelnen Maßnahmen persönlich genehmigt oder verworfen. Der Generalbevollmächtigte verfolgte dabei getreu seinem vielzitierten Motto: »Das Geld, das man nicht ausgibt, muss auch nicht erst verdient werden« eher einen Sparkurs, aber dennoch waren die Investitionsanträge seitens der Geschäftsführung durch Weiss in der Regel problemlos abgesegnet worden.

---

580 Vgl. zur Debatte über die künftige Corporate-Governance-Verfassung Protokoll Verwaltungsrat vom 14.6.1999, S. 2, vom 23.10.2000, S. 2 ff., und vom 3.7.2000, S. 8 f., in: Bestand Wecker.
581 So auch Christa Rohde-Dachser auf der Management-Tagung vom März 2004, S. 2, in: ebd.

Schaubild 27: Investitionen Dachser GmbH & Co. KG 1987 bis 2004 in Millionen Euro (Nettoinvestitionen in Immobilien, Fuhrpark, Beteiligungen)

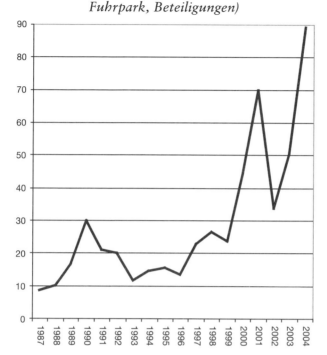

Quelle: Zusammengestellt aus den Angaben in den Bilanzunterlagen.

Seit Anfang der 1990er Jahre galt jedoch für die Geschäftsführung, dass sie einen jährlichen Investitionsplan aufstellen und der Gesellschafterversammlung zur Genehmigung vorlegen musste. Die Gesellschafterfamilie hatte dabei durch die Maßgabe, dass ein Anteil des Eigenkapitals von zunächst 50, dann 30 Prozent nicht unterschritten werden durfte, Grenzen für eine allzu expansive Investitionspolitik gesetzt.[582] Anders als in den großen Konkurrenzunternehmen, so erläuterte Christa Rohde-Dachser im Frühjahr 1992 auf der Management-Tagung die Position der Gesellschafter, sei die Situation bei Dachser die, dass mit Ausnahme privaten Immobilienbesitzes das gesamte Vermögen der Gesellschafterfamilie in der Firma stecke. Aus diesem Grund könne sie die Unterschreitung einer gewissen Untergrenze für die Eigenkapitalquote nicht hinnehmen, Zielkonflikte hinsichtlich der Investitionsprioritäten unter Beachtung dieser

---

582 Protokoll Geschäftsführung vom 9.11.1988, S. 8, in: ebd.

Quote müssten daher auch ausgetragen werden.[583] Mit der Etablierung des Verwaltungsrates rückte der Gesamtbereich Investitionsplanung weiter in den Mittelpunkt der Kontrolltätigkeit. Eine Reihe von Kennzahlen wie Eigenkapitalquote und Eigenkapitalrentabilität wurden künftig als Richtschnur der Tätigkeit der Geschäftsführung festgelegt. Die Investitionsplanung wurde zudem um ein vereinfachtes Planungsmodell erweitert, das weitergehende Hochrechnungen im Sinne einer explorativen Investitionsplanung ermöglichte.[584]

Vor dem Hintergrund dieser Professionalisierung des Investitionsmanagements im Kontext des Erhalts und der Stärkung der Selbstfinanzierungskraft von Dachser gelang es der Geschäftsführung in der Folgezeit, eine offensive und expansive Investitionspolitik einzuschlagen.

Die Investitionsschwerpunkte hatten sich dabei im Laufe der Zeit verschoben. Für die Anschaffung eigener LKW wurde kaum mehr Geld ausgegeben, dafür nahm die Bedeutung der Datenverarbeitungs- und IT-Investitionen deutlich zu. Konstant hoch geblieben waren demgegenüber die Investitionen in den Wechselbrückenfuhrpark, vor allem aber flossen nach wie vor in Immobilien erhebliche Mittel. Die Ausstattung spezialisierter Speditionsumschlagterminals verschlang den Hauptteil aller investierten Gelder. Wie stark die Investitions- und Kapitalintensität der Branche dabei insgesamt zunahm, zeigte sich auch bei Dachser. In den 1990er Jahren machten die Investitionen zwischen 5 und 6 Prozent des Umsatzes aus, im Jahrzehnt danach kletterte dieser Anteil zeitweise auf 10 bis 12 Prozent.[585] Trotz dieser erheblichen Anforderungen an die Selbstfinanzierungskraft des Familienunternehmens konnte Dachser innerhalb der Branche auf eine herausragende Kapitalverfassung verweisen. Nicht nur bei der Eigenkapitalquote, sondern auch bei der Eigenkapitalrendite übertraf Dachser die großen Konkurrenten zeitweise deutlich. Ende 2003 wurden im Rahmen des Hochrechnungsmodells die langfristigen Planungen für die erforderlichen Investitionen und die gleichzeitig bestehenden finanziellen Spielräume bis zum Jahr 2012 fortgeschrieben. Für die kommenden Jahre plante Dachser

---

583 Protokoll Management-Tagung vom 26./27.3.1992, S. 24, in: ebd.
584 Vgl. dazu Kirsch, *Managementsysteme und Strategien. Ein Praxisbeispiel,* Manuskript vom 10.6.1998, S. 1 f., in: Unterlagen Kirsch, sowie Protokoll Verwaltungsrat vom 8.4.1992 und vom 18.5.1992, in: Bestand Wecker.
585 Langfristig werden von Seiten der Unternehmensleitung aber für Investitionen 5 bis 6 Prozent des Umsatzes als realistische Größe angesehen.

demnach Bruttoinvestitionen von über 100 Millionen Euro jährlich, das heißt circa 1,3 Milliarden Euro insgesamt.[586] Und alle Prognosen deuten darauf hin, dass das Unternehmen diesen Kapitalbedarf aus eigener Kraft bestreiten kann, bei einer Eigenkapitalquote, die weit über der von den Hauptgesellschafterinnen gesetzten Untergrenze liegt. Dachser werden mithin auch in den kommenden Jahren erhebliche Mittel nicht nur für die bloße Existenzsicherung, sondern für weiteres Wachstum zur Verfügung stehen.

Aspekte der Unternehmenskultur: Personalentwicklung und Mitarbeiterorientierung

Bloße Gewinnmaximierung und Unternehmenswertsteigerung um seiner selbst willen, so signalisierte es auch der neue Gesellschaftsvertrag, hatten nie an erster Stelle der Gesellschafterinteressen gestanden. Im Mittelpunkt der »Dachser-Philosophie« rangierten vielmehr seit jeher die Mitarbeiter als Leistungsträger und eigentliche Basis der Wertschöpfungskette logistischer Dienstleistungen. »Dachser fühlt sich verpflichtet«, so hieß es bereits 1987 dazu in einem Konzeptpapier, »zu jeder Zeit und an jedem Ort eine vorbildliche Leistung zu erbringen, den Arbeitnehmern sichere und attraktive Arbeitsplätze zu bieten, das Ansehen jeder Person, ohne Rücksicht auf Rang und Funktion, gleichermaßen zu respektieren, eine umweltbewusste Unternehmenspolitik zu betreiben und zu einem positiven Zusammenwirken aller gesellschaftlichen Kräfte beizutragen.«[587] Die Mitarbeiterorientierung stellte seit jeher eine der tragenden Säulen des Unternehmens dar. Und sie war, anders als in vielen Konzernen, weit mehr als nur eine bloße Floskel, sondern prägender Teil der Unternehmenskultur als Familienunternehmen. Schon Thomas Dachser hatte den Belegschaftsangehörigen umfangreiche freiwillige Sozialleistungen wie Weihnachtsgratifikation, Kantinenzuschuss, Fahrgelder, Umzugskosten und Mietzuschüsse sowie für gesellschaftliche Veranstaltungen gewährt (sogar 1. Mai- und Oktoberfestgelder gab es), die sich etwa 1967 auf 1,137 Millionen DM summierten.[588] Bereits

---

586 Vgl. dazu auch »Dachser kontert Margendruck mit Expansion«, in: *Financial Times Deutschland* vom 24.1.2005 sowie Protokoll Verwaltungsrat vom 27.10.2003, S. 12, in: Bestand Wecker.
587 Entwurf einer »Dachser-Philosophie« vom 17.9.1987, in: Bestand Frieß.
588 Vgl. Anlage zur Bilanz 1967, S. 62.

1954 war zudem eine »Unterstützungskasse Thomas und Anna Dachser« eingerichtet worden. Der Zweck der Kasse bestand darin, »Arbeitern und Angestellten sowie früheren Zugehörigen oder deren Angehörigen in Fällen der Not, insbesondere wenn sie durch Alter oder Arbeitslosigkeit verursacht worden ist, einmalige oder laufende Unterstützungen zu gewähren«.[589] Die Einzelfallhöchstsätze betrugen dabei Mitte der 1960er Jahre immerhin zum Beispiel 4800 DM pro Jahr für Witwenunterstützungen. Dazu kam 1962 die Gründung eines Versorgungswerkes für Betriebsangehörige und betriebliche Alters- und Invalidenversicherung.

Rekrutierungsprobleme

Eines der Hauptprobleme von Dachser bestand jedoch darin, entsprechend dem Wachstumstempo des Unternehmens und der tiefgreifenden Metamorphose vom Fuhrbetrieb zum Logistik-Dienstleister genügend neue Mitarbeiter mit gleichzeitig zunehmendem Qualifikationsniveau zu rekrutieren. Allein zwischen 1987 und 1997 verdoppelte sich der Belegschaftsstand von Dachser und wuchs auch nach der Übernahme von Graveleau kontinuierlich weiter.[590] Rechnet man die circa 8000 Fahrer von Subunternehmen hinzu, die für Dachser im Einsatz waren, so ging von dem Unternehmen im Jahr 2004 ein Beschäftigungseffekt für insgesamt 20000 Menschen aus, die sich direkt oder indirekt für Dachser engagierten. In der deutschen Wirtschaft gehörte Dachser damit zur Spitzengruppe derjenigen Unternehmen, in denen zahlreiche neue Arbeitsplätze entstanden.[591] Während mehr und mehr Großunternehmen Arbeitsplätze vernichteten oder ins Ausland verlagerten, erhielt Dachser nicht nur seine Arbeitsplätze, sondern schuf auch in Zeiten des konjunkturellen Abschwungs neue.

Eine systematische Personalentwicklung wurde allerdings erst 1970 aufgebaut. In einem 18-Punkte-Programm machte man sich dabei unter anderem Gedanken über die Organisation und Beschaffung ausländischer Arbeitskräfte, die Einrichtung eines regelmäßigen Informationsdienstes

---

589 Vgl. Arbeitsordnung für die Firmen Dachser-Spedition GmbH und Thomas Dachser Güterfernverkehr vom April 1964, S. 31 ff., in: Bestand Bicker.
590 Anders die Entwicklung bei Schenker, wo die Zahl der Mitarbeiter zwischen 1973 und 1989 um fast 30 Prozent oder 1634 zurückging. Vgl. Matis/Stiefel, S. 353 ff.
591 Vgl. dazu *Wirtschaftswoche* vom 9.3.2000, S. 66–68.

Schaubild 28: Zahl der Mitarbeiter 1987 bis 2004

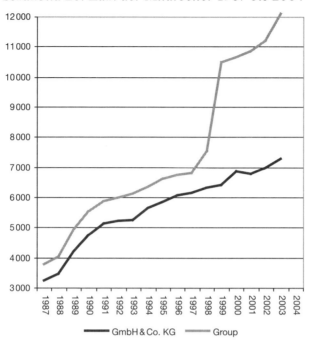

Quelle: Zusammengestellt nach den Angaben in den Bilanzunterlagen.

für alle Niederlassungen sowie den Aufbau eines Systems von Arbeitsplatzbeschreibungen.[592] Nicht zuletzt ging es auch um die Schulung des Lagerpersonals, einmal wegen der dadurch erzielbaren Rationalisierungseffekte auf dem Gebiet des Lagerns und Verladens, zum anderen aber auch wegen der damit erreichbaren »Aufwertung der Lagerarbeiter«. Schließlich wurde die Frage diskutiert, »wie vor allem leitende Angestellte besser an die Firma gebunden werden können«.[593] In einem Artikel über die »Pflege eines guten Betriebsklimas als wichtiger Stabilitätsfaktor« schrieb der damalige Leiter der Dachser-Personalabteilung, Wolfgang Beiersdorf, dazu im Juni 1972: »Die Spedition als personalintensives Dienstleistungsunternehmen ist in wesentlich höherem Maße als andere Wirtschaftszweige vom Faktor ›Arbeit‹ abhängig. Ihr Sein oder Nichtsein entscheidet sich an der Leistungsfähigkeit ihrer Mitarbeiter und am richtigen Einsatz dieser Mitarbeiter […] Der Bereich ›Personal‹ muss als einer der Kernpunkte un-

---

592 Vgl. Protokoll Geschäftsführung vom 19.10.1970, in: Bestand Bicker.
593 Protokoll Geschäftsführung vom 9./10.2.1971, in: ebd.

ternehmerischen Handelns begriffen werden. Der Weg, die Personalpolitik aus der hohlen Hand zu betreiben, muss einer geplanten und systematisierten Personalarbeit weichen, die mit der Unternehmensorganisation synchron geschaltet ist.«[594]

Im Laufe der 1970er Jahre spitzen sich die Personalprobleme bei Dachser allerdings aufgrund des wachsenden Bedarfs an neuen und qualifizierten Mitarbeitern zu. Ernüchtert hatte man seitens der Geschäftsführung feststellen müssen, »dass die bisherigen Bemühungen, qualifiziertes Personal zu beschaffen, zeigen, dass ein Heranholen von außen nicht nur sehr teuer, sondern fast unmöglich ist«.[595] Auf einer Sitzung der Geschäftsführung im Dezember 1979 musste man ein weiteres Mal konstatieren, »dass wir unsere Führungskräfte, nicht nur für die Filialleiterposition, sondern auch für die Ebene darunter, nicht am freien Arbeitsmarkt bekommen können, sondern dass diese Leute von uns im eigenen Betrieb ausgebildet und aufgebaut werden müssen«.[596] Zudem war offensichtlich, dass der Strukturwandel in der nationalen und internationalen Wirtschaft mit gleichzeitiger Bildung neuer Wirtschaftsräume im Verlauf der 1970er Jahre ein neues Qualifikationsbild des Spediteurs erforderte. Man war sich in der Geschäftsführung bewusst, dass in den kommenden Jahren in die Nachwuchsausbildung »sehr viel Geld hineingesteckt« werden musste und es zudem vier oder fünf Jahre dauern würde, bis dann tatsächlich entsprechend qualifizierte Führungskräfte zur Verfügung standen, denn schon allein »um die Strukturen und Besonderheiten des Hauses Dachser zu erfassen«, würden diese Mitarbeiter »eine lange Anlaufzeit« brauchen.[597]

Dachser forcierte daraufhin zunächst die Lehrlingsausbildung. Waren es Anfang der 1980er Jahre nur knapp 200 Auszubildende gewesen, die in dem Unternehmen eine Lehre begannen, so stieg deren Zahl nahezu kontinuierlich bis 2004 auf fast 780 an. Dachser allein bildete damit über 5 Prozent der Nachwuchskräfte der gesamten Speditionsbranche aus.[598]

---

594 Der Beitrag in: *DVZ* vom 3.6.1972, S. 15 ff.
595 Aktennotiz Frieß vom 31.1.1974, in: Bestand Frieß.
596 Protokoll Geschäftsführung vom 4.12.1979, S. 2. Vgl. dazu auch Protokoll Niederlassungsleiter-Tagung vom 24./25.4.1979, S. 2, und vom 6./7.3.1980, S. 18, in: Bestand Bicker.
597 Notiz Beiersdorf vom 14.7.1980 über »Aufbau und Zielsetzung betrieblicher Weiterbildung«, in: Bestand Bicker.
598 Zur Lehrlingsausbildung bei Schenker vgl. Matis/Stiefel, S. 376 ff.

Neben den herkömmlichen Ausbildungszweigen wie Speditions- und Bürokaufleute entwickelte Dachser dabei vermehrt auch ein Ausbildungsprofil für Fachkräfte in der Lagerwirtschaft. Dieser Ausbildungszweig war vor allem auf Drängen der Niederlassungsleiter aufgenommen worden, da damit die Möglichkeit geschaffen wurde, »viel mehr Qualität und Wissen in die Lagerabteilungen zu bringen«.[599] Dazu kamen mehr und mehr auch IT-orientierte Ausbildungszweige wie Kaufmann/frau für Bürokommunikation oder Fachinformatiker/in im Bereich Anwendungsentwicklung. Auffallend dabei war seit etwa Mitte der 1980er Jahre, dass nicht nur der Anteil der Abiturienten oder Absolventen mit Fachhochschulreife deutlich anstieg, sondern auch der Anteil der Frauen unter den Auszubildenden wuchs. In der einstigen Männerdomäne des Speditionsgewerbes stellten sie seit der zweiten Hälfte der 1980er Jahre nahezu die Hälfte der Lehrlinge.

Corporate Identity

Die Personalentwicklung bei Dachser konzentrierte sich daneben gleichzeitig auf den Auf- und Ausbau der betrieblichen Weiterbildungsmaßnahmen.[600] »Wir können es uns nicht mehr länger leisten, Schulung und Weiterbildung zu vernachlässigen«, hieß es dazu im Protokoll der Geschäftsführungsbesprechung Anfang Februar 1982.[601] Nicht nur das allenthalben konstatierte Defizit an Fremdsprachenkenntnissen gab Anlass, sich mit dem »für uns auf die Dauer wohl lebenswichtigen Thema« intensiv zu beschäftigen.[602] Wie viele deutsche Großunternehmen auch, für ein mittelständisches Familienunternehmen aber eher ungewöhnlich, lenkte die Geschäftsführung daher im Frühjahr 1982 auf der Suche nach Vorbildern ihren Blick nach Amerika. Eine Woche lang besuchte die Dachser-Spitze die amerikanische Spedition APA Transport Corp., ein inhabergeführtes Unternehmen mit 1250 Mitarbeitern und 12 Niederlassungen an der Ostküste. APA erschien der Kemptener Delegation dabei als ein »gut, modern und straff geführter Betrieb mit rationalen

---
599 Protokoll Niederlassungsleiter-Tagung vom 9.10.2002, in: Bestand Wecker.
600 Vgl. dazu auch Bicker, S. 285 ff.
601 Protokoll Geschäftsführung vom 4.2.1982, S.2, in: Bestand Bicker.
602 Protokoll Geschäftsführung vom 13.1.1982, in: ebd.

Arbeitsabläufen, einem guten Betriebsklima und vor allen Dingen einem ausgeprägten Teamgeist, den man fast als Familienbewusstsein betrachten kann. Es war zu erkennen, dass die einzelnen Mitarbeiter stolz waren, bei der Firma APA beschäftigt zu sein«.[603] Es gab eine ganze Fülle von Einzelmaßnahmen, die der Geschäftsführung »für die Übertragung auf Dachser geeignet [erschienen]«.[604] Großen Eindruck hatte etwa gemacht, dass kein Mitarbeiter bei dem amerikanischen Unternehmen eingestellt wurde, ohne dass der Inhaber-Geschäftsführer oder sein direkter Stellvertreter diesen persönlich gesehen hätte. »Auch bei uns sollte das Einstellungssystem noch stärker ritualisiert werden, sodass jeder Niederlassungsleiter spätestens bis zum Ablauf der Probezeit jeden neuen Mitarbeiter persönlich vorgestellt bekommen hat.«[605] Es wurden zudem Überlegungen angestellt, wie Dachser auch für gewerbliche Mitarbeiter attraktiver gemacht werden konnte. Die Speditionsbranche besaß traditionell ein schlechtes Image, angefangen von den Vorstellungen körperlich schwerer Verladearbeit bis hin zu verdreckten und zugigen Hallen. Überlegungen zur Verbesserung der Arbeitsbedingungen rückten daher verstärkt ins Blickfeld der Geschäftsführung. Man nahm sich weiterhin vor, die interne und externe Schulung zu kombinieren. Überhaupt sollte auch die Zusammenarbeit zwischen gewerblichen und kaufmännischen Mitarbeitern verstärkt werden.[606] Die USA-Erfahrungen schlugen sich in einem umfangreichen Katalog von »Vorschlägen zur Verbesserung der Organisation, Leistungsfähigkeit und des äußeren Erscheinungsbildes der Dachser-Organisation« nieder, die von der systematischen Imagebildung nach außen bis zur Corporate-Identity-Förderung nach innen, nicht zuletzt auch durch Lagermeister- und Fahrerschulungen, reichten und als Hauptziel einen »höheren Identifikationsgrad unserer Mitarbeiter mit dem Unternehmen (Senkung der Fluktuation)« formulierte.[607]

In der zweiten Hälfte der 1980er Jahre machte sich bei Dachser eine neue Zielrichtung bei den Weiterbildungs- und Personalentwicklungsmaß-

---

603 Bericht der Amerika-Reise vom 15.2. bis 20.2.1982, in: Bestand Bicker.
604 Ebd.
605 Ebd., S.2.
606 Vgl. ebd., S. 3f.
607 Der Maßnahmenkatalog vom 25.5.1982 als Anhang zum Protokoll Geschäftsführung vom 3.6.1982, in: ebd.

nahmen bemerkbar.[608] Es ging insbesondere darum, das beschleunigte Wachstum und die Transformation des Unternehmens mit entsprechenden Weiterbildungsaktivitäten gleichsam flankierend abzusichern. Personalentwicklung wurde mehr und mehr als permanenter Begleit- und Vermittlungsprozess zwischen der dynamischen Unternehmensentwicklung und dem sozialen wie fachlichen Kompetenzniveau der Mitarbeiter begriffen, sie wurde zu einem unternehmerischen Steuerungsinstrument, mit dessen Hilfe man vorausschauend agieren statt wie bisher reagieren wollte. Ein ganzes Bündel von Maßnahmen wurde in der Folgezeit durchgeführt. Neben den hauseigenen Aus- und Weiterbildungskursen für Fahrer und Lagerarbeiter gab es Trainee- und Job-Rotation-Programme für die mittlere Führungsebene, zentrale Seminarveranstaltungen und nicht zuletzt Fortbildungskurse bei der Deutschen Außenhandels- und Verkehrsakademie in Bremen (DAV). Seit 1963 bildete die DAV in berufsbegleitenden viermonatigen Kursen Nachwuchsführungskräfte zu Verkehrsfachwirten aus, und Dachser arbeitete von Anfang an eng mit der Akademie zusammen. Regelmäßig schickten die Kemptener 8 bis 12 Mitarbeiter nach Bremen, die dann später häufig zu Führungskräften wurden. Eine Qualifikation anderer Art ermöglichte Dachser seinen Mitarbeitern später auch durch den Besuch einer der Berufsakademien in Mannheim, Lörrach, Glauchau und Berlin. Die Teilnehmer wechselten dabei während des dreijährigen Studiums im Dreimonatsrhythmus zwischen Theorie an der Akademie und der Praxis bei Dachser.

Die Belegschafts- und Qualifikationsstruktur hatte sich bei Dachser inzwischen nachhaltig verändert.

Tabelle 5: Belegschaftsstruktur (Konzern Deutschland) 1982 bis 2002

Jahr	Lohnempfänger	Angestellte	Auszubildende	Summe Mitarbeiter
1982	971	1 242	244	2 457
1985	1 381	1 449	300	3 152
1990	2 398	2 267	477	5 142
1994	2 692	2 883	478	6 053
1998	3 474	3 201	513	7 188
2002	3 094	3 547	748	7 389

Quelle: Zusammengestellt nach den Quartalsauswertungen per 31.12. 1982 ff., in: Bestand Frieß.

---

608 Aktennotiz vom 17.1.1984, in: ebd.

Der Anteil der Lohnempfänger war zwischen 1982 und 1998 zunächst deutlich von 39,5 auf 48,3 Prozent gestiegen, dann aber, vor allem im Gefolge des Rückgangs der angestellten Fahrer, wieder geschrumpft. Die Fahrer, die Anfang der 1980er Jahre noch über die Hälfte aller gewerblich Beschäftigten stellten, machten schließlich nur noch 6,8 Prozent der Lohnempfänger aus. Die reine Transportdienstleistung übernahmen nun mehr als 1 000 kleine Nahverkehrsbetriebe und Subunternehmer. Bei den Angestellten zeigte sich ein umgekehrter Trend. Ihr Anteil ging von 50,5 Prozent aller Mitarbeiter (1982) kontinuierlich auf 44 Prozent zurück, um nach 1998 – als Folge der kommunikations- und informationstechnischen Fundierung der logistischen Abläufe – wieder zu steigen.

Das Lagerpersonal und die Neuorganisation betrieblicher Arbeitsprozesse

Die neueren Entwicklungen hatten sich letztlich vor allem auch auf die im Lagerbereich beschäftigten Lohnempfänger positiv ausgewirkt. Schon 1991 hatte man sich bei Dachser unter dem Schlagwort »Vom Schuppen zum Terminal – Möglichkeiten und Zukunftsperspektiven neuzeitlichen Stückgutumschlags« Gedanken über die Neuorganisation des Umschlaglagerbereichs gemacht.[609] Nach wie vor galt zu diesem Zeitpunkt in den Niederlassungen der Umschlag als reines Anhängsel der speditionellen Abwicklung. »Das Lager«, so notierte Beiersdorf rückblickend zu dieser Entwicklung, »sei es als Umschlaglager oder auch Distributionslager, war lange Jahre im Speditions- und Transportbereich das Stiefkind. Während in der Industrie mit Refa und anderen Systemen fleißig an einer Optimierung der Produktion gearbeitet wurde, erfreute sich das Lager im Speditionsbereich einer Nichtachtung in unverständlichem Ausmaß. Hohe Fehlzeiten, mangelnde Qualifikation, enorme Fluktuationsraten, überdimensionale Arbeitszeiten, all dies wurde ohne Frage nach der Effektivität fast als gottgegeben hingenommen. Das Lager war halt der Schwachpunkt, mit dem man leben musste. Das Bewusstsein, dass hier der entscheidende Faktor war für die Produktion, für die Leistungserstellung in Menge und Qualität, fehlte und wurde nicht wahrgenommen.«[610] Der Trend ging jedoch in Rich-

---

609 Vgl. dazu insbesondere Protokoll Management-Tagung vom März 1991, S. 23 f. (Vortrag Papendick), in: ebd.
610 Ebd., S. 7 f.

Bild 36/37: Umschlaglager-Organisation einst und jetzt

tung eines modernen multifunktionalen Terminals. »Meisterwirtschaft kontra Leitstellensystem« lauteten mithin die jeweiligen Konzepte, das heißt, während die Steuerung im Umschlagbereich noch weitgehend unter der Autorität des Lagermeisters erfolgte, gehörte die Zukunft zweifellos dem Leitstellensystem, bei dem der gesamte Umschlag von einer mit entsprechender Kommunikationstechnik ausgestatteten Leitstelle gesteuert und kontrolliert wurde. Ein radikaler Einstellungswandel (von der Hol-Organisation zur Bring-Organisation) war notwendig, indem das Umschlagterminal wie in einem Industriebetrieb mit hohem Automatisierungsgrad begriffen wurde. Damit wurde auch eines der Grundprobleme speditioneller Organisation gelöst, denn prinzipiell galt Transportgut, so wie es in den Niederlassungen anfiel, als nicht akkordfähig, und neben dem Faktor Schnelligkeit musste auch die Arbeitsgüte, das heißt der schonende Umgang mit der Ware, berücksichtigt werden. Das waren Anforderungen, die nur sehr schwer unter einen Hut zu bringen waren. Die bei Dachser dann Mitte 1997 eingeführte Neuorganisation der Arbeitsprozesse versuchte jedoch, auf dieses Problem und den gleichzeitigen schnellen Wandel des betrieblichen Umfeldes eine Antwort zu geben. Durch die Einführung der Gruppenarbeit, die Flexibilisierung der Arbeitszeit und eine Modernisierung des Entgeltsystems realisierte man in den Niederlassungen nicht nur eine höhere Arbeitseffizienz (unter anderem bestand nun die flexible Reaktionsmöglichkeit auf die stark saisonal schwankende Auftragslage), sondern auch eine höhere Qualität im Lager- und Umschlagbereich und damit letztlich sinkende Kosten.[611] Der Bedeutung der in den Umschlagterminals tätigen Produktionsmitarbeiter als wichtige Achse und Schnittstelle in den Unternehmensabläufen wurde zunehmend Rechnung getragen.

Unternehmer im Unternehmen: Die Niederlassungsleiter

Neben den Lagerarbeitskräften standen die Niederlassungsleiter als zentrale Führungskräfte im Mittelpunkt der Personalentwicklungsmaßnahmen der Geschäftsführung. Das Signum vom »Unternehmer im Unternehmen« hatte aufgrund der dezentralen Organisationsstruktur

---

611 Vgl. dazu Protokoll Management-Tagung vom März 1996, S. 27 ff., und Manuskript Referat Beiersdorf zur Einführung der Gruppenarbeit vom 30.6.1997, in: Bestand Frieß.

von Dachser seit jeher für sie gegolten. Dem Umbruch der logistischen Revolution waren sie dabei im besonderen Maße unterworfen: Die Anforderungen an die Niederlassungsleiter änderten sich fundamental, und damit ging auch ein Wandel im Selbstverständnis einher. Es änderten sich die Qualifikationsstrukturen (zunehmende Akademisierung), die Rekrutierungswege (von der Pike auf hocharbeitend vs. externer Einstieg) und nicht zuletzt galt es gerade in dieser Führungsgruppe auch, den generationellen Wandel ohne tiefgreifende Brüche zu vollziehen. Bereits Anfang der 1990er Jahre lag der Anteil der Absolventen von Berufsakademien, Fachhochschulen (Diplom-Betriebswirte mit Studiengang Logistik) oder Universitäten bei Dachser weit über dem Branchendurchschnitt. Im Jahr 2003 besaßen nur noch 30 Prozent der Niederlassungs- und Außenstellenleiter eine einfache kaufmännische Lehre, dagegen 45 Prozent einen Abschluss als Verkehrsfachwirt, 14 Prozent hatten Berufsakademie- oder FH-Diplom und 9 Prozent höhere Universitätsabschlüsse. Und dennoch gilt die Speditionslehre bei Dachser oder eine vergleichbare Praxiserfahrung nach wie vor als eigentlicher Eingangsschlüssel zur Karriere im Unternehmen und hat nichts an Bedeutung für das Verständnis der spezifischen Art und Weise, wie im Kemptener Unternehmen speditionelle und logistische Prozesse begriffen und gemanagt werden, verloren.[612] Den Dachser-Mitarbeitern wurden alles in allem gewaltige Anpassungsleistungen im Gefolge der logistischen Revolution abverlangt: ein neues Denken in euronationaler und globaler Dimension, ein neues Verständnis komplexer logistischer Dienstleistungen anstelle einfacher speditioneller Abläufe sowie die Fähigkeit zur informations- und kommunikationstechnischen Steuerung der Verkehre, und das alles bei gleichzeitig rasant gestiegenen Qualitätsanforderungen.

Als Familienunternehmen praktizierte Dachser mithin auch vom eigenen Anspruch her durchaus eine Form von Mitarbeiterorientierung, die sich deutlich von kapitalmarktgetriebenen Großkonzernen unterschied. Mehr als viele Worte signalisierten die traditionelle Eröffnungsansprache sowie die mit symbolischen Gesten untermauerten Schlussworte der beiden Hauptgesellschafterinnen auf den jährlichen Management-Tagungen nicht nur die Präsenz und Verpflichtung der Familienmitglieder gegenüber dem Unterneh-

---

612 Ende der 1990er Jahre wurde z. B. für alle neuen Mitarbeiter der sogenannte Dachser-System-Führerschein entwickelt, für dessen Verleihung der Kenntnisnachweis über die diversen Dachser-Systeme DOMINO, MIKADO etc. war.

Bild 38: Stand der Dachser-Personalentwicklung auf der Transport '94 in München. Links: Dachser-Personaldirektor Wolfgang Beiersdorf

men, sondern vor allem auch die Zugehörigkeit der Mitarbeiter zur großen »Dachser-Familie«. »Jeder der Anwesenden«, so appellierte Annemarie Simon etwa auf der Management-Tagung 2004 in Porto, »bestimmt die weltweite Ausrichtung des Dachser-Verbundes und sorgt mit Weitblick, Fairness und Einsatzbereitschaft für ein leistungsorientiertes, aber auch menschliches Wertesystem«.[613] Ihre Zuversicht und ihr Vertrauen auf den Mut und die Leistung jedes Einzelnen und die Gewissheit, dass die Gesellschafter stets hinter jedem der Anwesenden stehen, so heißt es dazu weiter im Tagungsprotokoll, »brachte Frau Simon symbolisch zum Ausdruck, indem sie [mit Bezug auf die Seefahrer- und Entdeckertradition des Gastgeberlandes] den Teilnehmern unterschiedliche Schiffsmodelle übergab und so darauf anspielte, welche Rolle jeder der Anwesenden bereits in der ›Dachser-Armada, die dem Wettbewerb das Fürchten lehren wird‹, inne hat.«[614] Das jährliche

---

613 Protokoll Management-Tagung vom März 2004, S. 16, in: Bestand Wecker. Vgl. dazu als anschauliches Beispiel auch die Ansprache der beiden Hauptgesellschafterinnen anlässlich des Festaktes zum 75-jährigen Bestehen von Dachser, die im Anhang abgedruckt ist.
614 Ebd. Vgl. auch Abschlussansprache von Annemarie Simon auf der Management-Tagung vom März 2001, S. 11.

Treffen von Gesellschafterfamilie, Verwaltungsrat, Geschäftsführung und Niederlassungs- und Bereichsleitern sowie zunehmend auch Dachser-Manager aus Übersee – einst als Tagung einer Handvoll Dachser-Führungskräfte am bayerischen Eibsee begonnen und inzwischen zu einer über 100 Teilnehmer starken Management-Tagung an diversen europäischen Tagungsorten geworden – besaß und besitzt nach wie vor als Forum der Diskussion und Information sowie vor allem auch für die Erlebbarkeit der Unternehmenskultur eine zentrale Bedeutung. Ein familiär geprägtes Gemeinschaftsgefühl verbunden mit zielgerichtetem Management vermittelte für jeden Anwesenden ein erhebliches Maß an persönlicher Identifikation. Dafür sorgte auf andere Weise aber auch eine weitere Dachser-Tradition: das seit 1957 jährlich ausgetragene Fußballturnier (seit 1979 als »Thomas-Dachser-Gedächtnisturnier«), das anfangs noch von vier Niederlassungs-Fußballmannschaften unter sich ausgetragen worden war, inzwischen aber von 38 europäischen Dachser-Teams an drei Spielorten bestritten wird. Es gibt zudem eine Tradition der überwiegend stillen finanziellen Unterstützung für karitative und kulturelle Zwecke in der Dachser-Philosophie[615] sowie ein starkes soziales Engagement seitens des Gesamtunternehmens wie auch der einzelnen Niederlassungen. Im Juli 2005 schließlich startete Dachser zusammen mit *terre des hommes* in Indien ein gemeinsames bildungs- und gesundheitspolitisches Hilfsprojekt, das die Grundschulausbildung und medizinische Versorgung von über 7 000 Kindern in einer der ärmsten Regionen des Landes sichern soll. Lange bevor Schlagworte wie Corporate Social Responsibility aufkamen, wurde bei Dachser entsprechendes soziales und gesellschaftliches Engagement bereits praktiziert. Was mithin das Spezifische an Dachser ausmachte, wurde von dem damaligen Sprecher der Geschäftsführung, Gerd Wecker, auf der Management-Tagung im Frühjahr 2003 zum Abschluss seines Berichts zur Lage des Unternehmens folgendermaßen zusammengefasst: »Ich wünsche uns allen, dass die Kultur unseres Unternehmens fortlebt, das heißt kritisch, aber immer ehrlich in der Sache, gemeinsam den gesteckten Zielen entgegen und niemals den Menschen und die Menschlichkeit außer Acht zu lassen.«[616]

---

615 Dazu gehört etwa auch der 1979 von Annemarie Simon ins Leben gerufene »Thomas-Dachser-Gedächtnispreis« für junge Allgäuer Künstler. Vgl. dazu etwa *Dachser aktuell* Jg. 2002, H. 4, S. 27.
616 Wecker zitierte dabei aus den Weihnachts- und Neujahrsgrüßen des damaligen Sprechers der Niederlassungsleiter, Gerhard Riester. Vgl. Protokoll Management-Tagung vom März 2003, S. 33, in: Bestand Wecker.

Der Wertekreislauf in der »Dachser-Philosophie«

Dachser verstand und versteht sich als »fundiert innovativ, partnerschaftlich unternehmerisch und europäisch verwurzelt«.[617] Dieses Image als Ergebnis einer spezifischen Verbindung von Innovations- und IT-Orientierung, Marktkompetenz und Menschlichkeit eines Familienunternehmens wurde nun nicht nur nach innen, sondern zunehmend auch nach außen transportiert. Nach jahrzehntelanger eher restriktiver Pressearbeit zeichnete sich ein gleichermaßen offenerer und zunehmend offensiver Umgang mit der Öffentlichkeit ab. Insbesondere nach der Berufung von Bernhard Simon zum Sprecher der Geschäftsführung erfolgte bei Dachser eine deutliche Rückbesinnung auf die Tradition als Familienunternehmen, gleichzeitig verbunden mit einer Neuformulierung der Dachser-Philosophie. Von einem Wertekreislauf als verbindendem Element von Familie, Mitarbeitern und Kunden war nun die Rede: »Die Familie vertraut auf die Mitarbeiter und eine langfristige, positive Werteentwicklung des Unternehmens; die Mitarbeiter vertrauen auf die Familie und die Werthaltigkeit ihres Arbeitsplatzes; sie fokussieren sich auf das Schaffen von Werten für die Kunden. Die Kunden vertrauen auf Dachser als einen wertschöpfenden Logistik-Dienstleister; Kundenloyalität ist die Basis für eine kontinuierliche Wertsteigerung des Unternehmens. [...] Diese sich wechselseitig verstärkende Loyalität aller drei Seiten ist Stabilitätsfaktor und eine der Hauptquellen unseres Unternehmenserfolges. Langfristig investierende Unternehmerfamilie, loyale engagierte Mitarbeiter, treue zufriedene Kunden erlauben, ein Vertrauensverhältnis aufzubauen, das allen Beteiligten ermöglicht, eine ganz neue Dimension des Wertbeitrags von Logistik zu erschließen.«[618]

---

617 Vgl. Imagebroschüre 2006.
618 Vgl. Bernhard Simon, »Das Geheimnis unseres Erfolges. Loyalitätskreislauf und Wertschöpfungsspirale«, in: *75 Jahre Dachser. Herkunft schafft Zukunft. Einblicke in unsere unternehmerische Reise*, Kempten 2005, S. 8f.

Schluss

Dachser durchlief in seiner Unternehmensgeschichte einen gewaltigen Transformationsprozess. Aus dem nationalen Speditions- und Fuhrunternehmen in der Ära des klassischen Transports der 1920er bis 1960er Jahre wurde im neuen Logistikzeitalter seit den 1980er Jahren ein transnationaler Logistik-Dienstleistungskonzern, der die Integration und Optimierung unternehmensübergreifender Wertschöpfungsketten und globaler Netzwerke betrieb. In dem von wachsender evolutionärer und revolutionärer Dynamik geprägten Markt- und Branchenumfeld spielte die Zäsur der Deregulierung und Liberalisierung in den 1990er Jahren einen scharfen Einschnitt, auch wenn der Wandel von der staatsregulierten Güterverkehrsmarktordnung zum liberalisierten Markt für speditionelle und logistische Dienstleistungen sich letzlich über einen längeren Zeitraum (1970er bis 1990er Jahre) und in Stufen (von der vollkommenen Regulierung über die schleichende Deregulierung bis zur »heißen« Phase der Deregulierung und der in der Folge einsetzenden Marktbereinigung und Konsolidierung) ablief. Spätestens seit den 1980er Jahren setzte ein beispielloser Verdrängungswettbewerb zum Gewinn von Marktanteilen vor allem in den dynamischen Segmenten Kurier, Express- und Paketdienst, Stückgut und Kontraktlogistik ein. Mit der Globalisierung der Gütertransportmärkte und der oligopolistischen Verschärfung des Konkurrenzkampfes erfolgte eine eminente Beschleunigung im langfristigen Wandel der Transportmärkte. Waren früher Gütersendungen oft tagelang unterwegs, so haben die Spediteure seit den 1980er Jahren ihre Stückgutverkehre so beschleunigt, dass heute ein 24-Stunden-Service nicht nur national, sondern europaweit als Normalservice gilt. Dazu kamen Serviceleistungen mit »Uhrzeitterminen«, deren Laufzeiten bis auf 12 Stunden gesenkt sind. Mit dem Einsatz von barcodierten Packstück-Identifikationsnummern wurde gleichzeitig das Qualitätsmanagement revolutioniert, der Umschlag sicherer und schneller. Dieser Beschleunigung – angetrieben durch die Verkürzung der Produkt- und Marktlebenszyklen und damit dem Erfordernis zur Dynamisierung der Abläufe in Transport und Logistik – konnte sich auch Dachser nicht entziehen, und sie ist daher auch im Tempo der eigenen Unternehmensentwicklung abzulesen.

Phasen und Perioden eines Transformationsprozesses

Vier markante Phasen ließen sich dabei rückblickend in der Dachser-Geschichte identifizieren. Erstens die Jahre Ende der 1960er/Anfang der 1970er Jahre, als sich das Unternehmen nach den dynamischen Wachstumsjahren der »Wirtschaftswunderzeit« im Übergang von der inhabergeführten Firma zum überwiegend von familienfremden Managern geführten Betrieb befand und vor allem auch der erste Generationswechsel erfolgreich bewältigt wurde. Zweitens die Phase Mitte der 1980er Jahre, in der die Modernisierung der Unternehmensorganisation von einer strategischen Neupositionierung am Markt mit der erfolgreichen Antizipation der Liberalisierung begleitet wurde und zudem ein neuer Gesellschaftsvertrag weitsichtig die Basis für den erfolgreichen Fortbestand und das weitere Wachstum von Dachser legte. Drittens markieren die Jahre 1990/91 einen entscheidenden Einschnitt. Das Rahmenkonzept stellte zweifellos eine Weichenstellung in der Geschichte der Strategieorientierung und der Professionalisierung der Unternehmenspolitik dar. Mit ihm gelang es, die Grundideen eines strategischen Managements in das Unternehmen hineinzutragen und auch in die Dachser-Unternehmenskultur einzupflanzen. Vor allem aber legte Dachser mit seinen innovativen informations- und kommunikationstechnischen Eigenentwicklungen das Fundament zur Transformation der gesamten Branche zur »IT-based industry«. Die Datenverarbeitungs- beziehungsweise IT-mäßige Durchdringung der speditionellen und logistischen Leistungskette wurde zu einem dynamischen Prozesstreiber in der Dachser-Organisation und zum lang anhaltenden Wettbewerbsvorteil. Dazu wurden erfolgreich die Weichen für den zweiten Generationswechsel gestellt und mit der Etablierung des Verwaltungsrates die Modernisierung der Corporate Governance vorangetrieben. Der vierte Einschnitt lässt sich schließlich Ende der 1990er Jahre festmachen, als Dachser mit dem Erwerb von Graveleau in zunächst euronationale und im Gefolge der weiteren strategischen Ausrichtung in transnationale und globale Dimensionen wuchs. Dazu kam der erfolgreiche Abschluss des zweiten Generationswechsels.

Erfolgsfaktoren eines Familienunternehmens

Trotz all dieser Veränderungen und Umbrüche blieb jedoch ein zentrales Element der Kontinuität in der Unternehmensentwicklung erhalten: Die Existenz und Identität als Familienunternehmen. Es gibt viele Väter (und Mütter) des Erfolgs von Dachser und eine Reihe von Faktoren, die das Unternehmen heute zu einer »Perle im Logistikmarkt« gemacht haben. Mit der entscheidende Grund war aber wohl die erfolgreiche und spezifische Praktizierung des »family business«. Das beginnt bei der langen personellen Kontinuität des Managements. Im Kern war das frühere Managementteam vor dem Generationswechsel von 1999/2002 trotz aller Turbulenzen und Differenzen rund zwei Jahrzehnte im Amt. Der häufige Wechsel an der Führungsspitze als schnelle Antwort auf Probleme und Defizite gehört im Wirtschaftsleben zur Tagesordnung. Nicht so bei Dachser. Ein Geheimnis des Erfolgs ist auch, dass das Unternehmen inzwischen zwar Konzernstrukturen besitzt, aber noch nicht wie ein Konzern denkt und handelt. Dachser besitzt, was Gewinnorientierung, Kapitaleinsatz und Wachstumsstrategie angeht, eine ganz andere Ausrichtung. Langfristige Sicherheit und Gesundheit des Unternehmens, Verlässlichkeit und Qualität sowie ein organischer Wachstumspfad rangieren deutlich vor kurzfristiger und bloßer Renditeerwirtschaftung sowie überhasteter Expansion. Schon aus der Begrenzung der Liquidität heraus wurden Zukäufe erst dann getätigt, wenn die zuvor erworbenen Unternehmen erfolgreich integriert waren. Die Berücksichtigung der eigenen Finanzmittel führte zu einer Strategie, in der Wachstumsgeschwindigkeit und die Integration von neuen Geschäftsbereichen und Unternehmenseinheiten aufeinander abgestimmt wurden und miteinander Schritt hielten, ein Wachstum, mit dem man Management-, Finanz- und auch die Mitarbeiterstrukturen (Qualifikation) in Einklang bringen konnte. Homogenität durch gesteuertes Wachstum lautet die Formel. Mit anderen Worten: Man konnte sich als unabhängiges Familienunternehmen eine langfristige Denkweise und ein unternehmerisches Agieren mit langem Atem leisten und musste keine Entscheidung unter Zeitdruck beziehungsweise dem Druck durch renditegetriebene Investoreninteressen fällen, wie das bei quartalszahlenfixierten und kapitalmarktgetriebenen Unternehmen überwiegend der Fall ist. Dachser ist unabhängig von Finanzierungsstrukturen und kann sich daher ganz auf den Markt und die Kunden ausrichten. Das mag wohl auch der entscheidende Grund dafür gewesen zu sein, dass die Entdeckung des Kunden bei Dachser im Vergleich zu den Konkurrenten und vor dem Hintergrund eines Marktes und einer Branche, die lange Zeit infolge der staatlichen Reglementierungen angebots- statt nachfrageorientiert waren, relativ früh erfolgte. Die Nähe zur Kundschaft und die Umsetzung von Kundenbedürfnissen in speditionelle wie logistische Dienstleistungen ziehen sich, wenngleich auch als ein langer Lernprozess, wie ein roter Faden durch die Geschichte von Dachser.

Ein weiteres Merkmal in der Unternehmensgeschichte von Dachser ist die Kontinuität der Strategien. Lange bevor in dem Unternehmen explizit von Strategien die Rede war und überwiegend noch Gespür die Unternehmenspolitik bestimmte, hatte sich Dachser auf eine offensiv betriebene Differenzierungs- und Qualitätsstrategie festgelegt und diese dann auch über alle Jahre durchgehalten und zu einem festen Bestandteil der Unternehmenskultur beziehungsweise des Selbstverständnisses gemacht. Auch wenn es oft mühsam, zeit- und kostenaufwändig war, so legte die Geschäftsführung eher Wert auf die Perfektionierung der Dienste als auf rasante Wachstumsraten. Kennzeichnend für die Dachser-Unternehmenskultur ist daher die Beharrlichkeit, mit der Ziele verfolgt werden. Als mittelständisches Unternehmen hat Dachser im Wettbewerb zu den großen ehemaligen Staatskonzernen seine Chance genutzt, durch fortwährende Innovationen und die spezifische Kombination von Kernkompetenzen Fähigkeiten zu entwickeln, die es deutlich von den Wettbewerbern unterscheidet. In den 1980er wie in den 1990er Jahren gelangen Dachser entscheidende Maßnahmen zur Aktivierung des »Vitalitätspotenzials« des Unternehmens: die Abkoppelung des Unternehmenslebenszyklus vom Marktlebenszyklus mittels Innovation und Diversifikation. Eine herausragende Rolle spielte dabei die dezentrale Unternehmensorganisation, die Kultur der Profit-Center-Struktur, personalisiert in der starken Position der Niederlassungsleiter als Unternehmer im Unternehmen. Diese Organisation sorgte oftmals für Reibungen und Konflikte, machte aber letztlich einen wesentlichen Teil der Unternehmensidentität und des Unternehmenserfolgs von Dachser aus. Das gilt auch für die konsensuale und kollegiale Führungsstruktur innerhalb der Geschäftsleitung in der Hauptniederlassung. So heftig und zum Teil auch kontrovers die Diskussionen während der Entscheidungsfindungsprozesse geführt worden sein mögen, letzten Endes entstanden daraus immer wichtige Impulse für den weiteren Schritt nach vorne. Größere und dementsprechend auch teure Fehlentscheidungen blieben bei Dachser infolge dieser »Streitkultur« aus. Es herrschten dabei flache Hierarchien und keine »Amtswege«, sondern direkte Zugangsmöglichkeiten auch der einfachen Mitarbeiter zu den Geschäftsführern oder zu den Gesellschafterinnen. Dadurch existierte auch eine größere Flexibilität, um sich in schwierigen Zeiten schnell und intelligent sowie kreativ an veränderte Rahmenbedingungen anzupassen.

Dachser ist auch ein Paradebeispiel für eine effiziente und ebenso flexibel wie erfolgreich gehandhabte Corporate Governance. Während die großen Aktiengesellschaften lähmende Diskussionen über Aufgaben und Effizienz ihrer Aufsichtsräte führten, haben viele familiengeführte Firmen im Stillen hochkarätig besetzte Beiräte installiert. Die nach Fachwissen und ihrer Unabhängigkeit ausgewählten Mitglieder stehen dem Management mit Rat und Tat zur Seite. Sie begleiten die Rolle der Familie im Unternehmen kritisch und unterziehen sie einer effizienten Kontrolle. Insbesondere die Gesellschaftsverträge von 1986 und 2001 mit der strikten Selbstverpflichtung bei der Gewinnentnahme sowie der Errichtung des Verwaltungsrates bilden bei Dachser eine Zäsur. Über den Verwaltungsrat wurde der Druck ausgeübt, der sonst über den Kapitalmarkt kommt, und er brachte in einer Mischung aus »financial control« und »strategic control« deutliche Impulse zur Modernisierung und Professionalisierung der Unternehmensführungsorganisation. Bemerkenswert an der Corporate Governance von Dachser ist zudem, dass die Gesellschaftsverträge auch Ausdruck der erfolgreichen Konsensfindung und Interessensaustarierung zwischen den beiden Familienstämmen sind. So ausgeprägt die »Streitkultur« bei Dachser zwischen Geschäftsführung und Verwaltungsrat, Niederlassungsleiter und Geschäftsführung und innerhalb der Geschäftsführung gewesen sein mag, so auffallend ist das Fehlen von Differenzen zwischen den Anteilseignern, die viele andere Familienunternehmen in der zweiten und dritten Generation die Existenz gekostet haben. Kennzeichnend war daher, dass die bislang erfolgten Generationenwechsel und damit zusammenhängend das Problem der Vertretung von Familienmitgliedern in der Geschäfts- und Unternehmensführung weitestgehend und vergleichsweise friktionslos vollzogen und praktiziert wurden. Der Ära von Thomas

Dachser als Eigentümer und Unternehmensleiter folgte – noch zu Lebzeiten Dachsers und von ihm selbst initiiert, jene lange Phase zwischen 1975 und 2004, in der familienfremde Manager, an ihrer Spitze Ulrich Weiss als Stellvertreter, dann Generalbevollmächtigter, die operativen Geschicke des Unternehmens mehrheitlich prägten. Von Anfang an aber hatten auch die beide Dachser-Töchter Annemarie Simon und Christa Rohde-Dachser beziehungsweise deren Familien nicht nur ein Interesse daran, als Hauptgesellschafterinnen Eigenkapital zur Verfügung zu stellen und deren Verwendung zu kontrollieren, sondern auch selbst an der Geschäftsführung mitzuwirken. Diese war, gemäß Gesellschaftsvertrag, für je ein Mitglied der beiden Familienstämme möglich, und mit Dachsers Schwiegersohn Thomas Simon und Christa Rohde-Dachser als Mitglieder der Geschäftsführung wurde dies in der Folgezeit auch praktiziert. Trotz des zahlenmäßigen Übergewichts der familienfremden Manager hielten somit die beiden Hauptgesellschafterinnen als Vertreter der zwei Familienstämme die Fäden in der Hand. Sie übten eine vielfach aktiv und permanent beobachtende, oftmals auch intervenierende und nicht zuletzt vermittelnde Präsenz im Unternehmen aus. Erst mit der Kompetenzausweitung des Verwaltungsrates seit 2002 und der Übernahme der Funktion des Sprechers der Geschäftsführung durch Bernhard Simon 2005 bahnte sich eine neue Phase der Familienpräsenz in Unternehmensführung und Unternehmenskontrolle bei Dachser an, zumal inzwischen auch weitere Familienmitglieder der dritten Generation operativ oder kontrollierend eingebunden sind.

Es gehört zweifellos zu den Stärken des Familienunternehmens Dachser, dass die Generationenwechsel so eingeleitet und vollzogen wurden, dass nicht nur die Kontinuität und Entwicklung des Unternehmens erhalten blieb, sondern darüber hinaus auch der Weg in die Zukunft vorgezeichnet wurde. Wer ein Unternehmen dauerhaft als Familienunternehmen erhalten will, der muss nicht nur unternehmerische Leistung erbringen, sondern auch einen ausreichenden Zusammenhalt innerhalb der Eigentümerfamilie sicherstellen. Nur wenige Unternehmen haben mit gleicher Konsequenz wie Dachser eine Unternehmensverfassung umgesetzt, die ganz darauf zugeschnitten ist, als Familienunternehmen über Generationen hinweg langfristig am Markt zu bestehen. Ein zentrales Kennzeichen und eine Basis der Corporate Governance bei Dachser ist denn auch Vertrauen, nicht nur zwischen den Eigentümerfamilien, sondern auch im engeren Sinne zwischen den Hauptgesellschafterinnen und der Geschäftsführung beziehungsweise im weiteren Sinne zwischen familienfremden Managern und Familienmitgliedern – eine in jüngster Zeit in der Managementliteratur abstrakt viel diskutierte Wertkategorie, die in der Dachser-Geschichte konkret in ihrer Bedeutung und Wirkung sichtbar wird. Das Committment der Familie, Vertrauen und Bestandsgarantie, sind somit ein wichtiger Erfolgsfaktor gewesen. Soweit Vertrauenskrisen und -probleme durch äußere Bedingungen in das Unternehmen hineingetragen wurden, kam immer das deutliche Signal der Familiengesellschafter, dass es eine starke Identifikation der Familie mit dem Unternehmen gibt und man dessen Existenz weiter garantieren wird. Die entsprechende »Magna Charta« wurde 1989/90 in dem sogenannten Rahmenkonzept festgeschrieben und sei hier noch einmal wiedergegeben: »Dachser soll auch in Zukunft ein unabhängiges Familienunternehmen sein, das sich in seiner Kultur von reinen Kapitalgesellschaften unterscheidet«, heißt es da. »Die Gesellschafterinnen bemühen sich gemeinsam mit der Geschäftsführung darum, diese Kultur in aktiver Weise zu pflegen und zu fördern. Sollte sich zukünftig die Notwendigkeit ergeben, im Interesse der Unternehmensentwicklung zusätzlich Kapital aufzunehmen oder weitergehende Kooperationen einzugehen, dann besteht die feste Absicht, die Kontrolle der Geschäftstätigkeit nicht aus der Hand zu geben und den Charakter des Familienunternehmens zu bewahren.«

Eng verknüpft damit war auch eine soziale Verpflichtung des Unternehmens gegenüber den Mitarbeitern, die nicht bloßes Schlagwort ist, sondern auch praktiziert wurde. Die Identität als Familienunternehmen mag letztlich auch den Identitätswandel vom Fuhr- und Speditionsunternehmen zum Logistik-Dienstleister erleichtert und für die Mitarbeiter »erträgbar« gemacht haben. Die nationale Trockengut-Logistik, das »Brot-und-Butter-Geschäft« von Dachser, prägte und prägt bis heute die Identität des Unternehmens. Aber diese Identität ist durch die euronationale Ausrichtung, die interkulturelle Herausforderung durch die Integration von Graveleau, das erstarkende Lebensmittel-Logistikgeschäft und die global operierenden Kontraktlogistik-Aktivitäten komplexer geworden. Und so schwer sich Dachser am Anfang mit moderner Kostenrechnung und Informationstechnologie getan hat, so schnell wurde dann doch die Entwicklung eines ausgefeilten Zahlensystems und die Praktizierung innovativer IT-Systeme in der Unternehmenskultur verankert und zu Bausteinen eines neuen Selbstverständnisses.

Mit den langfristig orientierten Gesellschaftsverträgen und ihren quasi dem »Odysseus-Prinzip« verhafteten Bestimmungen nahm sich die Eigentümerfamilie selbst die Möglichkeit, in Krisensituationen übereilt und emotional nachhaltig verändernde Entscheidungen über das Unternehmen zu treffen. Wo in anderen Unternehmen schnelle Lösungen von Krisen durch Verschuldung, Wechsel der Anteilseigner, fremde Kapitalgeber, durch Fusion, Verkauf oder gar Zerschlagung praktiziert werden, da war Dachser selbst dazu gezwungen, die Krisenphasen von innen heraus unternehmerisch zu bewältigen. Daraus entwickelte sich eine Kultur der eigenen Stärke und der Problembewältigung aus eigener Kraft sowie nicht zuletzt auch der Mut, das eminente Risiko einzugehen, Entscheidungen zu treffen und Wege einzuschlagen, die entgegengesetzt zu den Mehrheitsmeinungen und Branchentrends lagen. Dies und die gleichzeitig ausgeprägte Antizipationsfähigkeit, die sich ebenfalls wie ein roter Strang durch die Dachser-Geschichte zieht – von Thomas Dachser und den überwiegend familienfremden Geschäftsführern im operativen Geschäft bis zu Christa Rohde-Dachser und Annemarie Simon sowie dem Verwaltungsrat hinsichtlich der Corporate Governance und Kapitalverfassung –, sind ein letzter Erfolgsfaktor. Im Unternehmen gab es ein deutliches Gespür dafür, was kommen würde, auch wenn man das ganze Ausmaß der logistischen Revolution kaum voraussah. Dachser erscheint, spätestens seitdem auch in liquiditätsmäßiger Hinsicht unter Annahme unterschiedlicher Szenarien langfristige Forecasts erstellt werden, kaum mehr »überraschbar«. Das Management von Unsicherheit, das jede Unternehmenspolitik kennzeichnet, ist in Kempten ein gutes Stück leichter zu praktizieren als in Wolfsburg, Stuttgart oder Frankfurt.

Bei dem Zusammenwirken all dieser Erfolgsquellen und angesichts der Tatsache, dass viele äußere Entwicklungen mit unternehmensinternen Entwicklungen »zusammenpassten«, mag schließlich noch ein Faktor eine Rolle gespielt haben, der in der Biografie eines Unternehmens und erst recht in der Betriebswirtschaftslehre eigentlich nie genannt wird und eher in persönlichen Biografien auftaucht: eine gehörige Portion Glück. Dachser wird, wenn es im Jahr 2030 sein 100-jähriges Gründungsjubiläum feiert, in vieler Hinsicht ein anderes Unternehmen sein als heute. Aber gemäß dem Motto, dass der Blick zurück den Blick nach vorne schärft, und in dem Bewusstsein, dass Herkunft Zukunft schafft, wird das Unternehmen weder seine Wurzeln noch seine »Seele« verloren haben, sondern als Familienunternehmen bewahrt haben.

Festansprache der beiden Hauptgesellschafterinnen anlässlich des 75-jährigen Firmenjubiläums von Dachser am 28. April 2005 in München

ANNEMARIE SIMON Liebe Festgäste, es ist für uns beide ein ganz großes Ereignis, mit Ihnen zusammen hier in der alten Reithalle in München das 75-jährige Jubiläum von Dachser zu feiern. Ihr Kommen verrät uns etwas von der Wertschätzung, die Sie unserem Familienunternehmen entgegenbringen, und für uns ist es erst Ihre Anwesenheit, die diesem Fest seine einzigartige Bedeutung verleiht.

Wir können Ihnen heute Dachser als ein Familienunternehmen vorstellen, das den Konzentrationstrend innerhalb unserer Branche nicht nur unbeschadet überstanden hat. Es ist in jeder Hinsicht auch bestens dafür gerüstet, die Herausforderungen der Zukunft zu bestehen und dabei den Status eines unabhängigen Familienunternehmens zu bewahren. Die meisten von Ihnen kennen auch unsere leitenden Mitarbeiter, denen dieser Erfolg ganz wesentlich zu verdanken ist. Weniger wissen Sie vermutlich darüber, wer hinter ihnen steht, wer die Gesellschafter sind, die dieses Unternehmen tragen. Wir möchten, dass an diesem Abend unser Familienunternehmen auch von dieser Seite für Sie Gesicht gewinnt.

CHRISTA ROHDE-DACHSER Wir beide sind als Töchter und Erben von Thomas Dachser derzeit Hauptgesellschafterinnen von Dachser und haben in dieser Funktion die Entwicklung des Unternehmens über eine Vielzahl von Jahren hinweg begleitet, miterlebt und mitgetragen. Wenn wir Sie deshalb heute ein Stück weit an unseren Lebensgeschichten teilnehmen lassen, dann sind diese Lebensgeschichten immer auch ein Stück Firmengeschichte, denn in einem Familienunternehmen fallen Familien- und Firmengeschichte über weite Strecken in eines.

Auf den ersten Blick lassen sich die Lebensgeschichten meiner Schwester und mir unterschiedlicher kaum vorstellen. Und doch – oder gerade deshalb – haben beide einen entscheidenden Anteil an der Entwicklung unseres Unternehmens von der Gründung durch Thomas Dachser im Jahre 1930 bis zu dieser Jubiläumsfeier, die Dachser als eines der größten Logistikunternehmen am Markt ausweist.

ANNEMARIE SIMON Wir werden uns Ihnen im Folgenden gegenseitig vorstellen. Das gewährt nicht nur eine gewisse Objektivität. Die Sicht von außen unterscheidet sich in der Regel auch von dem Bild, das man sich von sich selber macht. Wir waren bei der Abfassung dieser Rede selber überrascht, wie sehr sich unsere Perspektiven teilweise unterschieden. Zudem ist es immer schwierig, sich selbst in ein positives Licht zu stellen. Wir werden dies deshalb hier einer für den anderen tun.

CHRISTA ROHDE-DACHSER Wenn meine Mutter früher, als wir noch Kinder waren, darauf angesprochen wurde, wie denn das Nachfolgeproblem bei Dachser gelöst werden sollte, wo sie doch nur Töchter habe, antwortete sie regelmäßig: »Die Töchter werden dazu später schon die passenden Schwiegersöhne bringen, wenn sie erst alt genug dafür sind.« Meine Schwester hat in ihrem Leben diese Voraussage meiner Mutter wahr gemacht. Sie hat früh, nämlich mit 20 Jahren, geheiratet. Ihr Mann, Thomas Simon, wechselte mit der Eheschließung von dem elterlichen Betrieb, in dem er damals arbeitete, zu Dachser über, um dort nach einer kurzen Einarbeitungszeit sehr schnell immer verantwortungsvollere Aufgaben zu übernehmen. Er leitete die Vereinheitlichung des Fuhrparks ein. Die Einführung der Wechselbrücken als damals bahnbrechende Neuerung im Stückgutverkehr geht auf Thomas Simon zurück. Und er war für den Aufbau des Auslandsverkehrs zuständig, der sich unter seiner Leitung zu einem eigenständigen Ressort von immer größerer Bedeutung entwickelte. Wegen dieser Verdienste wurde er bereits 1971, also noch zu Lebzeiten meines Vaters, zum Geschäftsführer ernannt – eine Position, die er bis zu seinem Wechsel in den Verwaltungsrat mehr als 25 Jahre innehatte.

Meine Schwester stand ihm in dieser ganzen Zeit zur Seite, mit der Einfühlsamkeit, Selbstlosigkeit und Hingabe, die ihm den inneren Freiraum verschaffte, sich ganz diesen unternehmerischen Aufgaben zu widmen. Sie war Hausfrau, Mutter, Ehefrau und sehr oft auch Vermittlerin, wenn es – was nicht ausbleiben konnte – auch Konflikte mit unserem Vater und später den übrigen Geschäftsführern gab. Meine Schwester war keine Unternehmerin im engeren Sinne. Sie hat für sich die Position gewählt, ihrem Mann in seiner unternehmerischen Tätigkeit vor allem emotional zur Seite zu stehen. Über diese Form von Unterstützung, die im Hintergrund erfolgt und sich vor allem atmosphärisch bemerkbar macht, spricht man in der Regel nicht, auch wenn sie den Erfolg oder Misserfolg eines Unternehmens ganz wesentlich mit bedingt. Meine Schwester hat diese Rolle über viele Jahre übernommen.

Als ihre Kinder aus dem Gröbsten heraus waren, hat sie innerhalb unseres Unternehmens aber dann auch andere Funktionen übernommen. Diese dienten vor allem der Schaffung einer Corporate Identity für Dachser. Sie war lange Zeit als Leiterin des Werbeausschusses für die Anschaffung und Vereinheitlichung der Werbegeschenke zuständig. Daraus entstand so eine Art Bibel, die für alle Niederlassungen Gültigkeit besaß. Die jetzige Ausstattung der Hauptniederlassung in Kempten geht auf ihre Anregungen zurück. Und gerade ist sie Vorsitzende eines auf ihre Initiative hin gegründeten Vereins geworden, der mit Hilfe von Spenden, zu denen auch Dachser einen wesentlichen Beitrag leisten wird, dem Stadttheater Kempten zu neuem Glanz verhelfen soll. Zusammen mit ihrem Mann repräsentiert sie heute die Familie bei vielen Dachser-Veranstaltungen.

Nach der endgültigen Etablierung des Verwaltungsrats im Jahre 2000 stand ihr als Hauptgesellschafterin ein Sitz im Verwaltungsrat von Dachser zu. Sie hat diesen Platz ihrem Mann übertragen, aus der Überzeugung heraus, dass Thomas Simon mit seiner Berufserfahrung dem Verwaltungsrat von größerem Nutzen sein konnte als sie. Ihre heutige prominente Stellung innerhalb des Unternehmens zeigt sich unter anderem daran, dass sie im Verwaltungsrat neben ihrem Mann den Status eines ständigen Gastes hat und in dieser Funktion an allen Verwaltungsratssitzungen teilnimmt.

Ihr größter Stolz dürfte aber wohl der sein, dass in diesem Jahr ihr ältester Sohn, Bernhard Simon, mit einstimmiger Zustimmung des Verwaltungsrats zum Sprecher der Geschäftsführung von Dachser bestimmt wurde und damit das Familienunternehmen Dachser in der dritten Generation erfolgreich fortführt.

ANNEMARIE SIMON Ganz anders ist die Entwicklung meiner Schwester verlaufen. Sie, als die Ältere von uns beiden und wohl eher eine Vater-Tochter, sah ihre Aufgabe von früh an darin, so bald wie möglich in die Firma einzutreten und dort ihrem Vater zur Seite zu stehen, ganz ähnlich, wie dies früher unsere Mutter getan hatte. Auch dass ihr ihre Lehrer nach dem Abitur nachdrücklich zu einem Studium der Germanistik rieten, hielt sie nicht von diesem Vorhaben ab. Sie studierte in München und Freiburg Betriebswirtschaft, Verkehrspolitik und Steuerrecht und absolvierte in den Semesterferien Praktika in verschiedenen Speditionen, bis sie sich ausreichend gerüstet fühlte, noch als Studentin in die Firma unseres Vaters einzutreten. Thomas Dachser erkannte sehr schnell, dass seine Tochter für ihn eine wertvolle Mitarbeiterin war, auch wenn er als der Patriarch, der er nun einmal war, ihren LKW-Führerschein, den sie heimlich erworben hatte und ihm als Überraschung präsentierte, zunächst etwas misstrauisch hin- und herschwenkte. Nach dem Abschluss ihres Studiums als Diplomkaufmann – eine Diplomkauffrau gab es damals noch nicht – übernahm sie deshalb auch sofort eine Reihe von Aufgaben, die in unserem Unternehmen bis dahin noch ziemlich brachlagen: Dazu gehörte unter anderem die Einführung der Kostenrechnung und einer soliden Finanzplanung, die für unsere Firma, die sich in ihrem starken Expansionsstreben damals immer wieder auch zu übernehmen drohte, lebenswichtig war. Für die Ausarbeitung der Kostenrechnung holte meine Schwester damals von der Universität München Herrn Wecker, der über dieses Thema promovierte und sich später bei Dachser bis zum Geschäftsführer für den Bereich Inland und später Sprecher der Geschäftsführer emporarbeitete. Über Finanzfragen konnte man mit unserem Vater allerdings nur schwer diskutieren. Daran änderte auch ein noch so gut aufgestellter Finanzplan nichts. Unser Vater war es auch nicht gewohnt, dass jemand ihm widersprach, am wenigsten seine eigene Tochter. Zwischen meiner Schwester und ihm kam es deshalb immer wieder zu Auseinandersetzungen, sodass meine Schwester sich schließlich entschloss, nach München zurückzukehren und dort zu promovieren. Es war eine Promotion in Soziologie, die ihr gleichzeitig auch noch andere Berufswege eröffnete, als dies mit einem rein betriebswirtschaftlichen Studium möglich gewesen wäre, das ganz auf den Einstieg in den väterlichen Betrieb ausgerichtet war. Vielleicht waren sich Vater und Tochter aber auch einfach nur zu ähnlich, sodass die enge Zusammenarbeit zwischen beiden, die sich bereits während des Studiums meiner Schwester angebahnt hatte, auf Dauer nicht aufrechterhalten werden konnte.

Die Kontakte zu unserem Unternehmen waren mit ihrer Rückkehr an die Münchner Universität aber keineswegs abgerissen. Meine Schwester, damals bereits Prokuristin, war nach wie vor in alle wichtigen Operationen unseres Unternehmens eingeweiht. Als mein Vater sich aus gesundheitlichen Gründen immer mehr aus der Unternehmensführung zurückzog, sorgte sie dafür, dass Herr Weiss, mit dem sie seit langem eine väterlich-freundschaftliche Beziehung verband, als der damals wohl stärkste Mann im Unternehmen neben meinem Vater zum Geschäftsführer ernannt wurde und in der Folge zunehmend die Führung des Unternehmens übernahm. Wir beide waren froh, dass dieser Führungswechsel so reibungslos vor sich ging, und übertrugen nach dem Tode unseres Vaters Herrn Weiss deshalb offiziell noch weiterreichende Vollmachten. Herrn Weiss nannte man von da an innerhalb der Firma nur mehr den Generalbevollmächtigten, oder kurz »den General«.

Vertreterin von Herrn Weiss mit gleicher Vollmacht wurde meine Schwester. In der Notariatsurkunde von 1979 heißt es dazu: »Frau Professor Dr. Rohde-Dachser wird in derselben Weise und demselben Umfang bevollmächtigt wie Herr Ulrich Weiss. Sie kann von diesen Vollmachten jedoch nur Gebrauch machen, wenn Herr Ulrich Weiss verhindert ist oder er die Aufgabe, die Vollmachten wahrzunehmen, niedergelegt hat.« Meine Schwester nahm von da an auch wieder regelmäßig an den Geschäftsführersitzungen teil und war in alle wichtigen Entscheidungen der Unternehmensführung eingebunden. Als Geschäftsführerin ohne spezielles Ressort übernahm sie im Vorgriff auf unseren späteren Verwaltungsrat gleichzeitig eine für den Erhalt des Familienunternehmens wichtige Kontrollfunktion. Sie hat wesentlich an der Einführung unseres Verwaltungsrats mitgewirkt und ist heute Mitglied des Verwaltungsrats und des vom Verwaltungsrat eingerichteten Personalausschusses und repräsentiert das Unternehmen Dachser nach innen und außen.

Viele werden sich aber vielleicht auch fragen, wieso du in der Notariatsurkunde von 1979 plötzlich als Professorin auftauchst und wie sich das mit deinem Engagement an unserem Unternehmen verträgt. Das ist eine Welt, die mir auch selbst immer ein wenig fremd geblieben ist. Darüber solltest du besser selbst berichten.

CHRISTA ROHDE-DACHSER Gerne, aber nicht, ohne dir an dieser Stelle zunächst noch einmal für das Vertrauen zu danken, das seinerzeit in der Übertragung der Vertretungsvollmacht für Herrn Weiss an mich zum Ausdruck kam, denn du hast dem ja zugestimmt, und das ist keine Selbstverständlichkeit. Was meine Professur anbetrifft, so war ich zu dieser Zeit, also 1979, bereits außerordentliche Professorin an der Medizinischen

Hochschule in Hannover. Das gehört zu dem Teil meines Lebenswegs, den ich ganz unabhängig von Dachser gegangen bin. Obwohl es auch dazu vielleicht eine familiäre Vorgeschichte gibt: Meine Schwester und ich hatten als Kinder in der Familie natürlich auch unsere Spitznamen. Ich hatte damals schon den Spitznamen »Professor«, womit allerdings vor allem meine Zerstreutheit gemeint war, meine Schwester hieß demgegenüber »Praktikus«. Vielleicht stand dahinter unbewusst doch auch so etwas wie eine elterliche Botschaft.

Ich hatte über meine Promotion in Soziologie jedenfalls sehr bald den Zugang zur Psychoanalyse gefunden und daraufhin in Hannover, wo ich mit meinem Mann und meinen Kindern damals wohnte, eine psychoanalytische Ausbildung absolviert. Danach habe ich mehr als zehn Jahre als wissenschaftliche Mitarbeiterin und Psychotherapeutin in der Psychiatrischen Poliklinik der Medizinischen Hochschule Hannover gearbeitet. Dort habe ich mich auch habilitiert – die Habilitationsschrift behandelte »Das Borderline-Syndrom«, eine psychische Erkrankung im Grenzbereich von Neurose und Psychose. 1987 erhielt ich dann den Ruf auf die C4-Professur für Psychoanalyse an der Universität Frankfurt. Bis zu dieser Zeit war es für mich immer noch offen, nach dem altersbedingten Rückzug von Herrn Weiss wieder ganz in das Unternehmen zurückzukehren. Die Annahme des Rufs nach Frankfurt bedeutete, von dieser Möglichkeit endgültig Abschied zu nehmen. Die Entscheidung ist mir nicht leicht gefallen.

Ich habe danach mehr als 15 Jahre an der Universität Frankfurt gelehrt, geforscht, geprüft und mit meinen Professoren-Kollegen um Geldmittel gekämpft, mit vermutlich nicht weniger Einsatz, als dies in unserer Branche üblich ist. Und ich habe versucht, dies alles irgendwie mit meinen Verpflichtungen gegenüber Dachser zu vereinbaren. Ich denke noch daran, wie deshalb einmal sogar unsere Geschäftsführer und der Vorsitzende unseres Verwaltungsrats, Herr Prof. Kirsch, zu mir ins Institut für Psychoanalyse nach Frankfurt kamen, wo wir dann einen ganzen Tag lang über die Tantiemeforderungen unserer Geschäftsführer diskutierten. Irgendwie klappte es immer, diese Zweiteilung; einfach war sie sicherlich nicht. Soviel zu meiner Professoren-Laufbahn.

ANNEMARIE SIMON Vielleicht sollten wir bei dieser Gelegenheit auch nicht verschweigen, dass diese so unterschiedlichen Lebensgeschichten auch zwischen uns immer wieder zu Meinungsverschiedenheiten und Konflikten führten. Sie standen aber niemals im Vordergrund. Denn was uns über alle Differenzen und unterschiedlichen persönlichen Interessen zusammenhielt, war unsere gemeinsame Loyalität gegenüber dem Familienunternehmen Dachser, dem Lebenswerk unserer Eltern und die gemeinsame Aufgabe, dieses Lebenswerk fortzuführen.

CHRISTA ROHDE-DACHSER Das stimmt, wobei die Ursprünge dazu bis in die Kindheit zurückgehen. Wir wollen Ihnen, um dies zu verdeutlichen, nur einige Kindheitserinnerungen berichten, die allesamt zeigen, wie eng unser Erleben bereits damals mit Dachser verflochten war.

ANNEMARIE SIMON Wir beide erinnern uns beispielsweise noch sehr genau, wie wir am Sonntag nach dem Kirchgang regelmäßig mit dem Vater zusammen durch das in der Nachbarschaft gelegene Speditionslager gingen. In meiner Erinnerung waren es vor allem die riesengroßen Käselaibe, die dort übereinander gestapelt waren und auf mich damals einen großen Eindruck machten. Vater inspizierte das Lager jedes Mal sehr genau, fragte den Lagerverwalter nach jeder nicht gleich zuzuordnenden Fracht und schaute zum Schluss immer auch noch unter die Laderampe, wie viel Schmutz dort schon wieder daruntergekehrt war. Lange Zeit war das unser Sonntagvormittagsprogramm.

CHRISTA ROHDE-DACHSER Ich habe dazu noch ein anderes Bild vor Augen: Ich sitze – vielleicht sechs- oder siebenjährig – auf dem Schreibtisch meiner Mutter und schaue ihr zu, wie sie in ihrer schönen deutschen Schrift Worte und Zahlen schreibt und mir auf meine Nachfrage hin erklärt, dass das Buchhaltung sei. So etwas, dachte ich, wollte ich später auch machen.

ANNEMARIE SIMON Nicht zu vergessen, Jahre später, als wir beide schon reiten konnten und dann auch unser Vater seine Reiterleidenschaft entdeckte. Damals gab es noch Speditionsfuhrwerke, und Vater, der immer recht sparsam war, kaufte gleich zwei Pferde, die er werktags als Zugpferde vor einen umgebauten LKW-Anhänger spannen ließ, um das Stückgut in der Stadt zu verteilen. Am Wochenende machte er dann mit den gleichen Rössern mit uns tolle Ausritte ins Gelände. Ich weiß noch: Das eine Pferd hieß Lorbeer, ein schöner Rappe, der im Reiterverein vor allem durch seine Bocksprünge bekannt war, die er regelmäßig und mit Erfolg machte, wenn er jemanden abwerfen wollte. Und das wollte er ziemlich oft. Das andere Pferd mit dem schönen Namen Nixe versuchte das Gleiche mit plötzlichen Seitensprüngen. Vater kam mit beiden Pferden ganz gut zurecht. Wir hatten damit ziemliche Mühe.

CHRISTA ROHDE-DACHSER Ich glaube, Vater machte in solchen Situationen überhaupt wenig Unterschiede zwischen sich und seinen Kindern. Ich erinnere mich jedenfalls, dass er mir, wenn ich ihn als Kind und auch später etwas fragte, regelmäßig antwortete: »Du als Tochter vom Dachser musst das doch wissen.« Das begann mit den Regeln der Addition und setzte sich später fort, wenn es um Frachttarife, Allgemeine Deutsche Spediteursbedingungen, Rückrechnungen und Ähnliches ging. Ich habe auf diese Weise gelernt, mir mein Wissen auf andere Weise anzueignen, durch aufmerksames Zuhören, wenn die Erwachsenen sich über Spedition unterhielten, und natürlich durch Lesen. Später konnte ich meinem Vater auf Spediteurssitzungen dann manchmal sogar soufflieren. Ich glaube, dass auch das für ihn ganz selbstverständlich war.

Es waren diese und viele andere Erlebnisse, die in jedem von uns das Fundament für eine Identifizierung mit unserem Familienunternehmen gelegt haben, die über alle möglichen Differenzen hinweg bis heute ohne Einschränkung fortbesteht und die schon 1986 zum Abschluss eines Vertrages zwischen allen Gesellschaftern führte. Darüber wolltest du Näheres berichten.

ANNEMARIE SIMON Ja, es war ein Gesellschaftsvertrag, in dem die Interessen des Unternehmens klaren Vorrang vor den unterschiedlichen Interessen der einzelnen Familienmitglieder haben. Rechte und Pflichten jedes Gesellschafters gegenüber dem Unternehmen sind darin eindeutig festgeschrieben. Dies gilt sowohl für unsere als auch für die nachfolgende Generation. Auch die Kriterien für die Unternehmensnachfolge sind dort klar geregelt: Von jedem Familienstamm kann immer nur einer Mitglied der Geschäftsführung sein. Die Eignung dafür wird vom Verwaltungsrat festgestellt, dem überwiegend familienfremde Mitglieder angehören und dessen Vorsitzender immer ein Familienfremder sein muss.

Ebenso sind die Entnahmerechte der einzelnen Gesellschafter in diesem Gesellschaftsvertrag einer klaren Beschränkung unterworfen: Alle Gesellschafter verpflichten sich darin, den größten Teil der Gewinne nicht zu entnehmen, sondern dem Unternehmen für zukünftige Investitionen zur

Verfügung zu stellen. Denn unsere Maxime heißt nach wie vor: nachhaltige Wertorientierung und nicht kurzfristiges Gewinnstreben. Wir wollen, dass mit der Möglichkeit zu langfristigen Investitionen die unternehmerischen Ideen unseres Vaters und Unternehmensgründers weiter wirken und realisiert werden können.

Mit Zustimmung aller Gesellschafter wurde dieser Gesellschaftervertrag seitdem immer weiterentwickelt. Auf diese Weise entstand ein mustergültiger Governance Codex für Familienunternehmen, der heute auch für andere Familienbetriebe als richtungsweisend gilt. Der Gesellschaftsvertrag wurde erst kürzlich bis zum Jahre 2030 verlängert. Wir haben auf diese Weise die Entwicklung und das Wachstum von Dachser langfristig auf eine sichere Basis gestellt. Das war es auch, was wir unseren Eltern ebenso wie unseren Mitarbeitern und Kunden schuldig waren.

CHRISTA ROHDE-DACHSER Ja, ich glaube, wir sind das insbesondere Ihnen als unseren langjährigen Kunden schuldig, die genauso wie wir auf das Fortbestehen unseres Unternehmens vertrauen.

Wir möchten Ihnen deshalb an dieser Stelle in unserer Funktion als Hauptgesellschafterinnen von Dachser klar versichern, dass wir für Sie ein Partner sind und weiter sein werden, dem Sie vertrauen können und der auch in Zukunft nicht vorhat, diese Bühne zu verlassen.

»Zeit – Räume, von der Faszination des richtigen Augenblicks«, so lautet das Motto unseres Jubiläumsfestes. Wir, Dachser, haben im richtigen Augenblick die richtigen Weichen für das Wohl des Unternehmens und der Menschen gestellt, die darin arbeiten oder uns als Kunden zugetan sind.

Der Generationswechsel ist gelungen.
Die Strategie stimmt.
Die Finanzierung steht auf einer soliden Basis.
Der Gesellschaftsvertrag ist auf Langfristigkeit angelegt.
Die Loyalität unserer Mitarbeiter trägt das Unternehmen.
Dachser hat sich zur Perle am Logistikmarkt entwickelt.
Und unsere Kunden können uns vertrauen.

Und auch wenn Dachser heute weltweit tätig ist: Überall hat das Fortbestehen unseres Unternehmens als Familienbetrieb auch die Idee einer Dachser-Familie geschaffen, die unsere Mitarbeiterinnen und Mitarbeiter und – wir wagen zu sagen – auch unsere langjährigen Kunden zusammenschweißt, ganz gleich, an welcher Stelle der Welt sie sich gerade befinden.

Wir als Gesellschafterinnen werden alles dazu tun, dass dies auch für die Zukunft so bleibt.

Denn wir lieben unser Unternehmen und seine Menschen, die den Namen Dachser groß gemacht haben.

Quellenverzeichnis

1. Unveröffentlichte Quellen: (Registraturen der Dachser GmbH, Kempten, ungeordnete Bestände)

Bilanzen und Prüfberichte Thomas Dachser GmbH sowie Thomas Dachser KG, (ab 1987 Dachser GmbH & Co. KG) 1937–2004
Protokolle der Verwaltungsratssitzungen 1992 ff.
Protokolle der Geschäftsleitungssitzungen 1970 ff.
Protokolle der Niederlassungsleiter-Treffen bzw. der Dachser-Management-Tagungen 1979 ff.
Transports Graveleau, Rapports Annuels 1990 ff.
Bestand Frieß (Ressort Finanzen)
Bestand Wecker (Ressort Unternehmensentwicklung, Marketing, FD/DLL)
Bestand Bicker (ZfA; Auslandsverkehre sowie Sammlung diverser Unterlagen zur Chronik)
Bestand Öffentlichkeitsarbeit
Diverse Unterlagen von Prof. Kirsch, Thomas Simon, Wolfgang Beiersdorf sowie von Prof. Rohde-Dachser

2. Staatsarchiv Augsburg

BLVW 167

3. Zeitzeugeninterviews

Prof. Christa Rohde-Dachser am 28.7.2004
Bernhard Simon am 5.8.2004
Thomas Simon am 29.6.2004
Annemarie Simon am 29.6.2004
Prof. Werner Kirsch am 13.11.2003 und am 31.3.2004
Wolfgang Monning am 20.4.2004
Dieter Frieß am 19.5.2004
Dr. Gerd Wecker am 2.4.2004 und am 14.5. 2004

Jörg Tonn am 14.5.2004
Dieter Bendele am 4.6.2004
Dr. Andreas Froschmayer am 16.10.2003
Erhard Scholaster am 8.6.2004
Gerhard Riester am 21.7.2004
Wolfgang Beiersdorf am 14.10.2004
Joël Graveleau am 13.10.2004
Yves Rongeard am 13.10.2004
Roger Martin am 12.10.2004

4. Gedruckte Quellen

A.T. Kearney, *Produktivität und Qualität in der Logistik – Schlüsselfaktoren im europäischen Wettbewerb*, März 1993

A.T. Kearney, *Goods Distribution Concepts in Europe. Achieving excellent performance in consumer goods industry*, München 1995

Arthur Andersen, *European Deal Survey 1998/99 – Logistics. Mergers and Acquisitions in the Logistics Industry*, London 1999

Arthur Andersen, *European Deal Survey 2000 – Logistics. Mergers and Acquisitions in the Logistics Industry 2000*, London 2001

Bundesamt für Güterverkehr, *Geschäftsbericht 2000 ff.*, Bonn 2001 ff.

Bundesamt für Güterverkehr, *Marktbeobachtung Güterverkehr. Sonderbericht zum Strukturwandel im Güterkraftverkehrsgewerbe*, Bonn 2005 (Download der Datei unter http://www.bag.bund.de/cln_010/nn_46266/SharedDocs/Publikationen/DE/Marktbeobachtung/Sonderberichte/Sonderber_Strukturwandel.html, Zugriff am 5.9.2007)

Bundesverband der Deutschen Industrie e.V. et al. (Hrsg.), *Das industrielle Familienunternehmen. Kontinuität im Wandel.* Untersuchungen im Auftrag des BDI und Ernst & Young. Deutsche Allgemeine Treuhand AG, bearbeitet vom Institut für Mittelstandsforschung, Bonn, Berlin/Stuttgart 2001.

Bundesverband des Deutschen Güterfernverkehrs (BDF) (Hrsg.), *Volkswirtschaftliche Zahlen*, Frankfurt 1980 ff.

Bundesverband Güterkraftverkehr Logistik und Entsorgung e.V. (BGL), *Daten und Fakten*, auf: www.bgl-ev.de/web/daten/index.htm, Zugriff am 5.9.2007

Bundesverband Güterkraftverkehr, Logistik und Entsorgung (Hrsg.), *Jahresbericht 2004/2005*, Bonn 2005.

Bundesverband Güterkraftverkehr, Logistik und Entsorgung (Hrsg.), *Verkehrswirtschaftliche Zahlen (VWZ) 2003 und 2004*, Frankfurt a. M. 2005.

Bundesvereinigung Logistik (Hrsg.), *Trends und Strategien in der Logistik*, Berlin 2006

Dachser aktuell 1959 ff.

Der Spediteur. Mitteilungsblatt des Bundesverbandes Spedition und Logistik (BSL) 1980 ff. (darin auch jeweils die Jahresberichte des BSL)
Deutsche Verkehrs-Zeitung 1980 ff.
Deutscher Speditions- und Logistikverband (Hg.), *Jahresbericht 2000 ff.*
Deutscher Speditions- und Logistikverband (Hg.), *Zahlen – Daten – Fakten aus Spedition und Logistik 2005*, Bonn 2006

Ernst & Young, *European Deal Survey 2002 – Logistics. Mergers and Acquisitions in the Logistics Industry 2002*, London 2003

Geschäftsberichte des Landesverbands Bayerischer Spediteure e. V. 1972/73 ff.
Groupe Graveleau, *Virages Spécial* 1986 und 1991
Güterkraftverkehrsgesetz (GüKG) vom 17. Oktober 1952 (in der Fassung der Bekanntmachung vom 10. März 1983)

Internationale Transport Zeitschrift 1980 ff.

Jahrbuch der Logistik 1 (1987) ff.
»Jahresberichte des Bundesverbandes Spedition und Logistik (BSL)«, in: *Der Spediteur. Mitteilungsblatt des BSL* 1980 ff.

Mercer Management Consulting (Hrsg.), *Mythen der Kontraktlogistik*, München (Oktober) 2004
Mittelstandskooperation auf dem Prüfstand – Chancen und Risiken mittelständischer System-Stückgutkooperationen in Deutschland, eine Untersuchung der Fraunhofer ATL Nürnberg im Auftrag der HypoVereinsbank AG München, Nürnberg 2004

Roland Berger & Partner GmbH, *Transportdienstleistungen – auf neuen Wegen zum Erfolg*, München (Dezember) 1996
Roland Berger & Partner GmbH, *Trends und Entwicklungen im Markt für logistische Dienstleistungen*, München (April) 1996

Simon, Bernhard, »Das Geheimnis unseres Erfolges. Loyalitätskreislauf und Wertschöpfungsspirale«, in: *75 Jahre DACHSER. Herkunft schafft Zukunft. Einblicke in unsere unternehmerische Reise*, Kempten 2005, S. 8 f.
Statistisches Jahrbuch für das Deutsche Reich, Jg. 52 (1933) und Jg. 57 (1938)

Transport-Dienst. Verlader- und Verkehrsfachblatt 33 (1960) ff.

Verkehrs-Rundschau 13 (2006)

Zeitschrift für Verkehrswissenschaft Jg. 1 (1929) ff.

Literaturverzeichnis

Aberle, Gerd, *Transportwirtschaft. Einzelwirtschaftliche und gesamtwirtschaftliche Grundlagen*, München 2000 (3. Aufl.)

Baumgarten, Helmut (Hrsg.), *Logistik im E-Zeitalter. Die Welt der globalen Logistiknetzwerke*, Frankfurt 2001
Baumgarten, Helmut, Zibell, Roland M., *Trends in der Logistik*, München 1988.
Berghoff, Hartmut, »The End of Family Business? The Mittelstand and German Capitalism in Transition«, 1949–2000, in: *BHR* 80 (2006), S. 263–295.
Bicker, Hans, *Dachser. Transport – Spedition – Logistik. Chronik einer unternehmerischen Leistung in bewegter Zeit 1930–1990*, Kempten 1998
Bjelicic, Borislav, *Internationaler Unternehmenswettbewerb im gewerblichen Güterverkehr*, München 1990

Carl, Dieter, »Die künftige europäische Verkehrsmarktordnung«, in: *Internationale Wirtschafts-Briefe (IWB)*, Beilage 2/1990, S. 1–28.
Colli, Andrea, Rose, Mary B., »Family Firms in Comparative Perspective«, in: Franco Amatori, Geoffrey Jones (Hrsg.), *Business History around the World*, Cambridge 2003, S. 339–352.
Colli, Andrea, *The History of Family Business, 1850–2000*, Cambridge 2003

Dünner, Hans-Wilhelm, *Die Wettbewerbssituation auf den Güterverkehrsmärkten der Bundesrepublik Deutschland*, Göttingen 1980

Erker, Paul, »Corporate Governance – ein neuer Untersuchungsansatz der historischen Unternehmensforschung? Einige Überlegungen und Ergebnisse am Beispiel jüngster Veröffentlichungen«, in: Rudolf Boch u. a. (Hrsg.), *Unternehmensgeschichte heute: Theorieangebote, Quellen, Forschungstrends*, Leipzig 2005, S. 29–45.

Fiege, Hugo, *Informationssysteme in Gütertransportketten: System-, Kosten- und Leistungsanalyse auf der Grundlage eines unternehmensübergreifenden Informationssystems*, Frankfurt 1987

Frahm, Ernst, »Nationale und internationale Paketdienste«, in: *Märkte im Wandel. Bd. 13: Transportmärkte. Kurier-, Expreß- und Paketdienste*, Hamburg 1985, S. 70–81
Froschmayer, Andreas, Göpfert, Ingrid, *Logistik-Bilanz. Erfolgsmessung neuer Strategien, Konzepte und Maßnahmen*, Wiesbaden 2004

Goerres, W., *Das deutsche Speditionsgeschäft im nationalen und internationalen Verkehr*, Diss. Tübingen 1909

Hamm, Walter, »Transportwesen«, in: Peter Oberender (Hrsg.), *Marktstruktur und Wettbewerb in der Bundesrepublik Deutschland. Branchenstudien zur deutschen Volkswirtschaft*, München 1984, S. 455–489
Hecht, Hermann, *Die Entstehung des Rhenania-Konzerns. Die ersten 30 Jahre*, Mannheim 1983
Heimes, Anton, *Vom Saumpferd zur Transportindustrie. Weg und Bedeutung des Straßengüterverkehrs in der Geschichte*, Bonn 1978
Hoener, Walter, *Der Güterverkehr als wettbewerbspolitischer Ausnahmebereich. Zur Effizienz und Neuorientierung staatlicher Lenkungsmaßnahmen auf den Güterverkehrsmärkten der Bundesrepublik Deutschland*, Opladen 1980
Hennerkes, Brun-Hagen, *Die Familie und ihr Unternehmen. Strategie, Liquidität, Kontrolle*, Frankfurt 2004
Höppel, P., *Die Spedition und ihre Stellung im Wirtschaftsleben*, Diss. Leipzig 1925.
Howarth, David, Howarth, Stephen, *The Story of P&O: Peninsular and Oriental Steam Navigation Company*, London 1995

Ihde, Gösta B., *Transport, Verkehr, Logistik. Gesamtwirtschaftliche Aspekte und einzelwirtschaftliche Handhabung*, München 2001 (3. Aufl.)

James, Harold, *Familienunternehmen in Europa. Haniel, Wendel und Falck*, München 2005
Jones, Geoffrey, Rose, Mary B., »Family Capitalism«, *Business History* 35 Special Issue (1993)

Kirsch, Werner, *Strategisches Management. Die geplante Evolution von Unternehmen*, Wiesbaden 1997
Kirsch, Werner, *Die Führung von Unternehmen*, Frankfurt 2001
Klaus, Peter, *Die »TOP 100« der Logistik. Eine GVB-Studie zu Marktsegmenten, Marktgrößen und Marktführern in der deutschen Logistik-Dienstleistungswirtschaft*, Hamburg 1996
Klaus, Peter, Müller-Steinfahrt, Ulrich, *Die »Top 100« der Logistik. Eine Studie zu Marktsegmenten, Marktgrößen und Marktführern in der Logistik-Dienstleistungswirtschaft*, Hamburg 1999

Klaus, Peter, Müller-Steinfahrt, Ulrich, *Die »TOP 100« der Logistik. Eine Studie zu Marktgrößen, Marktsegmenten und den Marktführern in der Logistik-Dienstleistungswirtschaft*, Hamburg 2000

Klaus, Peter, *Die »TOP 100« der Logistik. Marktgrößen, Marktsegmenten und Marktführer in der Logistik-Dienstleistungswirtschaft*, Hamburg 2002

Klaus, Peter, *Die TOP 100 der Logistik. Marktgrößen, Marktsegmente und Marktführer in der Logistik-Dienstleistungswirtschaft. Deutschland und Europa*, Hamburg 2003

Klaus, Peter, Kille, Christian, *Die Top 100 der Logistik 2006. Marktgrößen, Marktsegmente und Marktführer in der Logistik-Dienstleistungswirtschaft*, Hamburg 2006

Klaus, Peter, Krieger, Winfried (Hrg.), *Gabler Lexikon Logistik. Management logistischer Netzwerke und Flüsse*, Wiesbaden 2004 (3. Aufl.)

Klaus, Peter, »Third Party Logistics in den USA«, in: *Logistik heute* 10 (1998), S. 72–76

Klein, Sabine B., *Familienunternehmen. Theoretische und empirische Grundlagen*, Wiesbaden 2004 (2. Aufl.)

Klenke, Dietmar, *»Freier Stau für freie Bürger«. Die Geschichte der bundesdeutschen Verkehrspolitik 1949–1994*, Darmstadt 1995

Kühne & Nagel Spedition (Hrsg.), *Streiflichter einer bewegten Zeit. Kühne & Nagel 75 Jahre (1890–1965)*, Bremen 1965

Landes, David, *Die Macht der Familie. Wirtschaftsdynastien in der Weltgeschichte*, München 2006

Lippert, Frank, *Lastkraftwagenverkehr und Rationalisierung in der Weimarer Republik: Technische und ökonomische Aspekte fertigungsstruktureller und logistischer Wandlungen in den 1920er Jahren*, Frankfurt 1999

Massenberg, Hans-Joachim, *Deregulierung des Güterverkehrs in der Bundesrepublik Deutschland*, Göttingen 1981

Matis, Herbert, Stiefel, Dieter, *Das Haus Schenker. Die Geschichte der internationalen Spedition 1872 bis 1931*, Frankfurt/Wien 1995

Matis, Herbert, Stiefel, Dieter, *Grenzenlos. Die Geschichte der internationalen Spedition Schenker von 1931 bis 1991*, Frankfurt/Wien 2002

May, Peter, »Familie als Erfolgsfaktor«, in: *Süddeutsche Zeitung* vom 25.8.2003, S. 18

Mayer, L., *Speditionsgeschäft und Speditionsbetrieb. Grundzüge der Betriebswirtschaftslehre der Speditionsunternehmungen*, Wien 1933

Müller, Norbert, *Das Mittelstandskartell nach § 5b GWB als Kooperationsform und Rationalisierungsinstrument der Unternehmen des Güterkraftverkehrs- und Speditionsgewerbes*, Diss. Köln 1988

Olaf, M. D., *Ist das gewerbsmäßige private Speditionswesen für den Handelsstand eine Notwendigkeit? Ein kleiner Beitrag zur Monopolisierung des Welthandels durch Deutschland*, Berlin/Leipzig 1902

Otremba, Michael, *Internationale Wettbewerbsfähigkeit im Straßengüterverkehr. Eine Untersuchung zur künftigen Wettbewerbsposition deutscher Straßengüterverkehrsunternehmen nach der EU-Osterweiterung*, Hamburg 2004

Out, Hans, *Analyse der Strukturen und Wettbewerbsverhältnisse im Bereich Spedition – Lagerei – Umschlag* (ifo-Studien zur Verkehrswirtschaft Bd. 9), München 1978

Passavant, Nicolas, Wanner, Gustav Adolf, *150 Jahre Danzas. 1815–1965*, Basel 1965

Peters, Hans-Rudolf, *Marktwirtschaftliche Verkehrsordnung und die »Besonderheiten« des Güterverkehrs. Ein Beitrag zur Liberalisierung des Güterverkehrs in der Bundesrepublik Deutschland*, Bad Godesberg 1966

Pfohl, Hans-Christian, »Logistische Dienstleistungen im Zusammenwirken von Industrie, Handel und Verkehr«, in: Hermann Simon (Hrg.), *Industrielle Dienstleistungen*, Stuttgart 1993, S. 110–132

Pfohl, Hans-Christian, *Logistiksysteme. Betriebswirtschaftliche Grundlagen*, Berlin 2004 (7. Auflage)

Plehwe, Dieter (Hrg.), *Transformation der Logistik*, Berlin 1998

Plehwe, Dieter, *Neue Logistik für deutsche Konzerne. »Deregulierung«, Lean Production und Großfusionen in der Speditionsbranche*, Duisburg 1994

Prockl, Günter u. a. (Hrsg.), *Entwicklungspfade und Meilensteine moderner Logistik*, Wiesbaden 2004

Rohde, Heidi, *Transportmodernisierung contra Verkehrsbewirtschaftung. Zur staatlichen Verkehrspolitik gegenüber dem LKW in den 30er Jahren*, Frankfurt 1999

Ringlstetter, Max J., *Konzernentwicklung. Rahmenkonzepte zu Strategien, Strukturen und Systemen*, München 1995

Rose, Mary B., *Family Business*, Cheltenham 1996

Schulz, Günther, »Die Deutsche Bundesbahn 1949–1989«, in: Lothar Gall, Manfred Pohl (Hrsg.), *Die Eisenbahn in Deutschland. Von den Anfängen bis zur Gegenwart*, München 1999, S. 317–376

Schumacher, Wilfried, »Reaktion der Speditionen auf veränderte Marktstrukturen im Expreß- und Paketbereich«, in: *Märkte im Wandel. Bd. 13: Transportmärkte. Kurier-, Expreß- und Paketdienste*, Hamburg 1985, S. 82–105

Sigafoos, Robert Alan, *Absolutely Positively Overnight: The Unofficial Corporate History of Federal Express*, Memphis 1983

Simon, Bernhard, Hasselberg, Frank, *Wettbewerbskräfte und Informationstechnik in der Speditionsbranche* (Diskussionsbeiträge des Lehrstuhls für Allgemeine Betriebswirtschaftslehre und Unternehmensführung der Universität Erlangen-Nürnberg, Heft 31), Nürnberg 1986

Simon, Fritz B. (Hrsg.), *Die Familie des Familienunternehmens. Ein System zwischen Gefühl und Geschäft*, Heidelberg 2002

Simon, Fritz B., Wimmer, Rudolf, Groth, Torsten, *Mehr-Generationen-Familienunternehmen. Erfolgsgeheimnisse von Oetker, Merck, Haniel u.a.*, Heidelberg 2005

Simon, Ralf-Peter, *Euro-Logistik-Netzwerke. Entwicklung eines wettbewerbsstrategischen Integrationskonzeptes für die Sammelgut-Logistik im europäischen Markt*, Köln 1993

Stahl, Dirk, *Internationale Speditionsnetzwerke. Eine theoretische und empirische Analyse im Lichte der Transaktionskostentheorie*, Göttingen 1995

Stölzle, Wolfgang, Weber, Jürgen, Hoffmann, Erik (Hrsg.), *Handbuch Kontraktlogistik. Management komplexer Logistikdienstleistungen*, Weinheim 2006

Stoffregen-Büller, Michael, *Aus Westfalen in die Welt. Fiege – Portrait eines Familienunternehmens*, Münster 2000

Thaler, Stephan Ph., *Betriebswirtschaftliche Konsequenzen des EG-Binnenmarktes und der EG-Güterverkehrsliberalisierung für europäische Speditionsunternehmungen*, Bern/Stuttgart 1990

Tilanus, Bernhard (Hrg.), *Information Systems in Logistics and Transportation*, Amsterdam/London 1997

Vahrenkamp, Richard, *Rivalry and Regulation. The German Cargo Transport Policy 1920–2000* (Arbeitspapiere zur Logistik Nr. 50), Kassel 2003

Vahrenkamp, Richard, *Logistik – Management und Strategien*, München 2005 (5. Auflage)

Wiborg, Susanne, Wiborg, Klaus, *Unser Feld ist die Welt. 150 Jahre Hapag-Lloyd. 1847–1997*, Hamburg 1997

Winkeljohann, Norbert, *Familienunternehmen Deutschland 2006* (Studie der PricewaterhouseCoopers AG), Frankfurt 2006

Wlcek, Helmut, *Gestaltung der Güterverkehrsnetze von Sammelgutspeditionen*, Nürnberg 1998

Zeller, Thomas, »Kombinierter Verkehr – die ewige Zukunftshoffnung«, in: Harry Niemann, Armin Hermann (Hrsg.), *100 Jahre LKW*, Stuttgart 1997

Abkürzungsverzeichnis

BGL	Bundesverband Güterkraftverkehr, Logistik und Entsorgung
BSL	Bundesverband Spedition und Lagerei (bzw. später: Logistik)
BVL	Bundesvereinigung Logistik
DFÜ	Datenfernübertragung
DLL	Dachser Lebensmittel-Logistik
DSLV	Deutscher Speditions- und Logistikverband
FD	Frischdienst
GBV	Generalbevollmächtigter
GüKG	Güterkraftverkehrsgesetz
IT	Informationstechnologie
K&N	Kühne & Nagel AG
KVN	Kraftverkehr Nagel
LC	Logistik Consulting
SCM	Supply-Chain-Management
VWR	Verwaltungsrat

Verzeichnis der Schaubilder und Tabellen

Schaubild 1: Niederlassungsnetz (Trockengut) Deutschland 1979
Schaubild 2: Die Güterverkehrsmarktkonjunkturen 1950 bis 1970 (Jährliches Wachstum des Güteraufkommens und der Transportleistung in %)
Schaubild 3: Umsatzentwicklung 1950 bis 1979 (in Mio. DM)
Schaubild 4: Entwicklung der Niederlassungsergebnisse 1964 bis 1972 (Indiziert auf der Basis 1964 = 100)
Schaubild 5: Außenhandelskonjunkturen (jährliche Wachstumsraten der Importe/Exporte in %) (1957 bis 1986)
Schaubild 6: Dachser-Organisation 1976
Schaubild 7: Die Güterverkehrsmarktkonjunkturen 1970 bis 1989 (Jährliches Wachstum des Güteraufkommens und der Transportleistung in %)
Schaubild 8: Umsatzwachstum Dachser, Kühne & Nagel und Schenker 1970 bis 1987 (Indiziert auf der Basis 1970 = 100)
Schaubild 9: Entwicklung der Niederlassungsergebnisse 1979 bis 1989 (Indiziert auf der Basis 1979 = 100)
Schaubild 10: Dachser-Frischdienstterminals bzw. »FD-Netz« 1984
Schaubild 11: Entwicklung der Netto-Investitionen (Fuhrpark, Immobilien, Beteiligungen) 1963 bis 1986 (in Mio. DM)
Schaubild 12: Entwicklung der Belegschaft 1950 bis 1986
Schaubild 13: Dachser-Organisation 1987
Schaubild 14: Die Güterverkehrsmarktkonjunkturen 1989 bis 2005 (Jährliches Wachstum des Güteraufkommens und der Transportleistung in %)
Schaubild 15: Einflussfaktoren des Marktes für logistische Dienstleistungen Mitte der 1990er Jahre
Schaubild 16: Gruppen auf dem deutschen Transport- und Logistikmarkt (2005)
Schaubild 17: Strategische Positionierungen im europäischen Logistikmarkt (2003)
Schaubild 18: Umsatzwachstum Dachser, Schenker, K&N 1987 bis 2004 (Indiziert auf der Basis 1987 = 100)
Schaubild 19: Umsatzentwicklung Transports Graveleau 1980 bis 1997 (in Mio FF)
Schaubild 20: Dachser-Europanetz 2005

Schaubild 21: Niederlassungsnetz (Trockengut) Deutschland 2004 (inkl. Partner)
Schaubild 22: Entwicklung der Niederlassungsergebnisse 1987 bis 2003 (Indiziert auf der Basis 1987 = 100)
Schaubild 23: Außenhandelskonjunkturen 1986–2005 (jährliche Wachstumsraten der Importe/Exporte in %)
Schaubild 24: DLL-Standorte Deutschland 2005
Schaubild 25: Die Dachser-Corporate-Governance-Struktur 1994
Schaubild 26: Die Dachser-Corporate-Governance-Struktur 2005
Schaubild 27: Investitionen Dachser GmbH & Co. KG 1987 bis 2004 in Mio. Euro (Nettoinvestitionen in Immobilien, Fuhrpark, Beteiligungen)
Schaubild 28: Zahl der Mitarbeiter 1987 bis 2004

Tab. 1: Entwicklung des (entgeltlich erworbenen) Konzessionsbestandes 1953 bis 1981
Tab. 2: Güteraufkommen der Dachser-Auslandsverkehre 1960 bis 1985 (in to)
Tab. 3: Entwicklung des (entgeltlich und unentgeltlich erworbenen) Konzessionsbestandes 1979 bis 1989
Tab. 4: Entwicklung der EK-Quote (Verhältnis von Eigenkapital zu Fremdkapital) 1962 bis 1985
Tab. 5: Belegschaftsstruktur (Konzern Deutschland) 1982 bis 2002